国家经济治理研究丛书

国家社会科学基金重点项目

宏观调控理论创新研究

李拉亚 ◎ 著

知识产权出版社
全国百佳图书出版单位
—北京—

图书在版编目（CIP）数据

宏观调控理论创新研究 / 李拉亚著 .—北京：知识产权出版社，2024.9
ISBN 978-7-5130-9204-3

Ⅰ.①宏⋯　Ⅱ.①李⋯　Ⅲ.①中国经济—宏观经济调控—研究　Ⅳ.① F123.16

中国国家版本馆 CIP 数据核字（2024）第 027917 号

责任编辑：杨　易　　　　　　　　责任校对：谷　洋
封面设计：邵建文　　　　　　　　责任印制：刘译文

宏观调控理论创新研究

李拉亚　著

出版发行：知识产权出版社 有限责任公司	网　　址：http://www.ipph.cn
社　　址：北京市海淀区气象路 50 号院	邮　　编：100081
责编电话：010-82000860 转 8789	责编邮箱：35589131@qq.com
发行电话：010-82000860 转 8101/8102	发行传真：010-82000893/82005070/82000270
印　　刷：三河市国英印务有限公司	经　　销：新华书店、各大网上书店及相关专业书店
开　　本：720mm×1000mm　1/16	印　　张：22.5
版　　次：2024 年 9 月第 1 版	印　　次：2024 年 9 月第 1 次印刷
字　　数：454 千字	定　　价：99.00 元
ISBN 978-7-5130-9204-3	

出版权专有　侵权必究

如有印装质量问题，本社负责调换。

前　言

第一节　本著作研究的逻辑路径

一、理论研究的长期积累过程

奉献在读者面前的是笔者人生中第四本著作。1991年，笔者出版的第一本著作《通货膨胀机理与预期》的研究对象，是1988年的通货膨胀和1990年的通货紧缩（当时称为市场疲软）。1995年，笔者出版的第二本著作《通货膨胀与不确定性》的研究对象，是1993年的通货膨胀和海南省与广西壮族自治区北海市的房地产泡沫，以及在钢材市场和粮食市场上兴风作浪的投机资本。2016年，笔者出版的第三本著作《宏观审慎管理的理论基础研究》的研究对象，是2008年美国金融危机后引起重视的宏观审慎政策，是针对美国金融危机的实践和中国房地产泡沫等的理论总结。现在，笔者的这本著作《宏观调控理论创新研究》的研究对象，是央行和财政为应对美国金融危机和新冠病毒感染疫情，增发大量货币与债务所面临的调控问题，是对新宏观调控的理论探讨与总结。可见，笔者的这四本著作均是问题导向，针对突出现实问题展开研究。

可是回过头来看，这四本著作的理论体系一环套一环，像是事前设计好的，冥冥之中似乎自有天意。第一本著作研究预期，第二本著作按照理论逻辑自然是研究不确定性。因为当代通货膨胀理论的两个特点，一个是预期，另一个是不确定性。而针对不确定性影响的政策特点是审慎，政策要留有余地，钱不可用尽，财不可用绝，要有应对危机的预备资金和政策空间。因此，第三本著作研究宏观审慎管理的理论基础。宏观审慎管理带来宏观调控的创新，第四本著作是对宏观调控创新进行理论总结和提升。由问题导向撰写的这四本著作，生成一整套理论体系，是实践发展和理论逻辑演进的自然结合成果。

二、本著作的研究背景

2008年美国金融危机后，新的实践层出不穷。如央行增发了大量的货币，财政增发了大量的债务，没有出现恶性通货膨胀，房地产泡沫成为导致系统性风险的最大"灰犀牛"，宏观杠杆和部门杠杆不断提高。在新冠病毒感染疫情暴发后，经济增长下降，成本推动的通货膨胀上升，经济矛盾被激化。宏观调控理论面对这些新的实践现象，需要更新自己的观念、思想和方法，以适应新的形势，解释新的实践。

实践发展导致理论发展，宏观调控理论面临全面的理论创新局面。如系统性风险概念引入宏观调控理论核心，宏观审慎政策引入央行政策框架，金融周期引入宏观调控理论，存量流量一致性方法引入宏观调控研究。经济学家们开始将经济周期和金融周期并重研究，强调预期管理的作用，重视财政作用，注意央行和财政的协调配合，注意预防和消除系统性风险，加强对货币、债务与通货膨胀问题的研究，跨周期调控受到重视。

宏观调控理论需要吸收上述新观念、新思想、新方法和新内容，重组自己的理论体系，重新规划自己的核心领域，重新探索自己的思想源泉。经济学家们正在努力研究，以求打破原来宏观调控理论的固有领域和固有界限，转变原有的理论观念，发展新的理论体系，创新原有调控方法。

本著作是在这样的实践背景和理论背景下问世的，带有这个时代的明显烙印，承担这个时代的应有使命。

三、本著作的理论框架

（一）理论框架的结构

本著作的理论框架由四大模块构成，每一个模块围绕一个宏观调控的重大问题展开理论分析和数量分析，每个模块构成书中一篇内容。这四个模块研究的重大问题是：预期管理，双支柱调控，货币、债务与通货膨胀关系，动态优化的跨周期调控。这四个重大问题是实践中出现的热点问题，是宏观调控理论的四个重要方面，是制定政策迫切需要研究的问题，也是我们长期研究并在近几年取得突破进展的问题。

第一篇，我们研究一种新的预期管理模式，把央行引导预期视为央行与公众的博弈过程，体现了全局利益和局部利益的博弈，这不仅影响到公众预期，还通过公众预期影响到公众的风险配置。反映宏观风险配置的一些核心变量的变化，如货币、债务、价格和利率等，是这两种利益博弈的结果。这是我们对21世纪以来央行预期管理调控方式深入研究和创新的结果。

第二篇，我们研究新的宏观调控目标制模式，通过双支柱调控作为目标制运行方式，来协调货币政策和宏观审慎政策，协调经济系统和金融系统，本质上是调控宏观风险配置和宏观资源配置。我们把双支柱调控作为目标制运行，是对央行传统目标制模式的继承与发展。当前金融系统中，仍存在各种金融风险。为防范这些金融风险，不让它们演变为系统性金融风险，我们从存量和流量二维角度深化对金融风险的认识，用宏观风险配置理论解释金融风险。宏观资源配置已有很多理论研究，本篇重点研究宏观风险配置的理论、机制和测度。

第三篇，我们研究央行与财政协调防范通货膨胀，把央行调控模式和财政调控模式结合起来，构造新的通货膨胀理论框架和宏观调控模式。当前世界经济形势复杂多变，不确定性增大，国内外疫情等因素严重影响经济增长，需要加深对宏观资源配置和宏观风险配置的认识，创新央行和财政原有调控理论模式，进一步发挥央行和财政的作用，联合防范通货膨胀风险、通货紧缩风险和系统性金融风险。

第四篇，我们研究跨周期调控的动态优化问题。宏观调控本质上是一个动态调控过程，是跨周期调控和逆周期调控的结合，要追求动态优化。我们用动态优化的数学框架统一几种主要宏观调控理论，分析动态优化的经济思想，探索跨周期调控的理论与方法，将跨周期调控建立在动态优化基础之上。

（二）理论框架的逻辑

本著作研究的逻辑路径是由点到面，逐步扩大研究范围。第一篇先拓展央行的传统预期管理理论，把央行引导公众预期，视为央行与公众博弈过程。在经济系统的时间不一致性研究基础上，我们提出了两种不同的央行声誉。第二篇把时间不一致性扩大到经济系统和金融系统，我们针对宏观资源配置和宏观风险配置，建立央行双支柱调控框架的目标制理论。第三篇把财政纳入研究范围，我们建立新的包括央行与财政的通货膨胀理论框架，分析货币与债务的资源配置和风险配置。第四篇比较马克思再生产图式的动态优化模型与 DSGE 模型，我们研究能容纳不同理论的宏观调控理论框架，研究跨周期调控的动态优化理论基础问题。

（三）理论框架的主线

本著作研究在逐步扩大范围的同时，又贯穿一条时间因素主线。如同物理理论，时间也是经济理论的重要研究对象。现代宏观经济理论发展，跨期和动态优化是一条主线，时间是这条主线的重要因素。

本著作第一篇扩展的时间不一致性方法，也是一种决策变化受时间影响的方法。原来所做的最优计划，后来会因为各种经济利益的压力而做调整，变得不再最优。20 世纪 90 年代提出的通货膨胀目标制，是应对这一情况而产生的。第一篇提出的新的预期管理模式，建立在多期的动态博弈基础之上，自然涉及时间因素。

本著作第二篇继续扩展时间不一致方法，把金融系统纳入时间不一致性研究。此外，第二篇测度宏观风险配置，建立在存量流量一致性分析方法基础上，采用资产负债表和资金流量表作为分析工具。在经济统计变量中，一种变量是存量，另一种变量是流量。存量变动更反映长时期变化的结果，流量变动更反映短时期变化的结果。如居民的房产变动，更反映居民长期经济状况。而居民的消费变动，更反映居民短期经济状况。因此，存量和流量的一致性分析，也把短期分析和长期分析结合起来。

本著作第三篇的分析，建立在滤波所得到的长期趋势值的基础上。我们在《通货膨胀与不确定性》的第 3 章第 3 节，通过滤波方法，把长期变化和短期变化区分开。滤波得到的长期趋势值，反映经济变化的长期情况。滤波得到的周期成分，或者随机扰动成分，反映经济变化的短期情况。

本著作第四篇采用随机动态优化方法，试图为几种主要的宏观调控理论提供统一的数学框架。在该篇第十二章，研究了诸多涉及动态优化的经济理论思想，总结了跨周期调控的几种模式，对经济理论的时间因素做了哲学思考。

（四）理论框架的特色

传统宏观调控理论仅研究资源配置，不研究风险配置，仅注重不发生高通货膨胀和高通货紧缩的底线，不注重不发生系统性金融风险的底线。2008年美国金融危机后，宏观调控理论加进了防范系统性金融风险的内容。如目前中国宏观调控中，注重资源最佳配置，注重不发生系统性金融风险的底线。虽然中国央行一直把预防通货膨胀和高通货紧缩作为首要任务，但目前中国宏观调控注重的是不发生系统性金融风险。

本著作理论框架的特色是，要实现两个最佳配置，设置两条底线。宏观调控不仅要实现资源最佳配置，也要实现风险最佳配置，不仅要设置不发生系统性金融风险的底线，也要设置不发生高通货膨胀和高通货紧缩的底线。这两个配置是互相联系的，这两条底线也是互相联系的。

本著作理论框架的特色，尤其体现在两个方面。一是在本著作中，无论是央行的双支柱调控框架，还是央行与财政协调配合的宏观调控框架，以及跨周期的动态优化宏观调控框架，均包含宏观资源配置和宏观风险配置两大内核。二是把货币、债务与通货膨胀联系起来研究，这也就把系统性金融风险与通货膨胀联系了起来。系统性金融风险的核心是偿还债务问题，而一旦央行通过发行货币来偿还高额债务，就会引发通货膨胀。

我们通过对两个最佳配置和两条底线的系统研究，对传统宏观调控理论与方法进行系列创新，提出了一套新的宏观调控理论与方法，以解决目前遇到的新问题。这些新问题用传统的宏观调控理论解释不了。如目前货币和债务发行量都很高，但通货膨胀没有传统宏观调控理论预期的那么高。甚至，理论界还在讨论是否存在通货紧缩的问题。

第二节 宏观调控理论发展过程

对经济进行调控，最早的思想源泉是马尔萨斯（Malthus）的控制人口理论，最早的计划思想是马克思的经济理论，最早的实践是苏联的计划经济。欧美国家在战争时期的管制经济，也是宏观调控的一种实践。宏观调控理论问世后经历三大阶段，目前仍在不断发展。本著作是宏观调控理论发展过程逻辑与实践演化的结果。

一、三大阶段

针对1929年大危机的反思，"二战"后，欧美国家普遍实行宏观调控，经历了三大阶段。

（一）凯恩斯经济理论阶段

凯恩斯（Keynes）提出的宏观经济理论，为"二战"后欧美国家调控经济提供了理论基础。20世纪60～70年代，欧美国家依据菲利普斯曲线，采用相机决策制定政策，平衡通货膨胀和失业，或者平衡通货膨胀和经济增长。现在看来，这其实是一种配置，通货膨胀风险和经济增长之间的配置。

因缺乏政策规则对政策工具的约束，欧美国家普遍出现了较高的通货膨胀预期，并且出现了经济停滞和通货膨胀上升的局面。凯恩斯经济理论难以解释这一现象。

（二）通货膨胀目标制阶段

弗里德曼（Friedman）和菲尔普斯（Phelps）把适应性预期引进菲利普斯曲线模型，解释了菲利普斯曲线的变化和滞涨现象。他们为后续理论研究打开了缺口，导致了理性预期理论问世。

Kydland等（1977）提出时间不一致概念，认为政策制定者有偏离原定最优计划的倾向，需政策规则约束政策制定。Barro和Gordon（1983）把理性预期引入央行和公众的博弈，得出货币政策刺激产出无效结论。更早，Sargent-Wallace（1975）模型问世，曾得出政策无效结论。这三篇经典论文变革了宏观调控模式，为通货膨胀目标制奠定了理论基础，也促进了对政策规则的研究。

1995年以来，欧美国家相继建立通货膨胀目标制，逐渐用政策透明取代了暗箱操作。2000年后，预期管理理论问世。该理论建议实行物价稳定和经济增长双目标的弹性通货膨胀目标制（Woodford，2012a），强调央行权威、声誉、政策透明和政策规则对协调预期和提高政策效率的重要性（Morris et al.，2008）。前瞻性指导是预期管理的最新进展（Yellen，2013）。

通货膨胀目标制的目标是稳定的长期不变的，与经济周期变化无关，故也是跨周期的。为了实现这一跨周期目标，央行需要逆周期调控。当经济趋于过热时，通货膨胀值会高于原定目标，央行要踩刹车。当经济趋于过冷时，通货膨胀值会低于原定目标，央行要踩油门。因此，通货膨胀目标制是跨周期调控和逆周期调控结合的一种早期方式，对我们现在强调的跨周期调控和逆周期调控结合有启发意义。

（三）引进宏观审慎政策阶段

美国这次金融危机，反映了1932年费雪（Fisher）提出的债务通货紧缩理论（费雪，2014）、金融脆弱性理论（Minsky，1986）和金融加速器理论（Bernanke et al.，1989）的先见之明。这三种理论均重视研究金融系统，特别是研究了金融系统和经济系统的联系，是现在宏观调控理论创新的先驱。

2008年美国金融危机后，各国央行改革宏观调控模式，提出了宏观审慎政策，把金融系统也作为调控对象（Clement，2010），并讨论是否管理资产价格

（Galí，2014）。宏观调控理论开始包含资产负债表、资金流量表内容。反映宏观调控理论的这些变化，可见 Mishkin（2011）、IMF（2013）、Nikiforos 等（2017）的论文。

二、新发展

本著作的理论创新，建立在如下宏观调控理论新发展的基础之上。

（一）系统性风险

这次美国金融危机，由金融领域的问题，外溢到经济系统，导致经济危机，可见 Fischer（2014）的评论。这次危机与以往生产过剩危机的根本区别点是，金融系统资金配置出了问题，本质上是资金配置后面的风险配置出了问题，并且通过投行的高杠杆放大了风险。传统宏观调控理论完全忽视了风险、风险关联、风险聚合和风险放大机制，根本解释不了这次危机。

实践表明，市场不能自动实现宏观风险最优配置，需要政府在宏观层面上监管系统性风险。系统性风险成为宏观调控理论的核心概念，防范系统性风险成为宏观调控的重要目标。

系统性风险是宏观风险配置失衡的结果。

（二）现代货币理论

2008 年美国金融危机后，欧美国家政府均大量增发了货币与债务，这脱离了传统宏观调控理论的解释能力。现代货币理论用赤字货币化来解决债务问题，引起美国政策界重视，因而也引起欧美经济学界和中国经济学界注意。现代货币理论把货币与债务关联起来，而货币与债务是宏观风险配置的一对重要变量。

（三）资产负债表理论

传统宏观调控理论重视流量分析，如主流的宏观经济双缺口模型就建立在流量分析基础之上。美国金融危机后，存量问题引起了经济理论界重视。研究存量问题的一个重要工具是资产负债表。经济理论界使用资产负债表分析金融危机，代表性理论有辜朝明（2008）的债务最小化理论。国内李扬等（2020）编制了 2000—2019 年中国国家资产负债表，每年都对资产负债表反映的经济情况进行理论和政策分析，是国内资产负债表理论的代表。资产负债表是宏观风险配置的一个重要理论基础和分析工具。

（四）存量流量一致性方法

现在宏观调控理论既要分析存量，也要分析流量，存量流量一致性方法引起经济理论界重视，见柳欣等（2013）、Nikiforos 等（2017）的文献综述。存量流量一致性方法的基本工具是资产负债表和资金流量表。这两张表的稳健性基本决定宏观风险配置的稳健性。

（五）动态优化

宏观经济理论的一个发展趋势是不断加深对动态最优的研究，而动态最优是跨期最优，是跨期调控追求的最优，这与单期调控追求的静态最优不一样。未来宏观调控理论发展，将建立在动态优化基础之上。DSGE模型问世与发展，并被经济理论界普遍接受，是这一趋势的一个标志，是宏观经济动态优化理论的一个框架，可以作为跨期调控的一种理论与方法基础。未来跨周期调控应追求动态优化，宏观风险配置也应建立在动态优化基础上。

第三节　本著作内容概要

本著作分为四篇十三章。下面介绍每篇的主要内容、基本观点和创新。这是对前面所述本著作理论框架的结构内容的详细论述。

一、新预期管理模式

（一）主要内容

本篇视央行政策与公众对策博弈为不对称收益囚徒困境博弈，研究央行采取什么样的策略，能够引导公众预期，促使公众配合央行政策。本篇还从数学上证明不对称收益囚徒困境的动态博弈在一定条件下能存在合作行为，为央行的新预期管理模式打下坚实的数学基础。

（二）基本观点

传统预期管理模式靠说服公众来引导公众预期，过于软弱，央行需要采取一些强硬的措施，软硬兼施，引导公众预期。

传统政策规则没有考虑公众对策的因素，只对央行制定政策有约束，对公众的对策没有约束，只对经济变量做出反应，不对公众对策做出反应。如果把央行政策与公众对策视为博弈，就有必要引入博弈规则作为政策规则，以克服传统政策规则的这些弱点。

在央行政策与公众对策的博弈中，央行能够通过制定软硬兼施的政策规则，引导公众预期趋向央行预期，引导公众对策配合央行政策，从而实现央行和公众双赢局面。

（三）创新

我们区分了央行的两种时间不一致性概念和两种声誉概念。第一种时间不一致性是，央行追求高经济增长率而放弃原定最优计划。如果央行不这样做，央行具有第一种声誉。第二种时间不一致性是，央行屈服于公众不配合行为而放弃原定最优计划。如果央行不这样做，央行具有第二种声誉。这是对央行时间不一致性和声誉理论的创新。

我们把央行的软硬兼施策略作为一种新的政策规则，反映了央行政策对公众对策的反应规则，同时也起到约束公众对策的作用。这是对政策规则的创新。

我们在理论上证明了央行与公众博弈时，即使公众与央行利益不一致，央行仍能通过软硬兼施政策规则引导公众的收益预期，促使公众配合央行政策，提高央行政策效率，减少央行政策和公众对策互动反应的不确定性。相对于原有的说服式预期管理，这是一种新的强硬预期管理模式，是对预期管理理论的创新。

我们研究了不对称收益囚徒困境博弈模型，在理论上证明了，在不完全信息条件下，在有限期重复博弈时，在收益矩阵满足一定条件下，不对称收益囚徒困境博弈模型也能产生合作行为。在我们证明之前，只知道该问题的实验博弈能产生合作行为，理论上没有人论证过。

二、央行双支柱调控框架的理论基础

（一）主要内容

本篇研究央行双支柱调控框架的理论基础和运作方式。

我们把宏观金融风险测度建立在宏观风险配置理论基础之上，采用存量流量一致性分析方法，通过国家资产负债表和资金流量表及其连接，测度和分析它们背后风险配置及其隐含的金融风险。

我们把央行双支柱框架作为一种新目标制运作，研究了它的理论基础和控制特点，以及两大政策产生摩擦的原因和克服方法，制定了两大政策协调配合的政策规则。

（二）基本观点

央行双支柱调控要实现资源最佳配置和风险最佳配置。一般而言，货币政策针对资源最佳配置，宏观审慎政策针对风险最佳配置，但它们之间会有交叉重叠。央行对采用货币政策实现资源最佳配置比较熟悉，对采用宏观审慎政策实现风险最佳配置比较生疏，有必要在理论上加强对宏观风险配置及其测度的研究。

如果国家资产负债表和资金流量表是稳健的，则宏观风险配置也是稳健的，不会存在颠覆性的系统性风险。

资金流量表的风险，可以转移到资产负债表上，导致资产负债表不稳健。资产负债表的风险，可以转移到资金流量表上，导致资金流量表不稳健。流量上出现的风险问题，根源在存量上。金融风险要从存量和流量及其连接这两个维度进行分析和测度。

（三）创新

我们分析了宏观风险配置的机制，分析了宏观风险配置和宏观资源配置的关系，指出了货币政策和宏观审慎政策与这两种配置的关系，指出了房地产是这两种配置的一个结合点。

我们提出判断国家资产负债表和资金流量表是否稳健的四大原则，依据这些原则建立了测度风险配置和金融风险的指标体系。

我们从宏观层次分析并发展明斯基（Minsky）的融资概念，把对冲性融资分为强对冲性融资和弱对冲性融资，把融资风险与资金流量表和资产负债表联系起来分析。

当金融系统纳入宏观调控对象后,各国央行要克服新的时间不一致性问题,即央行为追求经济增长而放松金融监管。这是对时间不一致性概念的创新。

我们发现,对央行双支柱调控框架而言,在表面层次上,经济稳定目标和金融稳定目标的差异,货币政策和宏观审慎政策权责划分的差异,经济系统和金融系统互相影响,均可能导致货币政策和宏观审慎政策的摩擦与冲突。在更深层次上,经济周期和金融周期不同步,是引起两大政策摩擦与冲突的客观内在原因,是导致新的时间不一致性的客观条件。新的时间不一致性是导致金融不稳定和积累系统性风险的主观内在原因。

三、货币、债务与通货膨胀

(一)主要内容

我们吸收现代货币理论一些观点,参照国内外一些经济学家对货币数量论框架所用统计指标的批评,扩展了货币数量论框架。在此基础上,我们扩展通货膨胀理论框架,引入了财政债务和财政调控。在新的通货膨胀框架基础上,我们建立新的宏观调控模式,加强央行调控与财政调控的协调配合,联合实现资源最佳配置和风险最佳配置。

(二)基本观点

现代货币理论的基本观点不可接受,即其否定货币数量论,认为通货膨胀与货币数量无关。对现代货币理论不要彻底否定,其一些观点值得我们学习和吸收,如货币和债务的关系等。

我们坚持货币数量论的基本立场,认为过多超发货币终究会引起通货膨胀。但我们要对货币数量论做出改进,使其更好地符合现在的实际情况,如建立一个综合反映居民消费价格和住宅价格的加权指标,把财政赤字纳入新增的广义货币。

传统通货膨胀理论框架没有考虑财政调控因素,我们要建立新的通货膨胀理论框架,把财政调控因素考虑进来。

传统宏观调控模式中,央行调控与财政调控各行其是,协调配合不够。我们要建立新的宏观调控模式,央行调控和财政调控要能协调配合,充分发挥货币和债务的潜力,加强这两种调控的合力。

(三)创新

我们吸收了现代货币理论的一些观点,重新构建了货币、债务与通货膨胀的理论框架。

本篇适当吸收现代货币理论的一些观点,改进和拓展了货币数量论,把财政赤字纳入货币,设立包括消费品和住宅的综合价格指数以反映通货膨胀,分析了货币与产出、货币与价格、产出与价格三大关系及其变化规律,建立了包括这三大关系的新货币数量论理论框架，解释了增发的货币与债务为什么没有引起通货膨胀的问题，揭示了货币增速和经济增速均下降时价格仍能保持平稳的原因，发现了不引起通货膨胀的货币增长率区间。

我们建立了评估货币与债务配置的方法，评估了货币与债务配置历史情况与现状，发现了货币与债务配置存在的问题与改进方法。

我们把财政作用纳入通货膨胀理论，建立了包括央行与财政的新通货膨胀理论框架，建立了以货币与债务配置为核心的央行和财政协调配合的理论基础。

四、宏观调控的跨期动态优化

（一）主要内容

本篇比较马克思再生产图式与 DSGE 模型，试图比较这两类模型的异同点，试图从现代经济学角度理解马克思再生产图式，同时也从马克思再生产图式角度看现代经济理论。我们从数学角度建立一个理论容纳范围较广的宏观调控模型框架，以反映宏观资源配置和风险配置的动态优化。

本篇采用动态规划方法建立了马克思再生产图式的动态优化模型，还用跨期拉格朗日方法分析了宏观资源配置和风险配置的动态优化，具体建立了一个从富有居民征税的 DSGE 模型，分析其动态特征。

我们对动态优化的经济理论与思想进行了系统研究，分析了跨周期调控与逆周期调节的几种结合方式，从哲学高度总结了这些理论与思想。

（二）基本观点

从马克思再生产图式蕴含的经济关系，可以推广出很多深刻思想，如跨期最优思想，这超出了马克思那个时代经济学家们的认识。这是后人可以继续开发的宝贵资源，是马克思经济理论生命力的一大源泉。毕竟资本家追求剩余价值最大化是马克思经济理论核心思想的一部分，把动态优化引入马克思再生产图式是顺理成章的事。

采用 DSGE 模型，从数学角度建立新古典经济理论、新凯恩斯经济理论和马克思再生产理论的统一框架是有可能的，但各自理论基础不同，对统一数学模型的经济理论解释也就不同。

目前，我们重视的跨周期调控，本质上也是一种动态调控方法，也要追求中长期的动态优化。动态优化理论与方法可为跨周期调控奠定一个理论与方法基础。

我们认为，动态系统可以从符号系统角度研究。

（三）创新

我们把马克思再生产图式发展为一个动态优化模型。

欧美理论界用 DSGE 模型把新古典经济理论和新凯恩斯经济理论统一表示出来。我们更进一步，把马克思再生产图式、新古典经济理论、新凯恩斯经济理论和宏观风险配置理论统一用动态优化的数学框架表示出来。

我们对动态优化涉及的一些经济思想做了研究，提出了一些新的看法。如马克思是宏观经济动态理论的鼻祖，马克思的使用价值理论与效用理论的关联与区别，市场调控实现动态优化能力不足和缺少实现动态优化的机制，区分弱的跨周期调控模式和强的跨周期调控模式，在经济理论中从教育成本角度引进人的智商因素，等等。

动态优化方法是一种数学方法。我们也对其或多或少涉及的一些数学问题做了研究。我们把增长型混沌方程、杨辉三角形、不含重复质因数的所有自然数个数联系起来，发现它们的符号系统具有分数维。我们依据高阶无穷小概念和算法可计算性概念，在无穷集的一一对应基础上，加上了指数级别的概念，以区分无穷集的个数的多少。这与无穷集的势或者基数概念不一样。我们依据质数两两相加建立了偶数三角形，研究了偶数三角形的一些性质，在此基础上研制出一种特殊的二元一次不定方程组，可求出在偶数三角形上的任意一个偶数的所有位置，即等于该偶数的所有不同的两个质数相加，还研究了与该不定方程组相关的问题。我们分析了《宏观审慎管理的理论基础研究》第 14 章的从众行为符号算法的效率，并且改进了这一算法。作为纯科学研究，我们对这些涉及数学的研究，其驱动力是兴趣而不是应用。这些研究成果或许在未来会体现出对经济理论或者其他理论的价值。

李拉亚
2024 年 7 月 1 日

目 录

第一篇 新预期管理模式

    第一章 央行政策与公众对策互动关系的利益机制分析 3
        第一节 引言 3
        第二节 采用软硬兼施策略的客观原因和现实背景 8
        第三节 两种时间不一致性和央行两种声誉 10
        第四节 不对称收益囚徒困境博弈及其假定 12
        第五节 重复博弈中公众收益预期的形成机制 14
        第六节 央行和公众良性互动的基本定理 17
        第七节 从机制设计角度分析软硬兼施政策规则 18
        第八节 总 结 19
    第二章 不对称囚徒困境声誉博弈模型 21
        第一节 对称声誉博弈模型的条件和结论 21
        第二节 假设条件和基本定理 22
        第三节 证 明 24
        第四节 总 结 30

第二篇 央行双支柱调控框架的理论基础

    第三章 宏观资源配置和宏观风险配置的关系 33
        第一节 两大宏观配置的内涵与外延 33
        第二节 两大宏观配置关系的理论基础 38
        第三节 两大宏观配置关系的基本方法 45
        第四节 两大宏观配置与两大政策关系 49
        第五节 两大宏观配置的一个结合点 53
        第六节 总 结 56

第四章　宏观风险配置的测度分析　58
第一节　导　言　58
第二节　宏观风险配置测度的理论框架　61
第三节　居民部门风险配置测度　72
第四节　非金融企业风险配置测度　77
第五节　金融部门风险配置测度　81
第六节　政府部门风险配置测度　86
第七节　国外部门风险配置测度　89
第八节　房地产泡沫分析　91
第九节　总　结　97

第五章　双支柱调控框架的新目标制研究　99
第一节　引　言　99
第二节　两大系统调控目标及最终目标选择　102
第三节　两大系统调控工具分工及预期管理　107
第四节　广义币值稳定和新货币数量规则　112
第五节　各种摩擦的内在原因和两类逆周期调控规则　115
第六节　总　结　119

第三篇　货币、债务与通货膨胀

第六章　三大宏观调控理论比较　123
第一节　日益严重的货币与债务问题　123
第二节　现代货币理论异军突起　124
第三节　三大理论对债务的不同认识　126
第四节　三大理论的通货膨胀理论框架　129
第五节　可以借鉴现代货币理论的一些观点　135
第六节　总　结　136

第七章　对货币数量论的质疑与改进　138
第一节　对通货膨胀定义的分析　138
第二节　对货币数量论的质疑　139
第三节　设计新的综合价格指标　143
第四节　三大经济关系的数据分析与实证检验　147
第五节　三大关系的逻辑框架　155
第六节　总　结　158

第八章　新通货膨胀理论基础　160
第一节　从财政角度扩展货币口径　160
第二节　央行和财政协调配合　164

第三节　新通货膨胀理论框架　*169*

第四节　新通货膨胀理论特色　*171*

第五节　预期和不确定性影响　*172*

第六节　总　结　*173*

第九章　货币和债务的资源配置　*175*

第一节　已有的理论研究　*175*

第二节　货币和债务的效用　*176*

第三节　货币和债务资源配置的测度　*177*

第四节　货币和债券政策的协调配合　*180*

第五节　两大政策传导机制的问题　*182*

第六节　防止货币和债务的挤出效应　*185*

第七节　总　结　*188*

第十章　货币和债务的风险配置　*189*

第一节　宏观风险配置的核心内容　*189*

第二节　货币和债务风险配置的理论分析框架　*191*

第三节　从金融周期角度考察货币与债务的风险配置　*194*

第四节　新增 M3/GDP 名义值　*196*

第五节　不引起债务型通货膨胀的安全区间和安全操作　*197*

第六节　总　结　*204*

第四篇　宏观调控的跨期动态优化

第十一章　宏观资源配置和风险配置的动态优化　*207*

第一节　马克思再生产图式与 DSGE 模型比较　*207*

第二节　马克思扩大再生产图式的动态模型及稳定性分析　*208*

第三节　消费优先的两大部类配置动态优化　*212*

第四节　税收和政府投资对资源配置的动态优化　*217*

第五节　宏观风险配置的动态优化　*229*

第六节　总　结　*233*

第十二章　宏观经济动态及优化理论讨论　*235*

第一节　宏观经济动态及优化理论起源　*235*

第二节　优化思想比较　*239*

第三节　在动态优化模型中引入异质性分析　*241*

第四节　在动态优化模型中引入风险　*242*

第五节　跨周期调控的动态优化基础　*247*

第六节　对动态优化的经济哲学思考　*251*

第七节　总　结　*260*

第十三章　动态系统的数学与符号思考　262
第一节　在算法中采用符号及其应用　262
第二节　对自然数的一种分类　267
第三节　用质数构造偶数　271
第四节　偶数三角形的一些概念和性质　278
第五节　中间偶数排队顺序法　286
第六节　一种特殊的二元一次不定方程组求解法　299
第七节　从众行为的算法有效性分析　326
第八节　总　结　332
结束语　334
参考文献　335

第一篇

1

新预期管理模式

与传统说服式预期管理模式不同，本篇提出央行用带有奖惩的政策规则引导公众的预期和策略，是一种强硬的新预期管理模式。较之传统预期管理模式，新预期管理模式具有更强的引导公众预期和对策的功能。这种新预期管理模式建立在央行政策与公众对策的不对称收益囚徒困境重复博弈基础之上，我们从数学上证明这种重复博弈在一定条件下能产生合作行为，从而为新预期管理模式奠定了经济理论和数学方法基础。

第一章 央行政策与公众对策互动关系的利益机制分析

在央行政策与公众对策的重复博弈过程中，公众的预期和策略均受央行政策影响。本章研究央行用什么样的政策规则制定政策，才有助于公众基于自己的利益去配合央行的政策，提高政策效率，实现政策目标。

本章认为央行可采用博弈的软硬兼施策略作为一种新的政策规则：若公众配合央行政策，则央行实施温和政策；若公众不配合央行政策，则央行实施严厉政策。这一策略反映了央行政策对公众对策的反应规则，弥补了传统政策规则的不足。本章把这一策略理论化和模型化，提出了第二种时间不一致性和央行的第二种声誉，进而构造了不对称收益囚徒困境重复博弈模型，分析了央行政策与公众对策互动关系的利益机制。本章证明了，若采用这一策略，在不完全信息条件下，在有限期重复博弈时，该央行和公众可以产生合作行为。由此，我们得出一种更能引导公众预期从而促使公众配合央行政策的新预期管理模式。

第一节 引言

一、引导公众预期的已有理论及其特点

公众预期不仅影响投资、消费和价格水平等重要经济变量，也影响央行能否实现其政策目标。当央行预期与公众预期不一致时，公众不会配合央行的政策，导致央行政策效率低下，引起经济波动，降低社会福利。引导公众预期，消除央行预期与公众预期的不一致，是央行长期关注的问题。

早在20世纪50年代，日本央行已使用窗口指导方法引导公众预期，要求商业银行配合央行政策。从20世纪90年代中期以来，欧美国家央行逐渐用政策透明取代了传统的暗箱操作方法，采用通货膨胀目标制或弹性通货膨胀目标制取代相机决策。政策透明使公众认识到央行的政策制定和政策变化，有助于公众主动配合央行的政策，提高央行政策效率（Hahn，2002）。现在，政策透明不仅指货币政策，也要求财政政策透明（IMF，2013）。通货膨胀目标制和弹性通货膨

胀目标制有助于稳定公众预期，实际上起到引导公众预期的作用。21世纪以来，欧美国家兴起的预期管理理论，是新凯恩斯经济学派的新进展。该理论建立在政策透明基础上，强调央行的权威和声誉，认为央行货币政策的核心是管理预期（Morris et al., 2008；李拉亚，2011）。长期的实践表明，当央行政策与公众利益不冲突时，这些政策能起作用。

上述引导预期的方法有两大特点：

一是，它们均建立在公众信息不完备和央行与公众信息不对称的假设基础上，认为公众预期与央行预期不一致源自公众信息缺失，央行可通过政策透明方式向公众传播政策信息，告诉公众央行的政策意图，引导公众预期与央行预期保持一致，从而起到引导公众对策配合央行政策的作用，以提高央行政策的效率，达到稳定经济系统的目的。

二是，它们均不要求央行政策对公众对策做出反应，即不要求央行政策和公众对策双向互动，只是单向要求公众对策适应央行政策。这些方法没有强制公众必须配合央行政策，公众若不配合央行政策不会受到惩罚，公众配合央行政策也不会得到奖励。

二、我们的相关研究与反思

我们在1991年已意识到政府与公众预期不一致造成的经济波动和政策效率降低问题，试图通过公布政策目标、政策规则和实现目标的政策手段，以及依靠政府的权威和声誉，实施透明政策，传递政策信息，通过这些方法引导公众配合政府政策，进行预期管理，以达到提高政策效率减少经济波动的目的，从而达到减少不确定性的目的。①

2008年美国金融危机后，我们反思自己的理论，进一步认识到公众预期存在粘性，在短期内难与央行预期一致（Li, 2014）。同时我们也发现，当央行与公众利益不一致时，窗口指导、政策透明、通货膨胀目标制和预期管理起不到引

---

① 我们曾指出（李拉亚，1991）："政策要有效，就要求预期方向与政策目标方向一致，当方向不一致时，政策的效力就会削弱，甚至失败。要使预期变动方向与政策目标方向一致，就要一套明确的政策规则。""问题的关键是，政府怎样才能让公众知道政府目标及其实现目标的手段。并且政府怎样才能让公众相信政府有决心也有能力实现该项目标，而不是半途而废。""这一规则的优点是向公众明确公布了政府政策的目标，这就有助于消除公众预期中的不确定性因素，引导大家配合这一目标安排自己的经济活动，从而减少经济的波动。由于政府目标不变，政府与公众就能减轻这类问题的消极影响，大家都按这一目标来预期自己的经济活动，协调经济活动。政府遵循这样的规则，首要条件是政府要有可信度，要说话算数，不要途中变卦。""如果政府按照一套公开的政策规则办事，并且坚定不移地执行这套规则，那么政策规则本身就向公众提供了较多的政府政策制定的信息，这有利于减少公众预期的不确定性因素，也可以防止政策制定者改变初衷的打算，提高政策的可信度。"

导预期并促使公众配合央行政策的作用。

如美联储在 2000—2004 年不断降低利率，刺激了房地产市场泡沫膨胀，以求带动经济增长。2004 年后，一直到美国金融危机爆发，美联储又不断提升利率，试图抑制资产泡沫。然而，美国的投资银行没有围绕美联储的指挥棒转，没有调整自己的对策以配合美联储的政策，而是在利益机制的驱动下，与美联储的意图背道而驰，维持高杠杆，继续投机，直至房地产市场泡沫破灭。美联储实行的弹性通货膨胀目标制（虽然没有明确贴上这一标签）及美联储实施的透明政策，在这次金融危机中，没有起到引导公众预期的作用，更没有起到预防和化解危机的作用。

2008 年美国金融危机后，央行强调宏观审慎监管、逆周期调节和前瞻性指引等，其政策框架发生了重大变革。央行的这些新政策表面上是调控各种经济变量，实质会影响到各种经济利益，是央行和公众的博弈，在其后隐藏着利益关系、利益矛盾和利益斗争。在央行与公众博弈中，央行政策与公众对策存在互动关系。博弈双方策略均受到对方策略影响，均在考虑对方策略的条件下实现自己收益最大化。

因此，我们需要进一步进行理论创新，将原有公众单向适应央行政策扩展到央行政策与公众对策双向互动，研究这一互动关系背后的利益机制。这有助于我们深入研究上述新政策的理论基础，弥补央行引导公众预期原有方法的不足，解决央行与公众利益不一致时，公众对策不配合央行政策的问题。

三、理论意义和政策意义

为了应对 2008 年爆发的世界性经济危机，各国央行都在强调宏观审慎管理。这意味着央行不仅要调节经济，而且还要逆周期调节经济（Clement，2010）。央行的逆周期调节政策能否取得公众配合，实现公众对策和央行政策之间的良性互动，不仅是理论问题，也是现实问题。很难设想，当经济周期处于上行阶段，各商业银行倾向于扩大贷款规模争取更多盈利时，央行收缩信贷政策会受到各商业银行欢迎（Fic，2012）。

现在美联储、欧洲央行和英国央行等注重使用前瞻性指引。前瞻性指引是预期管理方法的新发展，是央行引导公众预期的新工具（Yellen，2013）。前瞻性指引的定义尚未统一，一种简明且权威定义是央行明确公布未来货币政策走势（Woodford，2012b）。在目前的前瞻性指引研究中，央行公布的未来货币政策走势不受公众对策影响，是单向向公众传递未来政策信息的。问题是，公众依据这些未来政策信息做出的对策，可能会影响到前瞻性指引的目标和路径，使之脱离央行原来的设想。这是实施前瞻性指引的一种潜在风险。此外，Gavin 等（2015）

发现，当公众相信经济将会复苏和央行将会退出非常规货币政策时，前瞻性指引能起到刺激经济的作用。另外，如果公众预期经济不会有什么复苏，未来的名义利率仍在零附近，那么前瞻性指引对经济起不了什么作用。这说明前瞻性指引能否发生作用，与公众预期有关。张强等（2014）认为，前瞻性指引的理论研究方向主要在中央银行对公众行为及公众预期的影响上，对于中央银行和公众之间在信息发布、传递和预期形成过程中的互动关系的研究相对较少。我们可在博弈模型中，把央行明确公布的未来货币政策走势与公众对策联系起来，研究它们在公众预期形成过程中的互动关系。央行未来货币政策走势受公众对策影响，公众对策也受未来货币政策走势影响。我们研究这一动态互动关系，可加深对前瞻性指引理论的认识。

2008年美国金融危机后，预防和化解资产泡沫是经济理论研究的最新前沿领域，央行是否要监管资产价格是当前经济理论界激烈争论的问题（Galí，2014），怎样采用各种宏观审慎政策管制房地产贷款是当前研究的热点问题（Mishkin，2011）。前以色列央行行长（后任过美联储副主席）费希尔（Fischer，2014）曾用各种宏观审慎政策减少房地产贷款，用以限制以色列房地产价格过速上升，化解了以色列的房地产泡沫，从而躲过了2008年美国金融危机后发达国家经济陷入通货紧缩的劫难。费希尔的这一政策，其实是在宏观审慎政策名义下实施有选择的贷款政策。其实，中国经济理论界和政策界在20世纪90年代初期也提出了类似思想，采用了类似政策。[①] 从那时起，我们一直在思考能否继续推进这一思想，把对资产价格的宏观审慎监管从松或从紧与公众是否配合央行政策联系起来。即当房地产商配合央行政策，自己限制房价上升过速时，针对房地产商贷款的宏观审慎政策可以适度温和；如果房地产商不配合央行政策，故意抬高房价，针对房地产商贷款的宏观审慎政策就要严厉。这可以减轻有选择的贷款政

---

① 我们曾指出（李拉亚，1995）："如果在投机市场出现泡沫，如1993年在房地产市场出现泡沫，那么投机性货币需求就会大大增加。在货币供给总量给定的情况下，投机性货币需求会争夺非投机性货币需求的贷款。前者因为获利高，可支付更高利率（或者给银行更多好处），从而可争取到更多的贷款。此外，投机者还会以各种拆借、集资等手段筹集到大量资金。这样，实际物资生产部门面临资金短缺问题，从而供给受到影响。如果银行为了保证供给不受影响，就得增加货币供给。而货币供给的增加，一部分或大部分又会转变为投机资本，从而使宏泡沫增大。一旦泡沫最终破灭，银行也会遭到灭顶之灾。""1993年房地产泡沫给我们的启示是深刻的。我们不应只从中接受银行转入房地产投机的教训，还应看到银行即使不转入房地产投机，也会面临严重的问题。好在1993年货币供给还是一种直接的贷款控制，而不是靠利率控制。由于是直接的贷款控制，银行可以从投机者那里追回部分贷款，控制住这股投机浪潮。这说明，今后银行除加强利率调控手段外，有选择的贷款配给控制也不能彻底丢掉。仅靠利率手段，控制不了投机资本的货币需求。投机资本的出现，增加了银行货币控制的难度。对投机资本的货币控制过松，会刺激泡沫的出现；对投机资本控制过紧，又有可能导致投机市场的崩溃。如何防止生产部门的货币流向投机市场也是一个棘手的问题，目前还没有找到解决这一问题的办法。"可见，对投机资本控制的松与紧，是本文早期的思想火花，是20年来我们一直思考的问题。

策对房地产商带来的副作用，实现央行和房地产商的良性互动。本章将在理论上分析这一政策制定方式是可行的，从而为央行逆向调节资产价格打开新思路，为宏观审慎政策提供新理论。

四、方法跟进

我们将在博弈论基础上研究央行政策与公众对策互动关系的利益机制。本章试图把博弈论中的软硬兼施（tit for tat）策略作为央行的政策规则，证明该规则有利于引导公众收益的预期，从而有利于引导公众对策，促使公众配合央行政策，提高政策效率。

为解决上面的理论问题，我们也需解决相应的博弈方法问题。Kreps 等（1982）从理论上证明了，对称收益囚徒困境博弈模型在不完全信息条件下，在有限期重复博弈时，能产生合作行为。他们的模型现称为 KMRW 声誉博弈模型。

本章中，我们考虑到央行与公众博弈时，央行与公众的收益不一定对称，故我们把央行与公众的博弈抽象为不对称收益囚徒困境博弈模型。这比对称收益囚徒困境博弈模型更接近实际情况。既然央行与公众博弈的利益机制，特别是公众对其收益的预期形成机制，是本章研究的重要内容，那么模型的收益假设更为接近实际是合理的，尽管这增加了研究难度。

Beckenkamp 等（2007）和 Ahn 等（2007）用博弈实验研究了不对称收益囚徒困境博弈，发现重复实验中不对称收益囚徒困境博弈也能取得合作行为，但比对称收益囚徒困境博弈取得合作要困难些。研究不对称收益囚徒困境博弈产生合作行为的文章极少，Tan（2008）提供了一些关于公共品的博弈实验文章，这些文章专注于分析不对称收益博弈和惩罚机制对产生合作的影响，可供参考。我们尚未看到任何文献从理论上证明，在不完全信息条件下，在有限期重复博弈时，不对称收益囚徒困境博弈模型能产生合作行为。

五、创新

（1）我们在理论上证明了央行与公众博弈时，即使公众与央行利益不一致，央行仍能通过软硬兼施政策规则引导公众的收益预期，促使公众配合央行政策，提高央行政策效率，减少央行政策和公众对策互动反应的不确定性。

（2）传统政策规则只反映了工具变量对经济变量的反应规则，没有反映央行政策对公众对策的反应规则。传统政策规则只有约束央行政策制定的作用，没有约束公众对策的作用。我们把央行的软硬兼施策略作为一种新的政策规则，反映了央行政策对公众对策的反应规则，同时也起到约束公众对策的作用。

（3）我们的不对称收益囚徒困境博弈模型是一种声誉博弈模型。我们需采用适合我们模型的声誉。为此，我们在 Kydland 等（1977）提出的时间不一致性的基础上，提出了第二种时间不一致性，以及相应的央行第二种声誉，即央行不屈服公众压力实现自己目标的声誉。为了区别，我们把 Kydland 等（1977）提出的时间不一致性和声誉称为第一种时间不一致性和央行的第一种声誉。我们的声誉博弈模型研究央行的第二种声誉。

（4）我们在理论上证明了，在不完全信息条件下，在有限期重复博弈时，不对称收益囚徒困境博弈模型也能产生合作行为。这为央行采用机制设计方法实现央行政策与公众对策的良性互动提供了理论基础。

第二节 采用软硬兼施策略的客观原因和现实背景

博弈论中的软硬兼施策略体现为参与者的两种互动关系：博弈中的一方采取合作策略，另一方也随之采取合作策略，即良性互动关系；博弈中一方采取不合作策略，另一方也随之采取不合作策略，即恶性互动关系。央行在现实中也采用这种软硬兼施策略，即若公众配合央行政策，央行与公众合作，实施温和政策。若公众不配合央行政策，央行不与公众合作，实施严厉政策。

我们把软硬兼施策略引入央行政策制定，形成软硬兼施政策规则，不是主观想象的结果，有其客观原因和实际背景。

一、客观原因

（1）由于利益的不一致导致预期的不一致性（即预期的异质性），公众对经济周期走势的看法可能与央行不一致。当央行判断经济已趋向过热，需要采取刹车政策时，公众认为经济形势看好，不认同央行的刹车政策，自然也不会配合央行的逆周期调节政策。

（2）因为公众行为具有顺周期性，央行的逆周期调节政策逆公众行为而行，难赢得公众配合，易招致公众抵制。例如，Fic（2012）认为在经济扩张阶段，央行的紧缩政策将由于公众的短视行为受到挑战。

（3）央行从全局出发考虑问题，而公众从各自利益出发考虑问题。央行代表的全局利益在一些情况下会和公众代表的局部利益发生冲突。公众为了维护自己的利益，会抵制央行政策。

（4）如果央行经常向公众妥协，不能将政策意图贯彻到底，那么公众也不会配合央行的政策。

（5）央行缺乏明确的政策规则，公众对央行政策的制定无所适从，更不能提前预知，只能根据央行政策的变化走一步看一步，不可能积极主动配合央行的政策。

二、实际背景

尽管央行没有明文规定软硬兼施策略，但从中外央行有影响人物的言论中，从公众的言论中，也可以看到软硬兼施规则具有实际背景，相当于一条潜规则。

欧洲央行货币委员斯马吉（Smaghi，2005）指出，央行有责任警告经济人，如果他们的行为与稳定价格政策不一致，这可能导致紧缩的货币政策，导致对所有人不利的结果。这就要求尽可能与所有经济人（工会、企业家、有资金支配权力的人士）交流。这种交流符合所有人的利益，因为与央行政策的不一致将导致经济增长的不利结果。这种交流也符合央行的利益，如果经济人与央行价格稳定政策保持一致的话，价格稳定政策也更容易被执行。斯马吉的这一论述直接指出了公众不配合央行政策的后果，会"导致紧缩的货币政策，这将导致对所有人不利的结果"。同时，他也指出了若公众配合央行政策，则政策能更容易被执行，换言之，就是无须执行紧缩政策，这对大家都有利。

在中国，原央行副行长吴晓灵提出过类似的论述，某房地产商人也说过类似的话。[①]

上述言论说明，当公众有抵制央行政策倾向时，强硬的央行为实现自己的目标，为维护自己的声誉，会制定更为严厉的政策予以应对。当公众配合央行政策时，央行乐意考虑公众的利益，实施吴晓灵所说"善意的、温和的"政策，即实现央行政策与公众对策的良性互动。

本章把这些感性认识和实际经验上升到理论高度进行分析，论证其合理性和可行性。这为央行实施软硬兼施政策规则，提升央行引导公众预期的能力，减少央行逆周期调节政策阻力，寻求治理资产泡沫的新方法，实现央行政策与公众对策的良性互动，提供了理论基础。

---

① 2004年4月28日，薛莉在《上海证券报》发表的《警告背后的潜台词》一文中引用了吴晓灵的话："这一调控措施是善意的、温和的，希望各有关部门自觉控制，以免矛盾激化，导致央行采取大家不愿看到的更强硬措施。""不要因为央行现在出手还比较温和，就想趁这个机会赶紧'干一把'，导致经济出现大的波动，造成今后的政策更加严厉。"2010年8月23日，吴景洪在《海峡导报》发表文章，引用了某房地产商人的话："政府有时候希望做事，你就得配合。我们最担心政府继续拿出一堆东西，那一堆东西其中有一些准备使用'核武器'，你干吗非得让政府把'核武器'都用出来，你要亡了，就不用把'核武器'拿出来了。"

第三节　两种时间不一致性和央行两种声誉

时间不一致性和央行声誉是一对经典概念，具有很强的生命力，如在宏观审慎政策研究文献中，我们可见这些概念的新发展（Ueda et al.，2012）。

2008 年美国金融危机后，宏观经济理论强调宏观审慎监管和逆周期调节。这两种管理手段都涉及公众利益，可能引起央行和公众之间的利益冲突，可能导致央行因执行政策困难而放弃原定政策目标。如央行实施逆周期调节政策时，因招致公众抵制而可能知难而退、途中变卦。本章基于理论研究和这一现实背景，把时间不一致性划分为两种，央行的声誉也相应划分为两种。

一、第一种时间不一致性和央行第一种声誉

第一种时间不一致性概念，指央行在 t 期为 $t+i$ 期计划的最优方案，因央行为追求自己的利益，主动改变原定目标。如央行为追求高产出目标而欺骗公众，放弃原定的低通货膨胀计划，故在 $t+i$ 期到来时，该方案不再是最优的。

我们把央行不会因追求高经济增长率而放弃原定最优计划的声誉称之为央行的第一种声誉。

Barro 和 Gordon（1983）在文章中使用这种时间不一致性和央行的这种声誉。

为克服第一种时间不一致性，提高央行的第一种声誉，我们更注意央行偏离最优计划的成本，即公众惩罚央行的欺骗行为，让央行得不偿失，从而使央行无偏离最优计划的动机。

二、第二种时间不一致性和央行第二种声誉

第二种时间不一致性概念，指央行在 t 期为 $t+i$ 期计划的最优方案，因为公众不配合央行的计划，央行向公众妥协，被动改变原定目标，故在 $t+i$ 期到来时，该方案不再是最优的。本章使用这一种时间不一致性概念。

我们把央行不屈服于公众不配合行为的声誉称为央行的第二种声誉。

当央行第二种声誉不好时，公众不会因为央行的政策调整而相应调整自己的预期，而是等待央行妥协。如经济上行时期，公众形成了经济继续上行的预期，不会因央行踩刹车而调整自己的预期，反而会认为央行将妥协，政策会回归，没有必要调整自己的预期。

为克服第二种时间不一致性，我们更注意公众偏离央行最优计划的成本，通

过央行对公众不配合央行政策的惩罚，让公众得不偿失，从而使公众有调整自己预期的压力，有配合央行政策的激励。

三、理论意义

经济理论界没有对时间不一致性和央行声誉做进一步划分。我们抽象出的第二种时间不一致性和央行的第二种声誉，是我们原创性概念，是我们模型的核心因素。

两种时间不一致性的关键不同点是：第一种时间不一致性，偏离最优计划的动机来自央行，央行是主动放弃最优计划；第二种时间不一致性，偏离最优计划的动机来自公众，央行是被动放弃最优计划。因此，为克服第一种时间不一致性，我们要用政策规则约束央行；为克服第二种时间不一致性，我们要用政策规则约束公众。而传统政策规则只用于约束央行。自然，本章要研究一种既能约束央行又能约束公众的政策规则，就不能不对传统政策规则做一拓展，让其能包含约束公众的内容。上节提出的软硬兼施政策规则符合我们的这一要求。

软硬兼施政策规则不仅反映了央行政策对公众对策的反应规则，还是带有奖惩机制的政策规则。对公众而言，是一种激励机制，即公众对策配合央行政策有奖（央行实行温和政策），公众对策不配合央行政策有罚（央行实行严厉政策）。因此，软硬兼施政策规则，可以起到约束公众对策的作用。该政策规则包含的这些内容，是传统政策规则所没有的，是对传统政策规则的拓展。

我们模型中所用的央行声誉，是指央行的第二种声誉。在央行与公众的博弈中，央行可使用威胁和承诺两种方法引导公众预期，促使公众配合央行政策。如果公众配合央行政策，央行承诺下一期会实行温和政策。如果公众不配合央行政策，央行威胁下一期将实行严厉政策。央行事前威胁和承诺的可信性，与央行的第二种声誉密切相关。

第二种声誉高的央行的威胁与承诺的可信性也高。公众不会担心配合央行政策后，央行又改变自己的政策目标，使公众因配合央行政策白白牺牲了自己的短期利益。当央行第二种声誉低到一定程度时，公众不会配合央行政策，等着央行向公众妥协。

上面论述表明，研究第二种时间不一致性和央行第二种声誉时，其研究内容明显不同于研究第一种时间不一致性和央行第一种声誉，是研究央行与公众互动关系的新领域，是本章创新的一个重要方面。

央行也可能因上级领导的意图而放弃自己原定的最优计划，由此产生第三种时间不一致性和第三种声誉。欧美国家用增加央行的独立性来解决这一问题。这不是本章研究的问题，这里存而不论。

第四节 不对称收益囚徒困境博弈及其假定

一、央行和公众的博弈具有囚徒困境博弈的基本特点

我们知道囚徒困境博弈模型具有"博弈双方合作则两利，斗争则两伤"的基本特点。下面说明央行和公众的博弈也具有"合则两利，斗则两伤"的特点。

从央行与公众互相合作看，对公众而言，希望央行实行温和政策。对央行而言，如果公众愿意配合央行政策，那么政策实施阻力较小，政策的副作用较小，政策的效率较高，政策目标也能够实现，央行愿意实行温和政策。这是央行和公众能够合作的客观现实基础，是"合则两利"。

从央行与公众互相不合作看，当公众不配合央行政策时，央行为实现自己的政策目标，不得不采用严厉政策，这对公众利益损害较大。从全局看，严厉政策的副作用较大，这是央行也很忌讳的。公众采用不配合策略导致央行采用严厉政策，是"斗则两伤"。

由上所述，央行和公众的博弈具有囚徒困境博弈的基本特点，可用囚徒困境博弈作为分析模型。事实上，文献中常用囚徒困境博弈来描述央行与公众的各种博弈关系（Klein，1990；Eijffinger，2001）。

二、央行与公众静态博弈收益表

在静态博弈中，公众有两种策略，配合央行政策和不配合央行政策。央行也有两种策略，实行温和政策和实行严厉政策。因此，公众与央行的策略两两相配得出表1-1。

表1-1　央行与公众静态博弈收益

央行政策	公众策略	
	不配合	配合
严厉	a，b	c，d
温和	e，f	g，h

在表1-1中，当央行采用严厉政策，公众采用不配合策略时，央行的收益为a，公众的收益为b。当央行采用严厉政策，公众采用配合策略时，央行的收益为c，公众的收益为d。当央行采用温和政策，公众采用不配合策略时，央行

的收益为 e，公众的收益为 f。当央行采用温和政策，公众采用配合策略时，央行的收益为 g，公众的收益为 h。不失一般性，我们假定表 1-1 中，央行和公众的每一个收益都大于零。

三、不对称收益囚徒困境博弈模型的定义

囚徒困境博弈模型可分为两种类型：对称收益囚徒困境博弈模型和不对称收益囚徒困境博弈模型。如果我们假定 $a = b$，$g = h$，$d = e$，$c = f$，则为对称收益囚徒困境博弈模型。如果我们不假定 $a = b$，$g = h$，$d = e$，$c = f$，则为不对称收益囚徒困境博弈模型。依据本章导言部分所论述的理由，我们采用不对称收益囚徒困境博弈模型。

四、囚徒困境博弈模型的基本假定

无论对称收益还是不对称收益的囚徒困境博弈模型，均遵循下面的假定。

从公众与央行合作看，由央行和公众存在"合则两利，斗则两伤"的特点，公众和央行互相合作得到的收益 h 和 g 要大于公众与央行不合作时的收益 b 和 a，即 $h > b$，$g > a$。

无论公众配合或不配合央行政策，短期内央行采用严厉政策均能较快取得成效，其严厉政策收益大于温和政策收益，即 $a > e$，$c > g$。无论央行采用严厉政策还是温和政策，短期内公众采用不配合策略均维护了自己的短期利益，其收益大于牺牲自己短期利益的配合策略收益，即 $b > d$，$f > h$。由这两个假定，短期内不合作一方能取得较好的收益，这是静态博弈时双方不能合作的原因。也正因此，央行才需要采用软硬兼施策略，让博弈双方走出短期利益的陷阱，从长远利益着想，达成合作的目的。

无论央行实行严厉政策还是实行温和政策，在公众配合时的央行收益要大于公众不配合时央行的收益，即 $c > a$，$g > e$。无论公众配合或不配合央行政策，当央行采用温和政策时，公众收益要大于央行采用严厉政策时的收益，即 $h > d$，$f > b$。由这两个假定，一方主动合作能给对方带来较高的收益，因此也有可能换取对方合作的回报。这也是为什么央行采用软硬兼施策略时，通常先用温和政策，试图换取公众的配合。

五、不完全信息假定

下面的假定与 Kreps 等（1982）的模型一的假定原则上相同。

我们假设央行分为两种类型，一种是强势央行，另一种是弱势央行。强势

央行不会向公众妥协，会将自己的政策意图贯彻到底。强势央行奉行软硬兼施政策规则，并公布自己在第一期会采取温和政策，以示自己的合作诚意。弱势央行会向公众妥协，政策可能途中变卦，不会将自己的政策意图进行到底。弱势央行可采取任何策略。但弱势央行通过假装强势央行，可以建立一个不向公众妥协的声誉。央行知道自己的类型，即知道自己是强势央行还是弱势央行。公众不知道央行的类型，但公众认为央行为强势央行的概率为 p，为弱势央行的概率为 $(1-p)$。p 值实质上也是央行第二种声誉的测度指标。央行的第二种声誉越好，p 值越高。

我们假定上述这些假设是央行与公众的公共知识。

第五节 重复博弈中公众收益预期的形成机制

一、寻找新的引导预期方式

经济理论界有很多文献研究博弈中预期的作用和行为，特别是央行的通货膨胀目标对公众通货膨胀预期形成的影响。国外近期研究可见 Aumann 等（1998）。国内近期研究可见许毓坤（2013）。

导言部分已经指出，通过央行的通货膨胀目标来引导预期，只有在央行与公众利益不冲突时才有作用。2008 年美国金融危机的惨痛教训表明，当央行与公众利益不一致时，央行怎样引导公众预期，是亟须研究的理论问题。没有理论上的新认识，没有政策制定的新方式，面对资产泡沫，我们仍是无能为力。这要求我们跳出通货膨胀目标制的研究思路，另辟蹊径，闯出一条新路。

我们认为，公众关心央行的通货膨胀目标，是因为关心自己的利益。央行的目标能影响到公众利益，央行的未来政策走势也能影响到公众利益。央行明确公布软硬兼施政策规则，也就明确公布了未来货币政策走势。这可视为前瞻性指引的一种形式。如同在博弈理论框架中讨论通货膨胀目标对影响公众预期的作用，我们也可在博弈理论框架中研究软硬兼施政策规则对引导公众预期的作用。这是在央行政策与公众对策双向互动关系基础上研究前瞻性指引，与公众对策单向适应央行政策的前瞻性指引研究有所不同，但在央行明确公布未来政策走势上，在央行的承诺上，在引导公众预期的作用上，这两种前瞻性指引是一致的，并没有本质的不同。但这两种前瞻性指引在引导公众预期的机制上，又有很大不同。一种是单向引导公众预期，即公众预期适应央行预期。另一种则是双向引导公众预期，即公众预期受公众对策和央行政策互动的影响。我们研究的引导公众预期新方式是指后一种。

如治理通货膨胀要提高利率,按照现在的前瞻性指引方法,央行可以公布把目前提高的利率维持一段时间,也可以公布通货膨胀率不降到目标范围内,将维持这一利率不变,还可以公布未来依据通货膨胀水平调整利率的路径,如此等等。但是这些方法只考虑了央行利率政策对通货膨胀变量的反应规则,没有考虑央行利率政策对公众对策的反应规则,较之博弈模型考虑央行政策和公众对策的互动关系,其不足是明显的。

二、两种反应函数

为了描述公众第 t 期对策与强势央行第 $t+1$ 期政策的关系,我们引进下标 t 表示时期,用 C_t 表示第 t 期公众采取配合央行政策的策略,用 N_t 表示第 t 期公众采取不配合央行政策的策略,用 W_t 表示第 t 期强势央行采取的温和政策,用 S_t 表示第 t 期央行采取的严厉政策。

理性的公众知道了强势央行的软硬兼施政策规则,会根据自己本期采取的策略而预期到强势央行下一期的策略。由此,我们可得出两种反应函数:

$W_t = E(C_{t-1})$,即公众因自己在第 $t-1$ 期采用配合策略而预期强势央行在第 t 期会采用温和政策。

$S_t = E(N_{t-1})$,即公众因自己在第 $t-1$ 期采用不配合策略而预期强势央行在第 t 期会采用严厉政策。

三、两期的公众收益预期形成机制

我们先看二期重复博弈的情况,这样便于分析和解释公众预期收益的形成机制。我们将在下一节分析多期重复博弈。

我们假设强势央行第一期采用温和政策 W_1。依据强势央行采用的软硬兼施政策规则,即 $W_2 = E(C_1)$,$S_2 = E(N_1)$,公众可以由自己在第一期采用配合策略 C_1 还是不配合策略 N_1,预期强势央行第二期采用温和政策 W_2 还是严厉政策 S_2。

我们将在第二章证明,弱势央行的理性策略是,在 T 期重复博弈中,弱势央行从博弈开始直至 $T-2$ 期都选择温和政策,在 $T-1$ 期和 T 选择严厉政策。现在因为只有两期,$T=2$,故弱势央行在第一期采用严厉政策,在第二期也采取严厉政策,并且公众知道弱势央行是理性的,会采用理性策略。

对公众而言,第二期博弈是最终博弈,依据博弈的严格占优策略,公众此时会选择不配合策略 N_2。故问题的关键是,公众在第一期是选择配合策略 C_1,还是选择不配合策略 N_1。公众怎样选择第一期策略,由公众在这两期博弈的总预期收益决定。公众采用能使总预期收益最大的策略安排。

在第一期，公众选择配合策略 C_1，设其预期收益为 $E(R_{11})$。我们采用理性预期理论常用的数学期望公式计算 $E(R_{11})$，得

$$E(R_{11}) = ph + (1-p)d$$

在第二期，公众选择不配合策略 N_2，设其预期收益为 $E(R_{12})$。因为公众在第一期选择配合策略 C_1，公众可以预期强势央行在第二期选择的策略为 $W_2 = E(C_1)$，即强势央行选择温和政策。故公众第二期的预期收益为

$$E(R_{12}) = pf + (1-p)b$$

如果公众在第一期选择不配合策略 N_1，设其预期收益为 $E(R_{21})$，得

$$E(R_{21}) = pf + (1-p)b$$

到第二期公众仍选择不配合策略 N_2，并可预期强势央行第二期策略为 $S_2 = E(N_1)$，其预期收益为 $E(R_{22})$，可得

$$E(R_{22}) = pb + (1-p)b$$

要使公众在第一期的最优选择是配合策略，就必须有

$$E(R_{11}) + E(R_{12}) \geqslant E(R_{21}) + E(R_{22})$$

即有

$$d + b + (h+f-b-d)p \geqslant 2b + (f-b)p$$

由题设，有 $h > d$。由此，可推出

$$p \geqslant (b-d)/(h-d)$$

上面不等式的右边为 p 的门槛值。这是公众选择配合策略的条件。由题设，有 $h > b$。因此，$b-d < h-d$。由题设，有 $b > d$，$h > d$，故有 $b-d > 0$，$h-d > 0$。这说明，门槛值是小于 1 而大于 0 的。

在此条件下，公众第一期选择配合策略，能导致自己长期收益最大化。

仿上分析，如果 p 小于这一门槛值，公众第一期选择不配合策略，能导致自己长期收益最大化。

故当强势央行采用软硬兼施政策规则时，公众在第一期采取什么策略，由 p 值决定。我们把这一分析过程总结为一张表，更简明地反映央行与公众的互动策略行为，以及对公众收益预期的影响，见表 1-2。

表 1-2 强势央行、公众的互动策略行为与公众收益预期的关系

第一期公众对策	公众预期第二期强势央行采取的政策	p 值	公众预期最大收益
配合	温和	$p \geqslant$ 门槛值	$E(R_{11}) + E(R_{12})$
不配合	严厉	$p <$ 门槛值	$E(R_{21}) + E(R_{22})$

于是我们可把受央行政策和公众对策联合影响的公众收益预期的形成机制总结为：公众在判断央行的第二种声誉基础上，通过 $W_t = E(C_{t-1})$ 和 $S_t = E(N_{t-1})$

这两个反应函数，由自己的本期对策预期央行的下期政策，由此预期自己不同对策带来的不同收益，采用能带来最大预期收益的对策。而央行的第二种声誉越好，p 值便越容易高于门槛值，公众便越愿意采取配合对策，越认为采取这一配合对策能带来自己的最大预期收益。可以说，公众与央行能否良性互动，央行的第二种声誉起重要作用。

央行实行通货膨胀目标制是通过影响公众的信息来引导公众的预期。在本博弈模型中，影响公众预期收益形成机制的既不是央行公布的目标，也不是央行政策对经济变量的反应机制，而是央行的第二种声誉，以及央行政策对公众对策的反应机制。这是央行引导公众预期形成的一种新方式。

怎样维持金融系统和经济系统稳定，是 2008 年美国金融危机后经济理论界的一个重大课题。央行可以利用这一引导公众预期的新方式，来减少央行与公众博弈时博弈双方制定策略的不确定性，起到稳定经济系统的作用。如软硬兼施规则告诉了公众有关央行政策对公众对策的反应规则，这让公众能依据自己的决策而预期下一期央行的政策，减少了博弈双方预期行为的不确定性，也减少了博弈双方策略制定的不确定性。央行可以用软硬兼施规则引导公众预期，用以稳定金融系统和经济系统。

第六节 央行和公众良性互动的基本定理

一、基本定理

前面讨论了两期博弈的情况。现在我们把两期博弈推广到多期博弈。我们用定理一表示多期博弈的情况。我们参照较为流行的证明 KMRW 声誉博弈模型的思路（Gibbons，1992），证明了弱势央行和公众均不会偏离定理一定义的合作均衡。具体证明过程见第二章。

定理一：在央行与公众 T 期不对称收益囚徒困境重复博弈中，在前面的假设条件下并且有 $h > (f+b)/2$ 成立时，如果强势央行实行软硬兼施政策规则，在第一期选择温和政策，并且当公众认为央行为强势央行的概率大于门槛值时，则央行与公众能实现这样一种合作均衡：弱势央行从博弈开始直至 $T-2$ 期都选择温和政策，在 $T-1$ 期和 T 期选择严厉政策。公众从博弈开始直至 $T-1$ 期都选择配合策略，在 T 期选择不配合策略。

为了在不对称囚徒困境博弈中能取得合作，我们假定 $h > (f+b)/2$。这意味着，当公众采用配合策略、央行采用温和政策时，公众收益 h 大于公众采用不配合策略时两种收益的平均数（$f+b$）/2。我们在定理一的证明中用到这一新条件，而没有用到对称收益囚徒困境博弈模型的原有条件：央行与公众互相合作时，两者的收益之和为最大。这说明，采用原有的这一证明条件尚不足以证明不对称囚徒困境博弈中能取得合作。由对称收益假定改为不对称收益假定，证明过程中也必定会用新条件取代旧条件。

二、对定理一的解释

定理一揭示了央行政策与公众对策互动关系的利益机制，即公众在博弈开始阶段选择不配合策略可能得到较高收益，但因央行会转而实行严厉政策，长期来看，公众得不偿失。因此，在央行软硬兼施政策规则的激励下，公众会为维护自己的长期利益而放弃短期利益，选择与央行配合，争取央行实行温和政策。只有在博弈快结束时，公众才会一次性把过去建立的合作声誉利用尽。故定理一的合作均衡表述了央行政策和公众对策的良性互动关系。

三、定理一的推广

如果我们用囚徒 1 表示央行，用囚徒 2 表示公众。进一步，用非理性囚徒 1 表示强势央行，用理性囚徒 1 表示弱势央行。那么，我们描述的央行与公众的政策博弈就成为一般形式的不完全信息不对称收益囚徒困境博弈模型。因此，我们的定理及证明方法可用于一些不完全信息不对称收益声誉博弈的合作问题。

虽然定理一与 KMRW 声誉博弈模型的模型一的假设条件有所不同，但两者的结论是类似的。

第七节　从机制设计角度分析软硬兼施政策规则

在央行政策与公众对策博弈时，公众有两个选择，即配合策略和不配合策略。央行希望公众选择配合策略，不希望公众选择不配合策略。央行采用的软硬兼施政策规则反映了机制设计的理念，即在央行的声誉大于门槛值的条件下，它使公众选择配合策略带来的长期收益大于公众选择不配合策略带来的长期收益，同时也满足了央行选择温和政策的愿望，实现了公众对策与央行政策的良性互动。

在央行政策与公众对策博弈中，公众不可能不参与，不存在公众参与约束的问题。但我们可把 $h > (f+b)/2$ 作为公众采取配合策略的参与约束。这是使公众采取配合策略能实现长期利益最大化的必要条件之一。

从两期看，我们把 $E(R_{11})+E(R_{12}) \geqslant E(R_{21})+E(R_{22})$ 作为激励相容约束，即第一期公众采取配合策略比不采取配合策略获利要多。对于多期博弈而言，我们仍把公众采取配合策略比不采取配合策略获利要多作为激励相容约束。前面已经指出，只有央行的第二种声誉高于其门槛值，激励相容约束才能成立。

我们设计的软硬兼施政策规则能否实现公众对策与央行政策的良性互动，一个关键的前提条件是，能否让央行的软硬兼施政策规则成为公共知识。这要求央行与公众进行信息交流与沟通。

央行可以通过政策透明的方式，向公众系统介绍央行的软硬兼施政策规则，让上述博弈模型的假设成为央行与公众的公共知识，让这一隐性的潜规则成为显性的、透明的、公开的政策规则。央行既要让公众知道采取配合策略时央行将实行温和政策的承诺，也要让公众知道采取不配合策略时央行将实行严厉政策的威胁，并且要让公众相信这些承诺和威胁都是理性的和可信的。同时，央行也要听取公众意见，了解公众执行政策的成本代价及其短期利益和长期利益，要让公众配合央行政策从长远看不吃亏。这样，公众才愿意配合央行政策。

央行听取公众意见，不仅是信息透明公开，还是一个博弈行为。当公众知道自己的意见有可能影响政策形成时，公众可能夸大自己的意见，以形成一个对自己有利的政策。如果说第一种时间不一致性的特征是央行欺骗公众，那么第二种时间不一致性的特征则是公众欺骗央行。因此，设计一种能使央行和公众都显示自己真实信息的机制，仍是值得研究的。在我们采用的博弈模型中，公众在配合还是不配合央行政策的策略选择中，能披露自己配合央行政策的真实成本信息。若公众配合央行的政策，则意味着公众配合央行政策的成本低于或等于其收益。

第八节 总 结

我们把软硬兼施策略明确化、规则化、理论化和模型化，由此得出了一种促使公众配合央行政策，从而实现公众对策与央行政策良性互动的新理论。

该理论与窗口指导、政策透明、通货膨胀目标制和预期管理等方法不同，建立在带有奖惩机制的软硬兼施政策规则之上。这一政策规则符合机制设计的理念，能引导公众的收益预期，促使公众配合央行政策。较之窗口指导、政策透明、通货膨胀目标制和预期管理等理论，该理论在促使公众配合央行政策上更为有力，是一种新的预期管理模式。

该理论揭示了央行政策与公众对策互动关系的利益机制。在央行与公众的不对称收益囚徒困境重复博弈中，当央行采用软硬兼施政策规则，并且央行的第二种声誉高于其门槛值时，公众采用配合策略，央行采用温和政策，能导致公众长期利益最大化，从而能实现央行政策与公众对策的良性互动。

在该理论中，央行第二种声誉对实现公众与央行的良性互动有至关重要的作用。只有当央行第二种声誉高于其门槛值时，公众才会配合央行政策。换言之，央行第二种声誉越高，公众越容易预期采取配合策略能带来长期收益最大化，公众对策与央行政策的良性互动越容易实现。

该理论拓展了传统政策规则的范围。软硬兼施政策规则不仅反映了央行政策对公众对策的反应规则，也起到约束公众对策的作用。这是传统政策规则没有的内容。

该理论有助于我们加深对预期形成机制的认识。在本章研究中，我们看到，公众预期形成不仅受其拥有的信息影响，也受其利益的影响，还会受到对方策略的影响。央行实施软硬兼施政策规则，向公众明确公布了未来的政策走势，对公众预期行为起到约束和激励作用，可作为前瞻性指引的一种形式，为央行引导公众预期提供了一种新方式。

依据该理论，我们把对资产价格的宏观审慎监管从松或从紧与公众是否配合央行政策联系起来，为治理资产泡沫提供一种新思路。对于央行实施的其他逆周期调节政策，如治理经济过热和降低通胀水平，我们也可以采用软硬兼施政策规则，以减少政策实施中的阻力。

第二章　不对称囚徒困境声誉博弈模型

在 KMRW 声誉博弈模型中，使用的模型是囚徒困境博弈模型。囚徒困境博弈模型的收益矩阵中博弈双方收益是对称的。本章采用的是不对称囚徒困境博弈模型（Asymmetric Prisoner's Dilemma Model）。在该模型中，博弈双方收益是不对称的。在许多情况下，声誉博弈双方收益不一定对称。这是我们试图研究不对称囚徒困境博弈声誉模型的原因，也为第一章新预期管理模式奠定了数学基础。

第一节　对称声誉博弈模型的条件和结论

第一章已经介绍，贝肯坎普等（Beckenkamp et al., 2007）研究了对称囚徒困境博弈和不对称囚徒困境博弈的博弈实验，发现不对称囚徒困境情况下合作结果更难取得。安等（Ahn et al., 2007）也研究了不对称囚徒博弈的实验，同样发现在同步博弈时不对称囚徒困境情况下合作结果更难取得。我们尚未看到关于不对称囚徒困境声誉博弈模型的研究。

本章的贡献是证明了不对称囚徒困境声誉博弈模型在一定的条件下也可以存在合作的结论。这一结论与 KMRW 声誉博弈模型的模型一的结论是类似的。为了便于对比，我们把 KMRW 声誉博弈模型的模型一[①]的假设条件和结论总结如下：

假定囚徒 1 有两种类型，理性囚徒 1 或非理性囚徒 1。理性囚徒 1 或非理性囚徒 1 的概率分别为 $1-p$ 和 p。非理性囚徒 1 只采用针锋相对策略。理性囚徒 1 可以选择任何策略。囚徒 1 知道自己的类型，即知道自己是非理性囚徒 1 还是理性囚徒 1。假定囚徒 2 只有一种类型，并且囚徒 2 可以选择任何策略。囚徒 2 不知道囚徒 1 的类型，只知道囚徒 1 为理性囚徒 1 或非理性囚徒 1 的概率分别为 $1-p$ 和 p。按照克雷普斯等（Kreps et al., 1982）的分析方法，我们可以得出只要非理性囚徒 1 的概率 p 大于某一个数（这个数由博弈的收益矩阵决定），就可以得到一个存在合作的精炼贝叶斯均衡。

[①] Kreps 等（1982）原文中的模型一。

第二节　假设条件和基本定理

这一节的假设条件和基本定理其实就是第一章中的假设条件和基本定理。只是这里我们用囚徒 1 表示央行，用囚徒 2 表示公众。进一步，用非理性囚徒 1 表示强势央行，用理性囚徒 1 表示弱势央行。为方便读者阅读，我们用囚徒困境博弈模型的语言把第一章的相关内容重新表述出来。

一、静态博弈收益表

我们首先从静态博弈着手分析问题。在静态博弈中，囚徒 2 有合作或背叛两种策略。囚徒 1 也有合作或背叛两种策略。因此，囚徒 1 和囚徒 2 的策略两两相配会得出表 2-1。

表 2-1　静态博弈的收益

囚徒 1	囚徒 2	
	背叛	合作
背叛	a, b	c, d
合作	e, f	g, h

表 2-1 是囚徒 1 与囚徒 2 静态博弈的收益。当囚徒 1 采用背叛策略，囚徒 2 采用背叛策略时，囚徒 1 的收益为 a，囚徒 2 的收益为 b。当囚徒 1 采用背叛策略，囚徒 2 采用合作策略时，囚徒 1 的收益为 c，囚徒 2 的收益为 d。当囚徒 1 采用合作策略，囚徒 2 采用背叛策略时，囚徒 1 的收益为 e，囚徒 2 的收益为 f。当囚徒 1 采用合作策略，囚徒 2 采用合作策略时，囚徒 1 的收益为 g，囚徒 2 的收益为 h。不失一般性，我们假定表 2-1 中，囚徒 1 和囚徒 2 的每一收益都大于零。

二、基本假定

在静态博弈中，无论囚徒 2 采用背叛策略还是合作策略，囚徒 1 采用背叛策略的收益大于合作策略收益，即 $a > e$，$c > g$。当囚徒 2 采用合作策略时，无论囚徒 1 采用背叛策略还是采用合作策略，囚徒 1 收益要大于囚徒 2 采用背叛策略时的收益，即 $c > a$，$g > e$。在这些假设下，囚徒 1 采用背叛策略是她的严格占优策略。故在静态博弈中，囚徒 1 不会采用合作策略。

在静态博弈中，无论囚徒 1 采用背叛策略还是合作策略，囚徒 2 采用背叛策略的收益大于合作策略收益，即 $b>d$, $f>h$。当囚徒 1 采用合作策略时，无论囚徒 2 采用合作或背叛策略，囚徒 2 收益要大于囚徒 1 采用背叛策略时的收益，即 $h>d$, $f>b$。依据这些假定，囚徒 2 采取背叛策略严格占优于囚徒 2 采取合作策略。因此，囚徒 2 在静态博弈中不会采取合作策略。

囚徒 1 和囚徒 2 存在"合则两利，斗则两伤"的客观事实。因此，当囚徒 2 与囚徒 1 互相合作时，囚徒 2 得到的收益 h 要大于囚徒 2 与囚徒 1 互相不合作时的收益 b，即 $h>b$。此外，当囚徒 1 与囚徒 2 互相合作时，囚徒 1 得到的收益 g 要大于囚徒 1 与囚徒 2 互相不合作时的收益 a，即 $g>a$。

我们还假定 $h-b>f-h$。这意味着有
$$h>(f+b)/2$$
即囚徒 2 和囚徒 1 均采用合作策略时囚徒 2 收益 h，大于囚徒 2 采用背叛策略时的收益平均数 $(f+b)/2$。

博弈双方收益对称是常用的囚徒困境博弈模型的一大特点，可称为对称囚徒困境博弈模型。我们在表 2-1 描述的博弈关系中没有假定 $a=b$, $g=h$, $d=e$, $c=f$。这表明囚徒 1 与囚徒 2 的收益不一定是对称的。因此，我们的博弈模型不是对称囚徒困境博弈模型，而是不对称囚徒困境博弈模型。

我们假设囚徒 1 分为两种类型：一种是非理性囚徒 1，非理性囚徒 1 奉行针锋相对策略；另一种是理性囚徒 1，理性囚徒 1 可采取任何策略。

我们假定，囚徒 2 认为囚徒 1 为理性的概率为 p，为非理性的概率为 $1-p$。囚徒 2 可以采用任何策略。

我们假定上述这些假设是囚徒 1 与囚徒 2 的公共知识。

三、基本定理

当囚徒 2 判断囚徒 1 是非理性的概率低到某一值（该值称之为门槛值，由我们研究问题的实际意义决定门槛值小于 1）时，囚徒 2 判断囚徒 1 是理性的，囚徒 2 不会与理性囚徒 1 合作。我们用下述定理一严格表述这一思想，并在下一节严格证明定理一。

定理一 在如上定义的囚徒 1 与囚徒 2 的 T 期重复博弈中，如果非理性囚徒 1 在第一期选择合作策略，随后实行针锋相对策略，并且当囚徒 2 认为囚徒 1 为非理性的概率大于某一门槛值时，则囚徒 1 与囚徒 2 能实现这样一种合作均衡：理性囚徒 1 从博弈开始直至 $T-2$ 期都选择合作策略，在 $T-1$ 期和 T 期选择背叛策略；囚徒 2 从博弈开始直至 $T-1$ 期都选择合作策略，在 T 期选择背叛策略。

可见，定理一与 KMRW 声誉博弈模型的模型一的结论是类似的，尽管这两

种模型依据的假设条件有所不同。

第三节 证 明

参照现在较为流行证明KMRW声誉博弈模型的思路[①]，我们分别证明理性囚徒1和囚徒2均不会偏离定理一定义的合作均衡。

一、理性囚徒1

现证明，在T期博弈中，理性囚徒1没有动机偏离合作均衡。

如果理性囚徒1在$t < T-1$中的任意阶段选择背叛策略（即偏离合作均衡），那么囚徒2知道囚徒1是理性的（因为他没有采用针锋相对策略）。于是囚徒2会选择背叛策略。这样，理性囚徒1在t期得到的收益为c（因此时囚徒2采取合作策略，理性囚徒1采用背叛策略），其后到$T-1$期每一期收益均为a（囚徒2采用背叛策略，理性囚徒1采用背叛策略）。但理性囚徒1在合作均衡时的均衡收益从t到$T-2$期每一期均为g，$T-1$期的收益为c，共计为$(T-t-1)g+c$。由于题设条件$g > a$，故有

$$(T-t-1)g + c > c + (T-t-1)a$$

故理性囚徒1在$t < T-1$中的任意阶段均不会采用背叛策略。为便于比较，上面计算的是从t期到$T-1$期。

下面证明，理性囚徒1在$T-1$期和T期也没有偏离动机。

由博弈的严格占优策略决定，理性囚徒1在T期一定采用背叛策略，囚徒2在T期一定采取背叛策略。但理性囚徒1在$T-1$期采用背叛策略还是合作策略，则要通过比较采用这两种策略哪种带来的总期望收益更大来决定。这两种情况的计算结果如下。

第一种情况，若理性囚徒1在$T-1$期采用背叛策略，T期采用背叛策略，其两期总期望收益为：

若囚徒2在$T-1$期选背叛策略，则此时理性囚徒1在$T-1$期收益为a。T期我们已知道囚徒2选择背叛策略，故此时理性囚徒1的收益为a。此时理性囚徒1两期总期望收益为$2a$。

若囚徒2在$T-1$期选择合作策略，则此时理性囚徒1在$T-1$期收益为c。T期我们已知道囚徒2会选择背叛策略，故此时理性囚徒1的收益为a。此时理性

[①] Gibbons，1992，第224~232页。

囚徒 1 两期总期望收益为 c+a。

第二种情况，若理性囚徒 1 在 T-1 期采用合作策略，T 期采用背叛策略，其两期总期望收益为：

若囚徒 2 在 T-1 期选择背叛策略，则此时理性囚徒 1 在 T-1 期收益为 e。T 期我们已知道囚徒 2 会选择背叛策略，故此时理性囚徒 1 的收益为 a。此时理性囚徒 1 两期总期望收益为 e+a。

若囚徒 2 在 T-1 期选择合作策略，则此时理性囚徒 1 在 T-1 期收益为 g。T 期我们已知道囚徒 2 会选择背叛策略，故此时理性囚徒 1 的收益为 a。此时理性囚徒 1 两期总期望收益为 g+a。

由题设条件有 $c > g$，$a > e$，故 $2a > e+a$，$c+a > g+a$，故无论囚徒 2 采取什么策略，理性囚徒 1 在两期均采用背叛策略。

二、囚徒 2

证明囚徒 2 没有动机偏离上述合作均衡要复杂一些，因为囚徒 2 与非理性囚徒 1 形成了一种互动的关系，即非理性囚徒 1 采用什么策略，由上期囚徒 2 策略决定。

1. 二期重复博弈

由题设非理性囚徒 1 第一期采用合作策略。依据非理性囚徒 1 采用的针锋相对方法，非理性囚徒 1 第二期采用合作策略还是背叛策略，由囚徒 2 在第一期采用合作策略还是背叛策略决定。而理性囚徒 1 在这两期均采用背叛策略。

第二期博弈是最终博弈，依据博弈的严格占优策略，囚徒 2 此时会选择背叛策略。因此，问题的关键是，囚徒 2 在第一期是否选择合作策略。囚徒 2 怎样选择第一期和第二期的策略，由囚徒 2 在这两期博弈的总期望收益决定。囚徒 2 采用总期望收益大的策略安排。

在第一期，囚徒 2 选择合作策略，那么其期望收益为 E_{11}。在第二期，囚徒 2 选择背叛策略，其期望收益为 E_{12}。囚徒 2 在两期的总期望收益为

$$E_{11} + E_{12} = ph + (1-p)d + pf + (1-p)b$$
$$= d + b + (h+f-b-d)p$$

如果囚徒 2 在第一期选择背叛策略，那么其期望收益为 E_{21}。到第二期，囚徒 2 仍选择背叛策略，其期望收益为 E_{22}。这样，囚徒 2 在两期的总期望收益为

$$E_{21} + E_{22} = pf + (1-p)b + pb + (1-p)b$$
$$= 2b + (f-b)p$$

要使囚徒 2 在第一期的最优选择是合作策略，就必须有

$$E_{11} + E_{12} \geqslant E_{21} + E_{22}$$

即有

$$d + b + (h+f-b-d)p \geq 2b + (f-b)p$$

由题设,有 $h > d$。由此,可推出

$$p \geq (b-d)/(h-d)$$

由题设,有 $h > b$。因此,$b-d < h-d$。这说明,门槛值是小于 1 的。因此,在两期重复博弈中,只要囚徒 2 认为囚徒 1 是非理性的概率大于这一门槛值,那么囚徒 2 在第一期会选择合作策略。

2. 三期重复博弈

下面我们分析囚徒 2 在前两期采取合作策略的条件。

囚徒 2 在前两期选择合作策略,最后一期选择背叛策略的总期望收益为

$$[ph + (1-p)h] + [ph + (1-p)d] + [pf + (1-p)b] = h + d + b + p(h-d+f-b)$$

囚徒 2 在第一期选择合作策略,在后两期选择背叛策略的总期望收益为

$$[ph + (1-p)h] + [pf + (1-p)b] + [pb + (1-p)b] = h + 2b + p(f-b)$$

囚徒 2 在三期中均选择背叛策略的总期望收益为

$$[pf + (1-p)f] + [pb + (1-p)b] + [pb + (1-p)b] = f + 2b$$

囚徒 2 在第一期选择背叛策略,在第二期选择合作策略,在最后一期选择背叛策略的总期望收益为

$$[pf + (1-p)f] + [pd + (1-p)d] + [pf + (1-p)b] = f + d + b + p(f-b)$$

要使囚徒 2 在前两期选择合作策略,在最后一期选择背叛策略,就要有

$$h + d + b + p(h-d+f-b) \geq h + 2b + p(f-b)$$
$$h + d + b + p(h-d+f-b) \geq f + 2b$$
$$h + d + b + p(h-d+f-b) \geq f + d + b + p(f-b)$$

由此,可得出

$$p \geq (b-d)/(h-d)$$
$$p \geq (f+b-h-d)/(h-d+f-b)$$
$$p \geq (f-h)/(h-d)$$

于是,只要有

$$p \geq \max\{(b-d)/(h-d), (f+b-h-d)/(h-d+f-b), (f-h)/(h-d)\}$$

就能有囚徒 2 在前两期选择合作策略,在最后一期选择背叛策略的结论。上式中,因为 $h > b$,不难证明 $f+b-h-d < h-d+f-b$。由题设 $h-b > f-h$ 和 $b > d$,不难推出 $f-h < h-d$。前面已证 $b-d < h-d$,故门槛值是小于 1 的。

3. 多期重复博弈

我们证明囚徒 2 没有动机选择如下三种偏离策略。

第一种,囚徒 2 从开始一直到 $T-2$ 选择合作策略,并在 $T-1$ 期选择背叛

策略。因为在 $T-1$ 期之前，囚徒 2 选择合作策略，非理性囚徒 1 和理性囚徒 1 均选择合作策略，故只需考虑博弈的最后两期情况。这就是前面已证明的两阶段博弈的情况。

第二种，囚徒 2 从开始一直到 $T-3$ 期选择合作策略，并在 $T-2$ 期选择背叛策略。因为在 $T-2$ 期之前，囚徒 2 选择合作策略，非理性囚徒 1 和理性囚徒 1 均选择合作策略，故只需考虑博弈的最后三期情况。这就是前面已证明的三阶段博弈的情况。

第三种，囚徒 2 从开始一直到 $t-1$ 期选择合作策略（即在这段时期按照合作均衡进行），在 t 期选择背叛策略，在 $t+1$ 期选择合作策略。在 $t+2$ 期后博弈按照合作均衡进行。这里 $1 \leq t \leq T-3$。可见，我们假设囚徒 2 只在合作均衡路径上的 $t, t+1, t+2$ 这三个时期破坏了合作均衡，在其余时期博弈按照合作均衡进行。我们只需证明第三种情况。

如果囚徒 2 在 t 期采取背叛策略，非理性囚徒 1 在 $t+1$ 期采用背叛策略。

如果理性囚徒 1 在 $t+1$ 期采用合作策略，囚徒 2 就知道其为理性囚徒 1（因没有采用针锋相对策略），在后续博弈中，囚徒 2 就不会有采取合作策略的意愿了。因此，理性囚徒 1 为了伪装自己也会在 $t+1$ 期选择背叛策略。此外，在后面的多阶段博弈中，理性囚徒 1 采用背叛策略从 $t+2$ 期到 T 期每期可以得到 a 的收益，共计可得收益为 $a+[T-(t+2)]a$。而理性囚徒 1 在 $t+1$ 期采用合作策略将使其为理性囚徒 1 成为共识，使 $t+2$ 期到 T 期的收益只能等于 a，共计可得收益为 $e+[T-(t+2)]a$。由题设 $a>e$，所以有

$$a+[T-(t+2)]a > e+[T-(t+2)]a$$

故囚徒 2 在 t 期采取背叛策略时，理性囚徒 1 在 $t+1$ 期会选择背叛策略。

由于非理性囚徒 1 和理性囚徒 1 在 t 期之前都选择合作策略，并都在 $t+1$ 期选择背叛策略（因为囚徒 2 在 t 期选择背叛策略）。囚徒 2 在 $t+2$ 期开始时的推断仍为囚徒 1 是非理性的概率为 p（因为非理性囚徒 1 和理性囚徒 1 在 $t+1$ 期的行动一样，没有提供可以区分非理性囚徒 1 或理性囚徒 1 的信息）。因此，如果囚徒 2 在 $t+1$ 期选择合作策略，则从 $t+2$ 期开始的后一部分博弈按合作均衡进行。那么囚徒 2 在 t 期选择背叛策略，而在 $t+1$ 期选择合作策略。囚徒 2 从 t 期到 T 期的收益为

$$f+d+[T-(t+2)-1]h+ph+(1-p)d+pf+(1-p)b$$

它小于囚徒 2 从 t 期到 T 期的均衡收益

$$h+h+[T-(t+2)-1]h+ph+(1-p)d+pf+(1-p)b$$

这是因为我们在题设中有 $h-b>f-h$。由题设 $b>d$，故有 $h-d>f-h$。由此可推出 $2h>f+d$。

至此，我们已证明囚徒 2 没有动机偏离合作均衡，即囚徒 2 不会从开始到

$t-1$ 期选择合作策略，在 t 期选择背叛策略，并在 $t+1$ 期又选择合作策略。其前提是在从 $t+2$ 期开始的以后部分博弈按照合作均衡进行。故这一证明方法可归结为逆向数学归纳法。

如果从 $t+2$ 期开始的以后部分博弈也存在上述三个时期偏离合作均衡的情况，那么我们只需先把上面的证明方法用于 $t+2$ 期开始的以后部分博弈，可证明在这一时期因徒 2 偏离合作均衡得不偿失。然后，即使假设因徒 2 在 $t+2$ 开始的以后部分博弈的收益等同于合作均衡收益，我们便可用上述同样的方法证明从 t 期开始因徒 2 偏离合作均衡也得不偿失。我们可把这一证明在两个时段上的同样偏离策略方法类推到多个时段的同样偏离策略，我们可证明因徒 2 均没有偏离合作均衡的动机。

三、囚徒 2 其他偏离情况的讨论

在上述有限期不完全重复博弈过程中，因徒 2 还可以有其他偏离情况，如因徒 2 可以从开始直至 $t-1$ 期采取合作策略，从 t 期到 $t+s$ 期采取背叛策略（这里 $s \geqslant 1$），并在 $t+s+1$ 期采取合作策略，从 $t+s+2$ 期开始的以后部分博弈按合作均衡进行。对这一偏离要考虑如下四种情况，即要证明因徒 2 没有动机选择如下四种偏离策略。

1. 第一种偏离策略

如果 $t+s=T$（即因徒 2 自从 t 期采取背叛策略后一直采取背叛策略），则因徒 2 在 t 期收益为 f，并在以后收益为 $[T-(t+1)+1]b$。如果 p 大于某一门槛值，则 $f+[T-(t+1)+1]b$ 小于因徒 2 从 t 期到 T 期的均衡收益 $h+h+[T-(t+2)-1]h+ph+(1-p)d+pf+(1-p)b$。

证明：因徒 2 在从 t 期至 T 期采取背叛策略，则非理性因徒 1 从 $t+1$ 期至 T 期实行背叛策略，理性因徒 1 从 $t+1$ 期至 T 期也实行背叛策略。则因徒 2 在 t 期收益为 $pf+(1-p)f=f$。因徒 2 从 t 期至 T 期的收益为

$$f+[T-(t+1)][pb+(1-p)b]=f+b+[T-(t+2)-1]b+b+b$$

如果要有

$$h+h+[T-(t+2)-1]h+ph+(1-p)d+pf+(1-p)b$$
$$>f+b+[T-(t+2)-1]b+b+b$$

即要有

$$p(h-d+f-b)>f-d+[T-(t+2)+1](b-h)$$

因为题设 $h>d$ 和 $f>b$，故有 $h-d+f-b>0$，故要有

$$p>\{f-d+[T-(t+2)+1](b-h)\}/(h-d+f-b)$$

由题设，有 $h>b$，故上式右边项的分子最大为 $f-d+b-h$。又由题设

$h > b$，不难证明 $f-d+b-h < h-d+f-b$。故门槛值是小于 1 的。因此，只要囚徒 2 认为非理性囚徒 1 的概率大于上面门槛值，囚徒 2 就不会选择第一种偏离策略。注意上面门槛值可以为负数，而 p 值最小为零，故上面不等式总是成立的。

2. 第二种偏离策略

如果 $t+s+1=T$，则在这一偏离策略下，囚徒 2 收益甚至低于第一种偏离策略。

证明：囚徒 2 从 t 期至 $T-1$ 期采取背叛策略，在 T 期采取合作策略（由题设，囚徒 2 在 $t+s+1$ 期采取合作策略），则非理性囚徒 1 从 $t+1$ 期至 T 期实行背叛策略，理性囚徒 1 从 $t+1$ 期至 T 期也实行背叛策略。则囚徒 2 在 t 期收益为 $pf+(1-p)f=f$。囚徒 2 从 t 期至 T 期的收益为

$$f+[T-(t+1)][pb+(1-p)b]+d$$

由题设，有 $b > d$，故有

$$f+[T-(t+1)][pb+(1-p)b]+d < f+[T-(t+1)][pb+(1-p)b]+b$$

3. 第三种偏离策略

如果 $t+s+1=T-1$，囚徒 2 在 $t+s+1$ 期选择合作策略，故 T 期非理性囚徒 1 选择合作策略，理性囚徒 1 选择背叛策略，囚徒 2 选择背叛策略。参照囚徒 2 没有动机选择第一种偏离策略的证明，囚徒 2 选择这一偏离策略从 t 期到 T 期的收益为

$$f+sb+d+pf+(1-p)b$$

囚徒 2 从 t 期到 T 期的均衡收益为

$$h+sh+ph+(1-p)d+pf+(1-p)b$$

因由题设 $h > d$，如果要均衡收益大于这一偏离策略的收益，则要

$$p > [f-h+s(b-h)]/(h-d)$$

而 $f-h+s(b-h)$ 的最大值为 $f-h+b-h$，由题设 $h-b > f-h$，故 $f-h+b-h < 0$。又由题设 $h > d$，故 $[f-h+s(b-h)]/(h-d)$ 小于 1。故只要囚徒 2 认为非理性囚徒 1 的概率大于上面门槛值，就没有动机选择这一偏离策略。

4. 第四种偏离策略

如果 $t+s+1 < T-1$，囚徒 2 在 $t+s+1$ 期选择合作策略，则从 $t+s+2$ 期开始的以后部分博弈按合作均衡进行。囚徒 2 在 t 期的收益为 f，在 $t+1$ 期至 $t+s$ 期的收益为 sb，在 $t+s+1$ 期收益为 d。则囚徒 2 选择这一偏离策略从 t 期到 T 期的收益为

$$f+sb+d+[T-(t+s+2)-1]h+ph+(1-p)d+pf+(1-p)b$$

它小于囚徒 2 从 t 期到 T 期的均衡收益

$$h+sh+h+[T-(t+s+2)-1]h+ph+(1-p)d+pf+(1-p)b$$

这是因为：若要

$$h + sh + h > f + sb + d$$

因 $h > d$，只要

$$h + sh > f + sb$$

因此，要求 $s(h-b) > f-h$，至少当 $s=1$ 时成立。我们知道，由题设，有 $h-b > f-b$。故上面不等式成立。

同样，如果从 $t+s+2$ 期开始的以后部分博弈也存在 s 期（$s \geq 1$）偏离合作均衡的情况，我们可以按照前面证明多期重复博弈第三种情况的方法类推，可得出囚徒2没有偏离合作均衡的动机。这一两个时段偏离策略证明方法也可以类推到多个时段的情况，我们均可证明囚徒2没有偏离合作均衡的动机。

第四节 总 结

本章的不对称囚徒困境博弈模型与KMRW声誉博弈模型的假设条件有所不同，但得出了与KMRW声誉博弈模型一的类似结果，故我们的方法也可用于研究一些不要求博弈双方收益对称的声誉博弈问题。

本章定理一的证明用到了假设条件 $h-b > f-h$。该假设条件的含义是，囚徒2和囚徒1采用合作策略时，囚徒2收益 h 大于囚徒2采用背叛策略时的收益平均数 $(f+b)/2$。

本章定理一和第一章定理一在表述上有所不同，如第一章定理一把假设条件 $h-b > f-h$ 放在定理中，本章定理一把 $h-b > f-h$ 这一假设条件放在这种博弈的定义中，但这两个定理意义上完全一致，是等价的。

重复博弈的囚徒困境博弈模型也可以视为一种动态优化方法，在一定博弈策略下，博弈双方达到了全局最优，避免了单方的局部最优。语言很简单，思想很深刻。微积分的最优思想，从二维角度看，是定义在曲线上的，在曲线的最高点或者最低点，那点的切线是水平的，导数值为零。寻求最优的方法，是求曲线方程的导数并使导数值为零。这衍生出拉格朗日等一系列求极值的方法。由此获得的极值，可能是极大值，也可能是极小值，并且不一定是全局最优，而是局部最优。而重复博弈的囚徒困境博弈模型，其寻求全局最优的方法完全不同于微积分方法，这是人类历史上探索最优的另一条道路，一条不同于牛顿（Newton）和莱布尼茨（Leibniz）的道路。这两条探索最优的道路均在经济理论得到重要应用。

第二篇

2

央行双支柱调控框架的理论基础

2008年美国金融危机后,宏观调控扩大了调控范围,不仅要调控经济系统,还要调控金融系统。从宏观层次看,经济系统和金融系统调控的核心问题是宏观资源配置和宏观风险配置。央行双支柱调控框架建立在调控这两大系统的基础之上,并要实现这两大配置的最优化。

传统宏观经济理论已对宏观资源配置的理论、测度与调控做了很多研究,但对宏观风险配置的理论、测度与调控研究很少,对这两大配置的关联研究更少,已不能适应当前宏观调控的要求。本篇着重弥补宏观经济理论的这一薄弱环节,为央行双支柱调控框架夯实理论基础。

第三章 宏观资源配置和宏观风险配置的关系

中国当前宏观经济运行中存在的问题，不仅有宏观资源配置问题，也有宏观风险配置问题。如房地产泡沫问题，是宏观资源配置问题和宏观风险配置问题的交织反映。研究宏观资源配置和宏观风险配置的关系，是发展宏观经济理论的一个重要方面。

第一节 两大宏观配置的内涵与外延

我们在《宏观审慎管理的理论基础研究》一书第六章正式提出宏观层次和微观层次风险配置的概念，本节我们继承这些概念，加以引述、扩展和深化。

一、两大宏观配置的定义

宏观调控经济系统，要依据资源配置理论，实现资源最佳配置。宏观调控金融系统，要依据什么理论，实现什么目标呢？这是一个尚在研究中的问题。我们认为，金融系统处理资金配置问题，本质上是处理资金配置后面的风险配置问题。故现在宏观调控，不仅要实现资源最佳配置，还要实现风险最佳配置。因此，宏观调控金融系统，要依据风险配置理论。一般而言，宏观调控关注宏观层次的资源配置和风险配置，我们把宏观层次的这两种配置简称为宏观资源配置和宏观风险配置。

李拉亚（2016a，第 117~118 页）曾区分过资源配置和风险配置："资源是稀缺的，一种商品生产占用某种资源多了，别的商品生产占用这种资源就少了。在完全竞争的市场上，市场把各种资源合理配置到每种商品的生产中去，即每种商品生产占用资源都不多不少。资源配置合理的一种测度是，市场上每种商品的供需相等。简言之，经济系统处于均衡状态，即实现了资源的最佳配置。""在微观层次上，风险配置研究怎样把风险分散和互相抵消，防止期限错配问题发生，在短期风险与长期风险带来的利润中保持平衡，保证资金流不会断裂。风险配置的一般规律是，风险资产要和利润匹配，高风险资产匹配高利润，低风险资产匹配低利润。在一定风险条件下,追求资产组合的利润最大化。在资产组合达到一定利润的条件下,要求风险最小化。""在宏观层次上,风险配置要限制高杠杆率,预防风险之间的关联和聚合产生系统风险。"

我们对宏观层次资源配置问题比较熟悉,有系统的测度指标,有理论解释,也有解决办法。如测度到通货膨胀时,我们知道可能是需求方面的原因,是经济过热,货币多发的结果。我们会提高利率,收紧货币发行,压缩财政支出。我们也可能判断是供给侧出了问题,是成本推进的原因。我们虽然会控制货币发行,以压制成本推进的通货膨胀,但会在成本推进源头上采取措施,消除成本推进的原动力。通货紧缩时,我们会降低利率,增加货币发行,增加财政支出。我们对宏观层次的风险配置问题,则比较陌生。我们当前强调要控制宏观杠杆率,是应对宏观风险配置的一种方法。我们采取宏观审慎政策,也是应对宏观风险配置的一种方法。当宏观资源配置和宏观风险配置问题搅在一起时,我们理论上认识有限,实践上办法不多。我们对资源配置和风险配置关系的理论研究还十分薄弱。

二、宏观风险配置的理论背景

在宏观经济中,各种宏观经济因素附带着风险,这些风险及其相互关联就是宏观风险配置,如通货膨胀风险、债务偿付风险等等。宏观风险配置概念源自风险配置,风险配置源自资本组合理论、不确定性的一般均衡理论和资产选择理论。

马科维茨(Markowits,1952)提出了资本组合理论。他认为在市场竞争中,高风险资产具有高利润,低风险资产具有低利润。投资者在风险和利润中进行平衡,不会选择单一的资产,而是选择一组资产,既包括高风险高利润的资产,也包括低风险低利润的资产,也就是要分散风险。因此,资产组合也是资产风险配置。资产风险配置与利润相关,在利润一定条件下,投资人追求风险最小,在风险最小条件下,投资人追求利润最大。同时,资本组合理论把风险划分为可以通过资产组合抵消的风险和不能通过资产组合抵消的风险,后者也称为系统性风险。

托宾(Tobin,1958)为了发展凯恩斯的投机性货币需求理论,提出了货币债券的组合模型,这也是一种资本组合理论,称为资产选择理论,反映了货币与债券的风险配置,是宏观风险配置的理论来源。托宾认为,在货币与债券的组合中,收益的正效用随着收益的增加而递减,风险的负效用随风险的增加而增加,当新增债券带来的收益正效用与风险负效用之和等于零时,货币数量与债券数量实现均衡状态。同样,减少债券带来的风险负效用与收益正效用之和等于零时,货币数量与债券数量也实现均衡状态。当货币数量与债券数量实现均衡状态时，这一组合的总效用最大。

在高级微观经济学中，会介绍风险概念和期望效用定理，研究风险资产和无风险资产的组合，把确定性的一般均衡理论发展到不确定性的一般均衡理论。如在马斯－克莱尔等（Mas-Colell et al.，1995）《高级微观经济理论》一书中，第 6 章介绍风险概念，研究风险资产和无风险资产的组合，介绍期望效用理论，把不确定下的效用理论与确定下的效用理论统一起来，在第 19 章介绍阿罗－德布鲁（Arrow-Debreu）不确定性一般均衡理论，在该章第 C 节指出在阿罗－德布鲁均衡时的风险配置是有效的。

在 20 世纪 90 年代发展起来的金融经济学，一般都会包括资本组合理论、期望效用理论、不确定性的一般均衡理论和资产选择理论，重点是用这些理论为资产定价。如王江（2006，第 10 章第 2 节）和徐高（2018，第 11 讲）的主要思想是：在具有不确定性的一般均衡理论体系中，在完备性市场等假设条件下，投资者通过买卖资产，让自己的消费在不同时期和不同状态下大致相同。这表明投资者不喜欢消费波动，把消费波动视为风险。投资者平滑消费可以提高自己的效用水平，消除自己的禀赋波动带来的个体风险。在这一理论体系中，全社会总禀赋的波动（一种宏观经济波动）带来投资者的消费波动，这种消费波动是不能互相抵消的，是一种系统性风险。在这一理论体系及相应假设条件下，资源最佳配置也意味着最优风险承担或者最优风险分担，即投资者都分担了总禀赋波动风险，并消除了与总禀赋波动风险无关的个体风险。徐高（2018，第 25 讲）指出：1944 年创立的期望效用理论解决了不确定性下的人们偏好问题，从而可以在效用最大化框架下研究人们在不确定性情况下的决策问题。由马科维茨资本组合理论往前推进，可以得出市场组合理论，即托宾的两基金分离定理，不管投资者的风险偏好怎样，都应该购买完全一样的风险资产组合。

王江（2006）和徐高（2018）提出的风险分担或风险承担，马斯－克莱尔等（Mas-Colell et al.，1995）提出的风险配置，均源自阿罗－德布鲁不确定性一般均衡理论，均可视为一种微观风险配置，也是我们提出宏观风险配置的重要理论来源。

由阿罗－德布鲁不确定性一般均衡理论得出的系统性风险概念源自全社会总禀赋的波动，是不能通过资产分散而互相抵消的风险，本身带有很强的宏观风险概念，是把微观风险配置上升到宏观风险配置的内在理论要求。宏观风险配置是从部门角度和全局角度通过资产配置看其背后的风险配置。欧美经济理论虽然研究了微观风险配置问题，但鲜见研究宏观风险配置问题。传统宏观经济理论只研究怎样实现资源最佳配置，不涉及风险最佳配置。

三、资源配置最优并不意味着风险配置最优

我们在《宏观审慎管理的理论研究》一书第六章第八节指出，阿罗－德布鲁的一般均衡理论框架内，资源配置最优意味着风险配置也最优。这一高度抽象的理论结论脱离了实际情况。央行专栏文章也指出："例如，2003年至2007年次贷危机之前，全球经济处于强劲上升期，在此期间，全球消费价格指数（CPI）涨幅基本稳定，但同期初级商品价格和MSCI全球股指上涨超过90%，美国大中城市房价上涨超过50%，累积了巨大的风险。"①

2007年，反映美国宏观经济资源配置的几个主要指标都很正常，甚至可以说都很不错。具体体现在，失业率不高，通货膨胀率不高，经济增长率高。这表明宏观资源配置不错。该年美国宏观经济资源配置后面隐含的风险似乎也没有异常变动，货币增长率和债券增长率并没有出现异常变动。那些年，美国外贸一直是进口大于出口，但也一直是外资引进最多的大国，因美元具有世界货币的地位，短中期不存在还不起内外债的问题，也不存在通货膨胀和通货紧缩的风险。能够看到风险苗头的地方是资产泡沫，房地产市场价格节节高升，股票市场价格也节节高升。而且这些泡沫是那些年强劲经济增长所支撑的，看不出近期崩盘的危险。何况美联储已在不断提高利率，以抑制资产泡沫，特别是房地产市场泡沫。

在微观经济层面，出现了一点儿小麻烦，约7000亿美元的次贷中有约3000亿美元出现了偿付问题。只要房地产市场保持稳定，银行可以把还不了贷款的房子出售，以收回贷款。而且，商业银行还把这些次贷打包变成金融衍生品，已由投行接手，而投行又购买了这些金融衍生品的保险。这样看起来，这3000亿美元的问题贷款影响不了宏观大局。当时世界上存在数百万亿的金融衍生品市场，3000亿美元金融衍生品出问题算不了一件事，谁也没有对此特别关心。可是，谁也没有料到，天边这朵小乌云演变为一场大风暴，导致美国政府不得不接收若干家大到不能倒的金融机构，才避免了美国金融系统和经济系统崩溃。

2008年美国金融危机说明，显示宏观资源配置的几个主要指标好，只代表宏观资源配置不错，并不意味着宏观风险配置也不错。2008年美国金融危机说明，宏观风险配置是一个值得研究的核心理论问题。

四、系统性金融风险的本质

金融危机是系统性金融风险的爆发。从现象看，系统性金融风险可以表现为

---

① 央行《2017年第三季度中国货币政策执行报告》的专栏4文章《健全货币政策和宏观审慎政策双支柱调控框架》。

银行业危机、股市危机、房地产泡沫危机、债务危机、金融恐慌、高杠杆、投机行为、信息不对称和导致经济长期严重衰退等等。2008 年美国金融危机集中反映了这些现象。怎样透过这些现象分析系统性金融风险的本质，仍是一个薄弱的理论问题。

美国经济研究局（NBER）最近的工作文献就反映了这一点。Sufi 等（2021）调查了目前关于金融危机的现有文献，探讨了危机是如何测度的，它们是否可预测，以及为什么它们与经济收缩有关。他们指出：到目前为止，最常用的方法可以说是叙述和定量的结合，聚焦于银行系统中的各种严重问题，如很多金融机构的关闭或暂停营业，以及需要政府干预，以保护金融系统免于崩溃。这含蓄地将金融危机等同于银行危机。鉴于过去 200 年以银行为主导的金融体系，这是可以的。但目前而言，这是可争议的，尤其是针对美国的现实情况。Simsek（2021）从宏观经济学的角度回顾了由信仰分歧驱动的金融投机的文献。Dang 等（2019）从信息角度分析了金融危机。

已有众多文献分析了金融危机的多种现象和各种原因，但缺乏清晰的理论线索，显得比较散，理论深度不够，尤其缺少金融危机的本质分析。金融系统处理资金配置问题，本质上是处理资金配置后面的风险配置问题，金融风险是风险配置失衡的表现。金融危机爆发，系统性金融风险产生，本质上是由宏观风险配置失衡引起的，如同经济危机本质上是由资源配置失衡引起的。

五、加强宏观风险配置研究的重要性

我们在《宏观审慎管理的理论基础研究》一书的第六章指出了加强宏观风险配置研究的重要性。原有宏观调控理论建立在资源配置基础之上，忽视了风险配置，忽视了风险的关联和风险的聚合，特别是忽视了调控政策对风险配置的影响。美国这次金融危机实践，表明那些分散的风险在一定条件下能互相关联，并能聚合成系统风险。研究风险的关联和聚合，是一个十分重要的理论课题。明斯基（Minsky）的金融脆弱性理论，虽然解释了金融机构风险配置怎样从投资转变为投机并最终转变为庞氏骗局，但他没有分析风险的关联和聚合，不能深入解释这次美国金融危机发生的内在机制。经济理论界现在强调系统风险和宏观杠杆率，就不仅要研究微观层次的风险配置，而且要研究宏观层次的风险配置，特别要研究宏观调控政策对风险配置的影响。

我们在《宏观审慎管理的理论基础研究》一书的第六章还指出了原有宏观调控理论忽视了风险配置的顺周期行为。这也说明宏观风险配置的重要性，我们确有必要加强对宏观风险配置的研究。当金融周期上升时，企业为追求更多利润，风险配置会趋于大胆，会容忍更多风险。当金融周期由上升转为下降时，原来合理的风险配置可能变得不合理，原来稳健的资产负债表可能变得不稳健，原来可以互相抵消的分散的风险可以聚合起来形成合力。此时，企业为维护自己的资金链不至于断裂，风险配置会趋于保守，宁愿牺牲利润，也要减少风险。[①] 这是风险配置的顺周期行为。风险配置受泡沫的影响，与受金融周期影响类似。泡沫的扩张期对应金融周期上升阶段，泡沫的破裂期对应金融周期下降阶段。金融周期和泡沫对风险配置的影响，也是原来风险配置理论研究的薄弱环节。这次美国金融危机后，经济理论界加强了对系统性风险的顺周期性研究，研究采用逆周期调节化解系统性风险。

第二节 两大宏观配置关系的理论基础

一、经济系统和金融系统的联系

2008年美国金融危机后，经济理论界不再把经济系统和金融系统分割开来研究，强调经济系统和金融系统的联系。同时，经济理论界也不再认为经济系统稳定了，金融系统也会随之稳定。央行开始用货币政策稳定经济系统，用宏观审慎政策稳定金融系统。宏观资源配置是研究经济系统的核心内容，宏观风险配置是研究金融系统的核心内容。经济系统和金融系统的核心关系，是宏观资源配置和宏观风险配置的关系。因此，研究这两个宏观配置的关系，具有很强的现实意义、政策意义和理论意义。

二、用金融加速器理论分析两大宏观配置的联系

（一）金融加速器理论简介

传统主流宏观经济理论，假定只要经济系统稳定，金融系统也是稳定的，不重视两个系统的内在联系。故传统宏观经济调控，只调控经济系统，不调控金融系统。

然而，费雪（Fisher）的债务通货紧缩理论和明斯基的金融不稳定性理论，均研究过经济系统和金融系统的内在联系。只是在相当长一段时期内，他们的研究没有引起理论界注意。受费雪的债务通货紧缩理论启发，伯南克和格特勒（Bernanke et al.，1989）提出了金融加速器理论，当时还只是称为加速器理论。

[①] 辜朝明（2008）提出的资产负债表衰退理论，指出企业在危机时期不再追求利润最大化，而是追求风险最小化，努力修复自己的资产负债表。

金融加速器理论进一步从模型角度，特别是动态随机一般均衡（DSGE）模型角度，加强和深化了对经济系统和金融系统内在联系的研究，这也实际上为宏观资源配置和宏观风险配置提供了理论基础。

在金融加速器机制中，资本净值和代理成本是金融变量，投资是经济变量。资本净值和代理成本与投资的关系，反映了金融系统与经济系统的联系。这一联系表现为，在经济上升阶段，资本净值增加和代理成本降低导致投资增加；在经济下降阶段，资本净值减少和代理成本提高导致投资减少。投资则放大或者缩小经济规模。宏观经济理论中的乘数原理和加速原理都说明了投资的这一效用。

如果将金融加速器理论和中国经济实际情况相结合，可以考虑用融资成本代替代理成本，可称为融资代理成本，或简称为融资成本。在经济上升阶段，资本净值增加，融资的抵押品值也增加，融资成本降低，融资条件宽松，故比较容易融资，因此也比较容易扩大投资规模，这促使经济增长加速。在经济下降阶段则相反。

金融加速器的核心思想是金融变量的小变动能够导致经济的大波动。这一核心思想的机制是通过循环叠加实现的，即资本净值增加和融资增加，导致投资增加，提高经济增速，这导致投资者和银行对未来预期看好，又进一步导致资本净值的估值增加，融资条件宽松，融资抵押物值增加，从而融资增加，如此循环叠加，最初的金融变量的小变动最终导致经济的大波动。在这种循环叠加机制下，金融和经济是互相正向影响对方的。但是经济增长是有限制的，一旦达到资源瓶颈限制，或者出现剩余，经济增长就会降下来，此时这种循环叠加机制就会反向互相影响对方，导致资本净值减少，融资条件提高，融资减少，从而投资减少，经济增速进一步下降，投资者和银行对未来预期进一步悲观。于是，初始的金融变量小变动导致经济的大波动。这种循环叠加机制特别适合 DSGE 模型的特点，这就是 DSGE 模型是分析金融加速器的主流模型的原因。

金融加速器理论问世，促进了货币理论发展。货币政策不仅影响利率，还影响金融市场的融资条件。金融市场融资条件影响融资的代理成本，由此影响到经济。这促进了信贷传导机制理论发展，推动了货币传导机制理论发展。

金融加速器理论也为宏观审慎政策提供理论基础。如央行采用宏观审慎政策约束银行贷款，也会影响到融资条件和融资的代理成本。中国央行现在实行的宏观审慎评估体系（MPA）要求金融机构"有多大本钱就做多大生意"，这是对金融机构的贷款约束。

金融加速器理论导致经济金融周期理论问世，提供了一种分析经济周期和金融周期是如何互相影响的理论与方法。这也为后来的金融周期理论埋下伏笔。

（二）金融加速器理论解释两大宏观配置的关联

金融加速器理论把金融机构的资产负债表和经济企业的资产负债表联系起来，研究这两张表的资产与负债的正负反馈关系。金融机构的资产负债表反映本身的资产净值、贷款、其他部门的存款，经济企业的资产负债表反映本身的资产净值和借款，贷款、存款和借款把这两个机构的资产负债表紧密联系起来。如经济企业增加融资和投资均会在其资产负债表的资本净值和借款上反映出来，也会相应在金融机构的资产负债表的贷款上反映出来，这也会影响到该表的资产净值。金融机构的资产负债表更多反映金融风险，而经济企业的资产负债表更多反映资源配置，这也就把金融风险与资源配置联系了起来。当然，无论金融的资产负债表还是经济的资产负债表，都反映了风险（资产净值与负债的比值），也都反映了资源配置情况（如固定资产与流动资产的比值、银行的长期贷款与短期贷款的比值等）。但是，从宏观上看，资源配置是否合理由两个重要指标来表示：一个是总供给与总需求是否相等，这可由通货膨胀指标反映；另一个是总供给是否等于潜在总供给，这个尚没有统计指标表示，但可以通过用电量、运输量、信贷量、就业量等间接表示出来。仅从非金融部门的资产负债表并不能看出宏观资源配置是否合理。但仅从金融部门的资产负债表，我们可以看出金融部门的风险，如金融部门的杠杆率等指标可以反映金融部门的系统性风险。如果把非金融部门和金融部门的资产负债表联系起来分析，我们更可以看到部门间的风险关联情况和风险聚合情况。

金融部门和非金融部门的资产负债表，显示了金融资产和非金融资产的配置情况，揭示了这两大资产负债表的风险配置情况，从而也反映了宏观风险配置情况。宏观风险配置不仅反映在金融部门，也反映在非金融部门，还反映在这两大部门的联系上。金融加速器理论解释了金融部门资产负债表变动怎样引起经济部门资产负债表变动，而经济部门资产负债表变动又怎样引起金融部门资产负债表的进一步变动，如此循环叠加，最终怎样导致两大部门的资产负债表趋向恶化，引致金融危机和经济危机。

三、金融周期理论与宏观风险配置

除了金融加速器理论导致的金融经济周期理论，金融周期理论也值得我们重视。金融加速器重点研究金融变量的小波动导致经济大波动。金融周期理论更强调风险。金融周期理论选择不同的指标测度金融周期，如采用信贷指标和资产价格指标测度金融周期，这些指标与资本净值和代理成本指标不同。采用资产价格指标测度金融周期，更强调金融周期中的风险因素。采用信贷指标测度金融周期，更强调融资条件，信贷增加意味着融资变得容易，信贷收紧融资更为困难。

资产价格高涨和融资宽松结合在一起,是金融周期迈向高峰之时,也是系统性风险积累之时。

金融周期与经济周期联系密切,但不一定同步。刻画金融周期的信贷和资产价格指标与投资也有关联。信贷与融资相连,而融资与投资关联。资产价格增高,更容易吸引资金投资到资本市场。资本市场只是经济中的一个部分,消费和对外贸易也是拉动经济的重要力量。中国近些年信贷增速不低,房地产价格增长,吸引资金投资房地产,但经济增长速度是下降的。目前,政府试图通过拉动消费来发展经济是明智的。过分依赖房地产发展经济,会积累系统性风险。

四、其他可用于分析两大宏观配置的理论

从凯恩斯到托宾再到弗里德曼,经济理论界也从资产组合角度分析经济系统和金融系统的联系。李拉亚(1995,第319～322页)从冲击与传导角度分析了货币部门(金融系统)与商品部门(经济系统)的联系,分析了微观资产组合与宏观资产组合在这些联系中的枢纽作用,这实际上也是分析宏观资源配置和宏观风险配置。

现代货币理论采用资产负债表方法,分析金融部门资产负债表和经济部门资产负债表,也是一种分析经济系统和金融系统联系的方法,但这与金融加速器理论是不同的。金融加速器理论采用动态方法研究金融部门资产负债表和经济部门资产负债表的关联,现代货币理论采用静态方法研究金融部门资产负债表和经济部门资产负债表的关联。现代货币理论强调的是债务引起的通货膨胀风险,是宏观资源配置和宏观风险配置的一个值得研究的问题。我们将在第三篇研究这一问题。

此外,涉及经济系统和金融系统联系的理论,还有清泷信宏的信贷周期理论,辜朝明的资产负债表衰退理论,麦金农、格利和肖等提出的金融抑制论,斯蒂格利茨等提出的金融约束论,以及危机后IMF、BIS的经济学家们提出来的金融过度论等。这些理论也可用于研究宏观资源配置和宏观风险配置。为节省篇幅,我们不对这些理论做介绍。

五、宏观风险配置的行为机制

宏观调控把经济系统和金融系统作为控制系统。控制系统要求能控能观,能控能观建立在对系统的行为机制认识上,观察为控制服务。在市场经济条件下的资源配置,可以视为一种自适应控制系统。风险配置是非自适应控制系统,需要人的参与,如银行就是一种从事风险配置的机构。经济理论对宏观资源配置的行

为机制研究很多，对宏观风险配置的行为机制研究很少，理解宏观风险配置的行为机制，有助于对金融系统的控制与测度。

在当前中国经济中，存在宏观风险配置失控的危险，如居民部门近年来宏观杠杆率不断提升，金融部门贷款向房地产集中，地方政府债务负担日益严重，房地产泡沫成为影响金融稳定的最大"灰犀牛"等。可见，在宏观风险配置的行为机制中，存在内在动力破坏宏观风险配置的稳健性。宏观风险配置不能套用宏观资源配置总供给等于总需求的概念，风险的载体资金可以通过市场价格调节来实现供需平衡，但此时并不意味着资金的风险配置就一定合理。如利率引导的资金供需平衡可以建立在高杠杆基础之上，而高杠杆意味着高风险。换言之，风险配置的优化不能通过市场调节实现。作为对比，资源配置的优化能够通过市场调节实现，至少理论上如此。如同对宏观资源配置的行为机制分析，对宏观风险配置的行为机制分析，需要专文和专著分析，这里存而不论。

（一）已有的风险配置机制研究

经济理论对资源配置机制研究很多，从大的方面来说，有市场配置机制和计划配置机制。一般均衡理论是研究市场配置机制的主要理论框架，市场通过价格变化调整供给与需求，使供需相等。线性规划是研究计划配置机制的主要理论框架，其中影子价格把市场价格和计划价格联系起来。在一般均衡理论体系中，也可以研究计划配置机制，如存在一个仁慈的计划者站在全社会立场调控供给与需求，此时要素市场价格不会发生作用。判断资源配置是否合理的标志是供给等于需求。供给等于需求的判断标志是价格大体稳定。从宏观经济角度上看，通货膨胀大体稳定，潜在总供给等于实际总供给。由此我们可用通货膨胀率、经济增长率、失业率等指标测度宏观资源配置，故经济理论对资源配置机制研究为测度宏观资源配置是否合理提供了理论指导。

经济理论对风险配置机制研究也很多，如马科维茨的资本组合理论、托宾的资产组合理论、不确定性的一般均衡理论。但是，我们对宏观风险配置机制研究远没有对宏观资源配置研究那么深入和全面。

（二）风险配置的激励相容机制

李拉亚（2016a，第118页）指出："资产组合虽然能体现风险配置，但风险配置要研究的不仅仅是资产组合问题，还包括风险产生、风险转移、风险对冲、风险分散、风险关联、风险聚合等内容。这次美国金融危机与风险关联和风险聚合有关。过去经济理论界完全忽视了风险关联和风险聚合。"因此，仅依据资产组合理论不足以测度宏观风险配置。

宏观风险配置不能套用宏观资源配置总供给等于总需求的概念，风险的载体资金可以通过市场价格调节来实现供需平衡，但此时并不意味着资金的风险配置就一定合理。换言之，风险配置的优化不能通过市场调节实现。作为对比，资源配置的优化能够通过市场调节实现，至少新古典经济理论如此认为。

因此，如何实现宏观风险配置优化，是一个机制设计问题。这涉及机制设计理论的两个关键问题，即激励机制和参与条件。经济学家通常采用博弈论方法，在委托代理人框架下分析这两个问题。

机制设计理论中显示原理表明，在信息不对称条件下设计最优合同，只需关注让代理人说真话的机制。风险配置的激励机制，是要求代理人的利润与风险均衡的目标与委托人的目标一致。委托人要顾及短期利益和长期利益，平衡短期风险和长期风险。问题是，如果代理人的短期收入够他一辈子用，他还会考虑企业的长期风险和他的长期声誉吗？还会说真话吗？还会顾及委托人的长期目标吗？

2008年美国金融危机表明，美国的银行，特别是投行，在追求利润最大化时铤而走险，导致风险最大化。如为了追求利润最大化，投行把杠杆提高到40倍以上，从而急剧放大了风险。这显然违反了委托人的利润和风险均衡的目标。这表明，在高利润刺激下，银行决策者会成为风险喜好者，而不是风险中性者，更不是风险厌恶者。委托代理人框架假设代理人是风险厌恶的，至少是风险中性的。对喜欢风险的代理人而言，传统委托代理人的机制设计是失效的。不仅银行是这样，对次贷者也是这样，所谓信息披露机制，并没有让次贷者说真话。结果是，次贷者忽悠银行，银行忽悠投行，投行忽悠保险公司，导致风险层层失控。

其实，任何一个泡沫，都是为了追求利润最大化而导致风险最大化。中国目前房地产泡沫也是一例。节节升高的房地产价格，不仅反映供需失衡，还反映风险增加，故不仅要测度资产价格，更要设计各种指标测度资产风险。本篇第四章将设立专门指标测度资产风险，并建立专门的风险指标从多个角度反映部门风险。

可见，风险配置的激励机制存在问题，这是需要宏观审慎管理的一个原因，也是我们测度风险配置要特别注意泡沫和杠杆的原因。

经济人不仅追求利润最大化，有时也会追求风险最小化。辜朝明（2008）说，在金融危机爆发时，经济人会追求债务最小化，经济人不再贷款，尽力偿还债务。这其实是追求风险最小化。风险最小化并不意味着风险配置合理。因为风险配置也要讲效益。脱离了效益的风险配置是没有意义的。再说，大家都追求风险最小化，结果导致资金供给大于需求，导致资产贬值，进一步恶化了金融危机，导致大家风险配置都恶化，这是费雪的债务通货紧缩理论所能解释的。经济人追求风险最小化，可以视为经济人的参与条件，即在金融危机时保证自己的保留效用。

追求利润最大化可能导致风险最大化，追求风险最小化又可能导致效益最小化。怎样在效益和风险中取得平衡，是以利润最大化作为激励机制和以风险最小化作为参与条件的委托代理人模型的核心问题。2008年美国金融危机后，委托人吸取了经验教训，代理人的报酬将与企业的长期利润挂钩，延期支付代理人的收入，以防范代理人追求短期利益而导致风险最大化问题。在宏观风险配置上，怎样在效益和风险中取得平衡，这是一大理论进展。

（三）系统性风险机制

上述风险配置的激励相容机制也是系统性风险的重要形成机制，说明了高杠杆和泡沫为什么会存在。2008年美国金融危机表明，高杠杆是系统性风险的一个重要因素，泡沫是系统性风险的另一个因素。在泡沫上加杠杆是最为危险的系统性风险。此外，泡沫的形成机制还是一种从众行为，可用行为经济学研究。

在泡沫发展过程中，资产负债表和资金流量表表面上都很稳健，但泡沫一旦破裂，资产负债表和资金流量表也会被破坏，资不抵债和资金流断裂随即发生。测度资产负债表和资金流量表的稳健性，我们要特别透过泡沫没有破灭前带来收益提高这一表面现象，深入到泡沫背后测度是否存在资不抵债和资金流断裂的可能性，由此提前预警。本篇第四章测度泡沫将特别注意这一问题，提出解决这一问题的预警思路，并建立压力测试指标、敏感性指标和预警指标。

宏观风险配置的系统性风险的另一大来源是通货膨胀风险和通货紧缩风险。通货膨胀风险不仅是由资源配置失调导致的，也可以是由宏观风险配置失调导致的，如财政债务失控就可以导致通货膨胀风险。过于紧缩的财政计划，也可以导致通货紧缩。从国民经济核算上看，财政赤字是非政府部门的盈余，财政盈余是非政府部门的赤字，适度的财政赤字有助于非政府部门发展。这也是现代货币理论的基本观点（Juniper et al.，2014）。因此，测度财政债务，测度通货膨胀风险和通货紧缩风险，安排财政债务与央行货币的配置，均是宏观风险配置的重要内容，我们在第三篇专门分析，这里存而不论。

（四）预期影响机制

人们的预期也是影响宏观风险配置的一种机制因素。李拉亚（2016a，第132、144、150、151页）指出："原来稳健的资产负债表，一旦人们的预期变化了，也可以变得不稳健。费雪的债务通货紧缩理论其实也反映了这一情况。研究风险配置与预期的关系，构成风险配置要研究的第十三类问题。这是一个十分重要的问题。在当前中国经济形势下，尤其重要。""用资产负债表研究部门间的系统风险，要注意预期的变化。一旦预期发生突变，原来各机构资产负债表的联系中不存在系统风险的，也可以出现系统风险。这是宏观审慎管理不同于微观审慎管理的地方。这也是预期管理构成宏观审慎管理理论基础之一的重要原因。""对宏观审慎管理而言，研究预期粘性和突变性有着现实的客观基础，严防预期突变是严防系统风险爆发的重要环节。因此，预期管理理论可以成为宏观审慎管理的重要思想源泉和重要理论基础。""系统风险形成分为客观因素和主观因素两个部分。高杠杆和明斯基的资产结构变化反映了系统风险的客观因素。金融恐慌反映了系统风险的主观因素。资产结构变化反映了风险配置变化。从客观因素上看，系统风险的一个重要来源是风险配置不合理。"我们从预期角度对金融恐慌进行研究的内容，可见《宏观审慎管理的理论基础研究》一书的第7章第5节"金融恐慌与预期突变"。怎样测度宏观风险配置的预期和不确定性影响，怎样在指标设计中体现预期和不确定影响，是一个值得长期研究的问题。

（五）政策影响机制

宏观风险配置受到政策影响。在央行的双支柱调控框架中，宏观审慎政策更针对宏观风险配置，货币政策更针对宏观资源配置。宏观审慎政策的审慎实质含义，就是国家要有足够的资金应对可能的冲击，尤其要应对不确定性冲击，也就是资金或者资金供给能力不要用尽，要留有余地，政策工具空间也要留有余地。此外，它的另一个实质含义就是要采取行政手段限制泡沫发展。泡沫发展是一种特殊市场行为，需要非市场手段来应对。市场是导致资源配置优化的一种合理方法，但不一定是导致风险配置优化的一种合理方法。在宏观资源配置上，我们可以依靠市场的力量，加以一定程度的政府干预。在宏观风险配置上，我们不能依靠市场力量，还是要依靠政府干预。宏观风险配置构成宏观审慎政策的理论基础，如同宏观资源配置是货币政策和财政政策的理论基础。怎样测度政策对宏观风险配置的影响，是一个值得研究的问题。

第三节　两大宏观配置关系的基本方法

一、用拓展型投入产出表分析两大系统的联系

两大系统的数量关系，可用拓展型投入产出表分析。在投入产出表中，生产部门间的技术联系，即第一象限描述的关系，表示了资源分配或者资源配置。但投入产出表对金融部门的描述和解释能力十分有限，需要加以拓展。我们在1987年已经提出了拓展型投入产出表的方法（李拉亚，1987）。"投入产出表第一、二象限的横行表示了生产成果的去向，从资金流量讲，就是反映了收入的过程。因此，我们可以把再分配收入的过程补充到投入产出表中去，即从横向上向右延

伸投入产出表，加上财政、信贷和其他再分配收支这个再分配部门，以反映社会总产品的再分配过程。投入产出表的纵列反映了各部门对其他部门生产成果的具体使用过程，从资金流量上讲，就是反映了支出的过程。因此，我们可以把再分配支出过程补充到投入产出表中去，即从纵列方向向下延伸投入产出表，加上总投资、进口、事业、财政、信贷和其他再分配收支这样 6 个部门，以反映再分配的支出过程和最终支出过程。由此，我们便得到了一张拓展的投入产出表，可以叫作广义投入产出表。广义投入产出表是把马克思再生产图式进一步具体化到社会总产值的再分配过程的结果。""在国民经济循环中，各经济部门之间存在两种性质的内在联系，一种可称为生产技术联系，另一种可称为社会经济联系。生产技术联系由生产的技术条件所决定，它表明某一生产部门投入与产出的比例关系。由于技术进步的相对稳定性，由生产技术决定的生产技术联系也就具有相对稳定性。而社会经济联系，则是国民收入再分配过程中各经济部门之间的联系，它表示某一经济部门某项支出与总收入的比例关系，这种联系反映了人们和生产技术对再分配过程的双重影响。""因此，社会经济联系虽然不及生产技术联系来得稳定，但它的变动受到生产技术的制约，人们只能在这一约束范围内对它加以变动。违反这一点，就将影响国民经济的正常循环，甚至导致经济危机。因此使用广义投入产出表，也可仿照投入产出表的直接消耗系数和完全消耗系数定义相应的概念和仿其使用方法，但它对国民经济的再分配过程的解释和处理的弹性较大，只能做大致的分析。如我们可仿照投入产出表分析部门联系的方法，用广义投入产出表大致分析银行投入一定量的货币对财政的直接支付是多少、完全支付是多少。又如运用该表可分析财政部门提高税收对各经济部门收入的直接影响和完全影响。再如运用该表可分析财政赤字对货币中现金量发行的直接影响和完全影响。它将说明财政赤字的大小将在多大程度上影响到现金在市场流通中的数量及其在经济循环中现金支付的数量。"这里信贷部门就是金融部门，我们也可以考虑把财政部门和金融部门合并为一个广义金融部门。这样，经济系统和金融系统的数量关系通过拓展型投入产出表揭示出来，并且可借助直接消耗系数和完全消耗系数定义，更深入分析这种数量关系。

二、用拓展型投入产出表分析两大宏观配置的联系

因为金融系统是社会经济联系的一个组成部分，经济系统是生产技术联系的组成部分，上面提到的社会经济联系不及生产技术联系稳定的观点，实际上包含了金融系统不如经济系统稳定的观念，并且金融系统要受到技术条件制约，即要受到经济系统制约。违反这一点，就将影响国民经济的正常循环，甚至导致经济危机。这里可以引申一下，社会经济联系出现问题，不仅导致经济危机，还可导

致金融危机。或者说，社会经济联系出现问题，本身就是金融危机。因此，拓展型投入产出表包含了宏观资源配置和宏观风险配置及其联系。我们也可借助直接消耗系数和完全消耗系数的方法来分析资源配置和风险配置的关系，可以借助完全消耗系数的分析方法分析金融系统的一个变动最终对经济系统各部门的影响。

欧美经济理论界一直认为经济系统稳定自然导致金融系统稳定，直到格特勒（Gertler）的综述文章《金融结构与总体经济活动：概述》才否定了这一观念。我们上述社会经济联系不及生产技术联系稳定的观点，超前于欧美经济理论界。

三、用 VAR 模型分析两大系统周期的联系

除了拓展型投入产出表，我们还可以使用其他经济模型研究经济系统和金融系统的联系。下面我们采用 VAR 模型研究经济系统和金融系统的联系。这里，我们采用经济周期和金融周期的数据分析经济系统和金融系统的周期联系。我们将在第五章介绍经济周期和金融周期的测度方法，下面使用的数据来自这一测度方法。

伯克南和格特勒（Bernanke et al.，1989）开启了金融周期和经济周期关联研究。本节我们采用较为简单的 VAR 模型分析中国金融周期和经济周期的数量关系。虽然 VAR 模型着重采用脉冲响应和方差分解分析系统特性，但该模型也能看变量间的关系。模型中，金融周期变量 f 的值取自第五章第五节的金融周期趋势数据，经济周期变量 g 的值取自第五章第五节的经济周期趋势数据。我们在第三篇还会采用趋势值方法分析其他经济关系。我们得到 VAR 方程组如下

$$f = 0.63f(-1) + 0.45g(-1)$$
$$g = -0.13f(-1) + 1.16g(-1)$$

该方程组只保留滞后期一期，其他滞后期变量的系数的显著性检验值低，故省略。作为理论模型，我们要求模型简洁，能表明理论分析目的即可。

该方程组表明，表示金融系统的金融周期趋势值不仅受到其上一期值的影响，也受到上一期经济周期趋势值的影响。同样，表示经济系统的经济周期趋势值不仅受到其上一期值的影响，也受到上一期金融周期趋势值的影响。方程 2 的上期金融周期值的系数为负，我们的解释是，仅用房地产价格和信贷值表示金融周期，一般而言，上期信贷值增加有助于本期经济增长，这说明上期房地产价格增长对本期经济增长的负面影响超过了上期信贷增长对本期经济增长的正面影响。这两种影响抵消后，系数值为 −0.13。这也说明，靠房地产来拉动经济不会有效，房地产市场发展虽可拉动与其相关行业发展，但房地产行业暴利导致其他行业不安心自己的生产，也导致银行贷款向房地产倾斜，从而影响其他行业发展，最终拖累经济发展。

该方程组相关检验数据见表 3-1。由表 3-1 可见，各个系数的 T 检验值均过关，R^2 也相当高，做兰格检验效果也理想，方差分解约在 30 期后趋于稳定。这表明，经济周期和金融周期互相联系互相影响是客观存在的。单位根检验表明，f 的单位根是 0.996 490，几乎是 1。g 的单位根是 0.793 398。虽然 EViews 软件的检验结果表明 VAR 满足平稳条件。但 f 的单位根几乎是 1，表明这个模型并不太平稳。这也反映在我们做该模型的脉冲响应时，脉冲响应函数值不能趋于 0。

表 3-1　检验表

变量	f	g
$f(-1)$	0.634 733 （0.056 01） [11.3331]	−0.127 387 （0.025 40） [−5.014 31]
$g(-1)$	0.450 582 （0.078 68） [5.726 78]	1.1551 55 （0.035 69） [32.3672]
R^2	0.873 595	0.953 145

四、VAR 模型揭示两大周期联系与两大宏观配置的关系

经济周期更多反映宏观资源配置的情况。经济周期趋于谷顶，通常是通货膨胀上升，反映供不应求。经济周期趋于谷底，通常是通货紧缩加重，反映供过于求。在经济周期的谷顶和谷底都反映宏观资源配置的恶化。

金融周期更多反映宏观风险配置的情况。金融周期趋于谷顶，通常是资产价格上升，融资环境宽松，反映风险上升。金融周期趋于谷底，通常是资产价格下降，融资困难，资产市场供过于求。在金融周期的谷顶和谷底都反映宏观风险配置的恶化，都可能爆发系统性金融风险。

我们用 VAR 模型揭示的两大周期关系，实际上也把两大宏观配置联系起来。上期经济增长对本期金融增长起正向作用，如果经济周期趋向谷顶或者谷底，会加剧金融周期趋于谷顶或者谷底，对金融周期本身的风险起到推波助澜的作用。

既然经济系统与金融系统存在联系，特别是金融周期和经济周期存在联系，我们便不能局限于货币政策只影响经济系统和经济周期，宏观审慎政策只影响金融系统和金融周期。影响金融系统和金融周期的宏观审慎政策通过这一联系会影响到经济系统和经济周期，从而也会影响资源配置，并可能会与货币政策相冲突。同样，影响经济系统和经济周期的货币政策通过这一联系也会影响到金融系统和金融周期，从而也会影响风险配置，并可能会与宏观审慎政策相冲突。

第四节 两大宏观配置与两大政策关系

货币政策和宏观审慎政策的根本目的，是要实现资源最佳配置和风险最佳配置。市场经济对实现资源最佳配置起到重要作用，但仍离不开政府政策的作用。市场经济对风险配置的优化作用远不如对资源配置的优化作用，宏观审慎政策对实现风险配置起到非常重要的作用。因此，两大宏观配置的理论是两大政策的理论基础，实现两大宏观配置的最优化是两大政策的目标。

研究货币政策和宏观审慎政策的理论基础，从外延上看，需要研究经济系统和金融系统及其相互关系的理论；从内涵上看，需要研究宏观资源配置和宏观风险配置及其关系；从应用上看，需要研究货币政策和宏观审慎政策的理论基础、目标体系和各自特点。

一、两大政策的原有理论讨论

（一）货币政策的原有理论讨论

欧美国家央行均认同在完全竞争市场可以通过调整利率实现资源最佳配置。新凯恩斯经济理论认为，市场还存在摩擦因素（如粘性价格和垄断价格），会导致资源配置扭曲，可以设计最优利率政策减少这种摩擦带来的社会福利损失。泰勒规则提供了利率调控的政策规则。

欧美经济理论界对菲利普斯曲线的讨论，刺激了货币政策理论的发展。新古典经济学派认为，任何时候货币政策均是中性的，不存在通货膨胀率与失业率交换的可能。该理论的政策框架是通货膨胀目标制，央行只要控制住物价即可。新凯恩斯经济学派认为不仅价格存在粘性，预期也存在粘性，人们不会立即对通货膨胀政策做出反应，短期内央行通货膨胀政策能起到刺激产出的作用。故短期内货币政策非中性，存在通货膨胀率与失业率交换可能。长期内，人们会知道央行的通货膨胀政策，货币政策是中性的。该理论的政策框架是弹性通货膨胀目标制，央行不仅要控制住物价，也要控制住失业率。

21 世纪以来，新凯恩斯经济学派进一步提出了预期管理理论，认为货币政策的核心是管理预期，在此基础上又提出前瞻性指引政策。这是货币政策理论的新发展。

中国经济理论界为央行政策制定做了不少理论探索。1991 年，中国经济理论界已经在综合探索目标制、政策规则、政策透明和预期管理（但没用政策透明和预期管理这两个词),即通过公布政策目标和政策规则,向公众传递政策制定信息,引导公众配合政策目标来预期、协调和安排自己的经济活动,使预期变动方向与政策目标方向一致,从而减少经济波动,减少公众预期的不确定性因素,提高政策效率。这要求政府要有可信度。中国经济理论界这些研究成果,可见李拉亚(1991,第254~262页)的研究。

当然,中国经济理论界对货币政策的理论探讨和理论贡献远不止这些,限于篇幅,不做介绍。

(二)宏观审慎政策的原有理论讨论

央行实行宏观审慎政策的时间不长,经济学界对宏观审慎政策的理论基础研究尚在进行中。李拉亚(2016a,第129页)认为货币政策理论基础与宏观审慎政策理论基础的根本不同点是,货币政策试图实现资源最佳配置,而宏观审慎政策试图实现风险最佳配置。

宏观审慎政策并不完全是舶来品,在中国经济理论界有自己的理论根基。在1995年,中国经济理论界研究了不确定性对经济系统和金融系统的影响,研究了投机资本的作用,研究了投机资本与泡沫的关系;在研究金融不确定性时,指出央行当时仍是以控制贷款总额的方式控制货币供给,区分了投机性货币需求与非投机性货币需求,分析了投机性货币需求与泡沫的关系,认为投机性货币需求会挤占实体经济的贷款并导致实体经济的供给减少,已经认识到单靠利率政策不能抑制住房地产泡沫,还需要有选择的贷款配给政策;提出微观资产组合和宏观资产组合是联系金融系统与经济系统的两大枢纽;明确提出了政策透明,政策制定不要搞出奇制胜等(李拉亚,1995,第25~27页,第109~126页,第185~186页,第302页,第317~332页,第353页)。中国经济理论界的这些研究,实际上涉及宏观审慎政策的理论基础。由此看来,中国央行实行双支柱调控框架有着其理论和实践渊源。

宏观审慎政策理论基础与货币政策理论基础既有区别也有关联。风险配置是和资金配置相联系的。脱离了资金配置,风险配置就没有载体。资金配置是一种资源配置,是一种带有风险形态的资源配置。货币政策理论基础研究资源配置会涉及风险配置(如货币政策的风险承担机制)。宏观审慎政策理论基础研究风险配置也会涉及资金配置,即会涉及资源配置。关于这两种配置的关系,可见李拉亚(2016a)第六章"风险配置理论"的第五节"资源配置和风险配置的关系"。这里限于篇幅,不做介绍。

二、两大政策的目标控制讨论

货币政策目标体系由通货膨胀率、失业率、经济增长率和汇率等指标构成。

2008 年前，欧美央行实行的货币政策目标制是通货膨胀目标制或弹性通货膨胀目标制。这两种目标制均告诉公众政策方向，是踩油门还是踩刹车。但是该规则没有告诉公众踩油门或者踩刹车的力度大小。同时，欧美央行采用泰勒规则调控利率。该规则不仅告诉公众政策方向，还告诉公众踩油门或者踩刹车的力度大小。

2008 年美国金融危机爆发后，欧美央行均实行货币宽松政策。随着经济形势好转，欧美央行会恢复使用泰勒规则和货币政策的目标制，用以稳定经济系统。

中国政府近年提出的合理区间论，可以作为央行货币政策的目标制。李拉亚（2016a，第 174～176 页）分析了合理区间论的理论框架，视它为一种多目标的政策规则，类似于弹性通货膨胀目标制。合理区间论对通胀率设定上限，通胀率一旦超过上限，政府会踩刹车。合理区间论对经济增长率和新增城镇就业人数设定下限，这两个指标任一个低于设定下限，政府会踩油门。

资产价格反映金融稳定，具体资产的价格是一个可以测度的指标。问题是，资产价格能否作为央行的政策目标。这在经济理论界还存在激烈争论。前后三任美联储主席都认为资产价格不宜作为政策目标予以控制（李拉亚，2016a，第 255 页和第 260 页）。央行货币政策是否关注资产价格，不仅是理论问题，也是现实的政策制定目标问题。央行专栏文章认为，美国 2003—2007 年资产价格大幅上涨累积了巨大风险："继续加强房地产市场的宏观审慎管理，形成了以因城施策差别化住房信贷政策为主要内容的住房金融宏观审慎政策框架。"[①] 这说明宏观审慎政策要对房地产价格做出反应，也说明央行把房地产价格作为宏观审慎政策目标的一个组成部分。因此，中国央行的双支柱调控框架，肯定要关注资产价格。

2016 年起，中国央行将差别准备金动态调整机制升级为宏观审慎评估体系（MPA），从七大方面对金融机构进行考核，并具有奖罚功能。MPA 是央行宏观审慎政策目标的一个组成部分。央行政策带有奖罚功能，是一个值得研究的理论问题。本著作第一章研究了央行与公众博弈时，央行政策奖罚功能具有导致央行和公众之间良性互动的作用。

金融稳定的重要任务是化解系统性风险，但系统性风险怎样测定，目前尚没有公认的方法。建立风险评估和预警指标体系，是建立宏观审慎政策目标体系的一项重要内容。我们在第五章第二节会进一步研究这个问题。

三、货币政策与宏观审慎政策的各自特点

传统上，欧美货币政策是价格型的，通过调整利率达到资金供需均衡，从而

[①] 央行《2017 年第三季度中国货币政策执行报告》的专栏 4 文章《健全货币政策和宏观审慎政策双支柱调控框架》。

实现资源最佳配置。货币政策处理与资源配置相关的问题，如通胀率、经济增长率和失业率等。央行为稳定币值要控制好货币发行量。在2008年金融危机之后，欧美主要国家推出的量化宽松政策则是数量型的。因此，欧美国家常规时期的货币政策是价格型主导，但数量型政策并未被抛弃。我国当前则是数量型政策为主导，价格型政策为辅助。

宏观审慎政策具有非价格型、规定型（如规定银行的资本充足率）和监管型特点。它试图实现风险最佳配置。它处理与风险配置相关的问题，如广义信贷规模及其结构、宏观杠杆和资产价格等问题。宏观审慎政策的规定型和非价格型特点，与中国央行有选择贷款配给政策类似，均可以针对具体问题和具体部门精准实施，具有针对性强的特点。宏观审慎监管型政策包括时间维度的逆周期资本监管，并包括横向维度的系统重要性金融机构资本监管、恢复处置计划，也包括一些针对具体行业的监管等，如针对房地产等行业的贷款价值比LTV监管指标等。

因此，宏观审慎政策有两种职能。一种是监督管理（也称为宏观审慎监管或简称监管），源自微观监管，如宏观审慎评估体系的一些指标和银监会的指标一致。另一种是调控，对中国央行而言源自货币政策，如控制信贷规模。宏观审慎政策的监管容易与微观监管混淆，宏观审慎政策的调控容易与货币政策混淆。宏观审慎政策可以同时具有监管和调控两项职能，如MPA。对央行而言，监管为调控服务，是调控的一个必要条件。虽然货币政策本身没有监管职能，但央行为了执行货币政策也会实行一定的监管。现在央行要实行宏观审慎政策，监管范围增加了，监管力度增强了。

中国央行还处于数量为主的间接货币调控模式阶段（徐忠，2017）。这是中国现阶段货币政策的特征。央行使用的非利率货币政策工具，在一定条件下（如针对银行信贷）也可以带有宏观审慎政策功能。怎样把货币政策的传统数量型工具用到宏观审慎政策中，或者加以改造后用到宏观审慎政策中，是一个值得研究的课题。

有选择贷款配给政策也是规定型和非价格型。欧美国家的银行也存在有选择贷款配给行为。欧美经济理论界从委托代理人框架研究这一问题，认为借贷双方信息不对称导致这一问题，银行有选择贷款配给是其控制风险的一种方式。长期以来，中国央行更是把有选择贷款配给作为货币政策工具使用，积累了丰富经验。

从控制风险看，有选择贷款配给更适合作为宏观审慎政策使用，如央行可用它控制银行信贷投向实体经济，避免或限制其投向高风险的泡沫领域。这要求央行能对银行信贷规模结构进行监管，了解银行贷款投向哪些领域，才能有的放矢，制定针对性有选择贷款配给政策。

有选择贷款配给政策常常具有"一刀切"的刚性特征。如央行为了控制信贷扩张，规定各个银行的贷款按比例减少。这使银行没有选择余地，不利于银行安排最优计划，导致市场的摩擦和扭曲，不利于银行的风险最佳配置。

不仅中国金融部门使用非价格型政策工具，欧美等其他国家金融部门也在一定程度上使用非价格型政策工具（Fischer，2014）。宏观审慎政策工具与非价格型政策工具存在历史渊源。一些非价格型政策工具可以转用于宏观审慎政策。从宏观审慎角度研究贷款配给，放松贷款配额空间，让银行针对这一贷款配额空间，有自己的选择空间和选择自由，从而实现自己的最优计划，将为研究这个老问题带来新动力和新意义。

前面解释了央行调控的两个目标体系，即货币政策目标体系和宏观审慎政策目标体系。央行为实现不同的目标，需要实行不同的政策。如央行依靠货币政策，不能实现稳定金融系统的目标。导致2008年美国金融危机的重要原因之一，是货币政策导致了金融系统的风险配置恶化。2000年，美国高科技股票泡沫破裂后，美联储先实施低利率货币政策，试图刺激房地产行业发展，以此带动经济增长。这导致了企业和居民追求高风险高利润的风险配置，导致了他们的风险配置恶化。然后美联储又采取不断提高利率的货币政策，试图抑制房地产泡沫，结果导致了次贷者的风险配置崩溃，并产生连锁反应，导致银行和保险的风险配置崩溃，从而导致金融危机（李拉亚，2016a，第128～129页）。

从这里可以看到，以利率为工具的货币政策虽能影响到资产价格，但带来的副作用太大，得不偿失。央行不能全部依靠利率这一货币政策来遏止资产价格高涨。过高的利率会拖累经济增长。为遏止资产价格高涨，央行要依靠宏观审慎政策。或者说，稳定金融系统和遏止资产价格高涨，央行应以宏观审慎政策为主，以货币政策为辅。

第五节　两大宏观配置的一个结合点

一、房地产与两大系统的联系

资源配置和风险配置的一个核心环节是房地产市场。房地产市场联系经济系统和金融系统。房地产企业生产物资产品，即建筑物，影响到经济系统。同时，房地产是很多实体企业以及居民向银行贷款的抵押品，作为抵押品的房地产是银行的一项资产，影响到金融系统。因此，房地产既影响到资源配置，也影响到风险配置。

居民的房地产具有多项功能，既是消费品，又是投资品，还可以用于投机和抵押。我们可从居民角度进一步量化分析房地产与两大系统的联系。地方政府也是一个分析房地产与两大系统联系的重要角度，我们可以类似居民角度分析，如计算显性和隐性债务还本付息占财政收入的比重，以及土地收入占财政收入的比重，但这涉及太多内容，如地方政府的隐性收入不透明等，这里存而不论。

房贷是金融系统的一个指标，消费是经济系统的一个指标。这两个指标反映了经济系统和金融系统的联系。房价是一种资产价格，是金融系统的一种指标。工资收入是经济系统的一种指标，这两个指标也说明金融系统与经济系统的联系。这两种联系具有重要意义，它从一个方面说明了具有中国特点的系统性风险的一种机制。

二、一种系统性风险形成机制

中国的房地产市场有自己的特点。一是，土地是地方政府的资产，地方政府依靠土地拍卖深度介入房地产市场。二是，地方政府用土地作为抵押品向银行贷款，现在影子银行的很多业务均与此有关，由此衍生而来。三是，居民资产较为集中在房产上。

中国房地产市场的这三大特点，导致一种中国特色的系统性风险机制。该机制表现为两个方面。一是，因居民资产较为集中在房产上，房价对居民的影响超过 CPI 对居民的影响。二是，地方政府财政收入中土地收入占有重要地位。房地产价格与地方政府财政收入息息相关。一旦经济系统出现问题，如经济增长下降带来失业率增加，会导致居民偿还房贷能力下降，这可能引发银行的不良贷款率上升，从而导致金融系统出问题。同时，房地产市场出问题，也会导致地方政府的财政收入下降，有可能导致地方政府的债务偿付出问题。居民和地方政府的这些问题合力足以产生金融危机。

三、居民的房贷压力

为定量分析房价对居民消费的影响，我们从流量角度设计家庭平均偿付房贷本息能力的指标。因统计数据缺失，我们仅统计城镇居民，并且只依据城镇居民的工资收入。当然，家庭收入还有利息、转移收入、房租和财产收入等，这里因得不到数据而省略。要特别注意，在当前房价下，居民的房产收入可超过居民一辈子的工资收入。民间调侃，辛辛苦苦三十年，不如提前买套房，就说明了这一点。对此，需专文分析，这里存而不论。

我们设计的家庭平均偿付房贷本息能力指标为

家庭平均偿付房贷本息能力 = 家庭平均房贷本息 / 家庭平均可支配工资收入

平均可支配工资收入按国家统计局公布的城镇职工平均工资收入的 89% 计算。我们这里按一个家庭两人工作计算。为什么把城镇职工平均工资收入的 89%

作为可支配工资收入呢？2019年实际要交的五险一金中，五险占城镇职工平均工资收入的11%。住房公积金可付房贷本息，可计入可支配工资收入。若城镇职工挣平均工资，只要交24元所得税，可忽略不计。

上面这个指标的分母可以用城镇居民平均可支配收入代替，从而计算单个城镇居民平均偿付房贷本息能力。这里为节省篇幅，不计算这一指标了。

家庭平均房贷本息没有统计数据，可以合理推算。如果家庭购买一套70m²的住宅商品房，按照当年住宅商品房平均房价可以计算出这套房当年的购买总额，扣除20%的首付，余下是向银行的贷款额。按照通常情况，贷款年限为20年，取基准利率4.9%，由此不难计算出该家庭每月要交给银行的本息。由此可得该指标的历年计算结果，见图3-1。

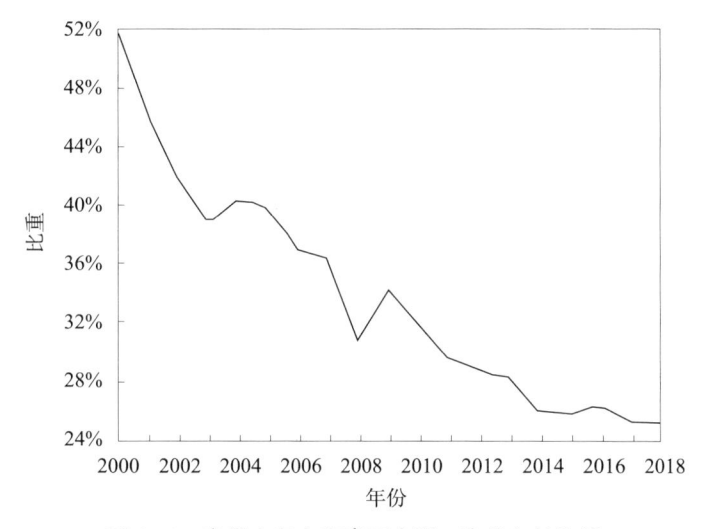

图3-1 房贷本息占家庭可支配工资收入的比重

从2014年开始，这个指标值低于26%，2017年和2018年这个指标值为25%。如果一个家庭有一人失业了，只剩一人工作，这个指标值会上升到50%。所以，就业对家庭房贷偿付能力影响甚大，稳住就业就堵死了系统性风险的一个重要源头。这也从数量上证实了前面的分析，居民对房价的承受能力是影响系统性风险的一个重要因素。

由于房贷只占居民消费性贷款的70%，如果按这个比例家庭还借有其他消费性贷款，我们估算其平均消费性贷款本息支出占家庭平均可支配工资收入的比重，在2018年可达36%。为简便，其他消费性贷款本息计算方法同房贷本息计算方法，这与实际情况会有些出入。

不考虑财产收入，家庭消费小于或等于家庭平均可支配工资收入减去还本付息的余额。上面的假设分析中可以看到，家庭还本付息已经超过了家庭平均可支配工资收入的1/3。这还没有考虑房贷的首付。

我们的上述计算部分归于统计数据,部分归于理论假设。我们理论假设城镇只有平均收入水平的双职工家庭只购买一套 70m² 的商品房所承受的还本付息压力。这一理论分析只是提供了一个理论参照标准。

我们计算城镇单位职工一个月平均可支配工资收入可以购买住宅商品房面积,它表明了房价和工资的对比,说明了居民对房价的承受能力,也间接说明了房价对居民消费的影响。计算结果见图 3-2。

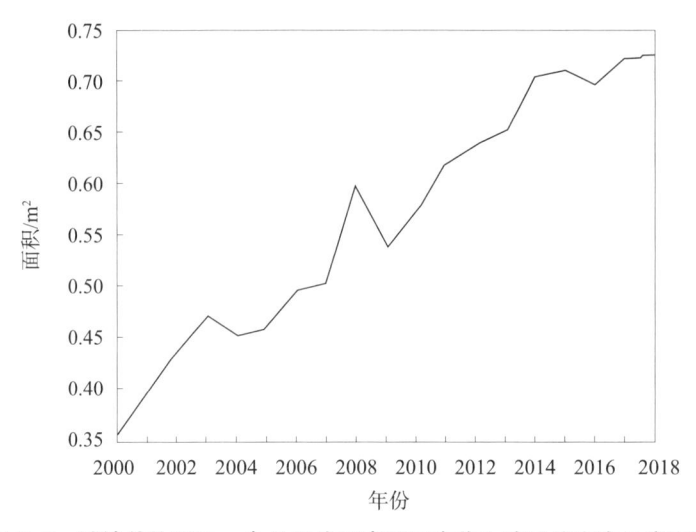

图 3-2　城镇单位职工一个月平均可支配工资收入购买住宅商品房面积

城镇单位一位职工一个月平均可支配工资收入购买住宅商品房面积,在 2000 年可以买 0.355m²,在 2018 年可以买 0.725m²。对比图 3-1 和图 3-2 可以看出,两图具有一定的反向对称。图 3-2 不涉及数据推算,直接用统计数据说明了居民对房价的承受能力。

虽然房贷占居民可支配工资收入的比重相当高,但居民对房价的承受能力也趋于提高,居民贷款购房越来越多,银行贷款中房贷越来越多,银行承受的房贷风险也越来越高。如果经济系统的就业出现问题,银行房贷风险也会跟着出现问题。

第六节　总　结

传统的宏观经济理论只研究资源配置,不研究风险配置。现在,我们赋予宏观调控新任务,不仅要调控经济系统,还要调控金融系统。调控经济系统要实现资源最佳配置,调控金融系统要实现风险最佳配置。因此,在新的宏观经济理论中，资源配置和风险配置并重。因传统宏观经济理论对资源配置研究很多，对风险配置研究很少，本章重点研究宏观风险配置，特别是这两大配置的关联。

本章中我们给出了宏观资源配置和宏观风险配置的定义，介绍了宏观风险配置的理论背景，研究了宏观风险配置的理论基础和基本分析方法，如初步分析了宏观风险配置的机制，分析了宏观风险配置和宏观资源配置的关系，指出了货币政策和宏观审慎政策与这两种配置的关系，指出了房地产是这两种配置的一个结合点。

把风险配置引进宏观经济理论，导致一系列理论问题，如什么是风险最佳配置，怎样实现风险最佳配置，皆是需要专门研究的问题。在不确定性一般均衡理论体系中，研究了风险最佳配置问题，构成风险最佳配置的微观经济理论基础。在宏观经济理论中，怎样测度宏观风险配置，怎样判断宏观风险配置是否合理，也均是需要研究的问题。我们在第四章进行研究。

第四章 宏观风险配置的测度分析

本章把金融风险测度建立在宏观风险配置理论基础之上，采用存量流量一致性方法，在传统的以国家资产负债表为基础测度存量金融风险的理论框架上，加进了资金流量表测度流量金融风险，提出了判断宏观风险配置是否合理的四大原则，即融资原则、杠杆率原则、风险分散原则和综合判断原则，由此划分了四类风险，即资产兑现风险、债务偿付风险、资产贬值风险和资产风险，设计了六大类指标，测度了居民、非金融企业、金融部门、政府和国外五个部门的风险配置，以及部门间关联的风险问题，尤其针对房地产泡沫，设计了敏感指标、压力指标和预警指标，测度房地产泡沫风险，提出了预警思路与方法。本章为央行双支柱调控框架打下风险测度的基础。

第一节 导　言

2008年美国金融危机一个深刻教训是，除了微观监管督促金融机构实现微观风险最佳配置，还需宏观监管实现宏观风险最佳配置，如采用宏观审慎政策防范宏观风险配置失衡导致的系统性风险和金融危机。2008年美国金融危机导致宏观调控的一个显著变化是，政府既要调控经济系统，实现宏观资源最佳配置，也要调控金融系统，实现宏观风险最佳配置。经济理论界对宏观资源配置及其测度比较熟悉，研究文献很多，对宏观风险配置及其测度则较为陌生，研究文献较少。

现代金融理论建立在风险配置和资产组合（或称资产配置）基础之上，通过资产组合反映其后的风险配置，故资产组合是表象，风险配置是本质。这一理论源自马科维茨资产组合理论、阿罗-德布鲁不确定性一般均衡理论和托宾的资产选择理论。在金融经济学中，风险配置也称为风险分担或者风险承担，可见王江（2006，第10章第2节）和徐高（2018，第11章第1节）的论述。这里风险配置和资产组合均以个体为研究对象，属于微观经济范畴，可称为微观风险配置和微观资产组合。

着眼于宏观和部门的风险配置和资产组合，属于宏观经济范畴，可称为宏观风险配置和宏观资产组合。如常用的宏观杠杆率和各个部门的杠杆率，以及部门的风险承担，就属于宏观风险配置和宏观资产组合范畴。欧美经济理论界现在常用宏观风险或者宏观经济风险概念，如资产泡沫就是一类宏观风险（Cecchetti，2008），也属于该范畴。与微观层次风险配置和资产组合所反映的思想一致，我们通过宏观资产组合反映其后的宏观风险配置。

经济理论界已经深入系统研究了微观风险配置及其测度，把微观金融风险理论建立在微观风险配置基础之上，为微观监管奠定了理论和方法基础。作为对比，经济理论界虽有大量文献研究系统性风险和金融危机（Sufi et al.，2021；Simsek，2021；Dang et al.，2019），但没有把宏观风险理论建立在宏观风险配置基础之上，也很少有文献研究宏观风险配置及其测度。这导致宏观监管理论基础十分薄弱，对实行宏观审慎政策十分不利，是宏观调控理论亟须补上的一课。应指出，中国经济理论界对宏观风险配置及其测度的研究，较为重视一些。

李拉亚（1995，第 160～166 页）介绍了托宾的资产组合理论中关于货币与证券均衡的观点，即"现在可以看到，投机者在收益和风险之间有所选择。当风险增加时，他较少持有证券，较多持有货币。当风险降低时，他较少持有货币，较多持有证券"。李拉亚（1995，第 322 页）提出了宏观资本组合概念："计划配置是一种宏观的资本组合。这里的资本不仅仅只是金融资本，还包括实物资本。""研究居民的资产组合变化，将是宏观经济研究中的一个重要课题。一些重大的宏观经济现象，需要从居民的资产组合变化中去寻找答案。目前，中国经济理论界对居民资产组合和企业资产组合的研究实在是太薄弱了。我们实有必要加强这方面的研究。"李拉亚（1995，第 167 页）指出："因此，当未来不确定性增加时，经济人因预防动机的需要，倾向于更多持有现金和活期存款。""当未来确定性增强，经济人会倾向于增加定期存款，以获取更多的利息。此时，活期存款与定期存款比重会下降。"李拉亚（1995，第 169～172 页）测度了中国宏观资产组合中活期存款与定期存款之比，证实了他的观点。这说明，当风险增加时，经济人会放弃利润而更多满足预防动机，即追求风险最小。当风险减小时，经济人会追求更多的利润。李拉亚（1995，第 175～179 页）用现金与存款之比，再次解释了他的观点。这其实是通过宏观资产比例变化测度宏观风险配置。李拉亚的《宏观审慎管理的理论基础》第 6 章提出了宏观层次风险配置，正式提出了宏观风险配置概念。

Bovenberg 等（2006）的文章《养老金制度与宏观经济风险配置》针对养老金系统探讨了具有内生增长重叠世代模型中世代间的最优风险承担安排，把居民部门的风险配置引入经典的宏观经济模型中。

易纲（2020）采用风险承担概念分析了中国的宏观风险配置问题，他指出："从风险承担的角度看，金融资产并不是由谁持有，就由谁承担风险。"如"对于存款，假定金融部门承担居民部门存款风险的95%，承担其他部门存款风险的80%，其余的存款风险由居民及其他部门分别承担。"该文表七给出了中国金融资产的风险配置，指出金融风险有向金融部门集中的倾向。他也指出："需要说明的是，准确度量金融资产的实际风险承担是比较难的，上述假定也可以讨论，但通过大体匡算，仍能够看到金融资产风险承担的基本状况及其变化。"

李扬等（2020，第5章第4节）提出和分析了金融部门资产配置风险，是部门风险配置，也属于宏观风险配置。该书第1章第6节对易纲（2020）的工作进行了解读，以各部门风险资产占总金融资产的比重来衡量该部门风险承担情况，解释了各部门的具体风险配置数据，但他们进一步假定"金融机构的80%都由政府来兜底"，得出金融风险有向政府集中的态势。同时，他们把国有企业和与政府部门合并称为公共部门，把非国有企业和居民部门合并称为私人部门，假定私人部门债务基本上由私人部门承担，而公共部门债务主要由政府承担，得出金融风险向公共部门集中的结论。

美国2008年金融危机后，经济理论界意识到原来采用数理统计模型预测危机失灵，采用微观风险配置理论不适合分析和测度宏观风险，采用资产负债表分析这场危机的文献增多，如He等（2010）通过资产负债表调整分析金融危机，辜朝明（2019）介绍了他多年研究的以资产负债表衰退为基础的解释金融危机的理论体系。在中国，李扬等在2012年开始研究和编制中国国家资产负债表。李扬等（2020）编制了21世纪以来中国历年的国家资产负债表，系统分析了20年来五大部门的存量资金配置问题，反映了存量资金配置后面的风险问题。张晓晶（2017）对用资产负债表分析金融风险的理论框架做了介绍。

以国家资产负债表为基础测度宏观风险及其配置，仍存在可改进之处。该方法反映的是存量问题，没有涉及流量问题。流量比存量变化更为敏感，反映问题更为及时，如收不抵支就是一种流量金融风险，在居民、企业、政府等部门的当月收支情况中就能反映出来。特别是在存量和流量转化上也可以存在问题，如收不抵支的风险可以通过出售存量资产来消除，若不能及时售出存量资产，又不能借新债还旧债，金融风险就会爆发。

本章在国家资产负债表的基础上，加上国家资金流量表，形成一种既能测度存量资产配置，也能测度流量资金配置及其互相转化的测度体系，作为测度宏观风险配置的理论框架，用以测度各部门的存量和流量风险，以及存量、流量转化间的风险，积累系统的测度数据。

测度宏观风险配置是研究该理论的先行一步。这也符合科学研究的惯例，如开普勒测度行星运行积累的大量系统数据为牛顿力学提供了基础。我们目前对宏观风险配置的研究不深入，与我们对该问题的测度不深入和积累数据不多有关系。加强对宏观风险配置的研究，首先要加强对该问题的测度研究，需要建立测度该问题的一套理论与方法，积累系统的测度数据。由上面的文献梳理可见，测度宏观风险配置理论与方法的研究还十分薄弱，是亟须研究解决的理论课题。

国民经济核算理论与方法以及由此积累的大量数据，为宏观调控经济系统的资源配置奠定了基础，也促进了宏观经济理论的发展，但对宏观调控金融系统的风险配置还显得不足。加强对测度宏观风险配置理论与方法的研究，也是宏观调控亟须解决的现实问题，可为央行的双支柱调控框架奠定一个方面的基础，也可促进宏观经济理论的发展。

本章贡献为：在传统资产负债表理论框架上，加进资金流量表，从存量流量二元视角认识和测度宏观风险配置及其宏观风险，发展了明斯基融资理论。本章把宏观风险配置是否合理，简化为主要判断资产负债表和资金流量表及其连接是否合理。在此基础上，本章划分了三大类宏观风险，提出了测度宏观风险配置的四大原则，由此设计了六大指标体系，测度居民、非金融企业、金融部门、政府和国外五大部门的风险配置，积累系统的测度数据，在此基础上指出各个部门存在的风险问题，特别指出非金融企业的债务风险是当前宏观风险的根源。从部门间关联风险角度，测度房地产泡沫，设计了敏感指标、压力指标和预警指标，提出了防范房地产风险的预警思路与方法。

第二节　宏观风险配置测度的理论框架

宏观风险配置测度的理论框架，涉及测度的理论、方法、和指标三个方面问题，需解决测度什么和怎样测度的问题。我们首先把测度宏观风险配置的稳健简化为测度国家的资产负债表和资金流量表的稳健，从理论上抽象出影响这两张表稳健性的三类重要宏观风险配置问题，针对这三类问题制定维持两张表稳健性的四大原则，在此基础上制定六大类测度指标，从收与支和资与债两个方面分别测度各个部门的宏观风险配置及其金融风险，用杠杆率测度部门风险的放大情况，最后测度反映部门关联风险的房地产泡沫。

一、新的理论框架

（一）宏观风险配置测度的抽象

我们将宏观风险配置是否合理，抽象为主要判断国家的资产负债表和资金流量表及其连接是否合理或者稳健。我们做出这一抽象的理由是，经济理论界认为，国家资产负债表概括了一个国家最为重要的金融变量的存量情况，国家资金流量表则反映了一国最为重要的金融变量的流量情况。这两张表结合起来基本反映了一个国家的基本金融状况。如果国家基本金融状况好，则意味着宏观风险配置是合理的，不会出现系统性金融风险。

这两张表均是平衡表，我们要透过平衡表看其背后的结构是否合理。合理的结构意味着宏观风险配置合理，否则意味着宏观风险配置不合理，导致金融风险。这两张表的合理结构从本质上讲，可以归纳为三个问题，即能及时偿付债务，不会扩大金融风险，不会产生风险的连锁反应，从而避免系统性风险。

及时偿付债务，可以用收入偿付债务，借新债还旧债，出售资产还债。出售资产还债，需要资产能及时兑现。借新债还旧债需要企业维持良好的信用。金融机构对企业信用的判断，不仅要考察历史上的企业还债情况，更要考察企业的这两张表的稳健性，其稳健性高的企业，信用程度也高。

现在，通过这两张表测度金融风险，即从存量流量二元角度测度金融风险，是新观念和新方法，不仅涉及流量资金，还涉及存量资本，更涉及存量能否及时转化为流量。这将加深我们对金融风险的认识，发现宏观风险配置和金融风险的新现象，提供理论研究的新内容，促进宏观风险配置理论发展。

（二）两张表测度内容的抽象

国内外常用资产负债表理论框架测度资产配置和金融风险，我们把资金流量表加入进来，不仅增加了测度内容，更增加了测度复杂性。依据宏观经济理论和宏观金融理论，我们把这两张表的合理结构的三个问题，抽象为三类宏观风险配置问题，即融资、杠杆率和风险关联及转移。这三类问题涵盖了风险发展过程的三个关键环节，即首先融资中风险产生，其次风险放大，最后风险产生连锁反应。2008年美国金融危机是一个很好的实例，2007年初次贷风险出现，经过高杠杆放大，产生连锁反应，导致金融危机和经济危机。我们对这三类问题的理论分析，不仅明确测度什么，还为怎样测度提供理论基础。

1. 融资

凯恩斯分析了储蓄转化为投资的问题，明斯基分析了储蓄转化为投资中的融资问题。融资是明斯基金融脆弱性理论的关键环节，融资失败会导致金融风险和金融危机，故而是经济危机和金融危机的根源问题。在资金流量表中，非金融交易表反映储蓄转化为投资问题，金融交易表反映融资问题。资产负债表反映融资中存量能否转化为流量问题。

从偿付债务角度看，融资是一个流量转变为存量的过程，提高资产负债表的稳健性，为未来可能的债务偿付打下基础。融资也可以是一个存量转变为流量的过程，削弱资产负债表的稳健性，出售资产偿付债务。这两个过程反映了资金流量表和资产负债表之间的连接与转换，即反映了存量、流量及其互相转换的关系。

明斯基划分了三种融资，对冲性融资能还本付息，投机性融资只能付息不能还本，庞氏融资既不能还本也不能付息。我们可以把对冲性融资分为两种：一种是强对冲性融资，只用收入就能还本付息；另一种是弱对冲性融资，需出售存量资本还本付息，或者借新债还旧债，或者二者兼而有之。

这样，我们可以把明斯基的三种融资通过资金流量表和资产负债表及其连接表示出来。

强对冲性融资说明资金流量表上收大于支。弱对冲性融资说明资金流量表上收小于支，但贷款信用还能维持借债，或者可以出售资产负债表上的资产抵债。

投机性融资是长期资金流量表收不抵支，但资产负债表上资尚可勉强抵债，贷款信用已逐步丧失，虽不能按时偿付债务本金，但还能偿付利息，偿债风险已经发生。

庞氏融资也是长期资金流量表收不抵支，并且资产负债表上已经资不抵债，贷款信用彻底丧失，既不能偿本也不能付息，偿债风险接近爆发或已经爆发。

由上，我们把明斯基的三种融资分析建立在资金流量表和资产负债表基础上。于是，我们能把融资风险与这两张表联系起来，与存量和流量能否互相顺利转化联系起来。

明斯基的三种融资定义更适合说明微观层次的企业和居民，对宏观层次的部门而言，仍有理论意义，但实际情况会不同。如居民部门中一定比例居民出现弱对冲性融资，抛售资产去抵债，可能导致资产严重贬值，引起金融恐慌，产生连锁反应，金融危机随之爆发。因此，只要居民部门成员中一定比例出现弱对冲性融资，就可能产生严重后果，并在部门的资金流量表和资产负债表重要变量的变化趋势上表现出来。2007年美国次贷危机证实了这一点，约7000亿美元次贷中只有约一半贷款出现问题，结果导致房地产严重贬值，引发了2008年美国金融危机。

我们把融资风险与资金流量表和资产负债表联系起来，与存量和流量能否互相顺利转化联系起来，把对冲性融资分为强对冲性融资和弱对冲性融资，并从宏观层次分析明斯基的融资概念，是对明斯基融资理论的发展。我们把融资与这两张表的变量比例联系起来，如金融资产比总资产的比重，也就把融资与宏观风险配置联系起来。

2. 杠杆率

依据分母是资产还是收入，宏观杠杆率可以分为收入杠杆率和资产杠杆率两种。如国家的债务总额/GDP比率称为收入杠杆率，而国家的负债总额/资产总额比率称为资产杠杆率。

文献表明，杠杆率与金融稳定密切相关，高杠杆放大金融风险，故杠杆率是我们测度的重点内容。但是，尚没有文献建立资产杠杆率和收入杠杆率的统一分析框架。

资产杠杆率和收入杠杆率均是测度风险放大的基本指标。如果仅以资产负债表作为测度风险的分析框架，那么定义在该表上的杠杆率就只能是存量比存量，只能反映资产杠杆率指标，难以反映收入杠杆率指标。而在资金流量表、资产负债表以及这两张表的连接上，都存在杠杆关系。杠杆指标的分子与分母之比，可以是资金流量表上的流量比流量、资产负债表上的存量比存量，以及这两张表上的存量比流量、流量比存量。现在，建立在这两张表基础之上的杠杆率测度，不仅是存量测度，也是流量测度，还是存量流量结合测度。可见，在新框架下，即引进资金流量表后，资产杠杆率和收入杠杆率都能包括进来，杠杆率的内容更为丰富了，解释力和逻辑力也更强了。

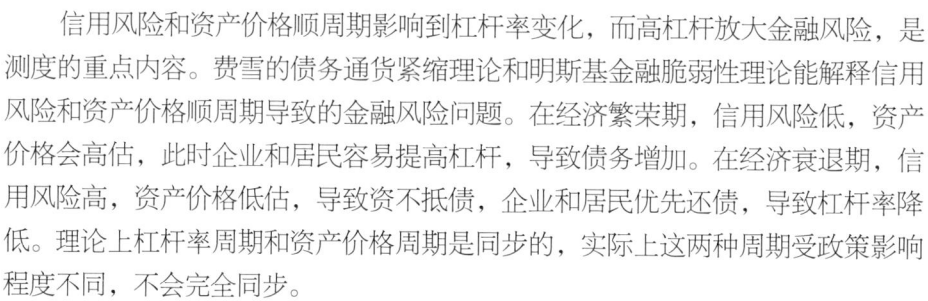

信用风险和资产价格顺周期影响到杠杆率变化，而高杠杆放大金融风险，是测度的重点内容。费雪的债务通货紧缩理论和明斯基金融脆弱性理论能解释信用风险和资产价格顺周期导致的金融风险问题。在经济繁荣期，信用风险低，资产价格会高估，此时企业和居民容易提高杠杆，导致债务增加。在经济衰退期，信用风险高，资产价格低估，导致资不抵债，企业和居民优先还债，导致杠杆率降低。理论上杠杆率周期和资产价格周期是同步的，实际上这两种周期受政策影响程度不同，不会完全同步。

宏观杠杆率是一类典型的宏观风险配置问题。目前比较常用的宏观杠杆率，是全社会债务余额/GDP名义值，或者广义货币M2/GDP名义值。李拉亚（2020）分析了这一宏观杠杆率指标，指出它是一个不易控制的指标，并且它还有多重经济含义。该文还定义总资产负债率＝各部门总债务/各部门总资产，认为它更接近杠杆的基本含义，即反映风险放大功能。廖群等（2021）把国家的债务总额/GDP比率称为收入杠杆率，把国家的负债总额/资产总额比率称为资产杠杆率，认为前者对政府和居民部门更适合，后者对企业部门更适合。

3. 部门关联风险和转移风险

部门关联风险和转移风险，是资产负债表和资金流量表上跨部门的宏观风险配置问题，也是这两张表之间的风险配置问题。

融资可以发生在多个部门之间，如居民的储蓄转化为非金融机构的投资，需要金融机构的参与。这反映在资产负债表和资金流量表上，是各个部门的资金纵横交错互相关联，导致部门风险互相影响。

特别是风险可以转移。风险转移不仅发生在部门之间，也可以发生在存量和流量之间，这是我们对风险转移的新认识。如当资金流量表上收不抵支，不能通过融资借债弥补收支缺口时，要出售资产弥补收支缺口，就会影响资产负债表的稳健性。故资金流量表的风险可以转移到资产负债表上，导致资产负债表不稳健。这也说明，债务偿付风险，首先表现在资金流量表上，根源则在资产负债表上。

二、测度方法

（一）存量流量一致性方法

存量流量一致性方法起源于 20 世纪中期，在 2008 年美国金融危机后得到经济理论界重视。柳欣等（2013）、Nikiforos 等（2017）给出了存量流量一致性分析的文献综述，这里不再赘述。Eric 等（2017）试图在存量流量模型中依据风险给资本分类。李程等（2021）给出了存量流量一致性模型对各部门资产负债表和资金流量表关联的解释，由此分析了各部门杠杆率的互动关系及对金融风险的影响，着重分析了房地产在其中的作用。此外，熊正良等（1998）的文章虽非常简短，但明确提出了利用资产负债表和资金流量表建立金融风险指标体系的设想，也可归入存量流量一致性方法。

存量流量一致性方法基于国民经济核算原则。如资金流量表始终是平衡的，有收必有支，收支必相等，或者说一个部门的资金流入必等于其资金流出。李拉亚（1991，第 29～43 页）用节点定律和网络定义描述了国民经济核算中的部门收支平衡原则，还解释了流量之间的关系，以及流量转化为存量的过程及关系。资产负债表也始终是平衡的，每个部门的非金融资产加金融资产等于其债务加资产净值，一个部门的金融资产不等于其负债，但全社会的金融资产等于其债务，一个部门的金融资产是别的部门的负债。

资产负债表和资金流量表是国民经济核算体系中的两张平衡表，它们有统计理论的内在逻辑联系，是一个有机整体，不是分散的两块内容。这是存量流量一致性分析的方法论基础。我们的宏观风险配置测度理论框架从资产负债表扩展到资金流量表，仍然遵循这两张表的内在逻辑联系。本章测度存量、流量及其转换，将建立在这一逻辑联系基础之上。

我们用李扬等（2020）编制的国家资产负债表、国家统计局公布的国家资金流量表分析宏观风险配置。国家资金流量表分为金融交易表和非金融交易表。金融交易表由央行编制，非金融交易表由国家统计局编制。这三张表由不同机构编制，存在统计口径、数据来源等不一致的问题。在分析问题时，要特别注意这三张表统计口径不同带来的误差。资产负债表和资金流量表的部门名称也不完全一样，为统一称呼，本章采用居民、非金融企业、金融、政府和国外这五个部门名称。

（二）判断原则

存量流量一致性方法和国民经济核算诸原则，都没有定义资产负债表和资金流量表是否稳健。我们需要建立一些原则，通过这些原则判断这两张表是否稳健，从而把分析经济行为的存量流量一致性方法，扩展为测度风险配置的存量流量一致性方法。

依据前面三类宏观风险配置问题的理论分析，特别是把明斯基的对冲性融资分为强对冲性融资和弱对冲性融资，我们可以建立相应的判断原则。

第一，依据前面以两张表为基础发展的明斯基融资理论，我们建立融资类型原则，仅从融资类型角度判断两张表的稳健性。若部门是强对冲性融资，其资金流量表和资产负债表均是稳健的，不存在偿付债务风险。若部门是弱对冲性融资，其资金流量表是较为稳健的，资产负债表是稳健的，仍不存在偿付债务风险。若部门是投机性融资，其资金流量表是不稳健的，资产负债表是较为不稳健的，存在偿付债务风险。若部门是庞氏融资，其资金流量表是不稳健的，资产负债表也是不稳健的，偿付债务风险接近爆发或者已经爆发。

第二，依据前面对杠杆率统一框架分析，我们建立杠杆原则，仅从风险放大角度判断两张表是否稳健。部门奉行合适杠杆率原则，即债务与本金合理匹配，有多大本钱做多大生意。如果部门的两张表不符合合适杠杆率原则，则这两张表是不稳健的，若其中一张表不符合这一原则，则这张表是不稳健的。

第三，我们建立风险分散原则，避免风险集中于某一种资产，或者某一个部门，仅从抗风险角度判断两张表是否稳健。对部门而言，资金流量表来源或运用，资产负债表的资产或负债，都不要集中在某一项资产上。对国家而言，要避免风险集中在某一部门上或者某一资产上。风险分散，有助于提高部门和国家的抗风险能力。同上，如果部门的两张表不符合风险分散原则，则这两张表是不稳健的，若其中一张表不符合这一原则，则这张表是不稳健的。

第四，综合判断原则。判断一个部门的两张表是否稳健，要综合上述三条原则，才能给出最终判断。只有依据上述三条原则均判断一个部门的这两张表是稳健的，我们才能最终判断该部门这两张表是稳健的。

上述四项原则，对家庭、企业、部门和国家均适合，道理简单易懂，有经济理论基础。若每个国内部门的资金流量表和资产负债表及其连接均符合上面四项原则，并能偿付外债，则部门和国家的资产负债表和资金流量表及其连接均是稳健的，部门和宏观的风险配置也是合理的，系统性风险难以发生。如果违背这四项原则，系统性风险就有可能产生。

当然，资金流量表和资产负债表的稳健性并不是绝对的，受不确定性影响。原本稳健的这两张表，在不确定性冲击下，在预期变化下，可以变得不稳健。因此，这两张表要能抗不确定性和预期变化的干扰，在资产、资金和债务安排上，要留有余地，以备不测之需。这也是宏观审慎管理的审慎特点。

上述原则只是理论上的抽象原则，测度金融风险，评估宏观风险配置是否合理，还要落实到具体的指标体系上。

三、测度指标

依据上述四大原则，特别是按时偿付的核心思想，我们设计六类指标来测度国家的资金流量表和资产负债表的稳健性，从而确定宏观风险配置是否合理，或者测度金融风险是否发生。其中，第二类指标体现了四大原则的前两大原则。第三类指标体现了第三大原则。第四类至第六类指标体现了第四大原则。第一类指标是基础指标，其他指标均是第一类指标的具体反映，故可依据其具体定义体现四大原则。

（一）资产或资金配置指标

国民经济核算的统计数据转化为风险数据的理论跨度很大。我们解决该问题的思路是，仿照资产组合理论，视资产组合为资产配置，资产配置体现了风险配置。我们测度不同资产或资金的配置，即测度不同资产比例，或资金比例，或资产资金之间的比例，由此测度它们的风险配置。

这是基础指标。其他指标建立在该指标基础上，或者由该指标派生出来，如杠杆率指标。

（二）风险指标

对资产组合理论而言，方差大的变量，其反映的风险也大。该风险定义来自经济波动强弱带来的风险大小，适合数理统计分析方法。本章中，我们以偿付债务为依据，从存量流量二元视角，定义下面四类风险及其指标。我们的定义适合社会经济统计分析方法，与国民经济核算理论联系更为密切。这也是微观风险配置和宏观风险配置测度方法的不同之处。当然，我们也可以用方差测度本章设计的各个指标值的波动，但这适合专门文章分析，这里存而不论。

第一类是资产风险。我们参照易纲（2020）的风险资产占总金融资产的比重的方法定义资产风险指标。只是，我们定义的总金融资产可以是部门的总金融资产，也可以是各部门的金融资产总和。为避免与易纲（2020）的研究结果重复，本章只测度总金融资产只是部门的总金融资产的情况。

依据资产风险定义，我们把部门的风险资产与部门总金融资产的比值作为资产风险指标。当然，金融资产本身也包含风险。资产风险可以比较，如股票比债券风险高，企业债券比中央政府债券风险高。如一个部门的股票远比债券多，那么这个部门的资产风险就大。

第二类是资产兑现风险。我们把资产分为两类。第一类资产较易变现，如金融资产。第二类资产较难变现，如房产等非金融资产。较易兑现资产和较难兑现资产的配置，比较能反映经济人的预期和对不确定的反应，李拉亚（1995，第166～173页）对此做了研究。

依据资产兑现风险的定义，我们把部门的非金融资产与总资产的比值作为资产兑现风险指标。一个部门的非金融资产多，其资产兑现风险就大。它反映部门总资产中金融资产和非金融资产的配置。

第三类是债务偿付风险。金融资产较容易兑现，债务可以通过兑现金融资产来偿付。如果债务一定，一个部门的金融资产多，不能及时偿付债务的风险就低一些。

依据债务偿付风险定义，我们把部门的负债与金融资产的比值作为债务偿付风险指标。

资产兑现风险和债务偿付风险既有关联也有区别。资产兑现风险越高，债务偿付风险也越高。但两者测度风险配置的角度不同，资产兑现风险是反映金融资产和非金融资产的一种配置风险。债务偿付风险则是反映负债和金融资产的一种配置风险。

第四类是资产贬值风险。一旦出现不能偿付债务的问题，随之而来的是资产贬值，原来可用于偿付债务的抵押品变得不足值了，偿付风险趋于恶化。资产贬值会对金融系统和经济系统产生严重影响，各个部门为恢复资产负债表的稳健而极力还债，暂缓贷款，不进行新的投资，甚至缩减生产、经营和消费规模。股票、金融衍生品和房地产最有可能出现大幅贬值。

依据资产贬值风险定义，我们把部门的资产溢价带来的资产增值与资产总值的比值作为资产贬值风险指标。

理论上讲，资产溢价从价格水平看，含有一般物价水平上升的部分，而总资产从价格水平看也含有一般物价水平上升的部分。若房价上涨与通货膨胀上涨同步，显然房价上涨只反映通货膨胀上升，不存在泡沫。为更准确反映资产贬值风险，我们只计算资产溢价超过一般物价水平上升的部分，即只计算其相对价格水平上升部分。故计算资产贬值，要扣除通货膨胀因素。

前三类指标的分子和分母可以都是流量，即建立在资金流量表上，也可以都是存量，即建立在资产负债表上。

这四类风险及其定义的指标逻辑关系明确，如果一个部门风险资产过多，就存在资产兑现的问题，资产兑现出现问题，转变为债务偿付问题，债务不能及时偿付，引起资产贬值。2008年美国金融危机是一个实例，居民部门风险资产过多，如居民的次贷房产过多，出现资产兑现问题，房子资产较难兑现，于是居民不能及时偿还债务，银行只好回收房产拍卖，导致资产贬值，从而产生一系列连锁反应。

我们可类似定义宏观的这四类风险指标。我们定义的这四类指标只是单纯比较风险值大小，不是建立在概率基础之上，指标值可以大于100%。

因为金融部门本身的非金融资产少，所以资产兑现风险指标对金融部门意义不大。

（三）杠杆率指标

我们的杠杆率指标基于测度风险放大程度这一杠杆率原本定义，从资产负债表角度，测度五种部门的资产杠杆率。第一种是，部门的负债比金融资产。这也是前述债务偿付风险指标。从杠杆率定义看，这一风险指标也可归纳为杠杆率指标。第二种是，部门的负债比净资产，体现部门用自有资产偿付债务的能力。净资产才是部门偿付债务的真实资产，最能反映部门风险放大程度的真实杠杆水平。第三种是，部门的负债比净金融资产，体现部门用自有金融资产偿付债务的能力。净金融资产是部门能及时偿付债务的真实金融资产。第四种是，部门的负债比非金融资产。其理论基础是前述资产兑现风险，与资产兑现风险指标相关。第五种是，部门的负债比总资产。这一杠杆率中的总资产包含金融资产和非金融资产，是第一种杠杆率和第四种杠杆率的综合表现。相对而言，这一指标用来反映偿付能力较弱，只作为观察指标。类似，我们可以测度五种宏观杠杆率。

这五种杠杆率的区别与关系是，第二种杠杆率是基础，最能反映部门风险放大程度，第一种和第三种杠杆率反映资产偿付风险，第四种杠杆率反映资产兑现风险，第五种杠杆率是第一种杠杆率和第四种杠杆率的综合。这五种杠杆率均是基于风险定义的。

我们也可以从资金流量表角度，以及资产负债表与资金流量表结合的角度，测度各种收入杠杆率。收入杠杆率在经济理论中使用很多，这里就不逐一定义了。注意，收入杠杆率既可以建立在资金流量表上，也可以建立在资金流量表和资产负债表上，如部门的债务比部门的收入。

我们也可以把贷款比存款作为杠杆率，反映贷款的风险放大程度。贷款有收不回来的风险，存款是贷款的基础，按照存款发放一定比例贷款，是商业银行的一贯准则。杠杆率指标其实是反映两种资产配置是否合理的一种指标。

由上，我们定义的宏观杠杆率和部门杠杆率与国际清算银行提出的宏观杠杆率（全社会总负债与GDP的比例）和部门杠杆率指标（部门负债与GDP的比例）包含内容更多一些。我们更遵循杠杆率的原本定义，强调杠杆率的风险放大功能。

（四）风险关联指标

部门间风险影响可以用两类关联指标表示。一类是部门之间的风险关联，如资金流量表上部门的资金运用结构或资金来源结构指标均能反映这种风险。另一类是风险在资产负债表和资金流量表之间的关联，如资产负债表上过高的债务带来的还本付息，会影响资金流量表偿付债务的风险，如可用居民部门房贷还本付息与居民部门总收入的比值来测度这类风险。

（五）资产泡沫指标

测度资产泡沫指标也是测度系统性风险的指标之一，我们用资产溢价带来的资产增值比总资产的指标测度泡沫，也用资产的价格指标测度泡沫。依据国家资产负债表，我们可以计算出资产的价格增速和由此产生的资产增值。同样，这样计算出来的资产增值也要扣除通货膨胀因素。这样，资产贬值程度和资产价格上涨作为测度泡沫的两个指标，才能在逻辑上一致。

可见，第四类风险指标一身二任，既测资产贬值，也测泡沫。泡沫破裂导致资产贬值，资产贬值程度也就是泡沫的程度。

（六）压力测试指标

在自然科学上，我们研究一个系统的稳定状态时，会给系统一个干扰，看系统能否回到稳定状态。在建立经济模型时，如建立 DSGE 模型，我们会给模型一个外部冲击，看模型是否会回到稳定状态。所谓压力测试，其实是基于同样的思想。

纪崴（2021）对国内外压力测试做了简单解释与介绍。该文指出："压力测试有两种常用的分析方法，即敏感性分析法和情景分析法。敏感性压力测试指在保持其他条件不变的情况下，研究单个风险因子变化可能会对承压对象产生的影响，其特点是快捷、及时。评估单变量变化的影响，对数据的要求不高，可不构建计量模型。"本章采用敏感性压力测试方法。

压力测试指标分析外部因素变化带来的风险变化。如经济增长下滑，导致居民收入增长下滑，从而对居民还贷形成压力。压力测试指标与敏感性指标和预警指标联系在一起，构成一个子指标体系。

（七）六大指标的分工与合作

这六大指标分工合作，每个指标测度资产负债表和资金流量表一个方面的风险，它们合起来测度了资产负债表和资金流量表的稳健性，也测度了前述的三类宏观风险配置问题，即存量流量互换问题、杠杆率问题以及部门风险关联和转移问题。

风险指标是出发点，其余指标均是风险指标的某种具体反映。资产或资金配置指标是基础，其他指标可由此派生出来。杠杆率指标是核心指标，是反映两种资产配置是否合理的一种指标。我们用这三类指标测度居民、非金融企业、金融企业、政府部门和国外部门的风险配置。

风险关联指标反映资产负债表和资金流量表的风险关系，以及部门间的风险关系。资产泡沫指标是一类重要的系统性风险指标，是前四类指标测度风险的集中反映。压力测试指标尤用于测度泡沫的破裂条件。我们用这三类指标测度房地产泡沫。

这六类指标均围绕按时偿付这一核心思想设计。因为每种指标都具体测度某一种风险，这些指标之间的联系机制实际上也反映了其测度的风险的联系机制。如高杠杆风险也是一种资产配置风险，是债务与本金配置严重不合理的表现，会导致不能按时偿付债务的后果。

我们用这六类指标测度时，均要注意部门留有多大抗不确定性冲击和预期变化的余地，要留意部门对不确定性冲击的反应。

四、各部门测度的逻辑关系

仅在资产负债表理论框架上，我们测度五大部门的风险配置和金融风险的内容就已经很繁杂了，不易理出头绪。现在我们在资产负债表基础上，又加上资金流量表，就更需要安排好各部门的测度思路和测度路径，把五大部门测度按照逻辑关系分门别类展开，做到纲举目张。这里我们以前述的存量流量互相转换风险、风险放大、部门关联风险和转移风险这三类风险为纲，以上述六大指标为目，把各种类似指标数据集中在一张图上。我们只要重点抓住测度这三类风险，就能像庖丁解牛那样，有条不紊地把各部门主要金融风险和部门间关联风险解析出来。

金融风险的本质是债务风险，首先表现在资金流量表的收不抵支上，然后表现在资产负债表的能否及时售出资产抵债上。这是测度存量、流量及其互相转换的风险的基本思路，也是部门测度时，首先测度资金流量表，然后测度资产负债表的基本原因。

测度资金流量表的收支是测度部门风险配置和金融风险的一个方面，我们测度了居民、非金融企业和政府的收支，见图4-3、图4-6和图4-13。我们还从资金流量表的资金运用角度测度了居民和金融部门的资金配置，这反映了支出结构,见图 4-1 和图 4-10。

测度资产负债表能否及时出售资产抵债是测度金融风险的另一个方面。这是存量转化为流量的问题。我们测度了居民、非金融企业、金融机构、政府的资产配置,以测度资产兑现风险,见图 4-5、图 4-7、图 4-12 和图 4-15(政府总负债占金融资产的比重)。我们也测度了国外部门偿付债务的能力,见图 4-16、图 4-17 和图 4-18。

我们测度杠杆率的基本思路是,把居民、非金融企业、政府的杠杆率测度和金融企业的杠杆率测度区别对待。我们测度了居民、非金融企业和政府的杠杆率,见图 4-4、图 4-8 和图 4-15(政府总负债占净资产的比重)。金融机构的杠杆率则特别体现在贷款比存款这一指标上,我们测度了资金流量表上居民和金融机构的贷款比存款,还测度了资产负债表上金融机构的贷款比存款,见图 4-2、图 4-9 和图 4-11。

我们测度部门关联风险和转移风险的基本思路是,房地产泡沫是涉及各个部门的最为重要的系统性风险,是部门关联风险和转移风险的集中表现,我们测度了这一风险,见图 4-14、图 4-19 和图 4-20。

从部门测度顺序的理论逻辑看,鉴于宏观经济理论的双缺口模型,居民部门提供储蓄,非金融企业进行投资,测度首先从居民部门开始,然后测度非金融机构,分析储蓄转化为投资问题,进而测度金融机构,分析融资在储蓄转化为投资中的作用,即从资金来源和运用上看资产配置,这体现了融资来源和运用。然后我们测度政府和国外部门,政府部门是消费和投资部门,和国外部门一起平衡储蓄与投资的缺口以及资金缺口。房地产泡沫涉及各个部门,我们最后测度它。

第三节　居民部门风险配置测度

一、资金流量表

(一)金融交易表

在金融交易表的资金运用中,居民有三大运用,一是存款,二是保险准备金,三是其他(净)。在这三大运用中,保险准备金与资金运用的比值变化比较平稳,其他两项变化比较大,见图 4-1。2008 年后,存款与资金运用的比值和其他(净)与资金运用的比值,呈现相反方向变动。对居民部门而言,存款风险极低,银行倒闭少见,尚有 50 万元保底。其他(净)资产来源广杂,如理财产品,资产风险要高不少。

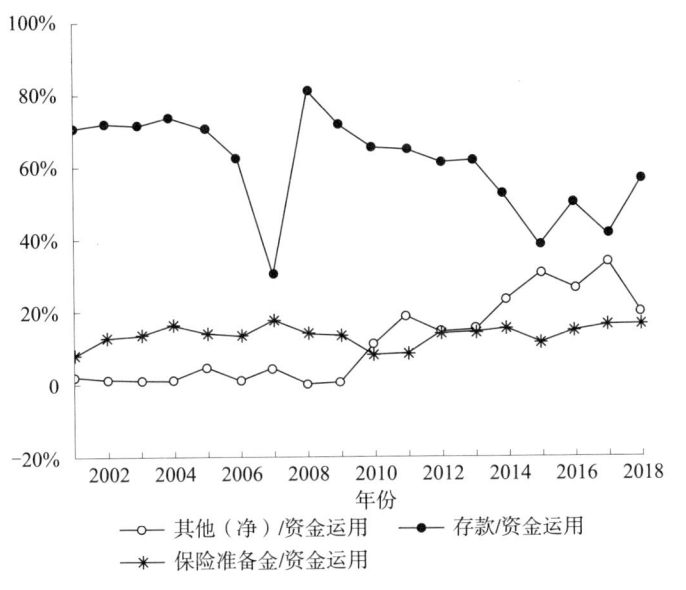

图 4-1 居民部门的资金运用结构

图 4-1 显示了居民部门在高风险高利息的其他（净）资产与低风险低利息的存款之间的资金配置结构，反映了高风险资产有上升趋势，低风险资产有下降趋势，显示了居民部门资产风险在提高。

有意思的是，近年来，金融部门向居民部门提供的贷款大于居民部门存在金融部门的存款，见图 4-2。由图 4-2 可见，2008 年后，居民部门的贷款与存款的比值的趋势是上升的，与图 4-1 中其他（净）/资金运用指标的变化趋势相似，说明理财产品对这一指标的影响。

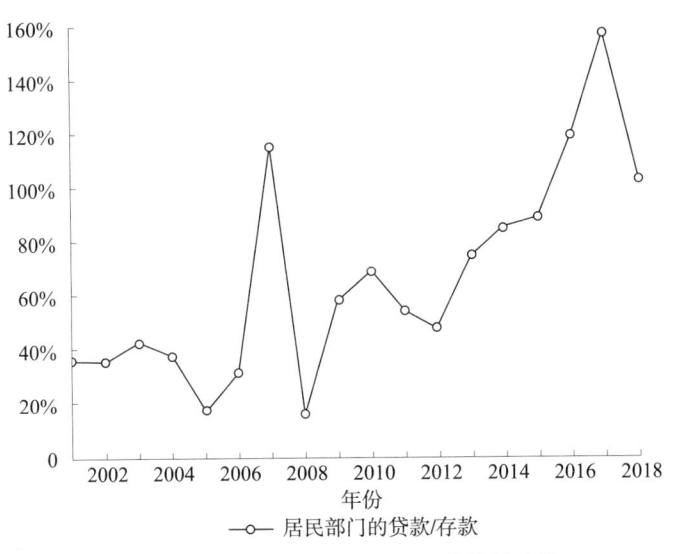

图 4-2 居民部门反常的贷款与存款的比值

（二）非金融交易表

2013年，居民部门卖地拆迁收入是可支配总收入的7%，2018年是6%。居民部门的可支配总收入加上这笔收入才真正反映了居民部门的购买力。在经济分析时，我们很容易忽视这笔收入，只使用可支配总收入。我们把这笔收入和居民可支配总收入相加，称为居民总可支配收入。

图4-3反映了居民部门最终消费、净金融投资和固定资产投资（主要是住房投资）各自占居民总可支配收入的比重，反映了居民部门的一种资金配置，如反映了非金融资产和金融资产的配置、消费和投资的配置。从逻辑上看，居民在安排消费后，购房支出增加，净金融投资就会减少，反之亦然。

图4-3中，居民部门的最终消费与总可支配收入的比值在55%～68%之间波动，净金融投资与总可支配收入的比值在17%～30%之间波动，固定资本形成总额与总可支配收入的比值在9%～19%之间波动，后一指标没有出现上升趋势。

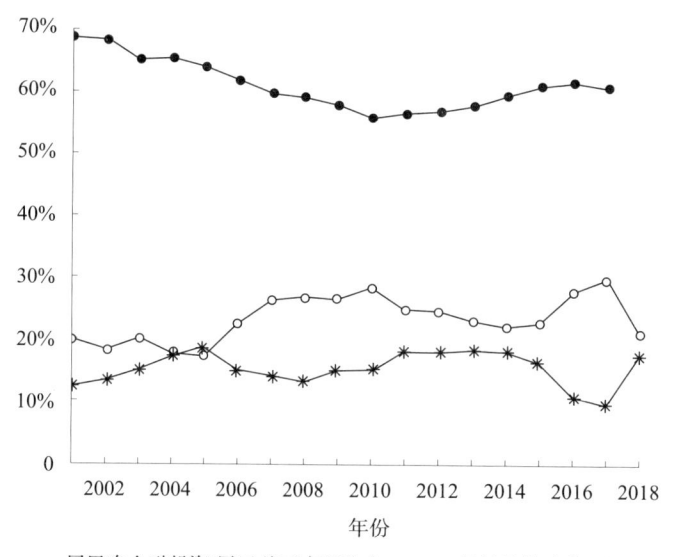

图4-3 居民总可支配收入的支出结构

（三）净金融投资

在2018年的非金融交易表上，居民部门是储蓄部门，总储蓄189 176.6亿元，除自己投资外，还形成净金融投资120 028.3亿元，供非金融企业和政府部门使用。2018年，金融交易表上居民部门净金融投资为55 348亿元，与非金融交易表上居民部门净金融投资数额差异较大。这说明，居民部门总体看是强对冲性融资，其资金流量表是稳健的，但这并不排除居民部门中部分成员处于弱对冲性融资的可能性。

二、资产负债表

（一）杠杆率

在国家资产负债表中，居民部门的一个重要测度金融风险的指标是杠杆率，杠杆率越高，说明居民偿付债务的能力越低，债务偿付风险越大。

我们可以根据资产变现的难易程度测度不同的杠杆率，如金融资产变现比非金融资产变现容易，我们可以计算这两种杠杆率指标：居民的负债/金融资产和居民的负债/非金融资产。在前面已经定义，部门的负债与部门的金融资产的比值，是部门的债务偿付风险值。

居民的负债/净金融资产指标体现居民用自有金融资产偿付债务的能力。居民的负债/净资产指标体现居民用自有资产偿付债务的能力，最符合杠杆率的原本定义。这两个指标最值得我们关注。相对而言，居民的负债/总资产指标用来反映偿付能力较弱，只作为观察指标。

上述五种杠杆率的历年变化情况见图4-4。

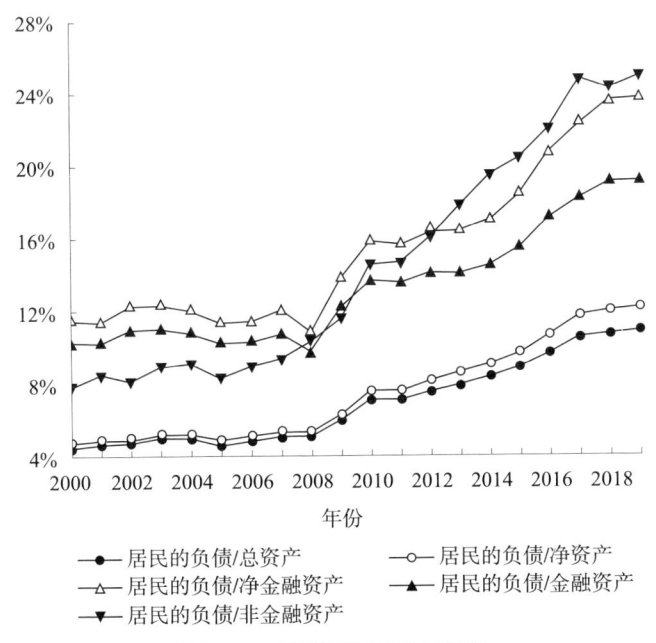

图4-4 居民部门五种杠杆率

在图4-4中，2008年以前，五种杠杆率是大致平稳的，2008年以后，这五种杠杆率均出现上升趋势，反映了美国金融危机后中国居民的债务与资产的组合发生了趋势性改变，债务占资产的比重上升，居民部门的债务偿付风险上升。这对中国经济影响深远，值得专题研究。

（二）资产配置

按照前面的定义，非金融资产与总资产的比值是资产兑现风险值。令人诧异的是，2002—2014年，居民部门的非金融资产与总资产的比值呈下降趋势，2014年后才稳定下来，见图4-5。这说明居民部门的资产兑现风险在降低。居民部门的金融资产与总资产的比值在2014年后由上升趋势变为平稳趋势。这一现象值得分析，居民把金融资产更多用于购房，会导致这一现象，居民部门中部分成员用容易兑换的金融资本去还本付息，也会导致这一现象。这说明居民部门中部分成员处于弱对冲性融资状态，但这一融资状态保持了平稳。

图4-5从存量上反映了居民部门关于金融资产和非金融资产的资产组合，是这两项资产历年流量资产组合转化为存量的结果。2014年后，这两项资产组合的比例趋于稳定。图4-5上部两条线在2008年后下降，反映居民债务负担在不断增加，与图4-4反映的杠杆率上升相呼应，也与图4-2的贷款与存款的比值上升相吻合。

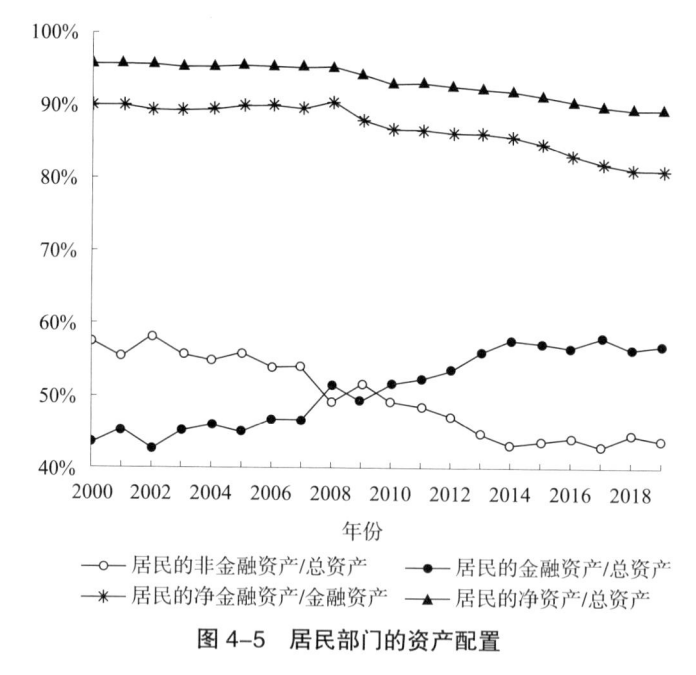

图4-5 居民部门的资产配置

三、不确定性对风险配置的影响

居民部门的资金配置变化反映风险配置变化。图4-1显示，2008年美国金融危机发生时，针对不确定性提高，居民部门反应非常理性，调整了资金配置，大幅度提高风险较低存款在资金运用中的比重,降低了风险较高的其他(净)资产在资金运用中的比重。与此一致,图4-2的贷款/存款指标落入谷底,图4-3的固定资本形成总额/居民总可支配收入也落入谷底。图4-4中,五种杠杆率有两种降低,有两种违背上升趋势而持平。这均反映居民在不确定性增大时的审慎态度,在资产、资金和债务安排上留有更多余地,此时不追求利润最大化,而追求风险最小化,故居民增加存款,减少贷款,减少投资,减少高风险资产,降低或不增加杠杆率,以增加资产负债表和资金流量表的稳健性。

四、对居民部门风险诊断与建议

从资金流量表看,虽然居民部门仍是净金融投资部门,但图4-1表示居民部门资产风险在提高,图4-2表示近几年金融部门向居民部门提供的贷款大于居民部门存在金融部门的存款,这给银行的风险配置带来不利影响,图4-3表示固定资本形成总额与总可支配收入的比值没有明显上升趋势,这出乎我们的意料。

从资产负债表看,图4-4表示居民部门的债务偿付风险比2008年已经翻倍,图4-5表示居民部门的非金融资产与总资产的比值呈下降趋势,其金融资产与总资产的比值,在2014年后由上升趋势变为平稳趋势,说明尽管居民大量购房,但其金融资产数量仍然很大,也是出乎我们意料的现象。

结合图4-3和图4-5,显示居民购房仍有金融资产提供动力,需要我们警惕。如何防止居民金融资产贬值,分散金融资产的风险,需要我们关注。

目前,居民可选择的金融投资产品少,居民金融资产主要由存款、保险准备金和理财产品等三项组成。为资产保值增值,居民大量投资房产,增加了贷款需求,提高了杠杆率。我们应设计更多适合居民购买的金融产品,满足居民投资多样化要求。这既有利于居民分散风险,也有利于政府和企业融资,增加直接融资的比重,尤其有助于减少居民过分依赖房地产投资,减少房贷需求。

第四节　非金融企业风险配置测度

一、资金流量表

非金融企业资金流量表的稳健性,要用收支缺口衡量。非金融交易表调整后可支配总收入173 908亿元,是它的收入,也是它的总储蓄。此外,资本转移11 745.67亿元也是它的收入。两项收入共计185 653.67亿元,称为总收入。它的总支出分两项,一是资本形成总额227 174亿元,二是其他非金融资产获得减处置51 817.76亿元。两项支出共计278 991.76亿元。总支出大于总收入的总缺口93 338.09亿元，相当于总收入的约50%。

这个总缺口要靠贷款、发债、发股和引进国外投资解决。从金融交易表上可见，从国外引进投资13 466亿元，减去向国外的投资6384亿元，引进投资净额7082亿元，可类推发行股票净额3584亿元，发行债券净额17 249亿元，3个净额的总计27 915亿元，属于直接融资，弥补了总缺口的约30%。

总缺口93 338.09亿元减去3个净额总计后的余额65 423.09亿元，是第二个缺口，要靠间接融资贷款来弥补。非金融企业从银行获得贷款49 160亿元，弥补了总缺口的约53%。现只剩16 263.09亿元的误差缺口，约占总缺口的17%。非金融交易表的净金融投资为-93 337.5亿元，金融交易表的净金融投资为-79 875亿元，误差率是100%×[-93 337.5-（-79 875）]/（-79 875）=17%，正好与误差缺口占总缺口的百分比一致，说明这个误差缺口来自两表之间的统计差异。

由上对非金融企业的收支缺口的分析，我们可以得出总缺口占总收入的比重指标，这可视为一种用流量计算的收支缺口杠杆率。这一杠杆率是，100%×总缺口/总收入，即100%×[资本形成总额+其他非金融资产获得减处置-（总储蓄+资本转移）]/（总储蓄+资本转移）。该杠杆率指标历年变化见图4-6。由于非金融企业的非金融交易表上净金融投资为负数，即借了钱，这个缺口值十分接近借钱数值，故总支出可以大于总收入，总缺口也可以大于总收入，也就是该杠杆率可以大于100%。该杠杆率全部使用非金融交易表的数据计算，可靠性强。

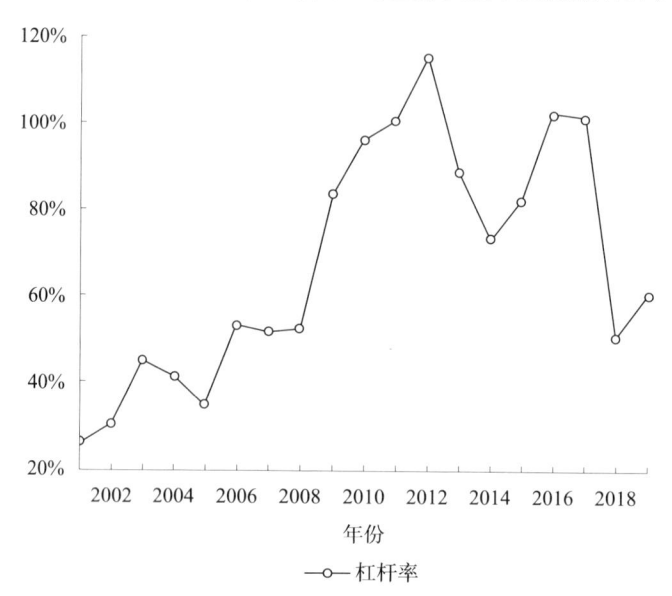

图4-6 非金融企业收支缺口杠杆率

由图4-6可见，2008年前，非金融企业收支缺口杠杆率呈上升趋势，2008

年美国金融危机爆发后,这一杠杆率大幅上升,从 2008 年的 52% 上升到 2012 年的 115%。可见,2009—2017 年,总缺口与总收入的比值都太高,均高于 70%,这 9 年非金融企业的资金流量表是很不稳健的,非金融企业的总支出远大于总收入。2018 年,这一杠杆率大幅下降到 50%,但 2019 年又上升到 60%。

二、资产负债表

(一) 资产兑现风险在上升

按照前面关于资产兑现风险指标的定义,非金融企业的金融资产是及时应对债务偿付风险的基础。图 4-7 显示,非金融企业的非金融资产与总资产的比值虽有波动,但趋势向上,说明资产兑现风险在上升。非金融企业的金融资产与总资产的比值和前一个指标是反向对称的,趋势向下,前一个指标还说明非金融企业在扩大投资规模,后一个指标说明非金融企业的金融资产相对萎缩。这也说明,非金融企业的流动性越来越紧张,越来越多的金融资产用于购买固定资产,用于还本付息,非金融企业处于弱对冲性融资状态,而且这个状态的趋势还在向下,这是十分值得警惕的现象。

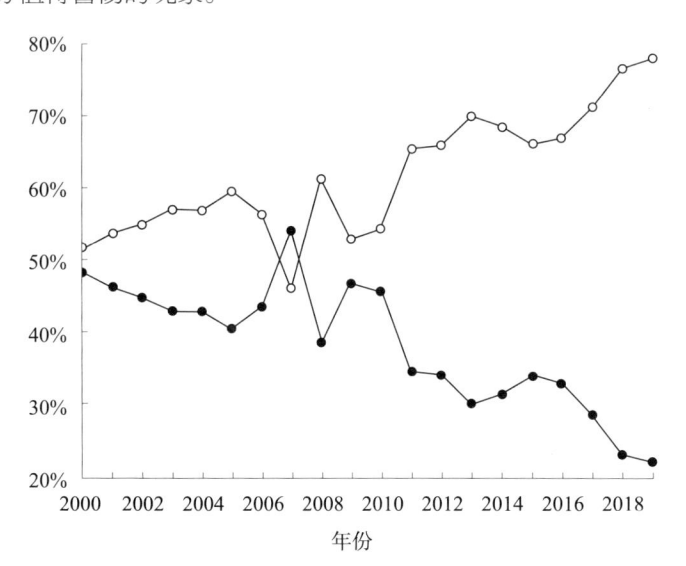

图 4-7 非金融企业资产结构

(二) 债务偿付风险在增加

非金融企业的金融资产相对萎缩也影响到它的与金融资产相关的杠杆率。在国家资产负债表的数据中,与居民部门和政府部门的情况不一样,非金融企业部门和金融部门的净资产为零，总负债等于总资产。因此，我们不能用总负债比净资产或者总负债比总资产来计算非金融企业部门的杠杆率。我们可计算非金融企业的两个部门杠杆率，即总负债/非金融资产和总负债/金融资产，见图4-8。这两个杠杆率指标在2008年前后均出现短暂波动，表示非金融企业对不确定性冲击做出了反应，但趋势没有变化。

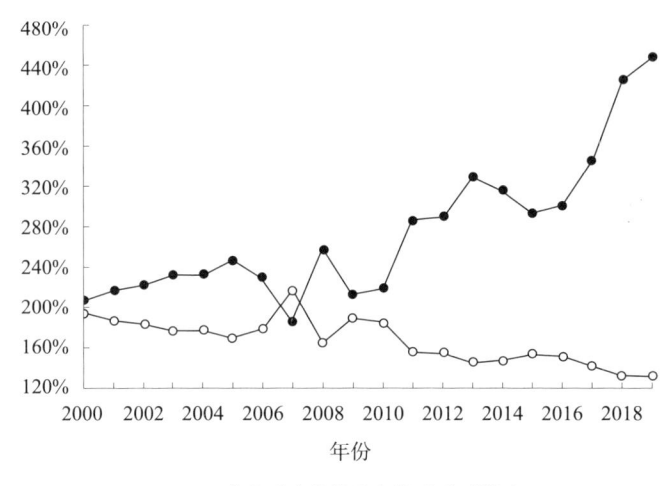

图4-8 非金融企业的两个杠杆率

要警惕的是，总负债/金融资产这一杠杆率呈上升趋势，2019年较之2000年，该值翻了一倍多，2015年后上升加快。按前面关于债务偿付风险指标的定义，这说明债务偿付风险在增加，近年增加尤其快。

（三）不确定性影响

2007—2009年，在图4-7和图4-8中，诸指标波动加大，反映了非金融企业在2008年美国金融危机前后对不确定冲击做出了强烈反应。

在图4-7中，2009年金融资产与总资产的比值上升，非金融资产与总资产的比值下降，说明非金融企业试图增加资产兑现能力，减小投资规模，以对抗不确定性的冲击。在图4-8中，2009年总负债/金融资产比值降低，净金融资产/总资产比值上升，说明非金融企业试图降低债务偿付风险，增加资产兑现能力。这些指标在2009年的值，说明非金融企业对2008年美国金融危机做出了理性反应。

非金融企业处于弱对冲性融资状态，并且这种状态趋势还在下降，而其资产兑现风险和债务偿付风险在上升，两相结合，其抗不确定性冲击的能力持续减弱。这是值得我们高度关注的。

三、对非金融企业风险诊断与建议

图4-6说明非金融企业的资金流量表不稳健，其净金融投资为负，图4-7说明其金融资产与总资产的比值下降，图4-8说明其债务偿付风险增加。这表示非金融企业流动性越来越缺乏，资产兑现风险在上升，应对债务危机的能力大幅减弱，说明其对抗不确定性冲击的能力减弱，其资金流量表和资产负债表的稳健性存在问题。

造成这一现象的原因是，金融部门用于房贷的数额大于非金融企业获得的贷款数额，挤占了实体经济的金融资源，具体数据见第五节中的"对金融部门风险诊断与建议"。另一个原因是，国内资本市场不发达导致非金融企业的直接融资能力不足。如国内债券的43%由政府发行，40%由金融部门发行，16%由非金融企业发行，而金融部门购买了97%的国内债券。债券成为了政府和金融部门两家的事，没有为支持实体经济起到应有的作用。

解决问题的方法是，加快资本市场改革。如改革完善债券市场，设计更多的债券品种，增加债券的安全性，让债券更方便地进入金融市场交易，方便居民和企业买卖债券，改变债券市场上政府和金融部门的双头结构，形成多头竞争局面，提高金融资产配置中债券的效率和作用。把债券推向金融市场改革的第一步，应是居民能在银行像购买理财产品一样购买债券，能像选择理财产品一样选择不同的债券品种。

鉴于非金融企业债务负担重，降低非金融企业的债务利率成为重要问题，需要在这方面进行金融创新，如可推广浙江省温州市、台州市等政府为小企业担保的信保基金方法，按此方法小企业的借款利率加上担保费率仅比银行贷款利率高1%～2%，远低于小额贷款公司和社会直接借贷的利率。企业能够以低利率融资，就可以把自己的金融资产维持在正常水平上，增加资产兑现能力，减少偿还债务的风险。

第五节　金融部门风险配置测度

一、资金流量表

（一）金融交易表显示的两个值得警惕的信号

第一个值得警惕的信号是，2018年的金融交易表显示，金融部门买进金融债券45 659亿元，卖出金融债券45 350亿元。金融部门买进和卖出的金融债券出入不大，倒腾金融债券可以这样解释，地方政府的融资平台卖出的金融债券由商业银行买进。地方政府的隐性债务由此进入了商业银行持有的金融债券和企业债券。债券买卖本应是低风险的，但商业银行买进地方政府债券具有高风险。

第二个值得警惕的信号是，金融部门的其他（净）这一项也主要是金融部门内部倒腾，也可能包含地方政府债务转移到商业银行的可能，也属于高风险资产。如2018年，从来源看，金融部门的其他（净）是-62 842亿元，从运用看，金融部门的其他（净）是-52 398亿元。

这两个值得警惕的信号表明，金融部门的资产风险在上升。

（二）贷款比存款

从2005年开始，金融部门贷款比存款指标值的趋势是上升的，见图4-9。2011年后，这个指标值便一直处于80%以上，2014年、2017年和2018年，这个指标值高达100%以上，2017年这个指标更高达120%以上。

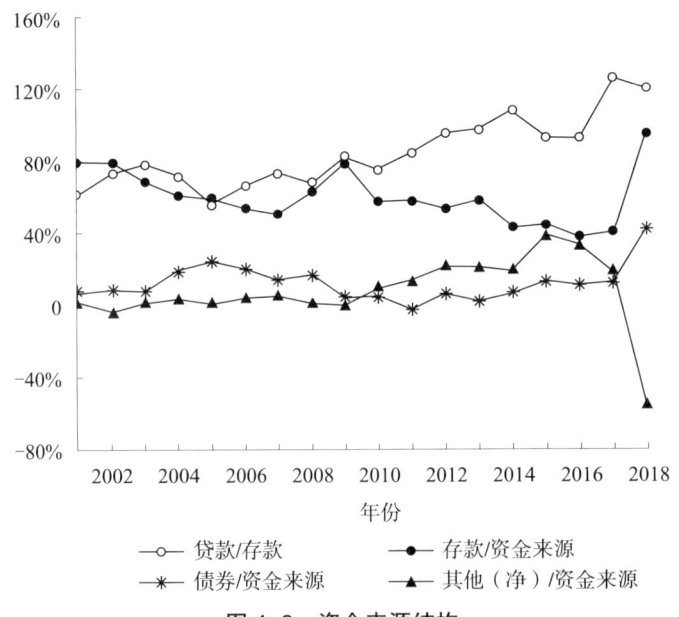

图4-9　资金来源结构

我们对贷款比存款指标值上升的解释是，2002年后，存款与资金来源的比值是趋势性下降的，故贷款比存款值上升可用存款比资金来源值下降解释。2018年，存款与资金来源的比值大幅上升，居于历史最高位，相应贷款与存款的比值也下降了。这还说明，存款是融资来源的主要部分。

其他（净）比资金来源在2009年以前较为平稳，随后是上升趋势，到2016年开始下降，2018年转为负值。2011年开始，债券与资金来源的比值是上升趋势。这两个指标值上升趋势弥补了存款值相对下降趋势。其他（净）和债券包含的风险高于存款的风险，说明金融部门资金风险在升高。可以说，表面看是贷款比存款指标值升高，实质是资金风险在升高。

2018 年，因其他（净）转为负值，导致资金来源值也大幅减少，而存款和证券并没有随之减少，故这两个指标与资金来源的比值大幅上升。

（三）资金运用

图 4-10 显示了金融部门运用的贷款、债券、其他（净）、国际储备资金和准备金各自占资金运用的百分比，从运用上反映了这些资金的配置情况。

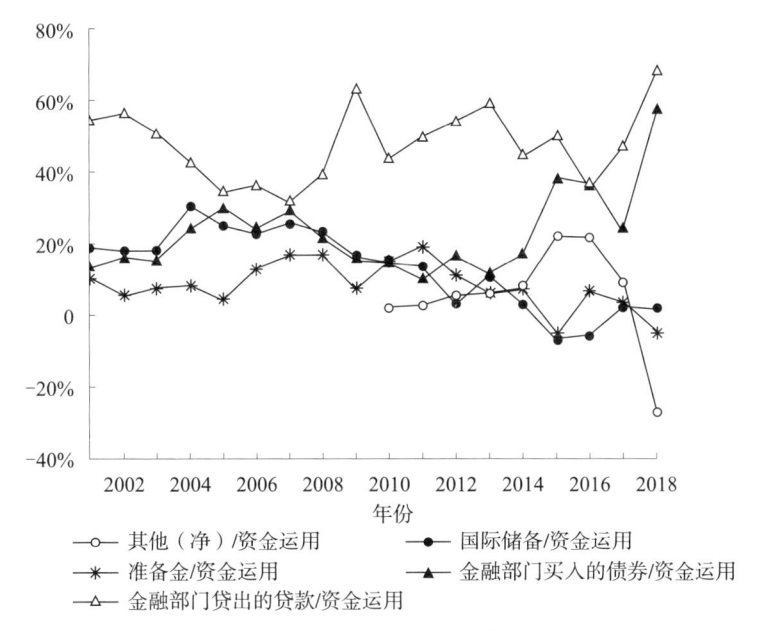

图 4-10 资金运用结构

从 2010 年开始，其他（净）这一资金运用项才有数据，表示资金运用上资金风险也在升高。从 2011 年开始，准备金与资金运用的比值由上升趋势转向下降趋势。从 2004 年开始，国际储备资金与资金运用的比值趋势向下，值得警惕。

（四）对不确定性的反应

当不确定增大时，金融企业的反应更多体现了政府对抗不确定性的态度，增加贷款力度，帮助非金融企业渡过难关。2008 年，图 4-9 中贷款比存款指标值下降，更多反映了存款增加，但 2009 年这一指标值上升，反映金融部门帮助非金融企业渡过难关的积极行动。在图 4-10 中，贷款比资金运用指标在 2008 年和 2009 年的上升更直接说明了这一点。

（五）净金融投资

在 2018 年金融交易表中，金融部门的净金融投资为 74 253 亿元，贷款超过存款的缺口为 20 058 亿元，购买的债券超过其发行的债券的缺口为 61 483 亿元，两个缺口总计 81 541 亿元。金融部门弥补这两个缺口的资金主要靠自己的净金融投资，其余靠货币发行等。如同居民部门，在 2018 年非金融交易表中，金融部门的净金融投资为 23 713.3 亿元，与金融交易表上的净金融投资额差异较大。

金融部门净金融投资为正，说明该部门总体看是强对冲性融资，其资金流量表是稳健的。但这不排除资金流量表上存在诸如贷款较为集中于房地产的风险。一旦房地产泡沫破裂，金融部门的资产负债表将会变得不稳健。

二、资产负债表

分析金融部门的风险配置，主要是分析贷款与存款配置和贷款与直接融资配置。

（一）贷款比存款指标

可用贷款比存款这一杠杆率指标，分析贷款与存款配置。图 4-11 显示，2019 年，这个比值是 80%，也就是银行把其他部门存在银行的存款的 80% 作为贷款贷出去了。

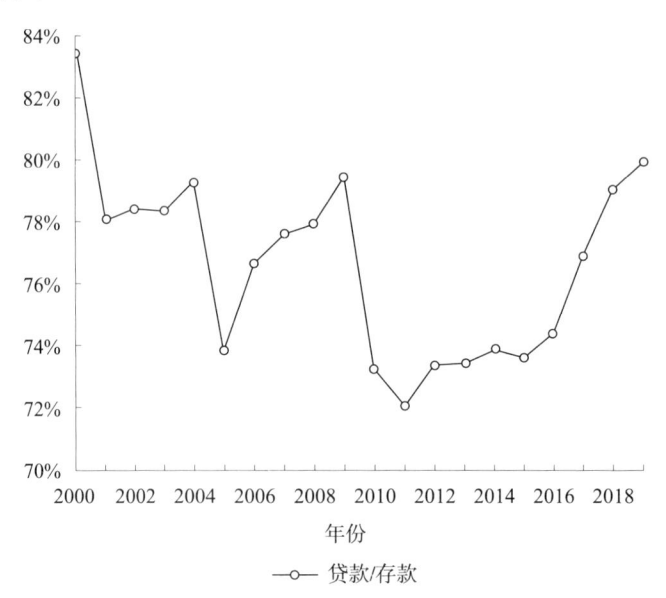

图 4-11 贷款比存款指标

（二）融资结构的变化

金融部门的直接融资部分，即债券、股票及股权、证券投资基金份额，因

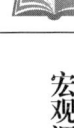

包含影子银行业务和地方政府债券，其风险高于贷款的风险。李扬等（2020，第147～150页）指出了金融部门直接融资涉及的风险问题。

图4-12反映了2000年来金融部门贷款和直接融资的配置情况，显示了金融部门的资产风险在大幅提高，也反映了融资结构的变化，直接融资和间接融资已经非常接近了。

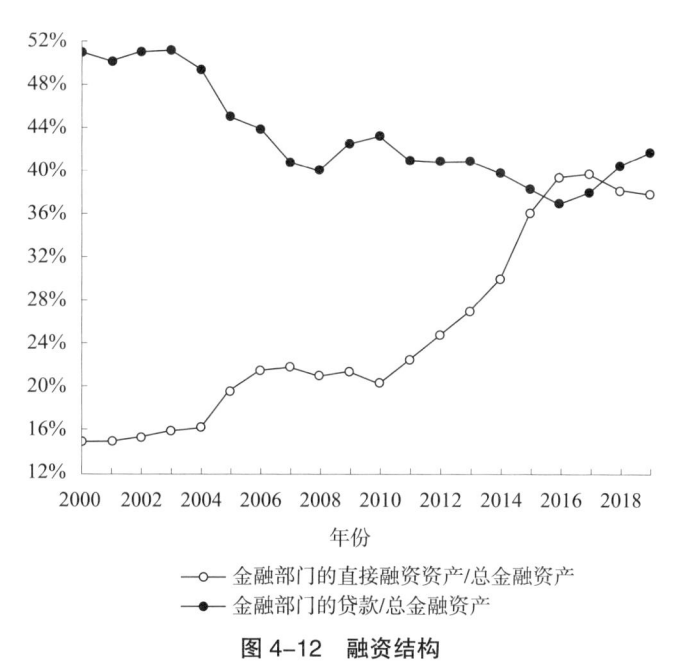

图4-12　融资结构

三、对金融部门风险诊断与建议

金融部门是净金融投资为正的部门，其资金流量表还是稳健的，但也存在风险。资本形成需要中长期贷款支持。在2018年的资金流量表中，占国内资本形成总额56%的非金融企业只获得中长期贷款50 075亿元，而占国内资本形成总额26%的居民部门获得中长期贷款49 533亿元，几乎和非金融企业一样多。这些年来，房价增速高，房地产泡沫在发展，房地产成为系统性风险的最大"灰犀牛"，金融部门在中长期贷款上，风险配置过于偏向高风险的房地产，过少偏向生产性投资的非金融企业。这不仅为自身带来金融风险，也恶化了非金融企业的融资环境，从根本上动摇了宏观风险配置的稳健性。

解决问题的方案是，金融部门要减少对居民的房贷，对居民部门贷款要低于其存款，增加对非金融企业的贷款，流量上对其他部门的贷存比应该维持在70%～80%的水平上，特别要增加新的金融产品，满足企业融资需求和居民分散风险需求。

第六节 政府部门风险配置测度

一、资金流量表

(一) 收支缺口杠杆率

从非金融交易表看，2018年总储蓄为19 255亿元，属于收入。此外，资金来源的资本转移20.1亿元也是它的收入。两项收入共计19 275.1亿元，称为总收入。它的总支出分三项：一是资金运用的资本转移11 803.8亿元，二是资本形成总额70 526.2亿元，三是其他非金融资产获得减处置 −18 086.5亿元。三项支出共计64 243.5亿元。总缺口等于总支出减总收入，为44 968.4亿元，相当于总收入的约233%。总缺口等于净金融投资。

从金融交易表看，2018年政府发行债券48 532亿元，可以弥补总缺口。

我们计算收支缺口杠杆率 =100%× 总缺口/总收入，计算结果见图4-13。2004—2015年，杠杆率平稳，在零附近小幅波动，政府严格实行了收支结构平衡。2016年开始呈上升趋势，2019年为230%，政府靠借钱（如发行债券）来弥补总缺口。

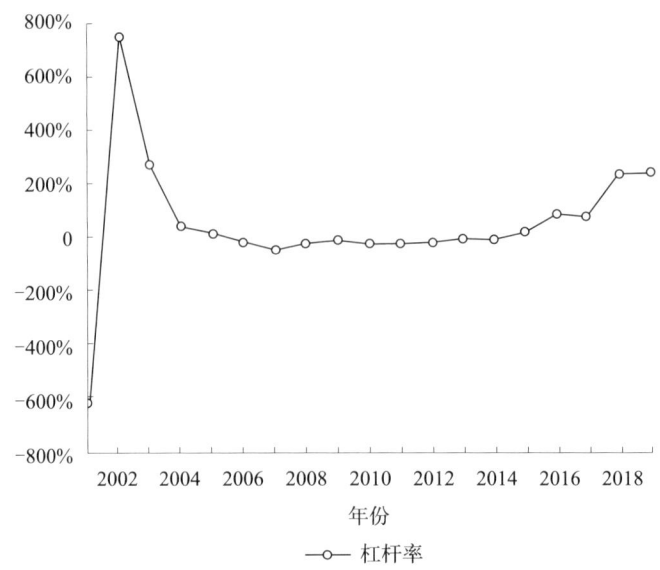

图4-13 政府部门收支缺口杠杆率

（二）土地财政

我们把政府卖地收入和政府的总储蓄画在同一张图上，反映了土地财政对政府收入的意义，见图 4-14。由图 4-14 可见，从 2015 年开始，政府卖地收入直线上升，而政府的总储蓄呈下降趋势。

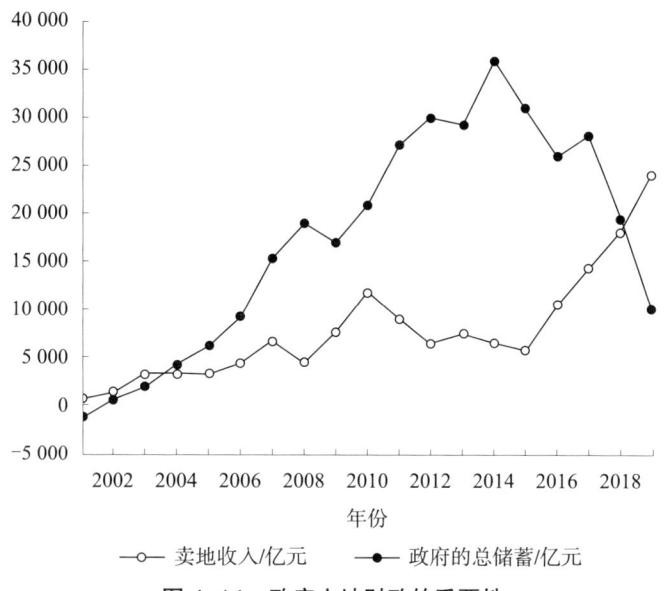

图 4-14 政府土地财政的重要性

（三）净金融投资

政府部门收支缺口杠杆率在 2014 年后上升不少，说明政府部门的净金融投资为负，也说明政府部门是弱对冲性融资。

要注意的是，政府部门发行货币计入了金融部门的资金来源，而不是政府部门的资金来源。作为比较，2018 年，金融交易表上政府部门的净金融投资为 –46 515 亿元，金融部门通货来源为 2563 亿元。该年，非金融交易表上政府部门的净金融投资为 –44 968.5 亿元。

二、资产负债表

（一）三个杠杆率

从资产兑现风险看，2019 年政府部门的总负债与金融资产的比值处于 2000 年来低位，为 28%，而 2009 年应对美国金融危机时的该值为 44%。

政府部门的非金融资产与总资产的比值自 2010 年来也是下降的，2019 年已达到历史的最低点为33%，间接说明资产兑现风险在降低。

从债务偿付风险看，政府部门的总负债与净资产的比值有波动，但波动的高低点只有几个百分点的差异，并且2014年至2018年是下降的。

这三个指标的历年变化见图4-15。这是对政府部门的显性债务而言的，不包括地方政府的隐性债务情况。由此可以解释资金流量表与资产负债表之间的一个矛盾现象：图4-13显示政府部门收支缺口在2014年后上升很快，而图4-15总负债与净资产的比值在2014年后呈下降趋势。如果包括地方政府的隐性债务，总负债与净资产的比值在2014年后应该是上升的。

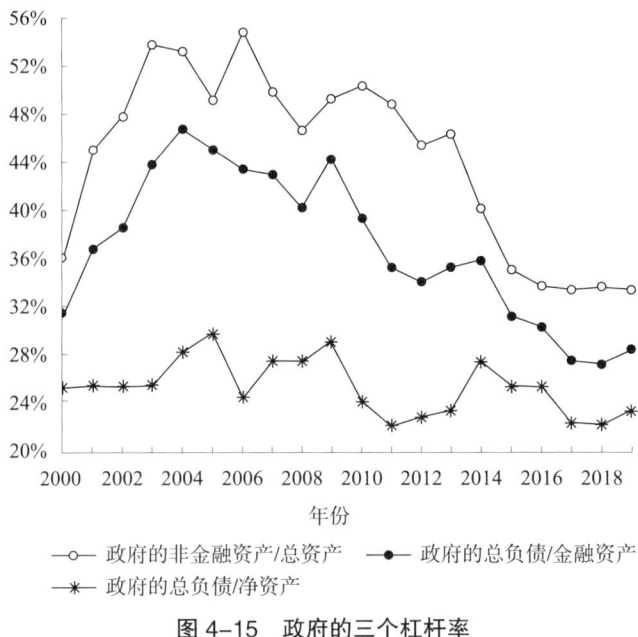

图4-15 政府的三个杠杆率

（二）对不确定性的反应

在图4-15中，2009年，政府部门这三个指标均偏离下降趋势，出现明显上升，反映政府增加债务和扩大投资，以带动经济走出危机。这是政府部门对抗不确定冲击的姿态，是一种理性反应。

三、对政府部门风险诊断与建议

图4-14显示，近年来政府部门取得的土地收入增加，但图4-13显示其净金融投资仍然为负，政府部门收支缺口杠杆率急剧上升，故政府部门的资金流量表是不稳健的。对政府部门的显性债务而言，图4-15显示其总负债与金融资产的比值处于2000年以来的低位，若考虑地方政府的隐性债务，这个比值会上升。但是

政府有发行货币的权力，不存在还不起内债的风险。在不引起通货膨胀的前提条件下，图 4-15 说明政府仍有发行显性债务的空间，但要控制住隐性债务发行。

第七节　国外部门风险配置测度

李扬等（2020，第 178～179 页）对国外部门的期限错配、货币错配和资本结构错配做了分析，我们只做一些补充分析，指出新的苗头。

一、资金流量表

从 2018 年非金融交易资金流量表上看，净出口为 7059.7 亿元。从 2018 年金融交易资金流量表上看，国外部门的净金融投资为 −3211 亿元，但是国内部门合计净金融投资为 3211 亿元，两相抵消了。国外资金在国内用于国内通货为 312 亿元，存款为 643 亿元，用于贷款为 1913 亿元，用于债券为 5115 亿元（其中用于政府债券为 4623 亿元，这是中国政府欠的外债），对国内直接投资为 13 466 亿元，共计约 2 万亿元，并且 2001 年以来该共计数呈上升趋势，见图 4-16。从统计局网站上没有下载到国外部门股票的时间序列数据，故图 4-16 中没有得到反映。此外，国外部门 2016 年资金运用缺少 2010 年的贷款数据。

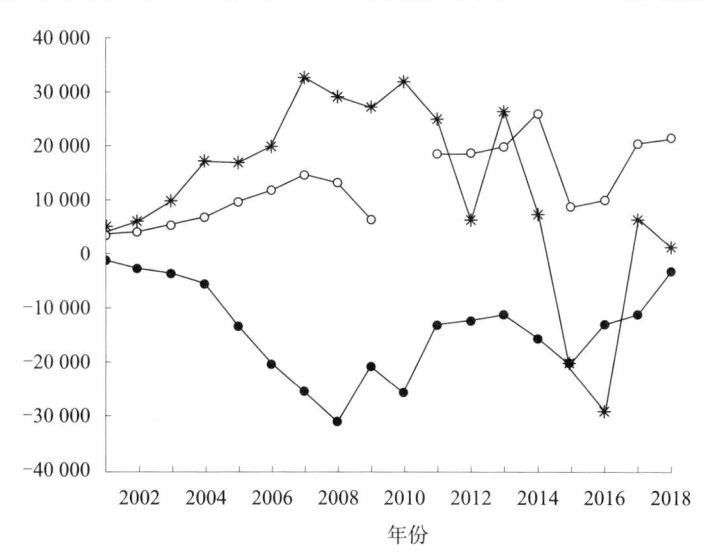

图 4-16　国外部门的两大流量数据与国内的国际储备资产流量比较

由图 4-16 可见，国外净金融投资在 2008 年时负值最大，约为 -3 万亿元，然后呈上升趋势，到 2018 年只有 -3211 亿元了。2007 年，国内持有的国际储备资产达到最高，约为 3 万亿元，2016 年该值最低，约为 -3 万亿元。2015 年，图 4-16 上的三条曲线均下降，随后走势有所变化，值得重视。注意：图 4-16 反映的均是流量数据，是每年的交易数据，只有结合资产负债表数据统一进行分析，才能确定国外部门的风险配置情况。

二、资产负债表

2019 年，国外部门在中国的金融资产为 394 252 亿元，欠中国的债务为 529 793 亿元，两相抵消，仍欠中国债务 135 541 亿元，即在中国的负净金融资产，故中国不存在偿还不起外债的问题，见图 4-17。

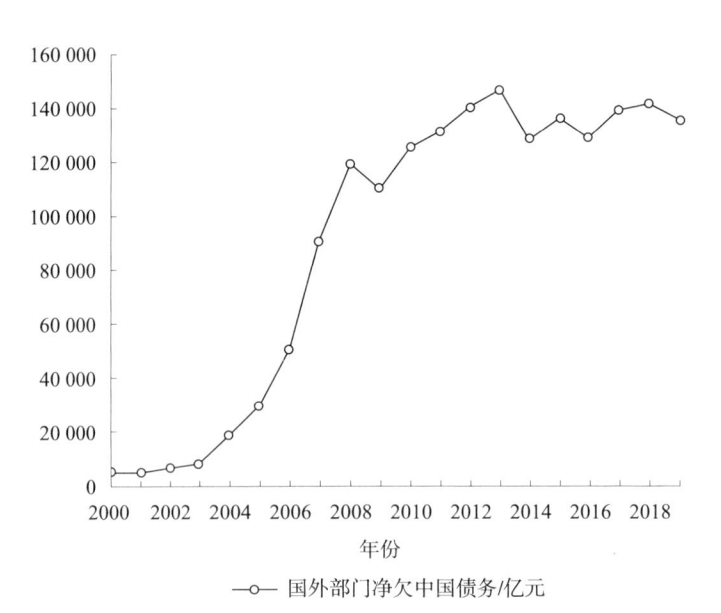

图 4-17　中国不存在偿还不起外债的问题

从最为安全的角度看，2014 年后中国的国际储备资产开始小于国外部门的金融资产，这个缺口值得我们重视，见图 4-18。

在国内股票市场上，国内的股票及股权为 2 595 260 亿元，此外外资有 47 107 亿元，外资占比为 1.8%。考虑股票市场的敏感性，外资能对国内股票市场形成影响，但有限。

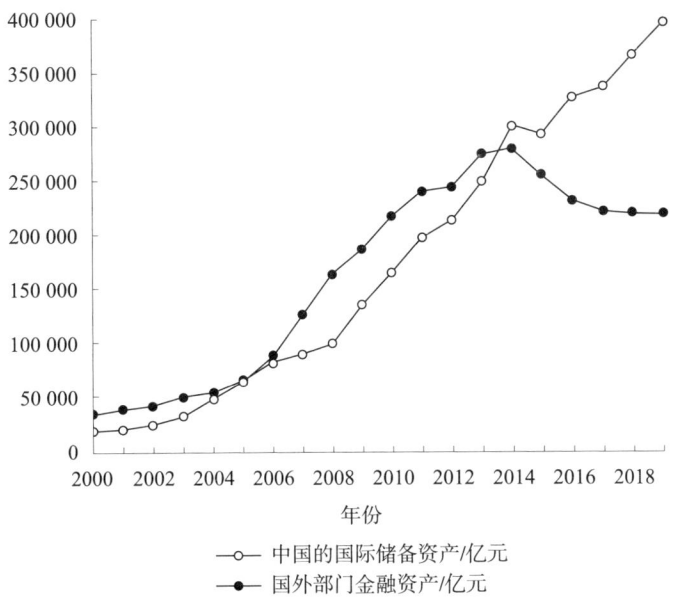

图 4-18 中国的国际储备资产开始小于国外部门的金融资产

三、对国外部门风险诊断与建议

图 4-17 表明,中国不存在不能偿付外债的风险,中国是净金融投资为正的国家。图 4-18 显示,近年来中国的国际储备资产开始小于国外部门的金融资产,值得警惕。俄乌战争中,欧美国家冻结俄罗斯的海外资产,建议中国政府关注海外资产安全。

第八节 房地产泡沫分析

房地产涉及居民的资产、金融企业的贷款、政府部门的卖地收入,以及非金融企业的房地产行业,是一个典型的部门间关联问题。一方面,房地产泡沫是居民提高杠杆的原动力,并导致银行贷款倾向于居民部门,减少了实体经济部门贷款,而实体经济部门缺少资金导致增长速度下滑,影响了政府的税收。另一个方面,如果房地产泡沫破裂,银行不良贷款大增,地方政府的土地收入大幅减少,财政债务增加,两者合力导致金融危机,居民也会努力还债减少支出,房地产行业经营困难也影响到许多实体经济行业发展,经济危机就不可避免了。从房地产泡沫着手分析部门间金融风险关联,是一个很好的抓手。

本节不考虑居民卖地拆迁收入,只用居民可支配收入这个指标,这更能反映一般居民的购房压力感受，毕竟只有极少数居民获得卖地拆迁收入。

一、房地产泡沫测度

国家资产负债表的居民固定资产需要每年重新估值。2017年，居民固定资产是1 899 169亿元，2018年固定资产是2 255 874亿元，两者差值是356 705亿元。由此差值减去2018年非金融交易表的居民固定资产形成总额101 880.7亿元，差额为254 824.3亿元。我们定义该差额为居民固定资产增加值。这里，我们假设这两张表关于固定资产的统计口径十分接近，误差不大。要指出的是，居民固定资产形成总额为农村个人固定资产投资和建房表中的投资总额与城镇和工矿区个人建房表中竣工房屋价值之和。因此，居民固定资产形成总额不属于房地产公司所建的商品房范畴，故我们这里研究房地产公司所建商品房的泡沫不予考虑，要减去。

在国家资产负债表的居民固定资产中，居民房产占92%～94%，如2019年居民房产占93%。[①] 我们取居民固定资产的93%作为居民房产值，居民固定资产增加值的93%作为居民住房增加值。

我们计算房价增速公式是，100%×居民固定资产增加值/上年居民固定资产，分子和分母均乘以0.93，可以约去。按照上面的定义，这个公式也可以表示为100%×居民住房增加值/上年居民住房值。由这一房价增速指标可以算出，2018年房价上升13%。住房价格增速包含新旧房产在内，是新旧住房价格的综合指标。

我们还可用，100%×住房增加值/居民总资产，作为资产贬值风险的指标。我们可用这两个指标评估房地产泡沫，见图4-19。如前所述，测度房地产泡沫要扣除一般性物价上涨水平，只测度其相对价格上涨。但国家统计局缺少这方面的价格指数，我们可用CPI做简单的对比。

2003年以来，CPI指数值在2008年最高为5.9%，在2009年最低为-0.7%。在这20年中的15年，CPI指数值在3%以下。图4-19显示的住房价格增速远大于CPI增速，波动幅度也远大于CPI波动幅度。

从房价波动幅度看，2008年，住房价格增速为负值。2010年以后，住房价格增速在0%～15%之间波动。住房增加值比总资产的波动趋势，与住房价格的波动趋势一致，但波动幅度要小一些，大致在0%～10%之间波动，2010年以后波动幅度要小一些，反映资产贬值风险得到一定程度的控制。房价大幅波动成为经济和金融系统不确定性的一大来源，住房成为高风险资产。

---

① 李扬、张晓晶等，《中国国家资产负债表2020》，中国社会科学出版社，2020年12月第1版，依据第41～42页的表2-2和表2-3计算。

从房价增速看，我们计算的居民住房价格增速较快，大多数年份超过 5%，近半数年份超过 10%。由于房价上涨，我们计算的住房增加值也上升很快。19 年中，该值有 17 年达到居民可支配总收入的 10% 以上，有 12 年达到 20% 以上，有 8 年达到 30% 以上，有 5 年达到 50% 以上，有 1 年达到 60% 以上。住房增加值虽是虚拟价值，但仍会对居民的消费等经济行为形成影响。住房增加值还扭曲了收入分配，不能激励居民的劳动积极性，加大了居民的贫富不均，拉开了地区之间的经济不平衡。

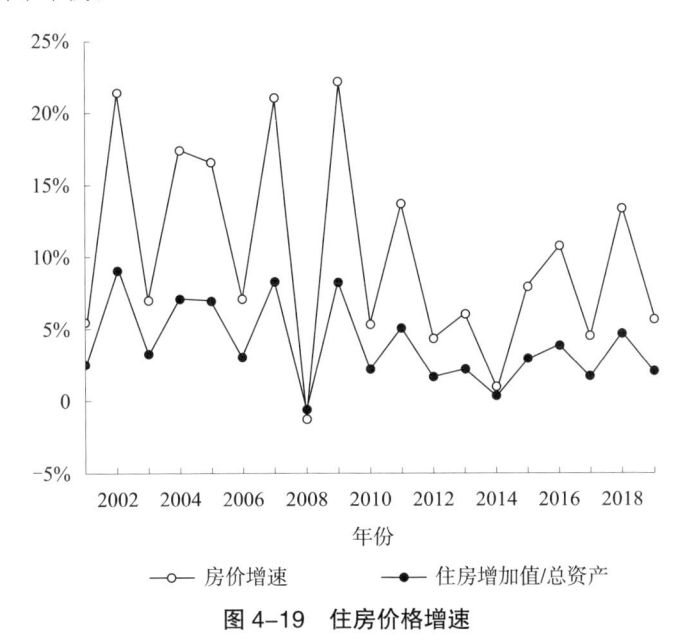

图 4-19　住房价格增速

我们可以把居民的住房增加值与居民可支配总收入做比较，见图 4-20。19 年中，该值有 17 年达到居民可支配总收入的 10% 以上，有 11 年达到 20% 以上，有 8 年达到 30% 以上，有 3 年达到 50% 以上，2009 年该值达到 62%。住房增加值虽是虚拟价值，但仍会对居民的消费等经济行为形成影响。另外，住房增加值扭曲了收入分配，不能激励居民的劳动积极性，还加大了贫富悬殊，拉开了地区之间的经济不平衡。

住房增加值并不稳定，是随市场供需波动的，而且波动幅度很大，不确定性很强。居民可用住房作为抵押去贷款，一旦住房贬值，贷款的抵押品就不足值了，这会对银行的资产负债表和资金流量表的稳健性产生影响。费雪的债务通货紧缩理论解释了这一点，2008 年美国金融危机也验证了这一点。对房地产的价值评估，有必要知道资产溢价带来的增值，一旦房地产泡沫破裂，我们才能对房产贬值做出正确评估。

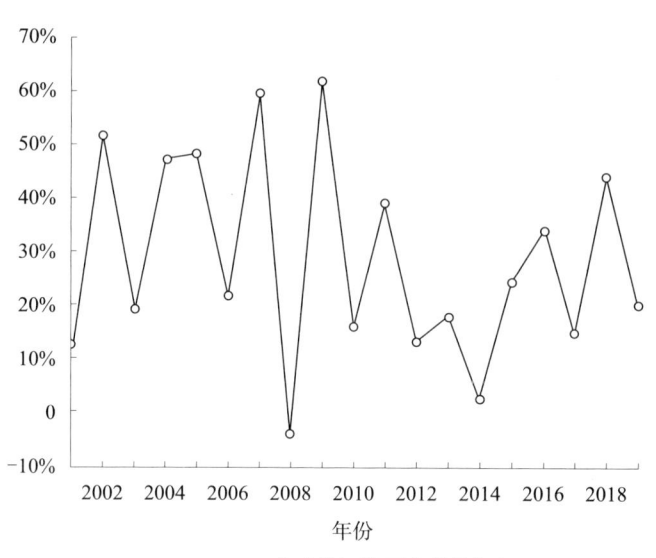

图 4-20　居民的住房增加值与可支配总收入的比较

二、房贷压力测试

我们可以采用国家资产负债表和国家资金流量表分析居民部门的住房投资，即采用存量和流量一致性分析，从多个方面测度居民部门的购房压力和还贷压力。我们使用的宏观数据，也包括农村居民的数据在内，而农村居民的房贷压力不如城市居民大。我们以居民的可支配总收入作为压力测试的基本指标，即作为各压力测试指标的分母。

从资金流量表看，新增房贷与居民部门调整后可支配总收入的比值可作为一个房贷压力测试指标。在 2018 年金融交易表的居民部门中，中长期贷款为 49 533 亿元，这个贷款可视为房贷和车贷，总贷款为 78 514 亿元，若其中 70% 为房贷，则房贷为 54 959.8 亿元，大于中长期贷款。两相比较，我们取中长期贷款的 90% 作为房贷，即房贷为 44 579.7 亿元，这样估算更靠谱。在 2018 年非金融交易表中，居民部门调整后可支配总收入为 595 797.8 亿元。2018 年的新增房贷与居民部门调整后可支配总收入的比值约为 8%。如果仅测度出这一比值为 8%，还不足以反映压力测试，还要和下一小节的敏感性测度结合，才能分析极端情况下这一指标值变化可能带来的金融危机。下面的两个压力测试指标分析也同样如此，需和敏感性指标结合起来。这就是前面所说的，我们的压力测试是敏感性压力测试类型。

结合资金流量表和资产负债表来看，增加的房贷加全年还本付息与居民部门调整后可支配总收入的比值也可作为一个压力测试指标。在 2018 年国家资产负债表中，居民部门贷款为 546 240 亿元，若其中 70% 为房贷，则房贷为 382 368 亿元。设定 20 年还贷期，基准利率为 4.9%，则居民部门全年还本付息为 30 024 亿元，与调整后可支配总收入的比值为 5%。若考虑 2018 年新增加的房贷 44 579.7 亿元，新增加的房贷加全年还本付息与居民部门调整后可支配总收入的比值为 13%。

在 2018 年非金融交易表中，居民部门的固定资产形成总额为 101 880.7 亿元（其中主要为房产，也包括少量其他固定资产），与调整后可支配总收入的比值为 17%。故 2018 年居民部门用于购房的资金大致为其可支配收入的 17%。这个数据是实物交易数据，没有房贷等金融交易数据在内。前面分析居民部门固定资产存量指标时，指出居民固定资产的 93% 作为居民房产值，在分析居民部门的固定资产形成总额这一流量指标时，可以参考这一比值。

把 2018 年的国家资产负债表和非金融交易表结合考虑，居民部门用于购房资金加还本付息资金，与调整后可支配总收入的比值为 22%。在什么样的情况下，这个比值提高到超出居民的承受范围，从而放弃房贷，就成为一个压力测试问题。这需要专文深入分析。本章下面只是假设性分析。

三、房贷敏感指标

即使部门整体资金充足，若一个部门出现一定比例的成员抛售资产去抵债，则会产生连锁反应，导致资产严重贬值，引起金融恐慌，并在部门的资金流量表和资产负债表重要变量的变化趋势上表现出来。如在经济增速下降时期，部门的金融资产与总资产的比值降低了，说明该部门中一定比例的成员正在动用容易兑现的金融资产去还本付息。这个"一定比例的成员抛售资产"是一个敏感性指标，值得我们高度重视。当这个比例大到产生连锁反应，导致金融恐慌，部门弱对冲性融资将转变为投机性融资和庞氏融资。如依据 2008 年美国次贷危机的经验，7000 亿美元的次贷中，大约有一半出现了偿付问题，但商业银行把次贷转给了投资银行，而投资银行的杠杆率高达 40% 以上，结果导致 50 万亿美元的金融衍生品出现问题，超出了美国金融部门的应对能力，从而导致金融危机。

这提示我们，能从银行可以动用的预备金推测，至多能应对多少不能偿还的贷款，包括收回房子在市场出售抵债。如果假定金融部门的金融资产的 5% 可以用来应对不能偿付的贷款，那么居民部门房贷不能偿还的数额超过金融部门金融资产的 5%，就可以导致金融危机。这也是一种压力测试。

从国家资产负债表看，2019 年金融部门的金融资产为 4 372 078 亿元，该值的 5% 为 218 603.9 亿元，约为居民部门的贷款总额 623 383 亿元的 35%。可见，只要居民贷款的35%出现问题,就足以引起金融危机。这里我们还没有考虑金融部门的杠杆问题。从总量上看,居民部门有存款1 120 669亿元,足以支付贷款。问题是,并不是所有居民都有足够的存款可用来还贷。居民贷款的35%成为敏感数,对应金融部门金融资产的5%这个敏感数。这个敏感数实际上也是一个压力测试指标阈值。

按照上述思路,我们可把金融部门的金融资产细分为1%至5%的五个敏感等级,分等级提出预警。如2019年,金融部门的金融资产的1%,约为居民部门的贷款总额的7%。只要居民部门有7%的贷款出现偿还问题,就足以触发预警。我们可对正在还本付息的居民的收入和还债能力划分相应等级,并进行压力测试,分级别提前预警。

房价也是一个敏感指标,它不仅决定居民购买房子,还决定居民是否放弃还贷。我们在预警指标中分析这个问题。

四、房贷预警指标

在两种情况下,居民会放弃还房贷。第一种情况是,其收入下降无力偿付贷款本息,需要动用存款等其他金融资产,或者借新债还旧债,如果还不能偿付贷款本息,会放弃还贷。我们在上面给出了这一情况的预警方法。第二种情况是,住房价格大幅下降,继续维持房贷还不如放弃房贷,另买新房。第一种情况发生有可能导致第二种情况发生。

我们分析房价降低情况,假设原来300万元的房子,现在只要200万元。如果居民首付20%,即60万,剩下240万为贷款。假设20年还清房贷,利息4.9%,240万贷款一年共计还贷本息188 479.92元。只要居民的首付加已经偿还的本息小于100万,居民就可以放弃房贷了。按这一假设案例,只要居民买房在两年之内,就可以放弃房贷了。当然,这里没有考虑居民信誉和其他惩罚因素。依据这个思路,我们也可以依据住房价格下降情况提出预警,并把住房价格下降分为不同级别,分级提出预警。

如果居民放弃房贷情况大量发生,就会殃及银行,如果银行应对不了这种情况,就会破产,并殃及其他银行,如果这种情况不能制止,金融危机就爆发了。导致金融危机的风险有多种,目前而言,房地产泡沫是导致金融危机的最大"灰犀牛",是最可能发生的系统性风险。对偿还房贷的预警,就是对金融危机的预警。

从房地产泡沫分析看,风险爆发最有可能来自居民部门,来自居民的放弃房贷和住房贬值,并且连带金融部门风险配置出问题。住房贬值风险由居民部门自己承担,会对居民消费和投资产生影响,又可连带实体经济。居民放弃房贷的根本原因是收不抵支，这又由实体经济增速下滑导致。

五、对房地产市场风险诊断与建议

房地产市场风险集中体现在房地产泡沫是否在近年破灭，我们从两个方面诊断。

一是从居民的收入阶层看，不少居民购房压力不小。如2018年，居民用于购房资金加还本付息资金，占居民可支配总收入的22%，对低中收入阶层居民的压力不小。这还包括农村居民在内，若仅看城镇居民的话，压力更大，故居民部门是导致系统性风险爆发的最可能部门。只要少部分房贷不能按时偿付，就可以产生连锁反应，导致金融危机。可以说，稳就业，就是稳居民偿付房贷的能力，也就是稳金融。我们要高度关注可能不能按时偿付本息的房贷，及时预警，及时应对，严防产生连锁反应。

二是从居民部门总体看，2018年居民部门金融资产与总资产的比值接近60%，还有支撑房地产泡沫的资金供应能力。我们要继续执行"房住不炒"的大政方针，继续限制居民购买多套房，限制银行的房贷，从资金来源上控制房地产泡沫增长。

我们要吸取美国政府采取"添油战术"应对次贷危机的失败教训，对可能的房地产泡沫破灭危机，应对要一步到位，不搞"添油战术"。我们也要吸取日本政府在1990年初期主动刺破泡沫导致房地产市场崩盘的教训，目前可适度放宽房地产市场政策，以稳住房价和稳住房地产市场为目标，不主动刺破泡沫，今后让经济增长和人们收入水平提高来吸收房地产泡沫。

第九节 总　结

本章理论框架是在资产负债表和资金流量表一致性分析基础上，从存量流量二元角度提出三类金融风险，在发展明斯基融资理论的基础上，建立判断这两张表是否稳健的四项基本原则，以此设计六大类指标，测度部门风险配置和金融风险演变情况，预警系统性风险，为研究宏观风险配置积累了大量的系统的观察数据。

通过对五大部门的测度，我们发现居民部门和金融部门净金融投资为正，是输出资金的部门，是强对冲性融资部门，它们的资产风险和杠杆率均在上升。非金融企业和政府的净金融投资为负，是吸收资金的部门，是弱对冲性融资部门，也是债务风险最大的部门。政府有发行货币的权力，不存在不能偿付内债的问题，政府融资借债有政府信用担保，因此债务危机最可能发生在非金融企业。

非金融企业弥补收支缺口的融资困难，影响其增长速度，减弱其还债能力，从而可能引发居民部门、金融部门、政府部门的收入增长速度下降等问题，进而引发债务危机，导致金融危机。这是当前储蓄转化为投资的主要问题，是宏观风险的根源。可以说，金融危机表现在金融部门，金融风险可能爆发于房地产泡沫破裂，根源则在非金融企业。

解决当前宏观风险的主要抓手是解决非金融企业的融资问题，当务之急是帮助非金融企业渡过新冠病毒感染疫情时期的难关。毕竟，只有非金融企业才是国民经济增长的根本动力，消化当前的房地产泡沫，化解政府赤字问题，提高金融部门应对风险的能力，抵制来自外部的风险，主要靠非金融企业发展带来居民、金融和政府部门的收入提高，从而增强这些部门资金流量表和资产负债表的稳健性。这一动力不足，是导致当前中国宏观风险的根本原因，也是与2008年美国金融危机的一个根本不同点。

第五章　双支柱调控框架的新目标制研究

本章把双支柱调控框架作为一种新目标制运作，以克服新的时间不一致性问题，即中央银行为追求经济增长而放松金融监管。本章从这一新的理论视角，分析了该框架的逻辑结构，研究了该框架的调控目标、调控工具和调控规则，发现了经济周期和金融周期不同步是该框架目标摩擦、政策摩擦和系统摩擦的内在原因。我们通过研制的新货币数量规则和新调控规则，对经济系统和金融系统进行联合调控，减少这两大系统之间和两大政策（货币政策和宏观审慎政策）之间的摩擦与冲突，形成两大政策的合力，共同防范系统性风险。

如同通货膨胀目标制是跨周期调控和逆周期调控的一种结合方式，我们把双支柱调控框架作为一种新目标制运作，也是跨周期调控和逆周期调控结合的一种方式。

第一节　引　言

2008年美国金融危机后，各国央行均实行货币政策和宏观审慎政策，都需要协调这两大政策，都在探讨与此适应的新调控框架及其运作机制。为适应这一形势的需要，中国央行率先建立了货币政策和宏观审慎政策双支柱调控框架。央行《2017年第三季度中国货币政策执行报告》的专栏文章《健全货币政策和宏观审慎政策双支柱调控框架》认为，该框架有助于在保持币值稳定的同时促进金融稳定，防范系统性金融风险，切实维护宏观经济稳定。吸收先进理论观念，总结实践成功经验，用以建立该框架运作机制，是央行迫切需要研究的问题，也是本章的研究目标。本章中，该框架简称双支柱调控框架，货币政策和宏观审慎政策关系简称双支柱关系。

各国央行对双支柱关系十分重视。易纲（2019）指出："货币政策主要针对整体经济和总量问题，侧重于经济和物价水平的稳定；宏观审慎政策则可直接和集中作用于金融体系或某个金融市场，抑制金融顺周期波动，防范跨市场的风险传染，侧重于维护金融稳定。两者可以相互补充和强化，形成两个支柱。" Yellen（2011）指出："与系统性风险管理有关的最具挑战性的问题之一是，宏观审慎与货币政策之间的适当互动。货币政策在多大程度上应该被用来减轻系统性风险？货币政策在多大程度上应该与宏观审慎监管相协调？这些问题是全球决策者激烈辩论的主题。"

经济理论界对双支柱关系存在针锋相对的理论观点。2012 年，新凯恩斯经济学派两大领军人物伍德福德（Woodford）和斯文森（Svensson）对双支柱关系进行过一次争论，在经济理论界引起很大反响。Woodford（2012a）认为可以通过货币政策稳定金融。Svensson（2012）则认为由于经济周期和金融周期不同步，货币政策难以兼顾稳定经济和稳定金融两个目标。央行应采用货币政策稳定经济，采用宏观审慎政策稳定金融。还存在一种比 Woodford 更为激进的观点，即货币政策的逆风操作，认为用货币政策稳定金融即使成本大也有必要。Svensson（2016）反驳了这一观点。美国经济研究局有一篇文章（Gourio 等，2017）则支持这一观点，该文带有这一观点的简短论文综述。孙国峰（2017）指出，国际上越来越多的观点认为，货币政策既要熨平经济周期，也要应对金融周期。总的看来，Svensson 的观点是欧美经济理论界的主流观点。张晓慧（2017）给出了双支柱调控框架的国内外背景和中国央行的探索，郭子睿等（2017）归纳了当前国际上货币政策与宏观审慎政策协调的若干重要理论观点，马勇等（2019）给出了双支柱调控的文献综述与评价。

经济理论界已建立了分析双支柱关系的各种数量模型，如基于 bank-based 模型（Agur et al., 2015），基于 VAR 模型（Greenwood-Nimmo et al., 2016），基于 agent-based 模型（Popoyan et al., 2017），以及基于博弈模型（Paoli et al., 2017; Cao et al., 2017）。基于新凯恩斯经济理论框架下的 DSGE 模型是研究双支柱关系的主流模型（Gelain et al., 2017; Carrillo et al., 2021; 程方楠等，2017; 张敏锋等，2017）。此外，Kiley 等（2017）的文章带一个简短文献综述，梳理了 2010 年来使用 DSGE 模型研究双支柱关系的重要文献。

如同通胀目标制，双支柱调控框架也是一种控制系统。类似于控制系统的逻辑结构划分，央行作为调控主体，具有经济系统和金融系统两种调控对象，具有货币政策、宏观审慎政策和预期管理三类调控工具，具有经济稳定、金融稳定和防范系统性风险三大目标。央行比较调控对象信号与调控目标之间的偏差，制定政策消除偏差，让调控对象趋于目标。或者央行向调控对象发出信号，告诉央行的意图，让调控对象自己适应央行的意图，即通过预期管理让调控对象趋于目标，类似于生物系统的自适应控制。调控对象信号与调控目标之间的偏差，可由外部冲击或调控对象系统的内部变化产生。双支柱调控框架的逻辑结构关系见图 5-1。

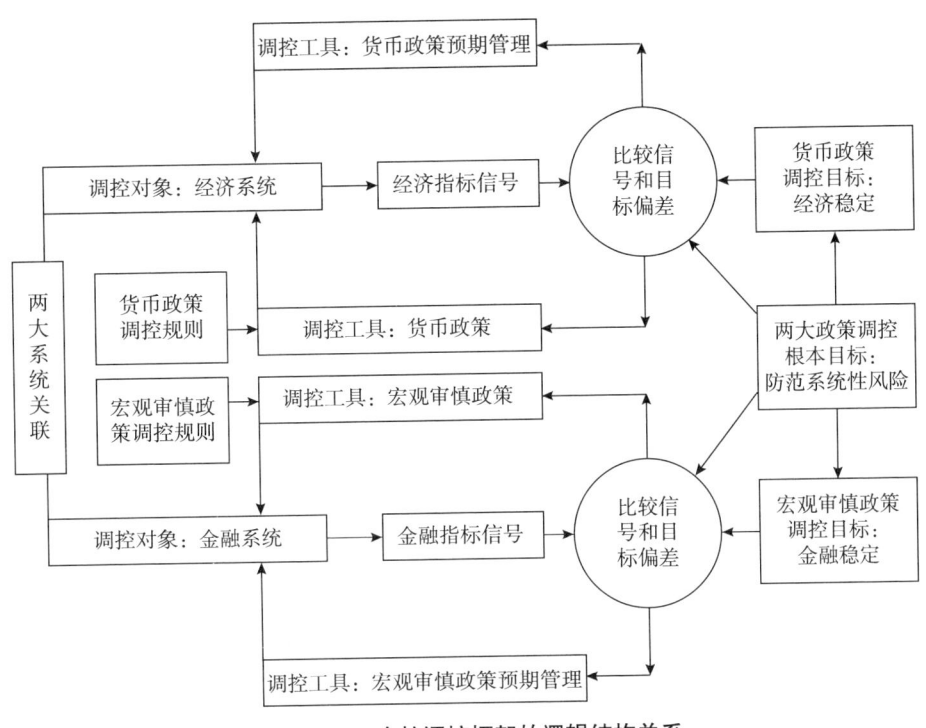

图 5-1 双支柱调控框架的逻辑结构关系

通胀目标制是一元控制系统，调控对象仅是经济系统，调控工具仅是货币政策。双支柱调控框架属于二元控制系统。央行不仅要对两个系统分别调控，还需对两个系统联合调控。二元控制系统，并不是两个一元控制系统的简单并列，调控对象的两大系统相互联系和相互影响，导致系统的复杂行为，会产生结构摩擦，如目标之间的摩擦与冲突、工具之间的摩擦与冲突、系统之间的摩擦与冲突。这是一元控制系统不具有的现象，是二元控制系统的特色。怎样减少二元控制系统的结构摩擦，使调控对象的两个系统处于稳定状态，是央行面临的全新问题，是双支柱调控试图解决的核心问题，也是本章重点研究的问题。

当金融系统纳入央行调控对象后，各国央行除了要克服已有的时间不一致性问题（Kydland et al., 1977），还要克服新的时间不一致性问题，即央行原定经济系统和金融系统的最优政策计划与后来经济系统和金融系统的政策实施不一致，简言之，央行为追求经济增长而放松金融监管，如放松购房贷款要求等，导致房价高涨，积累系统性风险。从国外看，美联储在 2000 年高科技股票泡沫破裂后，走上了一条放松金融监管以刺激经济增长之路，次贷增长，银行杠杆上升，金融衍生品泛滥，最终导致金融危机。2008 年美国金融危机爆发后，美国政府痛定思痛，加强了金融监管。但特朗普政府上台后，再次为刺激经济增长而放松了金融监管。从国内看，地方政府财政收入很大一部分来自出售土地收入，而房地产发展又能带来地方经济发展。地方政府有放松金融监管，刺激房地产发展，从而刺激经济增长的内在动力。这种内在动力成为央行的外在压力。这说明，国内外新的时间不一致性问题都有客观基础，都有可能发生。克服新的时间不一致性问题，是本章研究的突破口。

为克服这种新的时间不一致性问题，我们的研究思路是，吸取通胀目标制克服时间不一致性问题的成功经验，通过明确目标区间、承诺实现目标和负有实现目标的责任等方式，把双支柱调控框架作为一种具有中国特色的新目标制运作，以取得类似通胀目标制那样的控制效果。遵循这一思路，新目标制继承和发展中国央行原有的多目标制，特别是继承和发展合理区间论，把合理区间论的调控对象由经济系统扩展到金融系统，调控目标由经济稳定扩展到金融稳定，把防范通胀和通缩扩展到防范系统性风险。简言之，新目标制是合理区间论的扩展版。

中国政府提出的合理区间论、房住不炒政策、守住不发生系统性风险底线的政策，均是央行需要不折不扣实行的，是央行职责所在，央行对此负有具体责任。这些政策目标与央行双支柱调控框架实现币值稳定（经济稳定）、金融稳定和防范系统性风险的目标完全吻合，中央政府和央行双重承诺实现这些目标，保证了央行兑现承诺和实现目标。近年来，央行执行合理区间论，为实行新目标制奠定了基础，积累了经验。这表明，新目标制运作的实践条件是具备的。本章将从理论上研究双支柱调控框架作为新目标制运作需要解决的问题。这为研究双支柱调控框架提供一个新视角和一个新切入点，可加深我们对双支柱调控框架的认识。

本章理论贡献是：解析了双支柱调控框架作为控制系统的逻辑结构关系，提出了新的时间不一致性问题，为克服这一问题建立了该框架的新目标制运作机制，建立了细化的货币交易方程式，由此提出了新货币数量规则，并制定了基于经济周期和金融周期的新调控规则。新目标制和新规则有利于联合调控经济系统和金融系统，克服新的时间不一致性，稳定预期，消除和减轻目标摩擦、政策摩擦和系统摩擦，形成政策合力，预防和化解系统性风险。

第二节　两大系统调控目标及最终目标选择

双支柱调控框架是二元控制系统，这决定新目标制也是二元系统，即有经济系统目标制和金融系统目标制。这两大系统均需设定自己的调控目标。双支柱调控框架不仅要实现经济系统稳定和金融系统稳定这两大目标，更要实现防范系统性风险这一最终目标。设定了目标，也就设定了需要采集的最重要系统输出信号，即反映目标的信号。

一、对目标设定的具体条件

从系统控制论看，设定控制目标要满足三个条件。一是能观察条件，即目标值能够具体测量到。二是能控条件，即系统可以通过控制实现目标值。三是基本状态条件，即控制目标能反映系统的基本状态。价格是市场经济的晴雨表，价格信息最能反映市场基本状态。我们设置经济系统目标和金融系统目标，都把价格稳定作为第一位目标。价格稳定对应币值稳定，经济系统的价格稳定和金融系统的价格稳定对应的币值稳定，是广义币值稳定，以区别于只对应CPI稳定的狭义币值稳定。我们在本章第四节通过细化货币交易方程式给出广义币值稳定的定义。新目标制要维护广义币值稳定，这与通胀目标制只维护狭义币值稳定有重大区别。

目标制的一个特点是，从反映系统基本状态的众多指标中，挑选出一到两个最为重要的指标作为目标指标，其他指标作为参考指标或者关注指标。对目标制而言，设定控制目标还有更深一层含义，央行设定控制目标，要承诺实现目标。承诺实现目标是为了稳定预期和约束央行制定政策的行为。

央行上述专栏文章"将币值稳定和金融稳定结合"及"防范系统性金融风险"作为双支柱调控框架的三大目标。央行实现这三大目标，就基本掌控了调控对象的基本状态。把这三大目标变成可测量、可控制和可承诺的目标，是双支柱调控框架作为新目标制的前提条件。

二、经济系统目标制

中国政府近年实行的合理区间论，作为央行的经济系统目标制，可谓水到渠成。在合理区间论中存在三大指标，即通货膨胀率（用CPI增速表示）、经济增长率（用GDP增速表示）和就业率（或者失业率）。其中，通货膨胀率和经济增长率能控能观，反映了经济的基本状态，可作为经济系统目标制的两大目标。依据奥肯定律（Okun's law），经济增长率与就业率成正比，与失业率成反比，经济增长率变动也隐含了就业率和失业率变动。此外，就业率指标缺失农民工就业内容，失业率指标主要依据城镇登记失业率和城镇调查失业率给出，同样缺少农民工失业内容，故就业率和失业率指标在范围和敏感度上还需改进。因此，就业率和失业率指标作为参考指标即可。从目标设定看，经济系统目标制继承了合理区间论两个最为重要的指标，央行对实现这两个目标负有具体责任。

经济系统目标制的运作机制同合理区间论运作机制，通胀率达到上限，货币政策收紧；经济增长率达到下限，货币政策放松。经济系统目标制两大目标的上下限同合理区间论相同目标的上下限。

三、金融系统目标制

怎样测度金融稳定仍是一个探索中的问题，构建反映金融稳定指标体系的论文很多，尚没有达成一致性意见。我们认为，破坏金融稳定的最大罪魁祸首莫过于股票泡沫和房地产泡沫，这两大泡沫破裂导致金融危机，并演变为经济危机。如1929年世界经济大危机起源于美国股票泡沫破裂，2008年全球经济危机起源于美国房地产泡沫破裂。维护金融稳定，首要盯住泡沫，而盯住泡沫，首要盯住资产价格。

资产价格可分为金融资产价格（如股价）和非金融资产价格（如房价），其中很多价格难以控制（如股价），这些难以控制的价格不宜作为控制目标。遵循目标制只选择一至两个指标作为目标的特点，我们把非金融资产价格中的房价作为金融系统目标。要注意的是，房地产市场不是金融市场，不属于金融系统，只有房地产的贷款和抵押才属于金融系统。除了防范房地产泡沫，我们选择房价作为金融系统目标制目标的理由如下：

（1）选择房价作为金融系统目标制，可以克服新的时间不一致性。央行为刺激经济增长而放松对金融系统监管，会导致房价上涨。把稳定房价作为央行承诺要兑现的目标，增强了央行对新的时间不一致的抵抗力。

（2）央行对稳定房价负有责任。随着中央政府房住不炒方针的执行，稳定房价成了央行的目标和责任。

（3）房价可以统计测量，统计局提供了具体指标，如房地产开发企业商品房平均销售价格指标。土地价值是房产价值的主要组成部分，房价也反映了地价。

（4）央行可以通过宏观审慎政策控制房价，如可采用增加首付比例，限制购买第二套房，实行贷款配额政策限制资金流入房地产公司。近年来，央行执行房住不炒政策方针，采用宏观审慎政策确实抑制住了房价上涨。

（5）房价是反映金融系统基本状态的最重要指标，体现在两个方面。一方面，房价是反映金融周期的核心指标，另一方面是房地产市场特点。土地是地方政府的资产，地方政府用土地抵押向银行贷款。现在影子银行的很多业务均与此有关，由此衍生而来。房地产市场市值远超过其他资产市场市值，易纲（2020）指出，2019年城镇居民家庭资产的近70%是房产，新增房地产贷款与新增人民币贷款的比值从2010年的25.4%升至2017年的41.5%。房地产市场的特点，导致一种系统性风险内生机制。一旦经济系统出现问题，如经济增长下降带来失业率增加，会导致居民偿还房贷能力下降，这可能引发银行的不良贷款率上升，从而导致金融系统出问题。同时，房地产市场出问题，也会导致地方政府的财政收入下降，有可能导致地方政府的债务偿付出问题。居民和地方政府的这些问题的合力足以产生金融危机。因此，稳定金融系统，管理好金融风险，必须要稳住房地产价格，尤其要稳住房价。

金融系统目标制运作机制可仿合理区间论运作机制，当房价到达目标上限时，宏观审慎政策收紧；当房价到达下限时，宏观审慎政策放松。房价的上下限由央行和中央政府决定，本章就不越俎代庖了。

四、最终目标

双支柱调控框架不仅强调币值稳定和金融稳定，还有更深层次的意义，即要防范和化解系统性风险，这是双支柱调控框架的最终目标，是新目标制的意义所在。最终目标把经济系统目标制和金融系统目标制联系起来，形成一个有机整体。

从发达国家看，由于生产力进步和经济全球化，近 20 年来通胀水平低于 2%。央行实行通胀目标制，在实现通胀目标下，会追求高经济增长而放松货币政策和宏观审慎政策，导致资产价格泡沫，新的时间不一致性使这种情况更为严重。这是一种内生的系统性风险，2008 年美国金融危机反映了这一点。中国也面临同样的问题。设立最终目标，有助于防范资产泡沫和克服新的时间不一致性问题。可以说，新目标制的广义币值稳定思想、金融系统目标制和设立最终目标，有助于防范这一系统性风险。

（一）宏观杠杆率

系统性风险形态多种多样，测度系统性风险的指标也多种多样，难以形成一个公认的测度指标。相对而言，宏观杠杆率作为测度系统性风险的指标，反映了杠杆的风险放大功能，既被理论界认可，也被各国央行认可。周小川（2017）指出："高杠杆是宏观金融脆弱性的总根源，在实体部门体现为过度负债，在金融领域体现为信用过快扩张。"国际清算银行设计的宏观杠杆率指标为"全社会债务余额/名义 GDP"。国内也常用"M2/名义 GDP"作为宏观杠杆率指标，该指标具有容易收集数据和及时反映问题的特点。M2 作为广义货币，实质上也反映债务，但口径要比全社会债务窄一些。我们把这两种宏观杠杆率指标作为反映最终目标的指标。由"全社会债务余额/名义 GDP"指标派生的政府、企业、金融和居民四个部门杠杆率指标，均可作为最终目标的参考指标。

全社会债务余额更适合由财政控制，M2 才是央行可以直接控制的。从央行控制角度看，我们更重视"M2/名义 GDP"这一宏观杠杆率指标。控制这一指标的关键是控制住 M2 增长，这与央行控制好货币数量发行的根本职责一致。

（二）宏观杠杆率指标使用要注意的问题

使用"M2/名义GDP"宏观杠杆率指标，我们要注意该指标的多种含义。从经济理论上看，"M2/名义GDP"有四重含义。首先，它反映金融深化。其次，在货币交易方程式中，它是货币流通速度的倒数。再次，它表示M2和物价的关系。最后，它反映杠杆的风险放大功能。在某些情况下，它还能反映资产价格泡沫。

从金融深化角度看，我国目前既处于城镇化过程中，也处于经济货币化过程中。在这一过程中，原来的实物交易改为货币交易，对货币需求增加。现在M2规模越来越大，部分反映了这一需求。

从货币流通速度看，该速度不是常量，其变化受多种因素影响。如经济上升阶段，货币流通速度提高，经济下降阶段，货币流通速度降低。我国目前仍处于经济周期下降阶段，货币流通速度降低，导致市场需要更多货币。

从M2和物价的关系看，由GDP平减指数定义，即（名义GDP/实际GDP）×100%，我们不难得出

$$\frac{M2}{名义GDP} \times 100\% = \frac{M2}{实际GDP \times GDP平减指数} \times 100\% \quad （5-1）$$

在式（5-1）中，假设本期M2值和实际GDP值与上期相同，若本期GDP平减指数升高，则导致本期"M2/名义GDP"值变小。这反映一般物价水平上升可以降低宏观杠杆率，也表明"M2/名义GDP"是一个间接反映一般物价水平的指标。如果再假设此期CPI与上期相同，资产价格增速超过上期，则GDP平减指数升高所导致的宏观杠杆率降低，意味着资产泡沫风险在上升，而不是杠杆放大的还债风险在下降。

宏观杠杆率指标反映风险放大功能，也有可能反映资产价格泡沫，在"全社会债务余额/名义GDP"指标中可以看得更为清楚。该指标可以表示为

$$\frac{全社会债务余额}{名义GDP} \times 100\% = \frac{各部门总债务}{各部门总资产} \times \frac{各部门总资产}{名义GDP} \times 100\% \quad （5-2）$$

这里，总资产负债率的百分数=（各部门总债务/各部门总资产）×100%，资产收入比的百分数=（各部门总资产/名义GDP）×100%。总资产负债率更接近杠杆的基本含义，反映风险放大功能。李扬等（2018，第60页）的研究表明，我国总资产负债率2000年是20.1%，2016年是25.8%，上升并不多。而宏观杠杆率2000年是125.2%，2016年是239.7%，上升很多。可见，宏观杠杆率上升，主要来自资产收入比上升。资产收入比上升也是导致金融危机的一个因素，如它可反映资产价格泡沫，但它不反映风险放大功能。影响资产收入比上升的因素有很多，这些因素难以通过货币政策控制。

因存在上述问题，央行控制和稳定宏观杠杆率难度很大。央行近年来能稳住宏观杠杆率，个别年份甚至稍有下降，并保持经济增长率和通胀率在合理区间

内，难能可贵，实属不易。

（三）用最终目标制约目标之间的摩擦与冲突

货币政策目标与宏观审慎政策目标在实际执行时存在摩擦与冲突，哪个目标要优先是常遇到的问题。如央行为实现房价稳定目标限制房地产商贷款时，房地产行业发展受到限制，影响到经济增长目标。如果此时实际经济增长低于央行的目标，限制房地产商贷款的宏观审慎政策与刺激经济增长的货币政策便会产生矛盾。央行需在两个目标间平衡，确定优先目标。

可依据防范系统性风险这个最终目标，确定优先目标。当经济增长率过低，影响居民收入和就业，导致偿还房贷困难，房贷断供导致系统性风险恶化时，提高经济增长率是优先目标。当房地产价格过高，形成房地产泡沫，累积系统性风险时，降低房地产价格是优先目标。

此外，在金融危机时，出现通货紧缩，央行要向市场注入更多流动性，以缓解市场资金紧张带来的系统性风险。此时，M2增加了很多，而名义GDP增加不多，以"M2/名义GDP"表示的宏观杠杆率上升带来了系统性风险。出现危机时，央行要对这两种因素带来的系统性风险做权衡，优先防范最可能出现的系统性风险，以此确定优先目标。这一思路也可用于防范其他形态的系统性风险。

第三节 两大系统调控工具分工及预期管理

新目标制作为一种控制系统，需选择适合的控制工具。央行对信号与目标值偏差的调控，可以通过两大控制工具进行，一是政策工具，二是预期管理。采用政策工具进行控制是反馈型控制，采用预期管理进行控制是自适应型控制。

因历史上政策工具演变原因，央行的货币政策和宏观审慎政策易纠缠不清，你中有我，我中有你。新目标制的一大优势是，对经济系统和金融系统的调控目标、范围和职能分工明确、条理清晰，有利于理清两大政策各自的目标、范围和职能。

一、政策工具

政策工具是一种控制工具，分为货币政策和宏观审慎政策，分别用于稳定经济系统和金融系统，为实现这两个系统的目标服务。这两大政策分别调控货币和信贷这两个阀门。它们的边界由这两个阀门的分工确定。这两大政策怎样协调配合调控好这两个阀门，是央行的重要工作，既体现了央行的施政艺术，也体现了央行施政的中国特色。

（一）两大调控阀门的基本分工

传统上，央行的这两个阀门调控均视为货币政策调控。从新目标制角度看，央行的这两个阀门，一个属于货币政策调控范畴，另一个属于宏观审慎政策调控范畴。货币政策调控货币数量，以稳定币值和稳定经济。宏观审慎政策调控信贷规模及其结构（包括表外理财），以稳定资产价格和稳定金融。因此，央行的这两个阀门分工，也决定了货币政策与宏观审慎政策的分工，决定了这两大政策各自应用边界。但也要注意，如费雪的债务通货紧缩理论、明斯基的金融不稳定性理论和伯南克等的金融加速器理论，均指出经济系统与金融系统存在密切的内在联系，一个系统变化能引起另一个系统变化。由此，货币政策能通过这种联系影响到金融系统，宏观审慎政策也可通过这种联系影响到经济系统。

Stiglitz（2016）指出：通常，货币和信贷代表银行资产负债表的两个方面，因此它们可能是高度相关的。但是在危机时，信贷与货币供应量的相关性会降低，其与短期国库券利率的相关性也会降低。正是这种弱相关而不是利率的零下限，有助于解释特定时期（如2008年以来的时期）的货币政策失灵。如在危机时期，银行会惜贷。此时，货币供应增加并不能导致贷款增加。2011年来，中国的M2增速与信贷增速的相关性明显降低了，见图5-2。从2011年开始，这两条线走势出现明显分歧。考虑到银行信贷搬家，转化为表外的理财产品（央行尚未提供数据），如果从广义信贷口径（信贷加表外理财），这种分歧应该更为明显。这一分歧值得我们高度重视。这说明，针对信贷控制和广义信贷控制的宏观审慎政策越来越重要了。

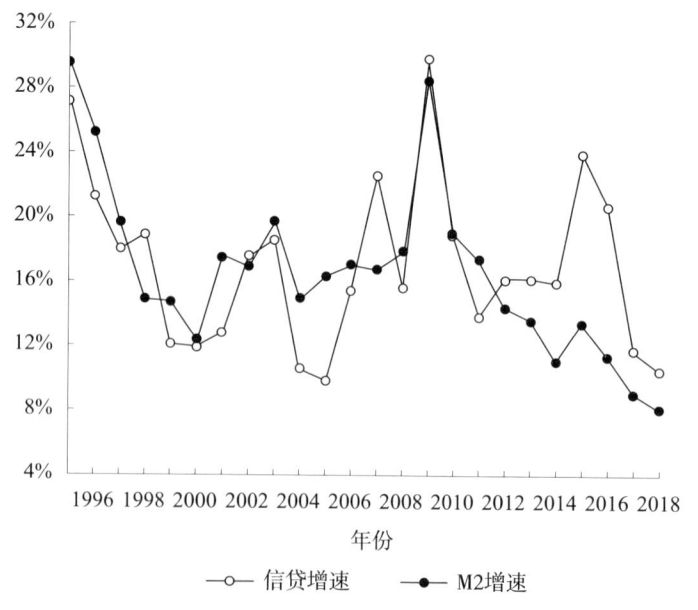

图 5-2　信贷增速和 M2 增速

（二）货币政策的主要工具

目前，中国央行还处于数量为主的间接货币调控模式阶段（徐忠，2017）。这是中国现阶段货币政策的特征。央行改革方向是，实现价格型控制为主，以利率作为货币政策的主要工具。现在，M2 仍是货币政策的主要工具。M2 增速指标能控能观，一直是央行货币政策的中介指标，是影响经济系统和金融系统的重要变量。原来政府工作报告规定 M2 增速值，近几年该报告不再规定 M2 增速值，但可以看出对 M2 增速控制的松紧。央行是通过控制 M2 增速来控制宏观杠杆率、CPI 增速、经济增长率和房价增速的。当然，控制房价仅靠货币政策还不够，还要用宏观审慎政策。

（三）利率和准备金率

现在，央行除了采用 M2 和信贷两种工具外，也采用利率和准备金率两种工具。利率是货币政策工具。传统上，央行通过调控准备金率调控货币供给，作为货币政策工具使用。从新目标制角度看，准备金率原本是预防商业银行遭挤兑而设立的，实质上是宏观审慎政策工具。事实上，央行也把准备金率作为宏观审慎政策工具使用，如把金融机构的存款准备金率与其资本充足率等指标挂钩，实行差额准备金率。即资本质量好、抗风险能力强的金融机构，其准备金率低一些；资本质量差、抗风险能力弱的金融机构，其准备金率高一些。

2000 年美国高科技股票泡沫破裂后，美联储先实施低利率货币政策，试图刺激房地产行业发展，以此带动经济增长。这导致了金融机构、企业和居民追求高风险、高利润的风险配置，导致了他们的风险配置恶化。后美联储不断提高利率，试图抑制房地产泡沫，结果导致了次贷者的风险配置崩溃，并产生连锁反应，导致银行和保险的风险配置崩溃，从而导致金融危机。从这里可以看到，以利率为工具的货币政策虽然能影响到资产价格，但带来的副作用太大，得不偿失。央行不能全部依靠利率这一货币政策工具遏止资产价格上涨，过高利率会拖累经济增长。为遏止资产价格上涨，央行要依靠宏观审慎政策。或者说，稳定金融系统和遏止资产价格上涨，央行应以宏观审慎政策为主，货币政策为辅。

（四）宏观审慎政策工具及其改进

宏观审慎政策有两种职能。一种是监督管理（也称为宏观审慎监管或简称监管），源于微观监管，如宏观审慎评估体系（MPA）的一些指标和银监会的指标一致。宏观审慎监管型政策包括时间维度的逆周期资本监管，并包括横向维度的系统重要性金融机构资本监管和恢复处置计划，也包括一些针对具体行业的监管等（如针对房地产等行业的贷款价值比 LTV 监管指标等）。另一种是调控，对中国央行而言源于货币政策，如控制信贷规模。宏观审慎政策可以同时具有监管和调控两项职能，如 MPA。

宏观审慎政策工具很多，其中不少与非价格型政策工具存在历史渊源，都具有规定性和非价格性的特点，还均可针对具体问题和具体市场精准实施，具有针对性强的特点。如央行可用有选择贷款配给政策使银行贷款投向实体经济，避免或限制其投向高风险市场，本章第五节研究针对两大系统的联合调控，就要用到这一工具。不仅中国金融部门使用非价格型政策工具，欧美等其他国家的金融部门也在一定程度上使用非价格型政策工具（Fischer，2014）。

市场经济一大特点，是企业决策时有选择空间，可根据外部约束条件，在自己变量的选择空间内调整变量，以实现最优计划。改造非价格型政策工具，要符合市场化要求，让金融机构决策时有选择空间。如有选择贷款配给政策常常具有"一刀切"的刚性特征，央行为了控制信贷扩张，规定各个银行的贷款按比例减少。这使银行没有选择余地，既不利于银行安排最优计划，也不利于银行的风险最佳配置。把有选择贷款配给政策融入宏观审慎政策体系，需要减少其刚性，增加其弹性。同理，央行要优先实施那些能给金融机构留下选择空间的宏观审慎政策。

（五）货币政策与宏观审慎政策的摩擦与冲突

如前所述，经济系统和金融系统互相影响，货币政策可能影响到金融系统，宏观审慎政策可能影响到经济系统。于是，这两大政策也会产生摩擦与冲突。如当经济增长处于下降阶段，房地产价格处于上升阶段，央行刺激经济增长采取的货币政策是放松银根，向市场注入更多流动性。央行采取的宏观审慎政策是限制对房地产行业的贷款，对购房者提出更严格的贷款条件，以遏制房地产价格上升。问题是，央行向市场注入的流动性，可以通过不同渠道流向房地产市场，以获得更高收益。这样货币政策降低了宏观审慎政策的效率。而宏观审慎政策对房地产行业的严厉约束，也影响到经济系统，对经济增长起到抑制作用。

现在欧美央行都在扩展自己的资产负债表，都面临债务货币化问题，央行和财政两个资产负债表的内在联系越来越密切了。从本质上讲，透过金融产品面纱，宏观审慎政策更注重防范债务及其高杠杆带来的系统性风险。如果债务货币化，宏观审慎政策和货币政策的边界更为模糊，摩擦和冲突也会加剧。

二、预期管理

和机器控制系统不一样，新目标制的调控对象包含人的因素，而人会依据央行发出的调控信号进行预期，做出最佳反应。这是经济系统、金融系统与机械系统的根本区别。这种最佳反应包括调控对象自己主动适应央行的政策。央行的预期管理，是让企业和公众做最优决策时知道央行政策参数及其未来演化途径，促成央行政策和公众对策的良性互动，实现成本较小的自适应控制。

如同通胀目标制，新目标制本身就是预期管理的一种形式，有助于稳定预期，有助于减轻新的时间不一致性对央行的困扰。

（一）经济系统目标制的预期管理

通胀目标制要求央行承诺实现币值稳定目标，就是为了稳定预期。经济系统目标制也要求央行承诺实现币值稳定和经济增长目标，继承了通胀目标制稳定预期的功能。

21世纪以来，预期管理成为货币政策的重要工具，引导人们的预期成为货币政策的核心任务。这里为节省篇幅，对货币政策的预期管理理论不做介绍。对此有兴趣的读者，可读李拉亚（2016a）《宏观审慎管理的理论基础研究》的第五篇"预期管理"。

（二）金融系统目标制的预期管理

金融系统目标制要求央行承诺实现稳定房价目标，起到稳定预期的作用。

金融系统目标制稳定预期的功能有助于防范金融恐慌。2008年美国金融危机爆发时，雷曼兄弟垮台，引发人们的金融恐慌，金融恐慌又引起经济恐慌。一夜之间，消费者开始节衣缩食，投资者减少投资支出，他们还抛售股票，不再贷款，努力还债。金融系统和经济系统同时面临崩溃的局面。Gertler等（2017）文章的第一自然段说，2008年10月是美国金融恐慌最严重的时候，金融市场面临崩溃，并很快溢出到经济系统，2008年第四季度和2009年第一季度，产出减少8%（以年率计算），投资支出减少40%。Bernanke（2015）指出金融恐慌和预期的关系：虽然金融恐慌在2009年趋于消退，但其对经济造成的创伤却日益显现。这场危机引发了大萧条以来最严重的经济衰退。最糟糕的是，这场危机及其对经济造成的创伤沉重打击了美国人民的信心，引发了黯淡的市场预期，而这种预期反过来又加剧了危机，形成了一个恶性循环。由伯南克的话也可见，稳定预期是防范金融恐慌的一种重要手段。

金融系统对预期非常敏感，其中股票市场和房地产市场对预期尤其敏感。陈雨露（2017）指出："有研究表明，本轮危机至今的金融市场波动中，预期渠道影响大约占到总影响的70%。"如果说，稳定经济系统需稳定预期，那么稳定金融系统更需稳定预期。可见，不仅货币政策的核心是稳定预期，宏观审慎政策的核心也应是稳定预期。然而，在宏观审慎政策研究文献中，我们尚没有看到预期管理的使用。在宏观审慎政策中引进预期管理，应是一项重要任务。

我们可以把货币政策的预期管理模式移植到宏观审慎政策中，形成宏观审慎政策的预期管理模式。如央行公布未来宏观审慎政策趋势，表明央行对资产价格走势的态度和立场，进行政策导向，就是宏观审慎政策预期管理的形式。

（三）预期管理有助于缓解两大政策的摩擦与冲突

央行通过预期管理引导人们对经济和金融的预期，从而影响人们的经济活动和金融活动。这能缓解甚至化解两大政策的摩擦与冲突。如央行通过预期管理降低公众对未来房价上升的预期，提升公众对经济增长的预期，就能减少流向房地产市场的货币数量，从而缓解两大政策的摩擦与冲突，有助于形成这两大政策的合力，以防范系统性风险。

经济理论界认为政策规则的主要作用是为了约束央行。其实，政策规则不仅起到约束央行制定政策的作用，更重要的是还向公众传递央行制定政策信息，起到引导公众预期的作用。向公众明确公布货币政策规则和宏观审慎政策规则及它们协调配合规则，也是新目标制预期管理的一种重要形式，也有利于缓解两大政策的摩擦与冲突。我们在本章第五节将具体讨论这一问题。

第四节 广义币值稳定和新货币数量规则

控制系统中工具使用，要依照一定规则，可谓无规则不成方圆。Kydland 等（1977）对比相机决策和依据规则决策，发现依据规则决策有更好效果，可以克服时间不一致性问题。如通货膨胀目标制要与泰勒规则配套使用，依据该规则调整利率，以实现币值稳定目标。鉴于中国央行仍是数量调控为主的现实情况，新目标制可与某种货币数量规则配套使用，依据该规则控制 M2 增速，实现广义币值稳定目标，克服新的时间不一致性问题。国内外研究宏观审慎政策工具规则才起步，需专文论述，为控制本章篇幅，这里存而不论。

1988 年问世的货币数量规则（麦卡勒姆规则）和 1993 年问世的泰勒规则均是对经济系统而言的。在新目标制中，我们需要新的货币数量规则，以反映经济系统和金融系统对货币数量的需求，以满足广义币值稳定的需要。

一、细化货币交易方程式

货币交易方程式为 $MV=PQ$。其中，M 为货币量，V 为货币流通速度，P 为价格，Q 为交易量。货币数量论认为，M 的增加，除被 Q 和 V 吸收外，剩余部分会导致价格 P 上升。

在货币交易方程式中，交易量 Q 原本可以划分为很多部分，怎样划分取决于理论分析用途，如有经济学家把交易量 Q 划分为非资本品和资本品两部分。这里，我们把交易量 Q 划分为消费品 Q_1、金融资产 Q_2（金融衍生品、股票、债券、期货等）和非金融资产 Q_3（石油、地产、房产等）三大部分，相应划分价格 P 为消费价格 P_1、金融资产价格 P_2 和非金融资产价格 P_3 三个部分。于是，

$MV=PQ$ 变为 $MV= P_1Q_1+ P_2Q_2+ P_3Q_3$。狭义币值稳定只要求 P_1 稳定，广义币值稳定，要求 P_1、P_2 和 P_3 均稳定。新货币交易方程式仍是恒等式。若 V、Q_1、Q_2、Q_3、P_1、P_2 和 P_3 已知，则可以根据 $M=(P_1Q_1 + P_2Q_2+ P_3Q_3)/V$ 准确计算出货币量 M。故这一框架可以作为计算适宜货币量的理论基础。

新目标制要稳定经济系统和金融系统，狭义的币值稳定只反映了经济系统价格状况，不能满足需要，广义的币值稳定反映了经济系统和金融系统各自价格状况，才符合其要求。细化货币交易方程式和广义货币稳定思想可作为新目标制理论基础的重要组成部分，可用于指导建立新的货币数量规则。

我们对交易量 Q 一分为三，可以解释 20 多年来世界上"M2/ 名义 GDP"值一路攀升而 CPI 仍能保持稳定。如欧美国家自 20 世纪 90 年代以来，CPI 较为稳定的原因是，货币供给多被金融资产和非金融资产吸收，这两类资产的价格上涨为抑制 CPI 上升起到了分流减压的作用，1995 年来金融衍生品飞速发展也吸收了不少货币量。当然，中国作为世界工厂，输出大量低价格商品，也对维持世界范围的低通货膨胀做出了贡献。

二、细化货币交易方程式的历史数据分析

我们基于广义币值稳定思想，进一步落实细化货币交易方程式中的指标。鉴于中国的情况，金融衍生品少，股票价格长期在 3000 点上下波动，金融资产对稳定消费价格作用不大，而非金融资产的房地产价格对稳定消费品价格作用大。据此，我们可以分析 CPI 增速、GDP 增速、房价增速和 M2 增速的关系，见图 5-3。

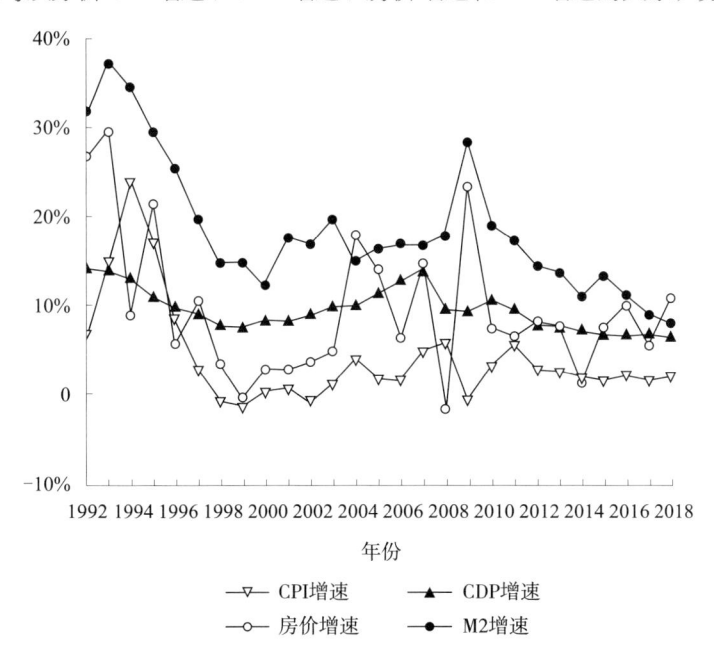

图 5-3　CPI 增速、GDP 增速、房价增速和 M2 增速的关系

从图 5-3 可以看到，M2 增速在 1993 年、2001 年、2003 年、2009 年和 2015 年均到达谷顶，其中 1993 年、2003 年和 2009 年谷顶比较突出。我们看到，1993 年和 2009 年房价的涨幅很高，房价也达到谷顶，且谷顶很突出。2003 年房价虽没有到达谷顶，但在 2004 年房价也达到谷顶，并且房价增速超过了 M2 增速，是对上一年 M2 增速的延迟反应。2016 年房价也有这种延迟反应的特点。2001 年 M2 增速较高，导致随后年份房价上升。可以说，M2 增速的峰值年份，都导致了本年或者下一年房价过速上升，都积累了系统性风险，都属于 M2 增速过高。在这些年份，我们要采取措施，降低 M2 增速，并且要采用严厉的宏观审慎政策与货币政策相配合，形成两种政策的合力，控制房价上涨，避免房地产泡沫，防范系统性风险。

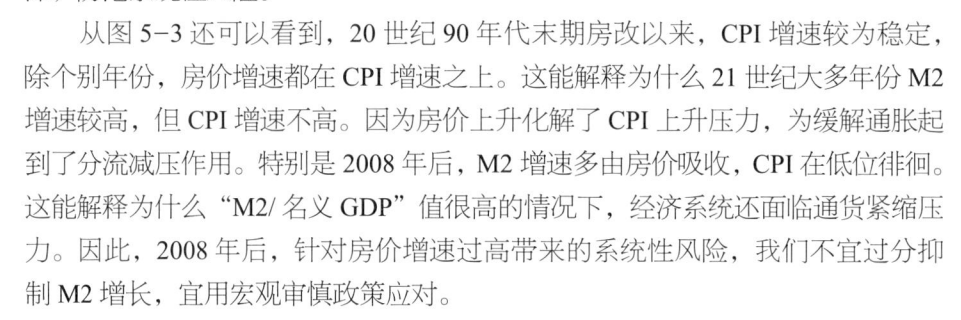

从图 5-3 还可以看到，20 世纪 90 年代末期房改以来，CPI 增速较为稳定，除个别年份，房价增速都在 CPI 增速之上。这能解释为什么 21 世纪大多年份 M2 增速较高，但 CPI 增速不高。因为房价上升化解了 CPI 上升压力，为缓解通胀起到了分流减压作用。特别是 2008 年后，M2 增速多由房价吸收，CPI 在低位徘徊。这能解释为什么 "M2/ 名义 GDP" 值很高的情况下，经济系统还面临通货紧缩压力。因此，2008 年后，针对房价增速过高带来的系统性风险，我们不宜过分抑制 M2 增长，宜用宏观审慎政策应对。

三、新货币数量规则

本节前面建立了细化的货币交易方程式，并用历史数据分析了它的变量关系。我们可在这一框架基础上建立新货币数量规则，依据前面的历史数据，我们可用 GDP 增速、房价增速和 CPI 增速做解释变量，用 M2 增速做被解释变量，得出计算 M2 增速的回归模型。货币流通速度 V 也影响 M2 增速，但不同经济理论对 V 的变化认识不一致。这里我们为避免理论争论，不把 V 作为解释变量，这自然会导致回归结果误差。这一回归方程中，被解释变量是新目标制货币政策的主要工具，三个解释变量均是新目标制的三个目标，主要工具取值受三个目标值约束，这有助于克服时间不一致问题和新的时间不一致性问题。

用 1992 年至 2017 年的数据，该模型回归结果为：$R^2 = 0.72$，D.W. 检验值为 1.37，解释变量系数及 T 检验值见表 5-1。因为常数项检验不显著，回归时没有包括常数项。我们的回归方程中各变量都是用对应速度指标数据，不会像存量指标那样有较高的 R^2 值。从 D.W. 检验值看，残差存在一定的自相关。此外，M2 增速作为货币政策变量，其变化反映了货币政策变化，而货币政策变化对诸如 GDP 增速和通货膨胀水平产生影响。因此，模型中以 M2 增速为被解释变量，GDP 增速等作为解释变量，就不可避免地遇到了逆向因果带来的内生性问题。内生性问题的本质是解释变量遗漏导致非一致性估计，从而估计系数出现偏差。理论上可使用工具变量等几种方法解决内生性问题，但实际上不容易解决，需要具体问题具体分析。对该模型可以进一步改进，如可参考泰勒规则和麦卡勒姆规则，采用经济增长率与潜在经济增长率的缺口作为解释变量，但这涉及什么是潜在经济增长率问题及其怎样计算问题。我们也可以在该模型中引进预期，以提高模型的解释能力和预测能力，但这涉及选择何种预期的理论问题。我们还可以引进货币流通速度作为解释变量，以减少一部分内生性问题影响，但这涉及不同理论对货币流通速度变化的不同认识问题。对这些改进，会涉及很多理论争论，脱离了本章主题，不可能在本篇中说清楚，宜在专文和专著进行，这里存而不论。

表 5-1 回归系数及 T 检验值

解释变量	系数	T 检验	P
GDP 增速	1.46	9.58	0.0000
房价增速	0.25	2.04	0.0500
CPI 增速	0.50	3.19	0.0041

我们的新货币数量规则，在央行经验规则上加进了房价因素，反映了新目标制维护广义币值稳定思想。该规则每个解释变量的系数不同，是对央行经验方法的改进，可供央行控制 M2 增长参考。

依据新货币数量规则，我们给出 GDP 增速、CPI 增速和房价增速的目标值，可计算出 M2 增速。如我们给出 GDP 增速为 6%，CPI 增速为 3%，房价增速为 1%，可计算出 M2 增速为 10.5%。作为对比，按照央行经验规则 GDP 增速加 CPI 增速计算的 M2 增速是 9%。这两个 M2 增速均可加 0～3 个百分点作为逆周期调节余地，并作为各自的合理区间，但特殊年份（如危机年份）自然另当别论。

第五节 各种摩擦的内在原因和两类逆周期调控规则

调控对象两大系统的行为，均呈现周期特点。宏观审慎政策和货币政策均注重逆周期调控。目标制的一大特点，是调控需要规则指导。因此，新目标制需要建立起逆周期调控的新规则。逆周期调控规则分为两种，一种是一元系统的逆周期调控规则，另一种是二元系统的逆周期调控规则。二元系统逆周期调控，是对两个一元系统的联合调控，需要两大政策的协调配合，以减少两大系统之间和两大政策之间的摩擦与冲突,以形成防范系统风险的合力。

一、金融周期的测度

央行上述专栏文章指出:"评判金融周期,最核心的两个指标是广义信贷和房地产价格,前者代表融资条件,后者反映投资者对风险的认知和态度。"Borio(2014)说:"金融周期最好用信贷和资产价格的共同变化来刻画。"这两篇文章在测度金融周期核心指标上认识一致。因缺表外理财数据,我们用信贷增速作为测度金融周期的一个指标。我们用房地产开发企业商品房平均销售价格(元/m²)这一指标,计算出其增速,作为刻画金融周期的另一个指标。我们采用主成分分析方法,把信贷增速和房价增速这两个指标合成为一个指标,用以刻画金融周期。我们采用 HP 滤波($\lambda=5$)方法分离出经济周期(用 GDP 增速表示)的趋势值和金融周期的趋势值,并在图 5-4 中比较这两种趋势值。

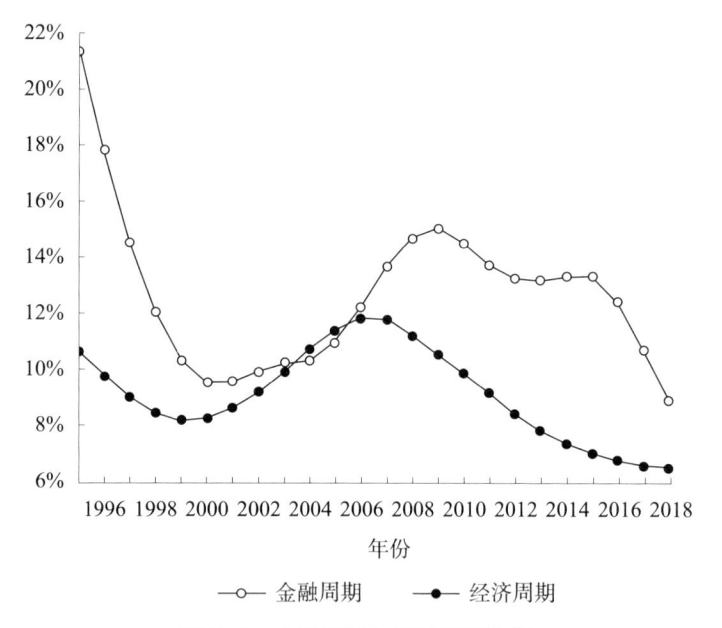

图 5-4 金融周期与经济周期比较

在图 5-4 中可以看到,从 2006 年开始直至 2018 年,经济周期一直下降。金融周期在 2009 年才开始下降。2014 年金融周期稍稍上升,然后继续下降。

对上述金融周期测度方法可以进一步扩展和深化。例如,测度金融周期还可以包括"广义信贷/GDP"等其他指标,以反映影响金融周期的诸多因素,可见 Illing 等(2006)的文章。又如,央行虽然没有直接发布广义信贷的数据,但提供了社会融资规模的数据,可由此测算出相应的广义信贷,具体可以参阅李文泓等（2013）的文章。已有不少文献研究测度金融周期的方法，可参阅伊楠等（2016）、朱太辉等（2018）、郑小琴（2018）的文章。因为测度金融周期不是本章主题，宜专文或专著论述，这里不详细讨论。

二、一元系统的逆周期调控规则

央行可用图 5-4 的经济周期曲线，作为逆周期货币政策制定参照系。当经济周期趋近谷顶时，央行收紧货币政策；当经济周期趋近谷底时，央行放松货币政策。货币政策收紧意味着从紧控制 M2 增速，提高利率和准备金率，放松货币政策则与此相反。

央行可用图 5-4 的金融周期曲线，作为逆周期宏观审慎政策制定参照系。当金融周期趋近谷顶时，央行收紧宏观审慎政策；当金融周期趋近谷底时，央行放松宏观审慎政策。宏观审慎政策收紧意味着从紧控制信贷规模，提高各种反映从紧的参数指标（如提高资本充足率），宏观审慎政策放松则与此相反。

然而，央行判断经济周期或者金融周期已趋近谷底或者谷顶，需央行政策制定者的理论素养、模型技巧和实际经验。如央行要注意预期粘性和通胀粘性，在经济增长已经下降时，通货膨胀还可能上升。在经济周期和金融周期还没有趋近谷顶或者谷底时，央行还需结合 CPI、房地产价格和 M2 增速等指标分析，制定适宜政策。

三、央行调控新挑战及三大摩擦的内在原因

央行可把经济周期曲线和金融周期曲线放在同一张图上（见图 5-4），依据经济系统和金融系统各自在图中曲线的位置，安排适合的货币政策和宏观审慎政策，对两大系统进行联合调控。郭子睿等（2017）的文章介绍了国际上针对这一问题的理论观点："货币政策针对经济周期发挥作用，宏观审慎政策针对金融周期发挥作用，这决定了二者的协调程度部分取决于经济周期和金融周期的一致性程度。""如果经济周期和金融周期是同步的，也即二者同时处在衰退期或者同时处在繁荣期，货币政策和宏观审慎政策是相互补充的。""如果经济周期和金融周期不是同步的，即一种周期处在衰退期，另一种周期处在繁荣期，货币政策和宏观审慎政策的实施就需要平衡协调。"

当经济周期和金融周期不同步时，央行面临调控困境。如经济系统趋近谷底，金融系统趋近谷顶时，依据逆周期调节特点，经济系统需要刺激增长，金融系统需要抑制增长，两大系统的需求是冲突的，两大政策也是冲突的。故当金融周期和经济周期不同步时，会产生两大系统的摩擦与冲突、两大系统目标的摩擦

与冲突、两大政策的摩擦与冲突。特别是，这种不同步会使新的时间不一致性问题更为严重，要求刺激经济增长而放松对金融监管的呼声会高涨。央行一旦放松对金融监管，会加剧金融系统的系统性风险积累。故两大周期不同步是各种摩擦的客观内在原因，是央行调控困境的客观内在原因，也是加剧新的时间不一致性的客观内在原因。而新的时间不一致性是导致央行调控困境的主观内在原因。总之，两大周期不同步和新的时间不一致性是央行调控遇到的新问题、新困难和新挑战。

四、二元系统的逆周期联合调控规则

两大周期不同步时，怎样平衡协调这两大政策，是现在经济理论研究的热点问题。本章借助有选择贷款政策，把两大政策的平衡协调进一步提炼为联合调控规则，以克服新的时间不一致性，降低上述三大摩擦与冲突。我们依据经济系统和金融系统在经济周期和金融周期的四种位置和趋势，设计如下四种协调配合的联合调控规则。

（1）如果经济系统和金融系统均趋近谷顶，同时收紧货币政策和宏观审慎政策。

（2）如果经济系统和金融系统均趋近谷底，同时放松货币政策和宏观审慎政策。

（3）经济系统趋近谷底，金融系统均趋近谷顶，放松货币政策，启动宏观审慎政策的有选择贷款配给功能，将资金优先安排到经济系统。

（4）经济系统趋近谷顶，金融系统均趋近谷底，收紧货币政策，启动宏观审慎政策的有选择贷款配给功能，将资金优先安排到金融系统。

上面两种逆周期调控规则均对公众起导向作用，让公众知道下一步央行的政策方向。这些政策规则弹性较大，公众知道政策方向但不知道步子有多大，给央行决定政策力度留下相机决策空间。但这也能在一定程度上引导公众预期，减少公众对央行政策制定的盲目感，从而减少公众对策的不确定性，有利于公众安排自己的经济活动。这些调控规则也有利于克服新的时间不一致性，有利于货币政策和宏观审慎政策的协调配合形成合力，减少两大政策的摩擦与冲突，降低两大政策的成本，提高两大政策的效率。

这两种逆周期调控规则，可作为央行信息透明的一个组成部分，定期向公众公布两大政策的长期走向和短期走向，让公众不仅知道政策方向，还能判断政策力度的步子有多大。央行通过这一预期管理形式，有助于引导公众对两大周期不同步时对两大系统走势的不同预期，统一到央行的预期上来，从而可减少上述的各种摩擦与冲突。

第六节 总　结

　　为克服新的时间不一致性问题，本章把具有中国特色的新目标制作为双支柱调控框架的运作机制。新目标制具有三位一体结构，由调控目标、调控工具和调控规则（分为工具规则和逆周期调控规则）组成。新目标制继承了通胀目标制原有优势，即克服时间不一致性，稳定预期，稳定币值，维护央行声誉，降低政策成本，提高政策效率。不仅如此，新目标制还有新优势，即克服新的时间不一致性，稳定广义币值，减少目标摩擦、政策摩擦和系统摩擦，形成两大政策的合力，共同防范系统性风险。新目标制和通胀目标制最重要的交集是均承诺实现目标和均依据规则制定政策。如同通胀目标制，新目标制有诸多优点，但也有不够灵活的弱点。若遇到严重的外部冲击和危机时，央行固守原定宏观杠杆率等目标显得不合时宜，需要优先防范最可能出现的系统性风险。

　　防范系统性风险是新目标制的核心任务和最终目标，依据最终目标可确定货币政策目标和宏观审慎政策目标的优先次序，从而减少目标间的摩擦与冲突。我们把宏观杠杆率作为最终目标的量化指标，讨论了使用该指标的注意事项。依据广义币值稳定思想，我们细化了货币交易方程式，提出了新货币数量规则公式，由此可推算出符合各目标规定的 M2 增速，得出 M2 增速合理区间。

　　本章从目标制这一视角深入探讨了双支柱关系。我们发现，在表面层次上，经济稳定目标和金融稳定目标的差异，货币政策和宏观审慎政策权责划分的差异，经济系统和金融系统互相影响，均可能导致货币政策和宏观审慎政策的摩擦与冲突。在更深层次上，经济周期和金融周期不同步，是引起两大政策摩擦与冲突的客观内在原因，是导致新的时间不一致性的客观条件。新的时间不一致性是导致金融不稳定和积累系统性风险的主观内在原因。这两种内在原因是央行调控遇到的新问题、新困难和新挑战。

　　为应对这一新挑战，我们采用新目标制运行机制，依据经济周期和金融周期的四种位置和趋势，设计了四种导向型政策规则，对经济系统和金融系统实行联合调控，以协调配合货币政策和宏观审慎政策，克服两大周期不同步带来的各种问题，形成政策合力，更有效防范系统性风险。

　　引导预期和稳定预期是央行调控的核心问题。新目标制本身就是一种预期管理方式，有利于稳定预期，特别有利于让调控对象自己适应央行的意图，自己趋于调控目标。这是央行成本最小的调控方式，符合孙子兵法的思想，攻城为下，攻心为上，不战而屈人兵者乃上上策。预期管理不仅是货币政策工具，也应是宏观审慎政策工具。我们建议把货币政策的预期管理方式移植到宏观审慎政策中，通过预期管理减少两大政策的摩擦与冲突，形成防范系统性风险的合力。

第三篇

3

货币、债务与通货膨胀

2008年金融危机后，特别是2020年新冠病毒感染疫情暴发后，发达国家增发了大量货币和债务，没有出现相应较高的需求拉上的通货膨胀，但近几年出现了明显的成本推进的通货膨胀，美国的通货膨胀甚至达到了近几十年的最高点。中国近些年也增发了较多货币和债券，但仍出现了需求不足和预期转弱的现象，通货膨胀相对较低。传统宏观经济理论，特别是货币数量论，难以解释这些现象。我们需要用新的理论解释实践中出现的新的问题，为政策制定提供新的理论基础。

本篇适当吸收现代货币理论的一些观点，改进和拓展了货币数量论，把财政赤字纳入货币，设立包括消费品和住宅的综合价格指数以反映通货膨胀，分析了货币与产出、货币与价格、产出与价格三大关系及其变化规律，建立包括这三大关系的新货币数量论理论框架，解释了增发的货币与债务为什么没有引起通货膨胀的问题，揭示了货币增速和经济增速均下降时价格仍能保持平稳的原因，发现不引起通货膨胀的货币增长率区间。在此基础上，本篇研究了货币与债务配置的评价标准，指出了现在货币与债务配置的不足及改进方法，建立了包括央行和财政的新通货膨胀理论框架，探讨了以货币与债务配置为核心的央行和财政协调配合的理论基础，为分析货币、债务与通货膨胀三者关系提供一个理论框架。

第六章　三大宏观调控理论比较

新古典经济学派和新凯恩斯经济学尽管对市场作用有不同看法，在很多问题上针锋相对，但均视央行和财政为两个平行研究领域，忽视对这两者的协调配合调控。[①]同时，这两大学派虽对货币是否中性认识不同，但均认同货币数量论，均把控制货币数量作为控制通货膨胀的主要政策工具。现代欧美诸国的宏观经济调控，实际上综合考虑了这两种理论。因此，本章把新古典经济学派和新凯恩斯经济学的宏观调控理论称为传统宏观调控理论。

现代货币理论学派强调财政的作用，把央行视为财政的依附部门，注意财政和央行的协同配合调控，和中国计划经济时期的传统综合平衡理论有类似之处。现代货币理论学派否认货币数量论，显得非常标新立异。现代货币理论这两个特点，把其宏观调控理论与传统宏观调控理论区别开，自成一派。

中国宏观调控理论自综合平衡理论脱胎而来，吸收了欧美传统宏观调控理论的许多内容，又因调控体制和经济运行机制与欧美国家有一定差异，具有自己特色，也可自成一派。

本章把上述三派宏观调控理论简称为三大理论，并把他们对债务、货币与通货膨胀问题的认识做对比分析，为本篇研究做理论铺垫。

第一节　日益严重的货币与债务问题

自 2008 年美国金融危机以来，欧美等发达国家一直执行量化宽松货币政策，财政赤字也急剧上升。2020 年新冠病毒感染疫情发生以来，这些国家更是增发了巨量货币和债务。经济学界一直担心这会引起恶性通货膨胀。这是有历史和现实经验教训的。

中国央行一直强调实施稳健的货币政策，一直把维持币值稳定放在首位，一直试图维持宏观杠杆率的稳定。这些年，居民消费价格在低位徘徊，在严厉的宏观审慎政策约束下，商品房价格结束了升高趋势，近期有所回调。然而，宏观杠

[①] 欧美经济学界和中国经济学界均对货币政策和财政政策的协调配套做了许多研究，可见贾康等（2020）的介绍。但从宏观调控角度看，长期忽视了央行和财政的协调配合。

杆率（广义货币 M2/GDP 名义值）逐步提高，房地产泡沫逐渐形成，成为系统性风险的隐患。

中国财政债务问题没有欧美国家严重，但也不容乐观。受疫情影响，2020年全国一般公共预算收入18.29万亿元，同比下降3.9%，新增财政赤字1万亿元，赤字率从2.8%提高至3.6%以上，高于3.0%的国际通行警戒线。按照国家统计局公布的2020年GDP初步核算数101.6万亿元计算，46.55万亿元的政府债务余额与GDP之比（负债率）为45.8%，低于国际通行的60%警戒线。但是，若加上只有各种估算数据的地方政府的隐性债务余额约30万亿元，这个比例会达到75%，高于警戒线。楼继伟（2021）指出："2019年中央财政债务付息支出占中央本级支出比重为13%，预计2020年大约升至15%，在中央本级各项支出中排位第二。""十四五"时期，多数省市的债务可持续性堪忧，粗略计算，大约四分之一的省级财政50%以上的财政收入将用于债务的还本付息。"

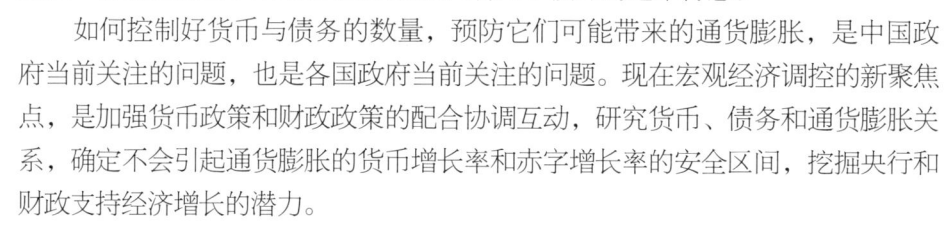

如何控制好货币与债务的数量，预防它们可能带来的通货膨胀，是中国政府当前关注的问题，也是各国政府当前关注的问题。现在宏观经济调控的新聚焦点，是加强货币政策和财政政策的配合协调互动，研究货币、债务和通货膨胀关系，确定不会引起通货膨胀的货币增长率和赤字增长率的安全区间，挖掘央行和财政支持经济增长的潜力。

第二节　现代货币理论异军突起

为了应对货币与债务急剧增加和通胀压力不断增大的问题，现代货币理论在欧美政策界引起了重视和争议，了解和研究现代货币理论的一些观点，对我们研究货币、债务和通货膨胀问题是有助益的。

一、基本文献

欧美传统主流经济理论对增发巨量的货币和债务问题束手无策，理论解释不了现实，也指导不了政策。不增发巨量的货币和债券，担心经济现在崩盘；增发巨量货币和债券，担心经济未来崩盘。对主流经济理论而言，面对非常态的现实，制定非常规的政策。问题是，2008年美国金融危机以来，非常态的现实已经持续了14年，非常规的量化宽松货币政策和债务政策也持续了10余年，形势不但没有好转，还在持续恶化。非常规久了就成为新常规。实践呼唤能解释新常规的经济理论。

现代货币理论（简称 MMT）对货币和债务问题的认识及化解方法完全不同于传统经济理论或主流经济理论，引起经济理论界尤其是政策界关注。现代货币理论的逻辑起点，是对货币的定义，认为货币是有层次的，是金字塔形状。在底层，任何人都能创造货币（如借条），只要它能被其他人接受。中间层次是金融机构创造的货币。最高层次是国家创造的货币。

Mitchell 等（2016）在第 6 章第 4 节指出，这一金字塔层次货币的要点是，下一层的借条通常通过上一层结清；上一层的借条更容易被接受，因有更高的信誉；下层的杠杆要高于上层的杠杆，越往下层，风险越高。国家要求公民以政府发行的货币纳税，从而产生对货币的需求。这与传统理论认为货币是交易媒介大不一样。该理论的逻辑核心是债务，研究怎样化解债务之道。毕竟债务才是欧美国家现在面临的头号难题。该理论的逻辑终点是通货膨胀，发行货币化解债务是该理论开出的药方，药方的禁忌是通货膨胀，只有不引起通货膨胀，药方才有效，否则成了毒药。

Wray（2020）介绍了美国的现代货币理论发展情况，在该文导言部分介绍了现代货币理论的诞生过程。1996 年 1 月，一个在线讨论小组对后凯恩斯经济思想的讨论中，一位对冲基金经理沃伦·莫斯勒（Warren Mosler）总结了现代货币理论的几条基本原则。1996 年 6 月，这位基金经理在参加新的宏观经济政策框架讨论会上，说服 Wray 写一本书为这一新框架奠定基础，这导致 Wray（1998）的著作出版。该书正式形成现代货币理论体系，成为代表该理论的经典著作。

Nesiba（2013）对现代货币理论做了简要的文献综述，他从七个方面梳理了现代货币理论体系，并特别比较了该理论与后凯恩斯经济理论的关系。Tymoigne 等（2013）回应了对现代货币理论的种种批评。该文采用国民经济循环流通和资产负债表方法，对我们研究国内国际双循环也有借鉴作用。

在国内，央行和财政部研究人员以及理论界其他研究人员，就现代货币理论的赤字货币化等观点展开了争论，刘尚希等（2020）六位经济学家的争论可见一斑，也颇具代表性。国内还有不少文章对现代货币理论做了介绍、研究和评论，见张晓晶等（2019）、孙国峰（2019）、张明等（2020）、贾根良等（2020）的文章。

二、理论革命

理论发展到一定阶段，或者观察手段发展到一定阶段，会遇到新的实践问题难以解释，这种解释困难积累到一定阶段，会爆发理论革命，产生新的范式。理论革命有两大源泉：一个是观念革命，另一个是实验革命。爱因斯坦的相对时空观是观念革命，伽利略比萨斜塔抛球是实验革命[①]，都带来理论革命。

不断积累的货币和债务问题对原有经济理论形成重大冲击，原有理论范式容纳不了新问题的挑战。现代货币理论针对货币和债务问题，提出了新的理论和新的解决方案，抛弃了旧范式，建立了新范式。

现代货币理论对货币的定义具有观念革命的特点，对货币数量与价格水平的历史数据检验具有实验革命的特点。他们的新范式重新划分了央行和财政的职能，否定平衡财政，提倡功能财政，否定货币和通货膨胀的关系，推出赤字货币化作为解决债务问题的杀手锏。当然，现代货币理论是否正确，能否成功，还有待时间检验。我们这代经济学家很难接受现代货币理论的新范式，但也确实感受到这些新范式带来的冲击与震撼，以及对债务型通货膨胀的担忧。

本章不对传统经济理论和现代货币理论两大范式的异同进行系统分析，那会涉及一整套逻辑体系的讨论，远非一篇文章所能概括。本章仅对比上述三大经济理论对货币、债务与通货膨胀关系的分析。在这三大理论研究基础上，本篇后续章节将进一步展开对中国的货币、债务与通货膨胀关系的新研究，以解决实践中的新问题。

第三节　三大理论对债务的不同认识

一、税收

传统经济理论强调货币是交易媒介，现代货币理论强调货币是纳税工具，把税收和货币定义联系起来。

税收是理解债务问题的基础。财政赤字源于支出大于收入。现代货币理论与传统财政理论对债务认识的分歧，首先就体现在他们对税收的不同认识上。Baker等（2020）对传统财政的税收理论和现代货币理论的税收理论做了对比。传统财政理论认为先有税收，然后由税收取得的收入用于支出。现代货币理论则是先有财政支出，然后才有税收。他们指出：一个拥有自己货币和中央银行的政府在纳税前支出，使纳税的资金得以存在。换言之，必须首先创造出用以纳税的货币，这些货币才能支付税收。

更有甚者，现代货币理论认为税收不是财政融资的工具，财政债务不受税收

[①] 科学史对伽利略比萨斜塔抛球是否真的进行过有异议,但伽利略观察摆的运动和用望远镜观察星空均具有实验革命的性质。

约束。

中国经济理论对税收的融资认识及财政支出要受税收约束的观点，与欧美传统主流经济理论是一致的。

二、平衡财政

对一个家庭和一个企业而言，要奉行量入为出的原则，不能超过自己的能力去借债，而且银行也会估算其还债能力和抵押品价值，才会适度贷款。传统财政理论把国家当作家庭或者企业，也坚持财政要收支平衡。虽然具体年份可以出现赤字，但长期看赤字和盈余要互相抵消。实际上，各国财政总是支大于收，总是有赤字，并不断积累债务。传统财政理论的收支平衡和现实相差甚远。怎样解释财政积累的巨额债务，需要新的理论视角和新的理论解释。

三、功能财政

Wray（2020）指出功能财政的"主要论点是，国家政府的预算应该是功能性的，也就是说，制定预算是为了服务于公共目的，而不是实现一些先入为主的'平衡'——无论是被定义为支出与收入相等，或者赤字保持在GDP的某种任意比率以下[如马斯特里赫特（Maastricht）条约的3%标准]，还是保持政府债务与GDP的比率稳定（即低于60%，如马斯特里赫特要求的）。"Mitchell等（2016）的第14章第2节）介绍了勒纳（Lerner）的功能财政观念的两条基本原则。第一条是，财政支出要实现当前价格下所有商品和服务的供需平衡；第二条是，政府不是因为缺钱而征税，而是通过征税减少纳税人手中的钱。该节还对比了三种财政赤字观点。Hawks的随机偏差产生赤字观点，实际执行时，财政支出不会正好等于财政收入，如果今年产生了赤字，明年就应收紧支出产生盈余。Doves的周期赤字观点，经济上升阶段减少赤字，经济下降阶段增加赤字，这是一种逆周期的财政政策。Owls的功能财政赤字观点，与前两种观点完全不同，赤字政策与实现多个目标相关，即充分就业，价格稳定，财富分配，环境可持续性。这是与现代货币理论功能财政观念完全一致的赤字观点。

Juniper等（2014）总结了现代货币理论与后凯恩斯经济理论的联系与区别，指出："特别是MMT的倡导者和后凯恩斯主义者普遍认为，政府债务是非政府部门的净金融资产，而不是未来的税收义务。"这是一个简单、深刻而又尖锐的思想。说其简单，若把经济划分为政府部门和非政府部门，政府部门的债务自然是非政府部门的债权，即其净金融资产。说其深刻，它不认为政府债务是一种负担，是经济发展的消极因素，反而是非政府部门的净金融资产，是非政府部门发展所需要的。如果政府财政收支出现盈余，则意味着非政府部门有了债务，这对非政府部门是一种负担。在现代经济中，实物资产和金融资产均是企业生产和居民生活所必需的。说其尖锐，债务不是未来的税收义务，这确实难以被主流经济学派接受。把债务与税收脱钩，失去了对债务的一大约束，为债务失控打开了一个缺口，只能靠防范通货膨胀约束债务了。

现代货币理论否认平衡财政的观念，认为一个货币主权独立国家的债务观念与一个企业或者一个家庭的债务观念是不一样的。企业或家庭的债务是硬约束，还不了债就要破产。对中央政府而言，债务是一种软约束，可以靠增发货币还债，因央行增发货币没有约束，故不存在还不起内债的问题，但这会引起通货膨胀。因此，在软约束后面还是有防范通货膨胀的硬约束。世界上发生恶性通货膨胀的国家，背后都有财政的巨额债务不能消化，最终通过发行货币来还债，即通过货币贬值来消化债务。

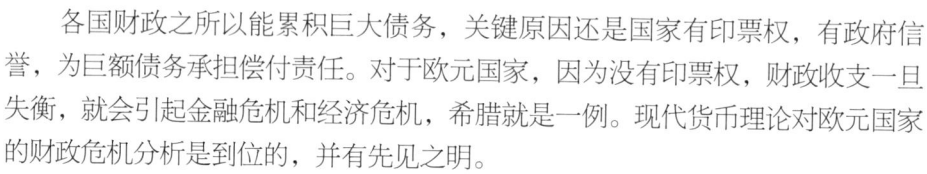

各国财政之所以能累积巨大债务，关键原因还是国家有印票权，有政府信誉，为巨额债务承担偿付责任。对于欧元国家，因为没有印票权，财政收支一旦失衡，就会引起金融危机和经济危机，希腊就是一例。现代货币理论对欧元国家的财政危机分析是到位的，并有先见之明。

四、中国经济理论的财政赤字观点

在计划经济时代，中国形成了综合平衡经济理论。中国社会科学院经济研究所设有综合平衡研究室。本章限于篇幅和主题限制，不对在该领域做出贡献的中国经济学家进行介绍了。黄达（2009，第182页）早在1984年就把财政平衡与信贷平衡进行了综合考虑，认为"保持财政的经常性收支平衡是不是唯一选择这个问题并非可以简单回答的"。黄达随后的分析是从充分利用资源的角度出发，财政平衡要服从于市场平衡，如果市场需求不足，财政可以支大于收。然而财政收支的是资金，又与信贷平衡有关联。黄达的这一财政信贷综合平衡思想，突破了严守财政收支平衡的传统财政理论思想，与现代货币理论的功能财政有一定的相似之处。中国的财政从来就是"吃饭财政"和"建设财政"相结合，黄达对财政的分析，很大一部分是对"建设财政"的分析，这与功能财政是类似的。

李拉亚（1995，第312页）指出："今后，银行将采用公开市场业务、准备金率、再贴现率三大手段调控金融市场，财政赤字又不再走透支的路子而走发国库券的路子，财政银行两家在赤字问题上就不再是利益冲突，而是利益一致了。这颇像美国经济中的赤字问题。美国经济中出现天文赤字，一个重要原因是缺乏对赤字的内在制约机制。历届美国总统，竞选时都主张限制赤字，至少不公开宣布搞赤字财政政策，可上任后都增加了赤字。原因就在于增加赤字阻力最小，而削弱财政支出则困难重重。中国今后会不会像美国那样，出现赤字失控的情况？这是令人担忧的。我相信，今后数年内，赤字有益论和赤字有害论的争论迟早会出现。现在应加强这方面的理论研究。赤字有益还是有害，关键不在于赤字有没有，而在于一个适度的赤字规模。无节制的扩张赤字政策，虽可以过上若干年的顺利日子，但必会给今后经济发展留下一个难以清除的隐患。"政府缺乏对赤字的内在制约机制，今天仍然值得我们重视和警惕。现在，财政债券有助于央行调控金融市场，央行和财政在赤字上有共同利益的一面。只有财政赤字太多，影响到物价稳定，央行才会反对。李拉亚的适度赤字规模的观点，也突破了平衡财政的理论框架，与现代货币理论的功能财政有相似之处。现代货币理论强调赤字是私人部门的净金融资产，李拉亚强调赤字是宏观调控的一种工具，都认为适度赤字规模是有益的。坚持适度的赤字规模，也是本篇研究的出发点。这并不是从现代货币理论借鉴的观点，而是中国经济理论的原有观点。

李拉亚（1991，第 84～89 页）分析了财政赤字在什么情况下会引起通货膨胀，即财政赤字导致新增现金超过经济均衡需要时，就会导致通货膨胀。这实际上引出了债务型通货膨胀的概念，即通货膨胀也有可能由财政赤字失控引起。这是当前国内外经济理论界和政策界高度注意和重视的一种通货膨胀。

五、平衡财政和功能财政的共同点

无论平衡财政还是功能财政，都认为一旦债务积累太高，靠滥发货币还债时，就会引起债务型通货膨胀。这是一种恶性通货膨胀，是宏观调控必须防范的风险。只是，对财政赤字，平衡财政容忍度低，甚至是零容忍，而功能财政容忍度高。对防范过高债务引起的通货膨胀，两种理论均是警惕的。两种理论的债务观点，均涉及货币和通货膨胀问题。

怎样防范债务带来的通货膨胀，从宏观调控角度看，涉及债务、货币与通货膨胀三者的关系，离不开对通货膨胀的研究。这三者的关系构成本篇的研究对象。

第四节 三大理论的通货膨胀理论框架

传统的通货膨胀理论强调货币与价格的关系，现代货币理论强调支出与价格的关系。

一、货币数量论要点

主流通货膨胀理论以货币数量论为基础,强调货币与价格的关系。中国央行制定货币政策也以货币数量论为理论基础,强调货币增长率与名义经济增长率大致匹配。

货币数量论源远流长,重商主义学派经济学家就有论述。货币数量论认为货币是交易媒介,定义货币交易方程式 $MV=PQ$。式中,M 是货币量,V 是货币流通速度,P 是交易量价格,Q 是用货币作为媒介的交易量。若给定 V 和 Q,由 M 可算出 P。货币数量论的另一定义方程式是 $M=kPQ$,即剑桥方程式,货币持有系数 k 是货币流通速度的倒数,故剑桥方程式形式上可转化为货币交易方程式。以会计恒等式表示的货币交易方程式,不证自明,没人反对。William 等(2016,第 11 章第 3 节)指出,货币交易方程式是一个不言而喻的真理,因为它是一个会计恒等式。这个恒等式中没有理论内容。换句话说,由于我们定义变量的方式,方程总是满足的。

William 等(2016,第 11 章第 3 节)对货币数量论古典流派的介绍简明扼要:产出量 Q 是固定在充分就业产出水平上的。货币流通速度 V 是恒定的,因为它是由生活习惯和支付习惯决定的。例如,人们每周或每两周支付一次工资,并根据他们的需要每周购物一次。货币量 M 是一个存量,流通速度 V 将货币存量转化为货币流量,并使货币交易方程式的左边与右边相匹配。古典经济学家认为,如果货币供应量 M 增加一倍,不会对实际经济产出 Q 发生影响,只是价格水平将翻一番。

货币数量论的古典流派和现代货币主义流派的不同点是,弗里德曼的现代货币主义认为货币流通速度 V 是一个稳定可测的函数,而不是不变的常数。这两大流派的共同点是,均认为货币 M 对交易量 Q 没有影响,货币只影响物价,货币是中性的。William 等(2016,第 11 章第 3 节)把这总结为:"原因很明显,实际经济产出与一般价格水平无关,称为经典二分法。古典经济学家认为,如果货币供应量增加一倍,不会对经济的实际行为产生影响,只是价格水平将翻一番。"凯恩斯理论打破了这一经典二分法,认为货币量对实际经济产出有影响,是凯恩斯范式革命的根基之一。李拉亚(1995,第 187~212 页)对货币数量论及其流派、货币流通速度、预期对货币流通速度的影响等做了详细介绍,这里不再解释。

货币数量论,强调货币是导致通货膨胀的最重要成因,通货膨胀始终是一种货币现象。因此,控制通货膨胀,关键是控制货币增长。该理论并不否认成本型通货膨胀,这种通货膨胀不是由货币多发引起的。但是治理这种通货膨胀,也需收紧货币发行,防止成本与物价的螺旋上升。粮食和能源价格上升是成本推进型通货膨胀的两个最重要原因，在核心 CPI 指标中扣除了粮食价格和能源价格。故核心 CPI 指标更能反映货币超发引起的通货膨胀。

二、中国通货膨胀理论的三个坚持与三紧政策

在计划经济时期，计划留口子，财政出赤字，银行印票子，从而出现通货膨胀。因为冻结物价，通货膨胀表现为隐蔽的形式，即有钱买不到东西。改革开放后，物价逐步放开，通货膨胀逐步由隐性形式变为显性形式，通胀预期也登上舞台。

中国通货膨胀理论有诸多论述，没有形成一个统一的论述，但有三个基本特征。一是坚持货币数量论关于货币超发会引起物价上涨的观点。二是坚持经济过热会产生通货膨胀，治理通货膨胀需要给经济降温。三是坚持通货膨胀多成因论，既强调货币是最重要的成因，也重视经济过热、成本推进和结构因素等的成因，还研究了预期型通货膨胀，认为预期也是导致通货膨胀的一种成因，预期对通货膨胀形成起到推进或者阻缓的作用，是形成混合型（需求拉上与成本推进互相作用）通货膨胀的重要因素（李拉亚，1991，第 136～149 页）。

中国通货膨胀理论的三个坚持，把通货膨胀视为经济的综合征，强调综合治理通货膨胀。由此，中国政府治理通货膨胀时，采取三紧政策，即紧投资支出，紧财政支出，紧货币发行。三紧政策带来经济降温，降低总需求，从而降低通货膨胀。

中国通货膨胀理论的三个坚持，与中国政府治理通货膨胀的三紧政策相配套。这三个坚持和三紧政策使中国通货膨胀理论自成一家，具有自己的特色。与发展中国家和苏联、东欧国家相比，中国政府治理通货膨胀是成功的。进入 21 世纪以来，中国政府控制物价水平与发达国家也可一比。这是在经济高速增长下控制住物价水平，十分不易。

三、现代货币理论的通货膨胀理论要点

现代货币理论尚没有系统研究通货膨胀的专著，国内外对该理论的通货膨胀理论了解不多。我们对此多做一些介绍。

（一）现代货币理论的通货膨胀理论文献

现代货币理论的通货膨胀理论框架体现在该学派的三本代表性著作中。一本是 Wray（2012）所著的《现代货币理论：主权货币体系的宏观经济学》，见该书第九章"通货膨胀与主权货币"。第二本是 Mitchell 等（2016）所著的《现代货

币理论的理论与实际：入门教材》，见该书第十一章对各种通货膨胀理论的评述，及第十二章采用失业缓冲库存和就业保障政策治理通货膨胀，以及第十四章第三节对恶性通货膨胀的解释。第三本是 Mitchell 等（2019）所著的《宏观经济学》，见该书第 D 部分"失业和通货膨胀：理论和政策"。后两本书关于通货膨胀内容重复性很高。Wray（2000）比较了货币数量论、图表理论和后凯恩斯经济理论的通货膨胀理论，后两个理论是现代货币理论的两大来源。该文可以视为现代货币理论学派关于通货膨胀的早期论文。

Carnevali 等（2022）从通货膨胀与失业的角度介绍了现代货币理论的通货膨胀理论，认为其理论明显借助了卡莱茨基（Kalecki）1943年的论文和凯恩斯通论的思想。Palley（2015）介绍了现代货币理论的通货膨胀理论，认为其理论过于简单，没有形成模型。他试图给出一个现代货币理论的通货膨胀模型，并由此系统批评现代货币理论的通货膨胀理论的简单化问题。贾根良等（2020）简要回答了现代货币理论涉及通货膨胀的几个问题。

（二）现代货币理论对通货膨胀的定义

Mitchell 等（2016，第11章第3节）定义"通货膨胀是价格水平的持续上升，因此，价格水平必须在若干时期内上升。一次性价格上涨不是通货膨胀。"现代货币理论认为，通货膨胀是总需求大于总供给导致的，是经济过热的产物，与货币没有直接关系（Mitchell et al., 2019，第17章"需求拉上通货膨胀"的一节）。凯恩斯在通论的第21章中说："当有效需求数量的进一步增加不会导致产出的进一步增加，并且完全作用在单位成本的增加上，而且单位成本的增加与有效需求的增加完全相称时，我们已经达到了一个称之为引起真实通货膨胀的确切条件。"凯恩斯称之为真实的通货膨胀，就是现在的需求拉上通货膨胀。这是现代货币理论需求拉上通货膨胀的理论来源。

（三）现代货币理论的通货膨胀成因分析

现代货币理论认为，通货膨胀与货币没有直接关系，而是与经济增长、收入分配、资源约束有关系。通货膨胀在前，货币发行在后。因此，控制通货膨胀，关键不在于控制货币增长，而是控制经济过热。经济过热才是通货膨胀最重要的成因。不是央行控制货币，而是财政控制税收和支出，来控制经济过热。Wray（2020）指出："无论如何，造成通货膨胀危险的是'太多的支出'而不是'太多的货币'。"

成本推进也是导致通货膨胀的重要成因。现代货币理论重视研究成本推动的通货膨胀，特别是结构型通货膨胀，治理手段是建立缓冲就业比率（BER）和就业保障（JG）计划。

Mitchell 等（2019）第 17 章指出："成本推动通货膨胀需要一定的总需求条件才能维持。在这方面，很难区分从供给侧压力开始的通货膨胀过程和从需求侧压力开始的通货膨胀过程。"这类似于中国经济学家所说的混合型通货膨胀或者预期型通货膨胀，即成本推进和需求拉上互相影响，难分因果（李拉亚，1991，第 143 页）。

现代货币理论进一步把通货膨胀归因于资本主义经济的分配冲突，即寻求实现较高实际工资的工人与寻求提高利润率的公司之间斗争的结果（Mitchell et al.，2016，第 11 章第 1 节）。由此，现代货币理论更重视结构型通货膨胀，即保护部门（效率低的部门，如服务业）的工资要追上竞争部门（效率高的部门，如 IT 行业）的工资水平，导致成本推动的通货膨胀，或者说工资-物价螺旋上升导致的通货膨胀。这是中国经济学家所说的攀比效应（李拉亚，1991，第 140 页）。成本推动通货膨胀不是源自货币多发。李拉亚（1995，第 312～316 页）对工资-物价螺旋上升的通货膨胀做了分析，并在该书的第 313 页注 1 中指出："这也意味着，通货膨胀虽是一种货币现象，但是存在一个货币跟着物价走，还是物价跟着货币走的问题。这一问题在美国存在，在中国也同样存在。"

（四）现代货币理论管理通货膨胀的政策

Carnevali 等（2022）指出：无论是资本还是工人的利用方面，当系统达到充分利用生产能力的这一点时，政府就应该抑制通货膨胀，迫使有效需求降温。这是税收的另一项基本任务。"'税收的第二个原因（一旦一种货币被建立并被广泛采用）是减少总需求'（Mitchell et al.，2019，第 323 页），以控制通货膨胀。"

工资与物价螺旋上升是一种最为常见的成本推进的通货膨胀。现代货币理论通过缓冲就业比率（BER）和就业保障（JG）计划来管理这种通货膨胀。Carnevali 等（2022）指出：现代货币理论提出了缓冲就业比率（BER）和就业保障（JG）计划，确保无法找到工作的工人能够以国家最低工资从政府那里获得就业机会。缓冲就业比率被定义为 JG 计划雇用的人与经济中总就业人数的比率。显然，在衰退时期，BER 会更高，在扩张时期会更低。因为在扩张时期，人们会转向工资更高的非 JG 职位。因此，BER 可以用来管理通货膨胀压力。

上述三本现代货币理论的代表性著作对怎样控制通货膨胀没有详细阐述。但鉴于该理论对功能财政的阐述，以及该理论把财政作为调控宏观经济的主要工具，可以认为该理论通过财政手段来治理和预防通货膨胀。Wray（2020）在文章总结中说："MMT 不支持使用利率政策来管理需求（并间接管理通货膨胀）。"他给出了三条理由解释他的观点。第一，没有证据表明央行能够在正常利率目标范围内对总需求产生很大影响。第二，没有证据表明央行利率政策（甚至过去十年的非传统量化宽松和负利率政策）能够将通货膨胀率推向预期的方向。第三，采用高利率刺破泡沫成本太大。"由于这些原因，MMT 建议更多地依赖财政政策，更多地关注对金融机构的定量和定性控制，而不是操纵利率。"现代货币理论还认为（Mitchell et al.，2016，第 15 章第 8 节），央行用利率政策要实现三个目标，通货膨胀、GDP 增长和资产价格增长，这可能有冲突，也违背丁伯根规则（Tinbergen's Rule），一致的经济政策要求工具数量等于目标数量。

（五）现代货币理论的通货膨胀理论框架

依据上述现代货币理论的文献，我们总结出现代货币理论的通货膨胀理论框架，并用图 6-1 表述出来。在图 6-1 中，大括号中内容是解释性文字。这一理论框架反映了现代货币理论关于货币、债务与通货膨胀的关系。

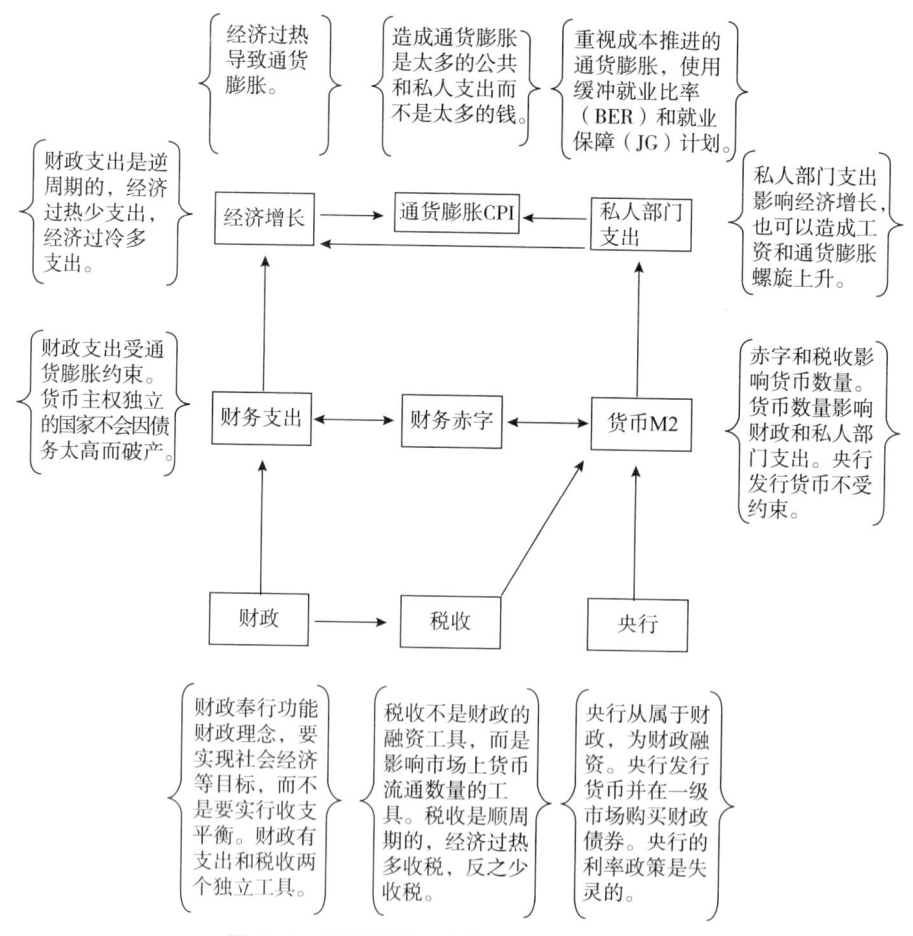

图 6-1 现代货币理论的通货膨胀理论框架

依据现代货币理论，央行和财政都能影响到通货膨胀，但财政是主要影响通货膨胀的部门。财政有两个独立工具，一个是税收，另一个是财政支出。税收的作用不是为财政融资，而是影响到市场上货币流通数量。当通货膨胀上升时，财政提高税收，回笼货币。财政支出不受税收约束，只受通货膨胀约束。财政支出有维持经济增长、就业和价格稳定的责任。政府的缓冲就业比率（BER）和就业保障（JG）计划也起到管理通货膨胀的作用。当经济紧缩时，财政提高财政支出，刺激经济增长，刺激就业增加。当通货膨胀上升时，财政降低财政支出，从而降低经济增长，同时增加税收，回笼货币，这两者起到降低通货膨胀的作用。在图 6-1 中，财政赤字的两条联系为双箭头，表示央行必须为财政融资，即赤字货币化。

现代货币理论实际上把债务型通货膨胀放在一个引人瞩目的位置上。经济学界对现代货币理论的担忧，本质上是对其可能导致的财政赤字失控的担忧，是对其可能引发债务型通货膨胀的担忧。传统通货膨胀理论没有把债务型通货膨胀作为一种类型的通货膨胀予以研究，现在无论理论上还是实践上，都有必要研究债务型通货膨胀。

第五节　可以借鉴现代货币理论的一些观点

从前面介绍可看到，现代货币理论的一些提法，中国经济理论早已提出过，我们对此并不陌生。如现代货币理论提出整合央行与财政，用功能财政取代平衡财政。在 1984 年，黄达（2009，第 200～202 页）提出过财政信贷综合平衡，财政和信贷各自平衡，虽然也能导致国民经济整体平衡，但不一定是最佳平衡。现代货币理论提倡强财政弱央行，中国改革开放前就是强财政弱央行。黄达（2009，第 195 页）指出："多年来我们这里流行的观念是：只要财政平衡了，货币流通和市场供求也就平衡了，或者简言之，总体也就平衡了。"但黄达并不认同这一观点，认为财政平衡并非必然等于总体平衡。现代货币理论定义通货膨胀是正超额总需求，中国通货膨胀理论也是这样定义的，并给出了一整套与此配套的分析框架（李拉亚，1991，第 22 页，第 131～135 页）。现代货币理论认为，经济过热引起通货膨胀，中国政府治理通货膨胀的一贯做法是给经济过热降温。现代货币理论认为，通货膨胀与货币没有显示出简单的正比关系，中国通货膨胀理论早就发现了这一现象，并用粘性预期理论做了解释（李拉亚，1991，第 233～238 页）。研究现代货币理论的这些观点，考察这些观点在发达国家的经济背景及理论渊源，对我们继续发展自己的理论是有帮助的。

现代货币理论提出的一些问题，也值得我们考虑，如债务与通货膨胀的关系，就足以使我们重新思考原有的通货膨胀理论框架，需要在原有框架中纳入债务因素，从而建立新的通货膨胀理论框架。而货币与债务的关系，更值得我们重视，这不仅对建立新的通货膨胀理论有意义，对宏观调控理论与方法的创新，也有重要意义。

因此，对现代货币理论，我们没有必要全盘否定，一些观点值得借鉴。我们质疑的是，现代货币理论提倡的财政赤字货币化，即央行在一级市场购买财政债券，其不导致通货膨胀的边界线在哪里，前提条件是什么；用财政支出代替企业和居民支出，能否提高整个国民经济效益，是否会产生挤出效应；货币发行是否真的与通货膨胀没有直接关系；在宏观调控中，要不要保持央行的相对独立性，特别是要不要保持央行发行货币的自主权。这些问题均是本篇要研究的。

第六节 总 结

如果把本篇视为一篇文章，本章就是这篇文章的导言和文献综述部分。本篇的篇头语，相当于这篇文章的总结的一部分。本节内容，是通过简要总结本章内容解释本篇研究的意义。

欧美主流宏观调控理论关注货币与通货膨胀，并对两者关系做了深入分析，形成了通货膨胀目标制的宏观调控体系。现代货币理论则关注债务与通货膨胀问题，形成了以财政为主要手段的宏观调控理论体系。中国宏观调控理论关注货币与通货膨胀，但也关注债务问题，形成了前述"三紧"治理通货膨胀的宏观调控体系。

鉴于债务已经是一个威胁经济稳定和金融稳定的问题，是一个可能引发通货膨胀的问题，是一个必须化解的重大紧迫问题，我们有必要基于上述三种理论，进行宏观调控理论与方法创新，综合分析货币、债务与通货膨胀的关系，探讨央行和财政的配合互动，研究化解债务问题的理论与方法。

现在的宏观调控理论，没有把货币与债务的关系置于核心地位，对它们关系的研究也很薄弱。这是我们需要进一步加强研究的领域。现代货币理论通过央行资产负债表和财政资产负债表的联系，把货币和债务联系起来，这是对宏观调控理论的推进。本篇中，我们把货币与债务的关系分为两个方面：一是货币与债务的资源配置关系；二是货币与债务的风险配置关系。我们把这两个关系作为宏观调控的核心关系，作为央行与财政配合互动的理论基础。依据这两个关系的理论，央行和财政可以共同稳定价格，实现资源充分利用，防范系统性风险。

传统宏观经济理论把货币和债务作为两个元素分别研究，缺乏对这两个元素的统一研究。现代货币理论提出了用货币置换债务的设想，研究了货币与债务的关系。本篇中，我们把货币与债务关系提炼为货币与债务的资源配置和风险配置，并分析这两种配置的联系，把宏观层次的资源配置和风险配置的研究往前推进一步，加深对债务型通货膨胀的认识。本篇提出了经济增长的不同阶段怎样安排这两种配置的理论与方法，由此可通过适度的货币增发，在一定程度上和一定条件下用货币置换债务，不会引起债务型通货膨胀，并有利于促进经济增长和防范系统性金融风险，为央行和财政配合互动提供了理论基础。

第六章 三大宏观调控理论比较

第七章　对货币数量论的质疑与改进

本章首先严格定义通货膨胀，解释和回答对货币数量论的各种质疑，改进货币交易方程式，设计新的反映通货膨胀的综合指标。然后，我们对货币交易方程式蕴含的三大经济理论关系进行实证研究，在此基础上改进我们原有的通货膨胀理论框架，为在第八章进一步扩展这一理论框架打下基础。

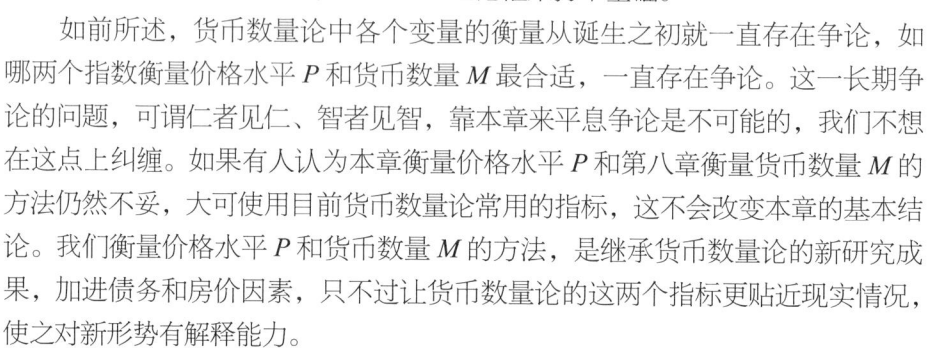

如前所述，货币数量论中各个变量的衡量从诞生之初就一直存在争论，如哪两个指数衡量价格水平 P 和货币数量 M 最合适，一直存在争论。这一长期争论的问题，可谓仁者见仁、智者见智，靠本章来平息争论是不可能的，我们不想在这点上纠缠。如果有人认为本章衡量价格水平 P 和第八章衡量货币数量 M 的方法仍然不妥，大可使用目前货币数量论常用的指标，这不会改变本章的基本结论。我们衡量价格水平 P 和货币数量 M 的方法，是继承货币数量论的新研究成果，加进债务和房价因素，只不过让货币数量论的这两个指标更贴近现实情况，使之对新形势有解释能力。

本章对货币数量论的改进与拓展，主要体现在本章第四节的拓展理论内容和提升理论层次以及本章第五节新的理论框架上。本章的第一节至第三节只是为后两节内容做一个铺垫。

第一节　对通货膨胀定义的分析

各种经济理论均定义通货膨胀为一般价格水平持续上涨。一般价格水平持续上涨也意味着货币持续贬值。这是一个问题的两个方面。

通货膨胀也可以定义为总需求大于总供给的缺口。这是一种更适合凯恩斯宏观经济理论的定义。

李拉亚（1991，第22页）采用了上面两种方式定义通货膨胀。他的一种定义是："本书把通货膨胀定义为物价公开和隐蔽地持续上涨。"这一定义与货币数量论的定义相同，但包括有钱买不到商品，即短缺或者强制性储蓄。他的第二种定义是："我们定义通货膨胀为总需求减去总供给的差值，即通货膨胀等于总需求与总供给的缺口（也称超额总需求，后面还将介绍这一定义）。""我们规定的第一个通货膨胀定义，更便于反映通货膨胀率，而第二个通货膨胀定义，则更便于反映通货膨胀的量。后面的分析将证明，这两个定义本质上是一致的。"

有各种指标反映各种产品和服务的价格变化，但缺少一种指标反映一般物价水平变化。从生产者角度看，要考察工业品出厂价格指数（PPI）、农业品生产价格指数等指标。从商业行业角度看，要考察商品零售价格指数、国内批发物价指数和大宗商品价格指数等指标。从外贸行业看，要考察进出口价格指数指标。从金融行业角度看，要考察金融资产价格指数（如股票价格）和非金融资产价格指数（如房地产价格）等指标。从消费者角度看，要考察消费者价格指数（CPI）和住宅价格指数。

对通货膨胀感受最深、受害最烈的是消费者。因此，国内外理论界和政策界从消费者角度出发，用 CPI 指数测度通货膨胀。但 CPI 主要是消费品价格指数，不能代表一般物价水平。经济理论界也用 GDP 平减指数测度通货膨胀，这样代表面广些，如包括了最终产品中的生产资料价格。

第二节　对货币数量论的质疑

改革开放之初，中国经济学家研究了货币数量论。在 1984 年，黄达（2009）讨论了货币交易方程式 $MV=PQ$，指出了该式与马克思货币理论的联系与区别。杨仲伟等（1988）采用剑桥方程式诊断了当时的通货膨胀，研究了货币流通速度和货币持有系数问题。中国经济学家也曾对货币数量论提出质疑，并做了一些理论解释和改进。这些解释和改进构成新货币数量论的一个组成部分。

理论界和政策界使用货币交易方程式 $MV=PQ$ 时，一般用广义货币 M2 表示 M，用 CPI 表示 P，用 GDP 表示 Q。这一方程式越来越难以解释现在的经济现象，经济学家们对货币数量论提出了诸多质疑。这些质疑可归结为两个方面。一是对指标的质疑，涉及 GDP、CPI 和货币口径三大指标。对 CPI 指标的质疑涉及对通货膨胀的定义。对货币口径的质疑主要来自现代货币理论，这个问题在第八章研究。二是对理论的质疑，这涉及三大问题，即货币与价格的关系、货币与经济增长的关系、货币流通速度。

针对这两个方面的质疑，我们在本章第三节和第四节分别做出改进。

一、对用 GDP 反映交易量的质疑

从 2019 年统计数据看，商品房销售总额为 159 725 亿元，GDP 为 990 865 亿元。

商品房销售是通过货币交易的,属于交易量 Q 的一部分。然而,商品房销售总额只有少部分反映在 GDP 中。此外,大量的中间产品,即国民经济循环中补偿的那一块,没有统计在 GDP 中,补偿也是通过货币交易的,也属于交易量 Q 的一部分。在金融系统,大量交易也是通过货币作为媒介进行的,如股票交易。这些金融交易量同样属于交易量 Q 的一部分。李拉亚(2020)反映了这些质疑。

二、对用 CPI 反映通货膨胀的质疑

国内外对用 CPI 指数反映通货膨胀均有质疑。周小川(2020)指出:传统通胀度量主要面临四个方面的争议和挑战。第一,当前物价指数中较少包含资产价格,可能带来了一定的失真,特别是在长时期比较中的失真;第二,以什么样的收入作为计算通货膨胀的支出篮子;第三,劳动付出的度量对通货膨胀的影响;第四,可比性(基准和参照系)的问题。周小川作为多年的央行行长,他的认识反映了重新认识、测度和理解通货膨胀问题的重要性。

Papadimitriou 等(1996)质疑 CPI 是否合适作为美联储的政策目标,他们认为 CPI 反映通货膨胀的失真导致了美联储调控经济的失误。雷(Wray)作为现代货币理论的领军人物,他对 CPI 的质疑,反映了从理论上重新探讨通货膨胀指标的重要性。

从理论上说,价格上涨的另一面是货币贬值,货币贬值也可导致金融资产和非金融资产的价格上涨。从实践上看,2008 年美国金融危机后,理论界和政策界均重视防范系统性金融风险,宏观调控不仅要调控经济系统,还要调控金融系统,通货膨胀测度还应包括金融资产价格和非金融资产价格。

从 2019 年统计数据看,以支出法计算的最终消费额为 551 494 亿元(包括农村自产自用的消费额),GDP 为 990 865 亿元。CPI 只反映最终消费额。因此,用 CPI 反映 GDP 价格变动不够准确。仅用 CPI 作为反映通货膨胀的指标,解释力有限。

三、对货币增长与物价增长关系的测度质疑

欧美等发达国家自 20 世纪 80 年代以来,以 CPI 标记的通货膨胀趋于稳定,长期在 2% 上下波动。2008 年美国金融危机后,发达国家普遍推行量化宽松政策,没有引起人们普遍担心的恶性通货膨胀。2022 年,美国月度通货膨胀已经超过 7%,是近 40 年来的新高,但仍不是恶性通货膨胀。并且这一通货膨胀更多来自供给侧而不是需求侧。中国的 M2/GDP 也一路上升,然而中国自 1996 年以来,以 CPI 标记的通货膨胀同样趋于稳定,现在大致在 3% 上下波动。2022 年,中国也面临供给侧的成本推动的通货膨胀,但总需求仍然不足。货币数量论难以解释这一现象,受到经济学家的质疑。

现代货币理论认为，通货膨胀不是由货币增长带来的，William 等（2019，第 263 页）认为："证据不支持货币数量论的主张。货币供应量的上升与一般价格水平的上升之间不存在简单的比例关系。"威廉等人（2016，第 11 章第 3 节）指出："正如凯恩斯所观察到的，价格水平的变化并不一定与货币供应的变化有关，这导致了他拒绝货币数量论。"Papadimitriou 等（1996）在文章结论部分指出："没有证据表明货币政策仅仅通过降低货币增长率就能减缓通货膨胀。"帕特里克·博尔顿等（2020）分析了美国、日本和中国的数据，指出货币量与 CPI 不存在明确的关系。陈彦斌等（2015）认为："金融危机之后，中国货币供应量的快速上升并未引起高通胀，表现为货币数量论失效。"

李拉亚（1991）在《通货膨胀机理与预期》的前言中指出："1988 年在货币增长率与往年无显著差异的情况下出现了显著的通货膨胀，而 1990 年在货币增长率与往年无显著差异的情况下又出现了明显的市场疲软，这成为我国经济理论研究的一个不解之谜。一方面是居民货币收入增加，而另一方面是消费市场疲软；一方面是货币大量投放，而另一方面是生产启动缓慢；一方面是通货膨胀的潜在压力不断增大，而另一方面是通货膨胀降到了近些年来的最低点。从理论界到政策界，我们从来没有像现在这样面对现实经济问题感到困惑不解。传统的理论已无法解释这些新问题，而新的理论则有待于实践的检验。"李拉亚提出的"不解之谜"和"困惑不解"，已经发现货币增长与价格增长关系复杂化，不是简单的正比关系。

现代货币理论抓住了货币增长与物价增长关系不明显这一现象，是对货币数量论的致命攻击，既准又狠。这是现代货币理论发起范式革命的理由之一。李拉亚（1991）同样针对这一现象，建立了粘性预期理论，对理性预期理论体系的前提条件进行了质疑、改造，或者用新的假设条件。但是，李拉亚虽然吸收了凯恩斯关于货币数量变化能带来产量变化的观点，但还是试图用货币数量论的原有范式解释这一现象。

四、对货币流通速度稳定的质疑

对货币数量论的一个长期质疑来自对货币流通速度稳定的假定。李拉亚（1995，第 194～196 页）指出，对凯恩斯理论而言，货币流通速度是一个函数，受多种因素影响，其变化难以确定。而交易量 Q 受 M 的影响，是 M 的函数，即有 $Q(M)$。设 $V(\cdot)$ 表示货币流通速度函数，依据货币交易方程式有 $P=MV(\cdot)/Q(M)$。现在 $V(\cdot)/Q(M)$ 是一个变量，并且变化不确定，价格 P 与货币量 M 的关系也难以确定。凯恩斯的流动性陷阱把这一点发挥到极致。"货币流通速度的不确定性，给货币政策出了一个大难题。"依据李拉亚对凯恩斯理论的这一介绍，历史数据显示货币增长与物价增长关系不明显也就不足为奇了。

现代货币理论不认同货币流通速度是稳定的。William 等（2016，第 11 章第 3 节）定义名义 GDP 与货币供应量 M2 的比率为货币流通速度，即 $V=$ 名义 GDP/M2，它隐含表示一美元用于购买最终商品和服务的次数。他们认为，从美国圣路易斯联邦储备银行的货币流通速度的数据可以看出，货币流通速度是不稳定的。该银行提供的数据显示，1960—2016 年，存在三个趋势。在 20 世纪 60 年代至 20 世纪 80 年代末期，货币流通速度在 1.6～2.0 之间波动，并且绝大多数年份该值低于 1.8，趋势较为平坦。在 20 世纪 80 年代末期至 20 世纪 90 年代末期，货币流通速度的趋势是上升的，从约 1.7 上升到约 2.2。自那以后，货币流通速度趋势是下降的，到 2016 年已经降到约 1.5。

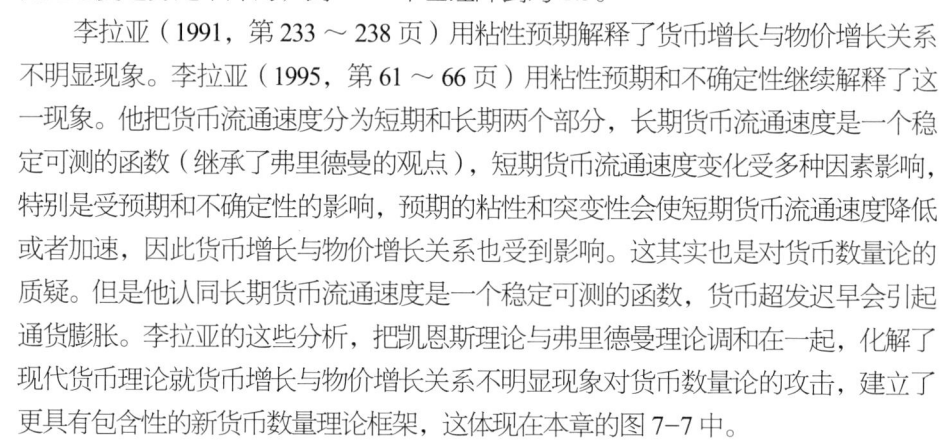

李拉亚（1991，第 233～238 页）用粘性预期解释了货币增长与物价增长关系不明显现象。李拉亚（1995，第 61～66 页）用粘性预期和不确定性继续解释了这一现象。他把货币流通速度分为短期和长期两个部分，长期货币流通速度是一个稳定可测的函数（继承了弗里德曼的观点），短期货币流通速度变化受多种因素影响，特别是受预期和不确定性的影响，预期的粘性和突变性会使短期货币流通速度降低或者加速，因此货币增长与物价增长关系也受到影响。这其实也是对货币数量论的质疑。但是他认同长期货币流通速度是一个稳定可测的函数，货币超发迟早会引起通货膨胀。李拉亚的这些分析，把凯恩斯理论与弗里德曼理论调和在一起，化解了现代货币理论就货币增长与物价增长关系不明显现象对货币数量论的攻击，建立了更具有包含性的新货币数量理论框架，这体现在本章的图 7-7 中。

经济理论意义上的长期和短期并不完全是一个时间概念，包含基本条件制度变迁等因素在内。长期也不是无限长，随分析问题而定，如可视为趋势不变的一段时期。对货币流通速度而言，长期应该是一个阶段，在这个阶段货币流通速度虽有波动，但趋势不变。对这一长期向上或者长期向下的趋势，货币流通速度是稳定可测的。中国经济改革开放以来，货币流通速度的趋势一直是下降的，当然围绕着这个趋势的波动也是一直存在的。我们把这个趋势视为货币流通速度的长期值，把波动视为货币流通速度的短期值。李拉亚（1995，第 75～76 页）把长期和短期划分建立在信息混淆与滤波基础上，给出了这一划分的数学基础。

五、对充分就业和经典二分法的质疑

货币数量论的一个假设前提条件是资本主义经济是充分就业的。William 等（2016，第 11 章第 3 节）指出："首先，资本主义经济很少实现充分就业。由于经济通常以闲置的生产能力运作，而且往往失业率很高，因此很难保持这样的观点，即当名义总需求增加时，企业没有扩大实际产出的余地。""因此，如果信贷供应增加，借款人使用贷款产生的存款购买货物和服务，生产能力过剩的公司可能会通过提高实际产出来维持市场份额，而不是提高价格来做出反应。"这否认了货币数量论的经典二分法，即货币只对价格有影响，对产出没有影响。在没实现充分就业的时候，货币增加反映为产出增加，而不是价格增加。

第三节 设计新的综合价格指标

与国内外从消费者角度测度通货膨胀的立场保持一致，我们将注意力集中在消费者最为关注的消费品价格和住宅价格上，建立一个综合反映居民消费价格和住宅价格的加权指标，用以反映通货膨胀或货币贬值。

一、改善用局部指标代替全局指标的问题

对货币数量论的改进，一个重要方面是要解决用局部指标难以反映全局的问题。

前面的各种质疑可以解释货币增长与物价增长关系存在的不同步现象。这一现象部分源于指标的不合理，即在实际使用 $MV=PQ$ 时，交易量 Q 常用 GDP 代替，价格 P 常用 CPI 代替，即有 $MV=CPI \times GDP$。

这些指标代替虽然使用起来便利，容易取得数据，但存在前面诸多经济学家所指出的问题。如存在 CPI 不能反映生产资料价格的问题，GDP 不能反映中间品交易的问题。毕竟以货币作为媒介的交易量，不仅由消费品构成，还包括投资品，以及大量的中间品。在金融系统，也存在货币与金融产品的交换问题。这样看，用 CPI 和 GDP 代替价格 P 和交易量 Q，存在反映面狭窄的问题。换言之，用局部指标难以反映全局变动，自然会存在货币增长与物价增长关系不同步的现象。

二、已有的改进

1991 年，中国还没有进行住房制度改革，因此，李拉亚（1991）的通货膨胀分析中没有引进房价。李拉亚（1995，第 309 页）已经考虑"房改"对物价的影响。"看来，1994 年将是居民收入迈上新台阶的一年。居民收入增加将在多大程度上冲击物价，还需再看一段时间。这与 1994 年能否全面推行'房改'有关。如果这一年居民普遍买房的话，提薪对物价的冲击就会大大减小。此外，如果证券市场上国库券、股票价格上升，均有利于吸引居民购买股票和国库券，抑制居民的消费需求。""房改"后，我们看到房子确实已经成为吸收货币的重要商品。

现在，股票和债券也是吸收货币的重要因素。李拉亚（2016a，第105页）指出："庞大的金融衍生品市场形成，说明金融系统有脱离经济系统而自我发展、自我膨胀的趋势。过去央行多发货币，会转化为通货膨胀。有了庞大的金融衍生品市场，央行多发的货币被金融市场吸收，变现为资金升值了。股票泡沫和房地产泡沫为 CPI 上涨分流减压了。从理论上讲，我们对这一现象的研究还很薄弱。"

李拉亚（2020）把交易量 Q 划分为消费品 Q_1、金融资产 Q_2（金融衍生品、股票、债券、期货等）和非金融资产 Q_3（石油、地产、房产等）三大部分，相应划分价格 P 为消费价格 P_1、金融资产价格 P_2 和非金融资产价格 P_3 三个部分。于是，$MV = PQ$ 变为 $MV = P_1Q_1 + P_2Q_2 + P_3Q_3$。狭义币值稳定只要求 P_1 稳定，广义币值稳定，要求 P_1、P_2 和 P_3 均稳定。

三、综合价格指标设计

对于房价指数编制方法和为什么 CPI 指数中没有包括房价，国家统计局工作人员和及其相关机构有说明。董莉娟（2014）指出："目前我国主流的房价指数编制方法往往只能对每类住宅的报告期代表价格与基期代表价格进行对比，从而获得该类指数。"我们知道，计算 CPI 增速也是报告期代表价格与基期代表价格进行对比。国家统计局城市社会经济调查司（2010）指出：之所以没有将商品房价格直接纳入 CPI 统计，一是 CPI 的统计口径必须与国际上通行国民经济核算体系中的消费分类相一致，以满足国民经济核算的需要。目前我国国民经济核算采用 1993 年"国民经济账户体系"（the system of national accounts，简称 SNA 体系），将商品房的投资属性剔除了，只考虑其消费属性。与 93SNA 体系一致，CPI 只反映与居民即期消费密切相关的消费品及服务项目的价格变动，购买商品房属于投资行为，不属于消费行为，所以现行 CPI 不能直接反映商品房价格的变动。二是商品房购买与当期消费不同步，购买支出与当期实际住房消费不对等。商品房购买是一种在短期内集中支付大量货币的行为，但所购商品房却用于今后几十年的消费。因此，按照国际通行做法，我国的住房消费服务通常用该住房的估算租金以及物业管理和维修费等来反映，而不将房地产价格直接纳入反映居民日常消费价格变动的 CPI 中。可见，国家统计局是从国际标准和区分消费与投资角度看问题的。从统计角度看，他们的认识没有问题。

如果我们从货币贬值角度看问题，而不是从消费和投资角度看问题，那么居民感受最大的两项货币贬值因素是消费和购房。因为近些年 CPI 增速低于房价增速，居民对房价上涨的抱怨超过对消费品价格上涨的抱怨。因此，从反映居民对货币贬值的感受看，我们可以把 CPI 指数和房价指数综合起来，作为一个理论分析指标和政策参考指标。

从货币数量论角度看，建立一个综合反映居民消费价格和住宅价格的加权指标，是把使用货币的交易量分为两个部分，一个是消费品，另一个是新增购房，先分别统计它们的价格，然后加权综合反映总的价格。这虽然没有全部反映所有的交易量，但比只用消费品反映所有交易量要全面一些。

有人会说，这两个指标分别看就好了，为什么要综合起来呢？因为有的时候，这两个指标可能背道而驰，或者上涨幅度相差很大，分别看不好制定货币政策。如同时期内，CPI 增长很少甚至为负，货币数量控制可以放松，房价增长很多，货币数量控制就需要从紧。此时，货币数量控制需要一个 CPI 和房价的综合加权指标参考。

综合上面的分析，我们认为，有必要设计一个较为能反映一般物价水平变化的通货膨胀指标。这一新指标既要坚持从消费者角度看问题这一根本立场，又要解决 CPI 反映问题狭隘的不足，还要满足考察资产价格的新形势需要。由此，我们建立一个综合反映 CPI 和房价的加权指标，用以反映通货膨胀或货币贬值。该指标也基本满足上述建立新指标的要求。

我们设计的综合反映消费品和住宅价格的指数，可简称为综合价格指数。用 GDP 支出法中的居民消费额（记为 c）加住宅销售额（记为 h）作为分母，即该分母为 $c+h$。用 $c/(c+h)$ 作为一个权数，用 $h/(c+h)$ 作为另一个权数。用 A 表示每平方米住宅价格增速，用 CPI 表示居民消费品价格增速，则综合价格增速 $P=CPI\times[c/(c+h)]+A\times[h/(c+h)]$，即 P 为每平方米住宅价格增速和居民消费品价格增速的加权和数。CPI 增速、房价增速和综合价格增速的变化见图 7-1。

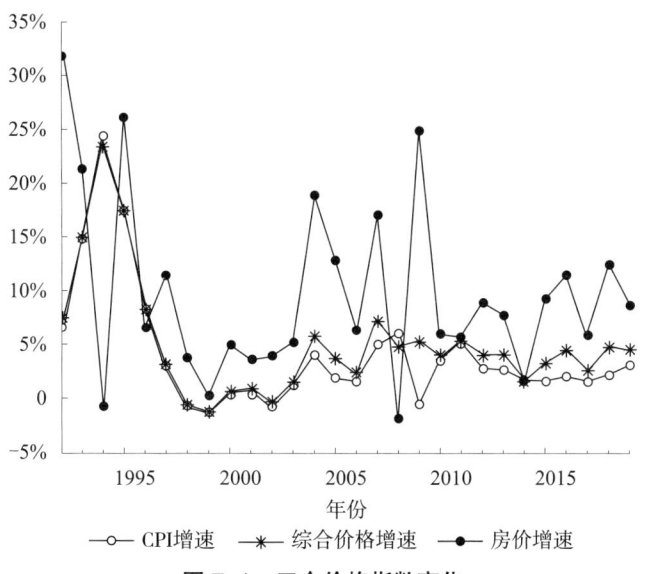

图 7-1 三个价格指数变化

按国家统计局网站对指标的定义，商品房销售额"指房地产开发企业本年出售商品房屋的合同总价款（即双方签署的正式买卖合同中所确定的合同总价）。该指标与商品房销售面积同口径。"住宅销售额是商品房销售额的下级指标，故我们可知住宅销售额只是新住宅销售额。我们没有官方的二手房市场的住宅销售额及其价格的数据。若在综合价格指数中加上二手房住宅销售额及其价格的因素，综合价格指数中房价的分量还会提高。

四、综合价格指标分析

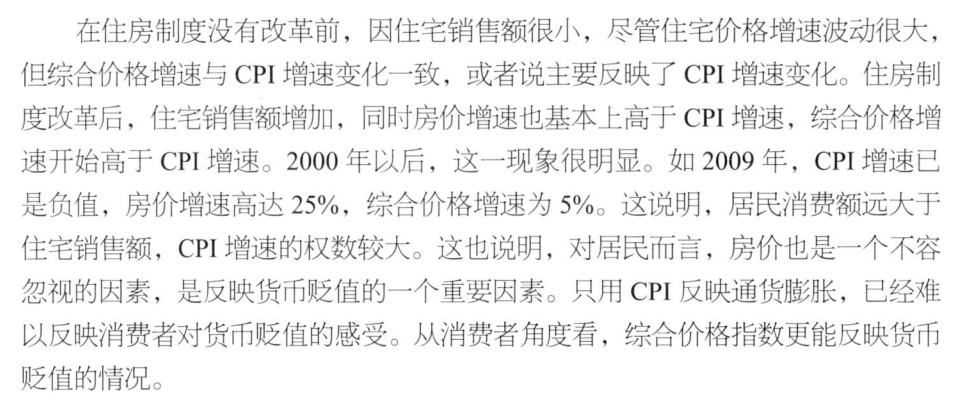

在住房制度没有改革前，因住宅销售额很小，尽管住宅价格增速波动很大，但综合价格增速与 CPI 增速变化一致，或者说主要反映了 CPI 增速变化。住房制度改革后，住宅销售额增加，同时房价增速也基本上高于 CPI 增速，综合价格增速开始高于 CPI 增速。2000 年以后，这一现象很明显。如 2009 年，CPI 增速已是负值，房价增速高达 25%，综合价格增速为 5%。这说明，居民消费额远大于住宅销售额，CPI 增速的权数较大。这也说明，对居民而言，房价也是一个不容忽视的因素，是反映货币贬值的一个重要因素。只用 CPI 反映通货膨胀，已经难以反映消费者对货币贬值的感受。从消费者角度看，综合价格指数更能反映货币贬值的情况。

中国房价增速几乎都在 CPI 增速之上，只有 1994 年、1996 年、2008 年和 2014 年这四年例外。房子价格吸收了相当一部分货币增长，减轻了 CPI 上涨压力。这能解释为什么这些年 CPI 增速较为平稳。

五、综合价格的理论意义

传统宏观经济理论，仅稳定经济系统，以 CPI 作为价格稳定目标，由此建立了通货膨胀目标制。2008 年美国金融危机后，经济学家们发现仅稳定经济系统还不够，还要稳定金融系统，把资产价格作为一个关注目标。但经济理论界对是否把稳定资产价格作为央行的任务还存在争议。

对中国央行而言，要贯彻房住不炒的大政方针，稳定房价已成为其任务。从央行的双支柱调控框架看，货币政策要以稳定消费品价格为目标，宏观审慎政策要以稳定资产价格为目标。进一步说，货币政策要以稳定经济系统为目标，宏观审慎政策要以稳定金融系统为目标。我们设计的综合价格指数，为双支柱调控框架提供了一个综合目标。实现这个综合目标稳定，不仅要考虑货币政策，还要考虑宏观审慎政策。这两大政策要合力稳定综合价格。

央行的货币增长，影响到消费品价格和住宅价格。但货币政策很难身兼二任，既要维护消费品价格稳定，又要维护资产价格稳定。如随着新冠病毒感染疫情情况好转，预计大型企业复苏要好于中小型企业复苏，货币政策还要继续支持中小企业复苏，但资产价格上涨，对这一货币政策形成威胁。此时，不是要靠货币政策退出支持中小企业复苏来稳定资产价格，而是要靠宏观审慎政策来稳定资产价格。

我们设计的综合价格指数，为央行双支柱调控框架提供了一个综合目标。货币政策和宏观审慎政策要合力稳定综合价格。现在欧美国家的 CPI 没有达到其计划目标的 2%，故这些国家不断增发货币试图达到该目标，但会带来资产泡沫风险。按照我们的综合价格指数设定计划目标，就可以减少这种风险。

第四节　三大经济关系的数据分析与实证检验

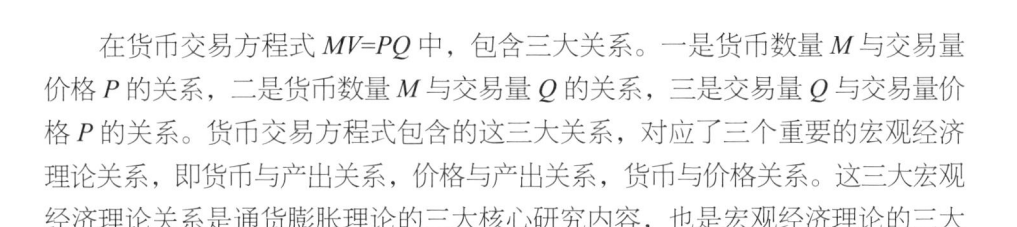

在货币交易方程式 $MV=PQ$ 中，包含三大关系。一是货币数量 M 与交易量价格 P 的关系，二是货币数量 M 与交易量 Q 的关系，三是交易量 Q 与交易量价格 P 的关系。货币交易方程式包含的这三大关系，对应了三个重要的宏观经济理论关系，即货币与产出关系，价格与产出关系，货币与价格关系。这三大宏观经济理论关系是通货膨胀理论的三大核心研究内容，也是宏观经济理论的三大根基。

货币数量论注重货币增长与价格上涨的关系，认为货币超发导致通货膨胀。这是货币数量论的根基。欧美主流经济理论和现代货币理论注重经济增长和价格上涨的关系，即菲利普斯曲线关系，认为经济过热导致通货膨胀。这是现代宏观调控理论的根基。中国通货膨胀理论注重货币增长与经济增长的关系，认为货币超发不仅导致通货膨胀，还导致经济过热。这是凯恩斯范式革命的根基之一。

这三大关系是通货膨胀理论的核心关系。三大关系中，解释货币与产出关系，以及解释价格与产出关系，都超出了货币交易方程式的交易层次，上升到了宏观经济层次。分析这三大关系，拓展了货币数量论的内容，提升了货币数量论的理论层次，既需要新的理论框架，也需要扎实的实证基础。我们将测度这三大核心关系，建立通货膨胀理论的核心逻辑框架，并把财政赤字引入该框架，加强央行与财政配合互动的研究，以适应实践的需要，推动理论的发展。

一、三大关系的数量图

图 7-2 反映了 M2 增速、GDP 增速和综合价格增速的变化，也反映了这三者之间的三大关系。比如说，2000 年时，M2 增速处于谷底，而 GDP 增速和综

合价格增速在 1999 年已处于谷底。

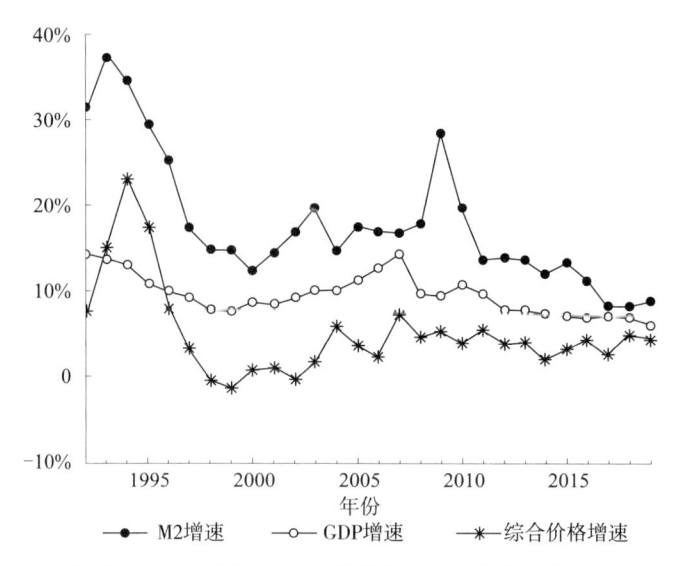

图 7-2 M2 增速、GDP 增速与综合价格增速的关系

由图 7-2 可见，1992—2010 年，M2 增速波动很大。在 2017 年以前，M2 增速都在 10% 以上。

经济增速波动和 M2 增速波动联系密切。1993—1999 年，随着 M2 增速一路下降，GDP 增速也一路下降。2000—2007 年，M2 增速有波动但趋势是上升的，GDP 增速也是上升的。2010 年以后，M2 增速呈现下降趋势，GDP 增速也呈现下降趋势。这一关系是中国通货膨胀理论十分重视的关系，也是央行宏观调控所依据的基础关系。毕竟，目前中国央行还是数量调控为主的。

图 7-2 除了反映经济增速和 M2 增速这一重要经济关系，还反映经济增速与物价的关系，这是对经济过热带来通货膨胀的关系检验，是欧美主流经济理论、现代货币理论和中国通货膨胀理论均关心的一个重要经济关系，这一关系反映一种菲利普斯曲线。

图 7-2 也反映货币增速与价格增速的关系，这是货币数量论所重视的一种经济关系，是货币数量论的立论基础。

这三种关系受很多因素影响，如受预期因素影响。李拉亚（1991，第 210～212 页）讨论了预期对货币供给与计划产量之间关系的影响。李拉亚（1991，第 204～205 页）讨论了预期对通货膨胀与经济增长之间关系的影响。李拉亚（1991，第 233～238 页）认为预期对货币流通速度产生影响，由此也会影响货币量 M 与价格 P 的关系。"预期对货币、物价之间的关系，隐含在货币流通速度这一变量的变动之中。"

为了更好地看清图 7-2 的三个变量的关系，我们对这三个变量做了 HP 滤波

（λ取值100），以排除短期周期成分的干扰，将注意力集中到长期趋势变化上，见图7-3。

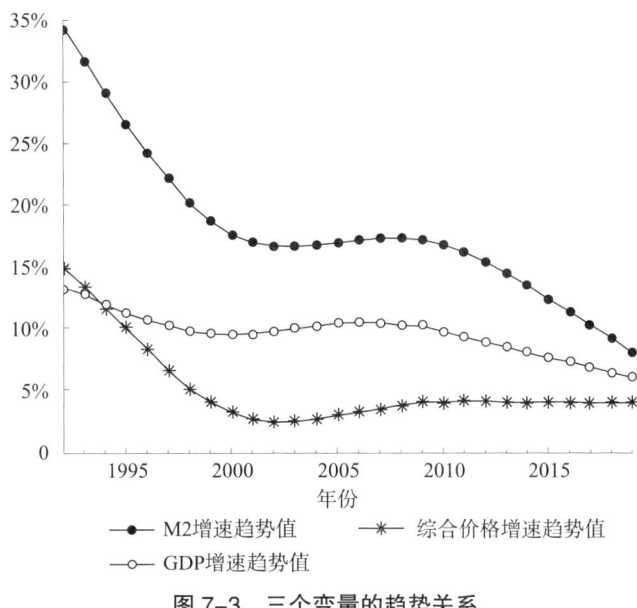

图7-3 三个变量的趋势关系

由图7-3可见，从趋势上看，2008年以前，GDP增速与M2增速的变化趋势一致，但GDP增速在2000年到达谷底，而M2增速在2002年才到达谷底。在2007年，它们同时到达峰顶。2008年以后，随着M2增速持续下滑，GDP增速也随之持续下滑。综合价格增速也在2002年与M2增速同时到达谷底。2003—2008年，M2增速是上升的，综合价格也是上升的。然而，2009年开始，M2增速一路下滑，GDP增速也是一路下滑，但综合价格增速是平稳的，并没有下滑。无论传统的货币数量论，还是现代货币理论，都难以解释这一现象。

我们认为，导致这一现象的原因是居民购房，居民预期房价上涨，为资产保值增值，居民购房热情很高，这使得房价难以下滑，从而综合价格增速也能保持平稳。

我们在图7-3的基础上，对图中三个变量反映的三种关系进行进一步分析，夯实我们的理论检验基础。

二、货币增长与GDP增长的关系

货币与经济增长的关系，理论上是货币是否中性的问题，凯恩斯经济学派和新古典经济学派长期就此问题展开争论。国内对此也多有研究，李拉亚（1991，第167～174页）从理论上分析了总供给小于潜在总供给，大于潜在总供给，以及达到上界的三个顺序阶段，货币供给影响总供给的力度随着三个阶段的顺序不断降低并趋于零，并指出研究货币的传导机制，就是要研究货币的供给将会对总供给产生什么影响。许坤等（2020）研究了 M2 增速与 GDP 增速的差值对经济运行的影响，认为"保持 M2 增速与 GDP 增速的差值处于 –1.634% 至 3.311% 之间是相对最合理的"。

我们把图 7-3 中 M2 增速趋势值和 GDP 增速趋势值用散点图表示出来，用 M2 增速趋势值作为横轴，用 GDP 增速趋势值作为纵轴，可得到图 7-4。我们看到的散点图显示出曲线，说明它反映出了长期趋势的客观规律，是抽象掉周期成分影响的结果。

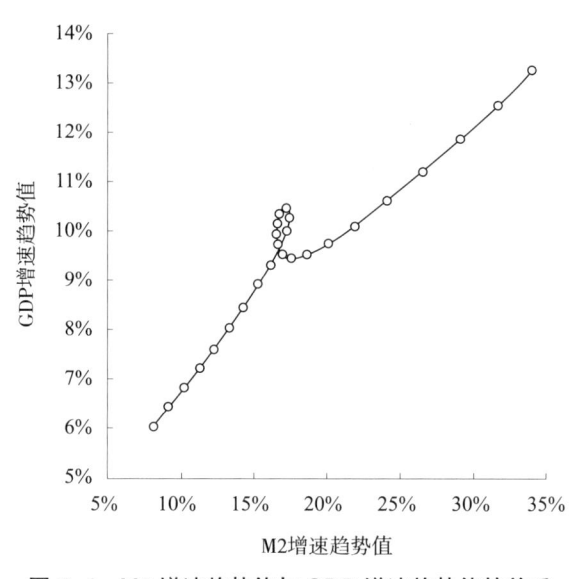

图 7-4　M2 增速趋势值与 GDP 增速趋势值的关系

由图 7-4 可见，随着 M2 增速趋势值增加，GDP 增速趋势值也是增加的。显然，GDP 增速趋势值变化不如 M2 增速趋势值变化大。有意思的是，在 GDP 增速趋势值 10% 左右，M2 增速趋势值 17% 左右，出现了一个圈。

由图 7-3 可见，这个圈发生在 2000 年前后。2000 年时，GDP 增速趋势值到达谷底。因此，在 2000 年前后，GDP 增速趋势值有一个从下滑到上升的转变。这个转变形成了一个圈。

三、经济增长与通货膨胀的关系

菲利普斯曲线之一是，经济增长与通货膨胀的关系，经济增长为横轴，通货膨胀为纵轴。通货膨胀应该随着经济增长而增长。如果出现通货膨胀预期，这条线就会变得垂直。我们用 GDP 增速趋势值作为横轴，用综合价格增速趋势值作为纵轴，做它们的散点图，得到图 7-5。

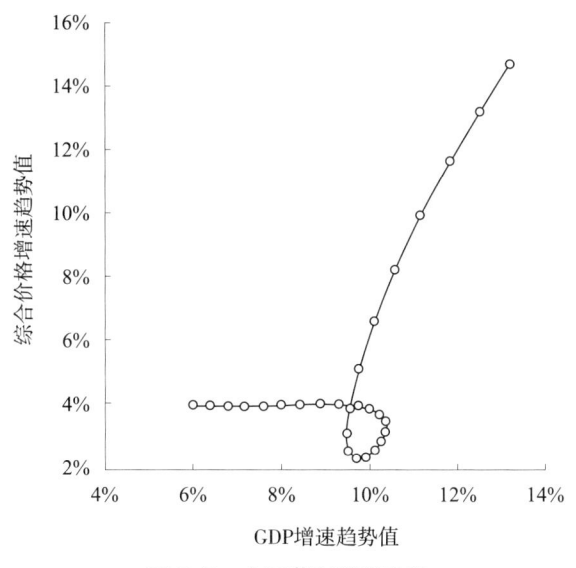

图 7-5　中国菲利普斯曲线

图 7-5 中，当 GDP 增速趋势值在 6%～9% 时，综合价格增速趋势值保持在 4%。当 GDP 增速趋势值在 10% 左右时，出现了一个圈。在这个圈之外，随着 GDP 增速趋势值继续增长，综合价格增速趋势值也增长，显示出菲利普斯曲线的形状。

由图 7-3 可见，GDP 增速趋势值低于 9% 的这些年份，发生在 2011 年以后。由图 7-1 可见，2011 年以来，房价有波动，但趋势是向上的。我们可以仿照前面用居民房价预期上升解释，2011 年以来，GDP 增速趋势值一路下滑，综合价格增速趋势值能保持平稳的原因。

由图 7-3 可见，那个圈的值发生在 2002 年前后，综合价格增速趋势值到达最低点。2007 年，GDP 增速趋势值到达一个峰顶。综合价格增速趋势值在最低点左右，该值有一个由下滑到上升的转变，从而形成了一个圈，圈的左半边对应下滑，圈的右半边对应上升。因为，2007 年以前，综合价格增速趋势值下滑对应的 GDP 增速趋势值，要小于它上升对应的 GDP 增速趋势值。因此，实际运行过程是，到达圈后先走圈左边的下滑部分，然后走圈右边的上升部分，到了 2007 年 GDP 增速趋势值到峰顶后，GDP 增速趋势值又变小，但综合价格增速趋势值趋向 4%，走完一个圈。

图 7-5 反映了经济过热引起通货膨胀这一事实。9% 以上的经济增速出现了一个圈，以及一条向右上方倾斜的直线。这个圈对应了 2002 年的一轮调整。那条直线对应了菲利普斯曲线。9% 以下的经济增长保持了价格的平稳。因此，9%

的经济增长是经济是否过热的一个分界线。由图 7-4 可见，9% 的经济增长，对应 M2 增速的 16%。当然，这是根据 1992 年以来的数据分析出来的结果。在这段时间内，中国经济体制和结构均发生重大变化，这些结果只能供参考。如我们现在只有 6% 多一点儿的经济增速和 8%～10% 的 M2 增速，是 2008 年美国金融危机发生后新的经济情况决定的。

李拉亚（1995，第 344～350 页）提出了一种非对称菲利普斯曲线模型。该模型的特点是，用区制分析方法，依据经济增长率变化的上升时期和下降时期，分别对每个上升时期或者下降时期做通货膨胀率和经济增长率的回归模型，可以发现每一个时期通货膨胀率与经济增长率均存在正相关关系。并且，经济增长处于上升阶段时，经济增长率对应的通货膨胀率较低；经济增长处于下降阶段时，经济增长率对应的通货膨胀率较高。这一方法把表面看不存在的菲利普斯曲线又揭示出来了。李拉亚用粘性预期和成本推动解释了这一非线性关系。

至此，我们已用两种不同方法揭示出了中国的菲利普斯曲线。这是中国通货膨胀理论的一块基石。

四、货币增长与价格增长的关系

我们把图 7-3 中 M2 增速趋势值和综合价格增速趋势值用散点图表示出来，用 M2 增速趋势值作为横轴，用综合价格增速趋势值作为纵轴，可得到图 7-6。

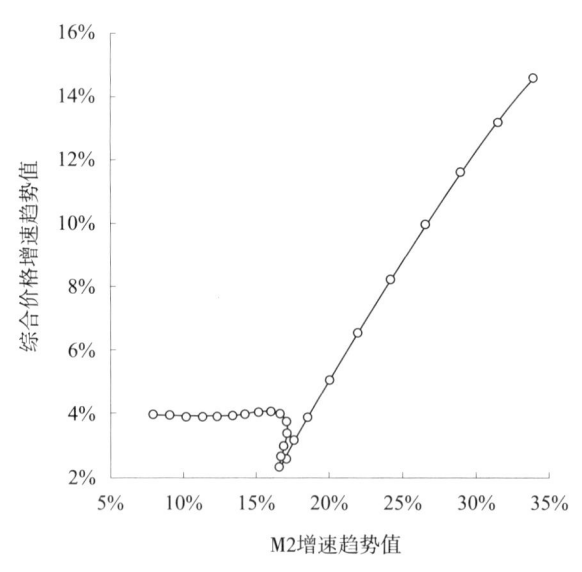

图 7-6　M2 增速趋势值与综合价格增速趋势值的关系

由图 7-6 可见，高于 17% 的 M2 增速确实导致综合价格增速直线上升，这是 21 世纪初和 20 世纪 90 年代的情况，证实了货币数量论的正确性。低于 17%

的 M2 增速导致综合价格增速分为两支。一支在 2%～4% 之间，且线段斜率很陡，反映 2010 年前的情况，也证实货币数量论的正确性。另一支保持在 4%，反映了 2010 年以来的情况。

由图 7-2 可见，2010 年以来，无论 M2 增长率还是经济增长率都呈现下降趋势，并且二者下降趋势差不多，综合价格增长率基本保持稳定，意味着由此计算出的货币流通速度也大致稳定。

五、水平线现象分析

在图 7-5 和图 7-6 中，均出现了一条水平线。这说明价格没有随货币增长率和经济增长率的变化而变化，价格自我稳定。这是对经济理论的挑战，也是对货币政策制定的挑战。

在图 7-6 中，9% 以下的经济增长保持了价格平稳，是菲利普斯曲线水平线的典型体现，这个现象在其他国家也发生了，如 Mitchell 等（2019，第 273 页）所著书中的图 18.3 所示，美国 1981 年至 2015 年的菲利普斯曲线就相当水平。李宏瑾等（2018）对菲利普斯曲线水平线（他们称之为扁平化）做了文献综述，介绍了国内外诸多理论解释。

我们认为，图 7-5 和图 7-6 出现水平线是两大原因综合造成的，即形成综合价格的消费品价格和房价各自有价格自我稳定的原因。

从消费品价格角度看，有三大因素导致这一现象。一是产能过剩，增加的购买力导致生产增加而不是价格上涨，这是凯恩斯理论能够解释的。二是消费具有向下刚性，即使货币收紧，居民消费也会力争维持原来水平，故 CPI 也具有向下刚性。这是消费理论能够解释的。三是进口粮食和肉类缓解了国内供给不足，维持了 CPI 的稳定。

从房价角度看，是居民预期房价上涨购房和政府控制房价两股力量导致。易纲（2020）指出，2018 年末较 2007 年末，居民存款占资金运用总额比重降低了 5.8 个百分点，居民贷款余额由 5 万亿元升至 53.6 万亿元，年均增长 24.1%，主要是个人住房贷款增长较快，居民部门的杠杆率上升了 41.4 个百分点。郭树清（2022）指出："目前，我国房地产相关贷款占银行业贷款的 39%，还有大量债券、股本、信托等资金进入房地产行业。"可见，即使在货币发行收紧的情况下，只要居民预期房价上涨，为资产保值增值，居民动用存款购房，并提高杠杆，金融机构贷款向房地产倾斜，仍可导致房价上升。但政府控制房价增速，数次导致房价增速下跌。

图 7-5 和图 7-6 都出现水平线，说明这种依靠高储蓄背景的房价上涨不受货币增速和经济增速的影响，第十章的图 10-5 显示也不受财政赤字增加影响，

完全依靠居民预期房价上升，居民动用存款和加杠杆购房，以及金融机构贷款向房地产倾斜，而自我实现。这也说明，在这一情况下，用收紧货币的办法控制房价并不理想。对这种房价上涨，央行和银监会实施了针对性的宏观审慎政策，2021年1月1日起，分档设置房地产贷款余额占比上限和个人住房贷款余额占比上限，为各类银行机构的房地产贷款占比划定了两条"刚性红线"。这是在2019年8月出台的"三条红线"限制房企融资需求基础上进一步加强对房地产的监管。

2010年以来，即使看图7-1表示的实际数据，房价波动较大，居民消费价格波动很小，两相结合综合价格的波动也变小了，扯平了，从图7-2的长期趋势看，就成为水平线了。

在水平线化和产能过剩条件下，央行在生产环节多投放一些货币，在二级市场多购买一些财政债券，不会立即引起消费品价格上涨，但有可能逐渐导致未来工资物价螺旋上升，这是由劳动力短缺所致。当前，国内外原材料价格有上涨趋势，可能造成成本推动的通货膨胀，会对水平线化形成影响，值得我们重视。我们的这些分析，也可以从理论上解释，央行2021年两次下调存款准备金率共释放两万多亿元货币，仍是一种稳健的货币政策。

六、历史上不引起需求拉上的通货膨胀的安全区间

由图7-4，我们可以通过M2增速确定GDP增速。由图7-5，我们可以通过GDP增速确定综合价格增速。由图7-6，我们可以通过M2增速确定综合价格增速。图7-5显示，低于9%的GDP增长速度对应的综合价格增长速度较为平稳。图7-6显示，低于15%的M2增长速度对应的综合价格增长速度较为平稳。图7-4显示，低于15%的M2增长速度对应的GDP增长速度低于9%。因此，历史上不引起需求拉上的通货膨胀的安全区间是，GDP增长速度低于9%，M2增长速度低于15%。鉴于中国改革开放后的通货膨胀主要是需求拉上的，我们基于历史数据的这一判断是成立的。

特别要注意的是，这一安全区间是依据历史数据得出的，不一定反映现实情况，只能作为制定货币政策的参考。在第十章第五节，我们采用1997年以来的数据重新计算，避开了20世纪80年代末期和90年代初期较高的通货膨胀时期，得出M2增速不超过14%不会带来需求拉上的通货膨胀，并为谨慎起见，定12%为M2的最高增长率，作为一个较为安全的理论区间的上界。现在，GDP增速已远低于9%，M2增速也远低于12%，经济面临成本推进的通货膨胀冲击，但并不面临需求拉上的通货膨胀推力。制定货币政策，还是要走一步看一步，特别要注意区分供给侧的成本推进的通货膨胀和需求侧的需求拉上的通货膨胀。

2021年12月初中央经济工作会议认为，中国经济发展面临需求收缩、供给冲击、预期转弱三重压力。依据上面的分析，就目前情况看，为应对这三重压力，货币政策和财政政策还有空间。但面临成本推进通货膨胀压力的条件下，货币政策和财政政策不引起需求拉上通货膨胀的前提条件是，新增货币要全部用于财政赤字和缓还企业贷款，新增财政支出主要用于维持企业营运和新基建，中央政府要继续维持房住不炒的政策，同时继续采用平稳粮价和肉价的政策。

本书第十章第五节还会在此基础上进一步分析不引起债务型通货膨胀的安全区间。

第五节　三大关系的逻辑框架

一、理论分析

李拉亚（1991，第215页）分析了货币增长、经济增长和通货膨胀的三种关系，在经济增长不同时期，这三种关系不一样。这也能解释为什么货币增长与经济增长及价格的关系不是一种简单的正比关系。"经济体制改革后，M对经济系统的影响越来越大。因此，我们的通货膨胀总缺口的决定理论也可视为货币供给决定论。而货币供给决定论又分为三个阶段：①当总供给低于潜在总供给时，M增加导致Q_t增加，M增加不会导致通货膨胀总缺口增加；②当总供给高于潜在总供给而低于总供给上界时，M增加一方面导致总供给增加，另一方面也导致通货膨胀总缺口增加，且随着M的增加，通货膨胀总缺口增加越来越快；③当总供给已达到上界时，M增加全部作用到通货膨胀总缺口增加上。因此，我们的通货膨胀总缺口与产出水平是密切相连的，脱离了产出水平便不可能分析货币供给与通货膨胀的关系。正因为如此，分析通货膨胀不能只分析货币供给，还要分析总需求、总供给，要结合商品市场与货币市场来分析。"这里的通货膨胀总缺口，表现为价格和短缺两个部分，是总需求大于总供给的缺口。M是指货币供给，Q_t指经济增长。

李拉亚（1991，第233～238页）还从预期角度分析了货币与价格、经济增长的关系，从货币流通速度突然变化更多反映预期变化着手，解释了为什么货币增长不一定带来价格增长和经济增长，并引进预期陷阱概念，解释在经济疲软严重时货币增长为什么没有导致价格增长和经济增长。"这表明1984—1987年，尽管每年货币增长速度都过快，超过GNP增长速度11个百分点以上，但因存在货币幻觉，通货膨胀预期没有随着货币增长速度的加快而不断加快；相反，它变动的速度要落后于货币增长的速度，粘在一个较低的水平上。正是通货膨胀预期的这种粘性，导致了通货膨胀初步阶段，物价增长速度落后于货币增长速度的情况。""与前几年相比，1988年货币供应增长与GNP增长的差额（仅为8.2个百分点）为最小，而其导致的物价水平上升却最大。显然，这是1988年通货膨胀预期大大增强了的结果。""通常所说货币对物价影响的滞后，其中主要原因是预期粘性，是预期粘在一个较低水平上（即预期的物价低于实际的物价）。当预期粘在较高水平上时，货币对物价影响的滞后就会消失。此时，物价增长速度就同步甚至快于货币增长速度。"

李拉亚（1991）用上述两种方法解释了为什么货币增长、经济增长和价格增长的关系不是简单正比关系，回答了该书前言中提出的"不解之谜"和"困惑不解"。他既坚持了货币数量论的基本原则，又解释了货币数量论难以解释的为什么历史数据与货币数量论不一致的问题。相对于传统货币数量论，李拉亚的特点是用粘性预期理论解释了货币流通速度的变动，从而揭示货币增速与价格增速反常的原因。

后来，李拉亚又引进不确定性因素，继续分析不确定性因素对货币与物价关系的影响。李拉亚（1995，第39页）指出："过多的货币投放，迟早会引起通货膨胀，这是确定的事实，但具体会在什么时间出现通货膨胀及出现多高的通货膨胀，这又是不确定的。"李拉亚（1995，第61～66页，第203～205页，第209～210页）分析了预期和不确定性对货币流通速度的影响，而货币流通速度又影响货币与物价关系。李拉亚（1995，第210页）指出："对经济最终起作用的，不是货币供给量M，而是货币供给量乘以货币流通速度，即MV。货币供给量减少，但货币流通速度提高，MV的作用可以不变，甚至增加。从长期看，因货币流通速度是可预测的，是一个稳定可测的函数，因此可用货币供给量作为治理通货膨胀的长期工具。"

二、三大关系的逻辑结构

李拉亚（1991，第121～124页）指出："在短期内，调整产量不是靠扩大生产规模，而是靠提高生产节奏。""在同样的固定资产值K和同样的劳动力数量L的条件下，企业争取到的不同贷款数量，能决定生产节奏的高低，从而决定产出水平的高低。""但是生产节奏不能无限上升，有一个最高限制，越过这一限制，更多的贷款并不会带来短期供给的增加。"这里短期概念是一种理论抽象，强调的不是时间长短，而是"在同样的固定资产值K和同样的劳动力数量L的条件下"。李拉亚（1991，第132～133页）通过货币数量M与短期总需求函数$D(M)$和短期总供给函数$S(M)$解释这两种定义的一致性，超额总需求为

$DS(M) = D(M) - S(M)$，见图 7-7。原书中假设 $D(M)$ 是线性函数，现改为非线性函数，更为符合实际一些。图 7-7 中，需求波动要远大于供给波动，特别反映在经济过热的时候。我们关于通货膨胀的三大关系都可以总结在图 7-7 之中。图 7-7 是这三大关系的逻辑结构图和分析图。它也把货币数量论和凯恩斯经济理论调和在一起。这符合范式革命的特点，新范式并不是完全排斥旧范式，而是把旧范式的内容纳入新范式的逻辑结构，作为一个特例而存在。新范式要比旧范式容纳知识的能力更强。

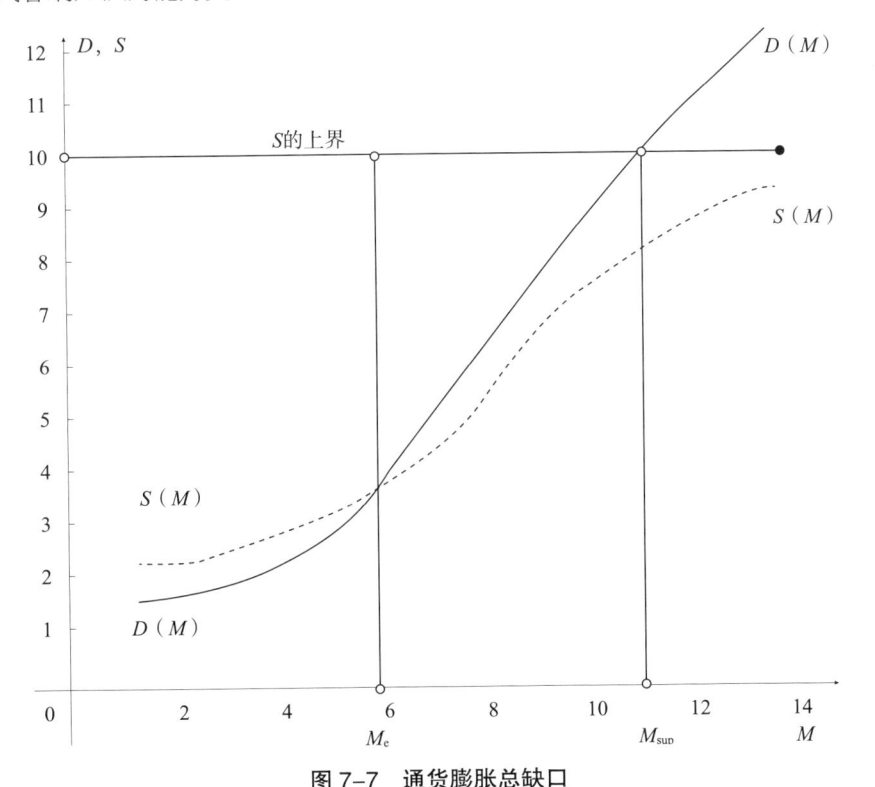

图 7-7 通货膨胀总缺口

李拉亚（1991，第 132～133 页）分析道："现在 D 和 S 都为 M 的函数。根据前面的分析，随着 M 的增加，D 也增加。""当 S 小于潜在总供给时，S 上升较快；当 S 大于潜在总供给时，S 上升较慢，并随 M 增加而趋近 S 的上界。"这描述了货币增长与经济增长的关系。

"显然，$DS(M)$ 就是超额总需求。当超额总需求为正时，$DS(M)$ 是通货膨胀的总缺口。""从上面分析可见，$DS(M)$ 大于零的原因在于，随着 M 的增加，$D(M)$ 也随之增加，但 $S(M)$ 增加递减，并不会超过其上界。因此，当 M 大于一定值（如 M_e）后，$D(M)$ 就将大于 $S(M)$。"这描述了货币增长与通货膨胀上涨的关系。

"M_e 是导致总需求等于总供给的货币供给量,是我们通常所说的适宜货币供给量,当实际货币供给超过 M_e 时,存在通货膨胀;而实际货币供给低于 M_e 时则表现为经济衰退。货币数量论在 M_e 的右边成立,凯恩斯经济理论关于货币对经济产出的影响,在 M_e 的左边成立。

M_{sup} 是导致总需求达到总供给上界的货币数量,当 $M_e < M < M_{sup}$ 时,总需求虽大于总供给,但 $DS(M)$ 并不算太大,可视为温和的通货膨胀;当 $M > M_{sup}$ 时,总供给增加越来越少,而总需求增加越来越多,通货膨胀趋于恶化。"这里通过总供给和总需求缺口变化间接描述了菲利普斯曲线。

图 7-7 表明,当 M 超过 M_e 后,超额总需求为正,出现通货膨胀缺口,M 的增加会带来通货膨胀,也就是货币的持续贬值。因此,我们关于通货膨胀的两种定义在本质上是一致性的。

货币数量本身代表需求,GDP 代表供给。由图 7-2～图 7-4 可以看到,M 增速很高的时候,GDP 增速也高,但远没有 M 增速高,两者之差也很大,1992 年的情况显示了这一点。1993 年,M 增速达到顶峰,但 GDP 增速已经在下降了。这对应图 7-7 中 M_{sup} 右边的情况。图 7-2 中,2000 年,M 增速达到低谷,但 GDP 增速已经在上升了。这对应图 7-7 中 M_e 左边的情况。从抽象上说,M 增速波动要远大于 GDP 增速波动,对应前面需求波动要远大于供给波动。图 7-4～图 7-6 验证的三大关系,为图 7-7 的逻辑结构提供了实证支持。

第六节 总 结

本章解释了对货币数量论的各种质疑,解释了为什么有 CPI 增速和货币增速的反常关系,改进了货币交易方程式,从消费者角度建立了综合价格指标,综合反映 CPI 和住宅价格,以反映消费者对一般物价水平变化的感受。这一综合价格指标也为央行的双支柱调控框架提供了一个综合目标,货币政策和宏观审慎政策要联合起来稳定这一综合价格。

本章对货币数量论的改进,化解了现代货币理论对货币数量论的致命攻击,如解释了货币数量与价格水平的关系不明显的各种原因。

本章拓展了通货膨胀的研究范围,提升了通货膨胀理论研究的层次,揭示了国内外通货膨胀稳定的原因,强调了货币超发终归会引起通货膨胀,给出了货币增速和经济增速均下降而价格增速仍能保持平稳的原因,为宏观调控夯实了理论基础。

本章三大关系的逻辑框架(见图 7-7),把货币数量论和凯恩斯经济理论调和在一起，形成了新货币数量论的理论基础。本章依据 HP 滤波去掉周期成分干扰，用所得的长期趋势值测度了货币与价格、货币与经济增长、经济增长与通货膨胀三大关系，得到了这三大关系的规律，建立了这三大关系的逻辑理论框架。这为第八章建立新的通货膨胀理论框架打下基础。

我们依据通货膨胀三大关系的历史数据建立了 M2 增长速度和经济增长速度的安全区间。只要经济增长速度和 M2 增长速度均在安全区间内，就不会出现需求拉上的通货膨胀。我们的这一安全区间方法，也为央行实行逆周期操作并能稳定价格提供一种可行方法。当然，历史数据不一定反映现在的情况，央行提高 M2 增长率，还是要小心谨慎，走一步看一步。为谨慎起见，我们可以把 M2 增长率的上界确定为 12%。在新冠病毒感染疫情冲击下，经济增长速度下滑，经济增长处于过冷区间，M2 增长率可以接近于 12%，以保证对经济的刺激力度。

近年数据表明，央行发行货币的经验公式是，M2 增长率等于经济增长率加 CPI 增长率，由此 M2 增长率大致为 8%。这是 M2 增长率的下界。上面确定的 12% 是 M2 增长率的上界。这为央行逆周期调控货币量提供了一个理论区间。当然，维持这个理论区间上界的前提条件是，在经济过冷时，政府继续保持对房价的控制政策以及平稳粮价和肉价的政策，特别是新增货币要全部用于财政支出，而新增财政支出主要用于维持企业营运和新基建，以刺激经济增长。

第八章　新通货膨胀理论基础

传统通货膨胀理论以货币数量论为理论基础，以央行作为管理通货膨胀的机构。现在，世界诸国债务负担日益沉重，有引发债务型通货膨胀的危险。理论发展要以现实需要为动力，把财政赤字引入通货膨胀理论框架，分析财政赤字对通货膨胀的影响，是构成新的通货膨胀理论框架的重要组成部分，是国内外经济现实的迫切需要。除此之外，我们还要明确央行和财政各自职责分工，了解财政和央行的内在联系，加强央行政策和财政政策的配合互动，在此基础上建立包括央行与财政的新通货膨胀理论框架，形成新通货膨胀理论基础。

第一节　从财政角度扩展货币口径

狭义的通货膨胀测度只测度居民消费品价格或最终产品价格（GDP 平减指数），这不能全面反映货币贬值，更不能反映资产泡沫及其带来的系统性风险。广义货币 M2 只从银行角度看问题，没有从财政角度看问题。研究资产泡沫和财政债务是现在理论研究的重点课题，也是实践中的紧迫问题。

一、财政赤字是一种准货币

财政债券流动性高，可以方便变现，有国家信誉担保，故欧美国家最为广义的货币口径一般包括国库券等债券在内，称为 M3，其涉及范围较大，较难衡量和界定。目前，中国央行没有把财政债券纳入广义货币，仍然使用 M2 的货币口径，其优点是定义比较清楚，衡量也比较简单。无论 M3 还是 M2，均是存量指标。本著作采用折中的办法，只计算货币和债券各自的流量指标，即只把财政赤字纳入新增的广义货币，把每年的财政赤字加新增 M2 作为每年的新增广义货币 M3。注意，这里新增 M2 是流量指标，财政赤字也是流量指标，新增广义货币 M3 仍是流量指标。财政赤字成为新增广义货币的一部分，自然也成为通货膨胀理论框架中的一个重要组成部分。我们这样计算，便于界定，容易衡量，不纠缠于哪种债券计入货币的争论。

我们扩展货币口径的进一步理由是：企业和居民把钱存在银行，存款计入广义货币 M2。企业和居民买财政债券，相当于把钱存在财政，但财政债券没有以自己的名义计入广义货币 M2，而是通过财政在央行的存款曲折迂回表现出来，完全抹掉了财政的印记。存款和财政债券，都反映企业和居民的购买力转移，转移到银行或者财政。按照现代货币理论的金字塔形货币体系，财政债券仅次于现金成为国家货币组成部分。货币和财政债券都是国家欠债，即国家打出的欠条，都被普遍接受。我们把财政债券以财政名义纳入货币，既有利于分清央行和财政各自掌控的购买力，也有利于分清央行和财政各自的责任。

李拉亚（1995，第 182 页）指出："首先，财政向银行透支，这意味着财政不声不响已掌握了一部分货币供给的权利。其次，财政发行国库券和债券，再次表明财政有货币供给权力。国库券和债券从 1994 年开始实际上纳入广义货币的口径，因为它们已具有流动性，可以在债券市场上兑换为货币。此外，财政发行国库券，得到货币收入，但在一定意义上说，这不过是银行的存款搬家。如果银行贷款一定，存款减少，就必须增发现金。这部分现金实际上是财政借用银行的这只手而打开供应龙头的。或者说，银行以自己名义发行货币，但其中一部分货币实际上是应财政要求而发出的。"虽然后来央行没有把国库券和债券纳入广义货币之中，但理论上我们至少可以把财政赤字纳入广义货币。财政赤字成为新增广义货币的一部分，自然也成为通货膨胀理论框架中的一个重要组成部分。

我们把每年财政赤字（由国家统计局的国家财政收支总额中的财政支出减去财政收入得出）加每年新增 M2 作为每年的新增广义货币 M3。我们计算的财政赤字只是一个近似值，财政部有一个详细的计算赤字的方法，对财政部的赤字计算方法，理论界也存在争议，可参见李燕等（2018）。图 8-1 反映了财政赤字和新增 M2 各自占新增 M3 的比重。

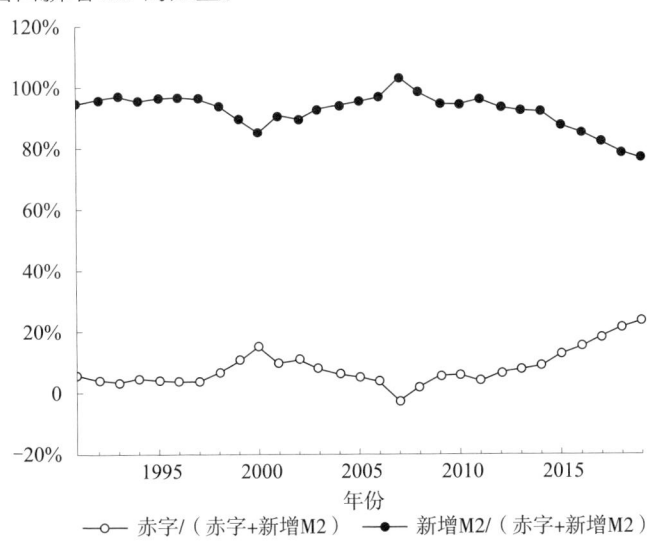

图 8-1 财政赤字和新增 M2 各自占新增 M3 的比重

在图 8-1 中，1997 年以前，赤字占新增 M3 比重比较平稳。1998—2000 年，该值明显上升，并达到谷顶。因 20 世纪 80 年代末期和 20 世纪 90 年初期发生了两场严重的通货膨胀，当时宏观调控具有紧货币而宽赤字的特点。随后该值下降（在 2002 年有所反弹），在 2007 年达到谷底。2007 年后，该值一路上升（2011 年有所下降）。新增 M2 占新增 M3 比重，反向于赤字占新增 M3 比重，这里不再分析。

我们可用公式计算新增 M3 的增速，即新增 M3 的增速（%）= 100% ×（本年新增 M3 − 上年新增 M3）/ 上年新增 M3。由此，我们可分析新增 M3 增速与价格增速的关系，以及新增 M3 增速与 GDP 增速的关系。

当然，我们的研究是从理论层次展开的，还存在技术性问题。如国家统计局网站没有公布历年财政赤字数据，我们计算的财政赤字只是一个近似值，由国家统计局网站公布的国家财政收支总额中的财政支出减去财政收入得出。再如，可以把财政债券余额作为广义货币的存量，与 M2 相加，得 M3。这涉及哪些债券算作财政债券的问题，如地方政府发行的债券是否要计入等。这样定义的 M3 存在重复计算的问题，央行要进行技术性调整。对这些纯技术性的问题，理论界会存在争议，如对财政部的赤字计算方法就存在争议（李燕等，2018）。对这类技术问题及其争论，本章存而不论，以控制篇幅，集中精力分析本章主题的理论问题。

二、以 M3 为货币口径的两大关系测度

在第七章中，我们以 M2 为货币口径测度了三大关系。作为对比，本节用新增 M3 增速测度有关关系。

我们首先看新增 M3 增速趋势值与综合价格增速趋势值和 GDP 增速趋势值的曲线图，见图 8-2。图 8-2 和第七章图 7-3 做比较，可见新增 M3 增速趋势值波动幅度大于 M2 增速趋势值波动幅度，原因是前者比后者多做了一次差分运算。但从趋势看，图 8-2 和第七章图 7-3 差别不大。

我们再看新增 M3 增速趋势值与综合价格增速趋势值的关系，见图 8-3。与第七章图 7-6 比较，形成了明显的圈，解释也可仿照第七章图 7-6，这里不再复述。

我们分析新增 M3 增速趋势值与 GDP 增速趋势值的关系，见图 8-4。与第七章图 7-4 做比较，可见图 8-4 的曲线更为符合我们的要求，它是一条向右上方倾斜的曲线。我们可以看到，大多数年份，GDP 增速在 10% 左右，新增 M3 增速在 17% 左右。

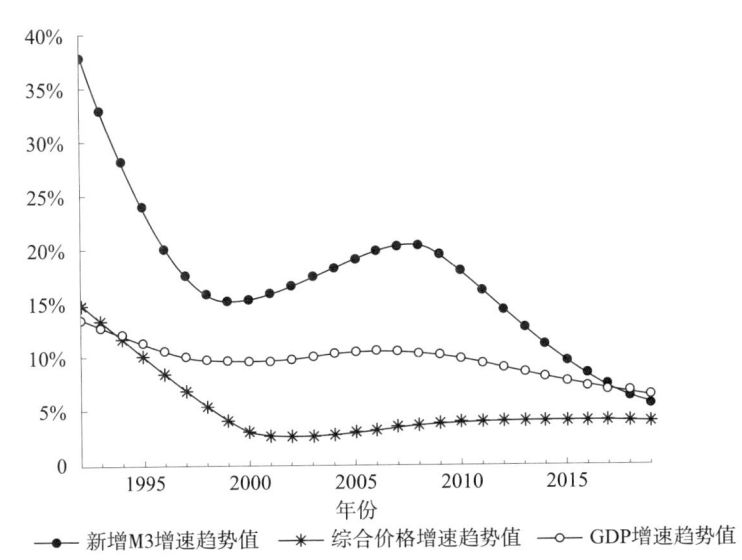

图 8-2 新增 M3 增速趋势值、综合价格增速趋势值和 GDP 增速趋势值

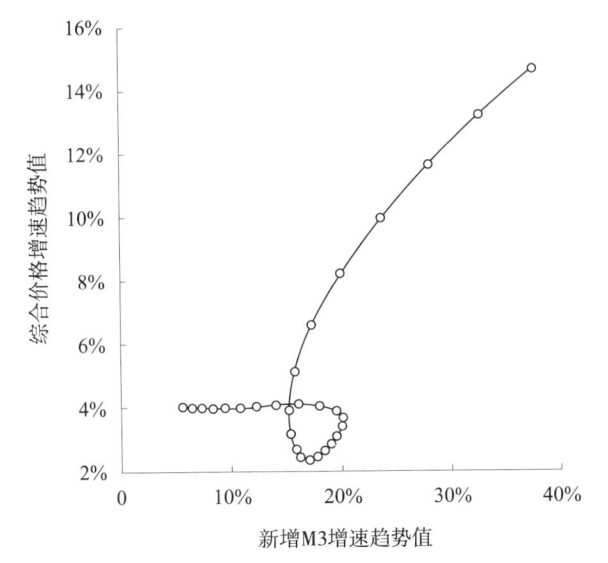

图 8-3 新增 M3 增速趋势值与综合价格增速趋势值的关系

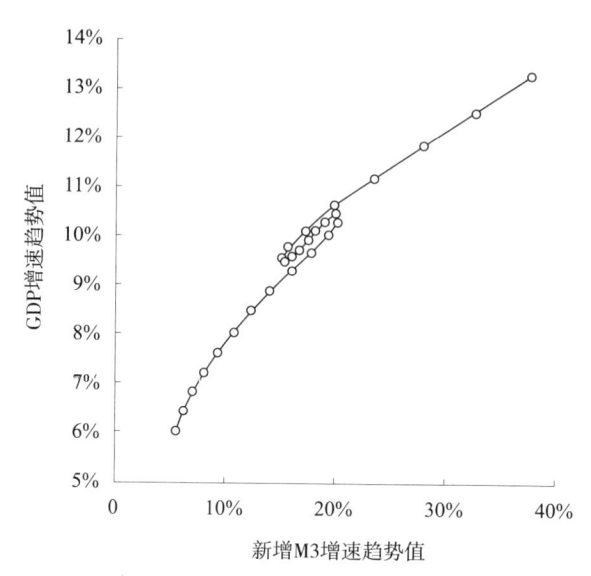

图 8-4　新增 M3 增速趋势值与 GDP 增速趋势值的关系

第二节　央行和财政协调配合

一、央行和财政协调配合的已有理论

只把财政赤字引入货币口径还不够,还要从宏观经济整体角度考察央行和财政,整合财政资源和央行资源,发掘央行和财政的最大潜力。

在传统的凯恩斯经济理论中,财政和央行既有区分,也有联合。在 IS-IM 模型中,虽然只描述了商品市场、劳动力市场和货币市场的均衡,但一旦出现非自愿失业,也就意味着投资不足,财政要承担增加投资的责任,让三大市场恢复均衡。同时,央行也要下调利率,增加货币供给。因此,财政与央行的配合非常密切,并且在危机时期,财政的作用更为重要。

在新古典经济理论和新凯恩斯经济理论中,财政和央行已经分割开,成为两个独立的理论分支,宏观调控更为重视央行的作用,即使危机时期也是如此。在传统宏观经济学教科书里,财政和央行的联系与配合也没有成为主题内容,甚至不再提及。在罗默(2014)的《高级宏观经济学》中,最后两章分别介绍央行和财政,既没有分析它们之间的配合,也没有分析它们之间的联系。

在中国的传统经济理论中,特别是国民经济综合平衡理论中,央行和财政是两个联系密切的部门,需要对这两个部门综合平衡,而不仅是这两个部门各自平衡。在 1984 年，黄达（2009，第 192～202 页）对此做了深入分析："问题只是要强调，我们的选择不应只限于各自平衡这一种组合。"该书建立了财政信贷综合平衡的理论框架，分析了"信贷有差额需要财政来平衡"，"财政有差额需要信贷来平衡"，"财政平衡并非必然等于总体平衡"等一系列问题。该书不仅分析了财政和信贷的配合问题，更深入分析了它们之间的各种内在联系。这是欧美主流经济学薄弱的部分，也是现代货币理论重点分析的部分。黄达在 1984 年的分析远远走在他们的前面。当然，那时中国经济还是计划经济，黄达的理论框架是建立在计划经济基础上的。但该理论把央行和财政进行整体考虑，在此基础上提出的一系列问题，对今天的理论研究仍有理论意义、现实意义和指导意义。

李拉亚（1991，第 84～89 页）分析了财政赤字，新增现金数量和通货膨胀的关系，指出：设新增市场货币流通量为 S_{12}，财政赤字影响到 S_{12} 的大小。设事前总需求等于事后总供给时所需的新增市场货币流通量为 $\bar{S}_{12}$，那么当事前总需求大于事后总供给时，所需的新增市场货币流通量就会从 $\bar{S}_{12}$ 上升到实际的 S_{12}。如果财政赤字并不导致 S_{12} 大于 $\bar{S}_{12}$，那么财政赤字本身不会导致通货膨胀。如果财政和银行事前进行综合平衡，已保证有 $S_{12}=\bar{S}_{12}$，那么财政进一步追加的赤字才会导致 $S_{12}>\bar{S}_{12}$，即导致通货膨胀。在李拉亚的这一分析中，企业行为仍是国营企业行为。李拉亚在该节进一步指出："从上面的分析中也可以看到，新增现金量 S_{12} 实际上是不可控的。要控制 S_{12}，就要控制事前总需求。在事后总供给一定的情况下，事前总需求的波动将导致 S_{12} 的波动。"这也是通过控制事前总需求来控制通货膨胀的观点。

在理论分析上，现代货币理论对央行和财政合并只是为了理论解释的简化与方便，Wray（2012）在第三章第六节指出："为了简化解释过程，我们将财政部和央行账户合并为一个'政府账户'"。Wray（2012）在这句话后接着强调了这两个部门的特别业务流程和两大制约关系。这两大制约是，财政在央行设立存款账户，财政支出时从这一存款账户提款。央行被禁止直接从财政购买债券和直接向财政贷款。这是现代货币理论分析央行与财政的现实基础。但其理论分析指向上，特别体现在赤字货币化上，即财政赤字由央行买单。由此，央行和财政本质上可以视为一个部门，央行和财政的资产负债表可以合二而一，只是财政为主导，央行为从属。老一辈中国经济学家对此并不陌生，在改革开放前，强财政弱央行，财政赤字通过透支让央行买单，央行成为财政的从属部门。

李拉亚（1991，第 198 页，第 207 页）的《通货膨胀机理与预期》和李拉亚（1995，第 317～319 页）的《通货膨胀与不确定性》两本书，继承了货币数量论的传统，把研究对象抽象为商品部门和货币部门，并且货币部门包括央行和财政在内。

二、央行和财政的配合

下面分析央行和财政在实现各自平衡上都需要对方的配合。或者说，双方配合有利于实现各自的平衡。加强央行和财政配合，对双方都是有利的。

（一）财政平衡

财政平衡指财政收支平衡。一般来讲，在一个经济周期中，经济上升阶段财政收支会有盈余，经济下降阶段财政收支会有赤字。从整个周期看，若能实现盈亏相抵，也可视为一种财政平衡，或称为周期财政平衡。

大致说来，在一定的税收（包括收费）水平下，财政有三种方法弥补赤字。

第一种方法是，财政向公众借钱，即向公众发行债券，从公众手中取得货币，然后把货币用出去。这虽限制了公众的购买力，但并不影响总购买力，只对购买商品的结构有影响。这不会引起当期通货膨胀。财政从公众手中取得货币后，也可以不把这些货币用出去。这实际上是冻结了部分购买力，有利于降低当期通货膨胀。

第二种方法是，财政变卖资产，比如出售国有企业等。

第三种方法是，财政向国外借钱，或者向国外出售债券，国内央行相应增发货币。因向国外借钱可以增加从国外进口的商品，增发货币有进口商品对应，也不会产生通货膨胀。当然，这时要注意货币乘数的效用，可由央行调整准备金解决。

目前，财政主要用第一种方法弥补赤字，其实就是借新债还旧债，在未来偿还。传统经济理论注重研究财政债券的未来偿还，即我们常常说债务是寅吃卯粮。中国财政现在弥补赤字更多依靠借新债还旧债，本质上是未来偿还。未来偿还的关键，是经济要持续发展，经济效益要不断提高。

央行有两种方法帮助财政弥补赤字。这是央行配合财政。

第一种方法是，央行在二级市场购买财政债券，印发钞票间接弥补赤字。这有可能导致通货膨胀。此外，公众因自身资金紧张没有余钱购买债券。此时央行增发货币，缓解公众资金紧张，让公众有余钱能够购买财政债券，从而弥补财政赤字。但是，公众获得的新增货币有部分用于消费和投资，还有部分会投入其他更高获利市场，如股市和房地产市场。这些新增货币有多少能用于购买债券，很难确定。这有可能导致通货膨胀，也有可能刺激资产泡沫增长。

第二种方法是，央行在一级市场直接购买财政债券，印发钞票直接弥补赤字。这是一种最可能导致恶性通货膨胀的方法，目前法律上禁止使用。这种方法只适用于货币主权独立的国家。

目前，央行也采用第一种方法间接帮助财政弥补赤字。

无论现代货币理论还是传统经济理论，都极力避免货币贬值的还债方式。

（二）央行平衡

从理论上讲，央行平衡指央行发行的货币与需要用货币交易的交易量的平衡，央行货币发多了，会引起通货膨胀。央行货币发少了，会引起通货紧缩。实际上，央行平衡受多种因素影响，如受预期、货币流通速度等的影响，实现平衡不容易。

当央行货币发多了，财政可以通过发售债券和提高税收的方式，取得货币后不花出去，帮助央行实现货币与商品（包括服务）平衡。当经济增长低速时，企业和居民不愿意支出，经济呈现通货紧缩，此时财政增发债券，增加支出，也是帮助央行实现货币与商品（包括服务）平衡。这是财政配合央行。

（三）利率协作

央行确定基准利率。财政确定自己发行的各种债券利率。这两种利率会对市场利率形成影响。央行和财政有必要协商这两种利率的确定，以便对市场利率形成一致的影响，并对宏观经济产生有益的影响。现代货币理论也认为，央行和财政有必要共同维护央行设定的隔夜利率目标，他们可以通过买卖财政债券实现这一点（Mitchell et al.，2016，第13章第6节）。这是央行和财政的配合。

三、从资产负债表角度分析央行与财政配合互动

现代货币理论把央行和财政合并考虑，有利于从整体角度分析通货膨胀问题，可以简化问题的分析过程，但也可能失去对问题的本质分析。央行和财政的资产负债表关联，还可通过企业和居民的资产负债表作为中介来分析。这样，可以分析央行与财政互动的复杂过程，及其对国民经济产生的深刻影响。

（一）通过资产组合研究货币政策和国债政策的传导机制

凯恩斯、托宾和弗里德曼把资产组合引入宏观经济理论中，研究货币的传导机制。现代货币学派把资产负债表引入宏观经济理论中，研究一个部门的资产负债表变动，怎样引起其他部门资产负债表变动，也是一种传导机制，或者关联机制。资本组合变化，其实也是资产负债表的结构变化，二者的研究是思想上的一脉相承。

李拉亚（1995，第318页）指出："对凯恩斯学派而言，中央银行增加货币供给，意味着中央银行会购买更多的债券，这导致经济人资产组合中现金增加，从而资产组合偏离了原来的均衡点。于是，经济人会重新组合他们的资产，以求达到新的均衡。在风险未变的情况下，经济人会购买更多金融资产。这会驱使金

融资产价格上升从而鼓励企业发行新股票，购买更多的实物资本，于是影响到资本市场。这是凯恩斯学派货币供给冲击的传导途径。""货币学派认为，货币供给增加后，家庭的原有资产组合均衡会破坏，家庭将购买更多的金融资产和实物资产，以达到新的资产组合均衡。这样，对货币学派而言，货币冲击会同时传递给生产者和消费者，同时影响资本市场和消费品市场。这与凯恩斯学派货币供给冲击仅影响到资本市场的传导机制不同。"

李拉亚（1995，第330页）指出："国债政策冲击的传导途径有两条：一是直接影响居民和企事业单位的资本组合，从而影响到商品市场；二是影响到银行的资本组合，从而影响到银行的货币供给，由此再由银行系统传递下去，影响到商品市场。"可见，中国经济理论早已从资产负债表角度分析国家债务传导途径问题。

对货币政策和国债政策的这些传导机制，我们现在也可以通过资产负债表来研究。

（二）财政和企业及居民的资产负债表关联

财政部发行的债券置换了公众手中的货币，在公众的资产负债表上，总的资产没有变，变的是资产结构。现在债券增加了，并减少了公众手中等量值的货币，公众的购买力受到限制，但财政增加了支出能力。二者总和起来看，总的购买力没有变，并没有增加通货膨胀压力。此时财政资产负债表变动，影响到居民和企业资产负债表变动。

（三）央行和企业及居民的资产负债表关联

从国家资产负债表上看，财政发行的债券是国家对债券持有人的欠债。央行发行的货币也是国家对货币持有人的欠债。央行增发货币增加了央行资产负债表的债务。财政增发债券增加了财政资产负债表上的债务。这两种债对经济的影响不一样。

央行从企业和居民手中购买财政债券，央行的资产负债表上，资产增加，债务也增加，即增加了货币发行。换言之，央行资产负债表扩张了。此时，企业和居民恢复了原来的购买力，财政也因发行债券获得新的支出能力。央行这一货币置换债券行为，或者说央行这一扩张资产负债表行为，直接增加了市场上流通的货币，产生通货膨胀压力。因此，央行这一行为，只应在通货紧缩时才使用。央行资产负债表这一变化，影响到公众和企业的资产负债表。

（四）央行影响财政资产负债表

央行增发货币，也意味着公众和居民手中有新增加的货币，这为财政增发债券提供了条件，财政可以扩张自己的资产负债表，即财政可以通过增发债券的方式，置换公众手中的货币，增加自己的购买力。可见央行资产负债表变动，可以引起财政的资产负债表变动。特别是经济紧缩时，公众投资和消费都会紧缩，也愿意购买财政债券，而财政因销售债券，获得货币，可用于财政支出，以刺激经济增长。此时，央行发行的货币，实际上被财政所用。当经济紧缩时，货币政策刺激经济增长效率低，而财政政策刺激经济增长效率高，用这种方式，央行发货币间接供财政使用，对刺激经济是有利的。这和央行在一级市场上直接购买财政债券作用一样，但是通过了公众的转手，财政要付更高的债息。这种方法的好处是，央行掌控了货币发行数量的权力，央行发行货币不受财政的支配，有利于稳定物价，保持币值稳定。

（五）财政影响央行资产负债表

财政发行过多的债券，可以导致市场上货币减少，央行为了维持市场上必要的货币数量，不得不增发货币。这样财政可以影响央行的资产负债表，并且财政和央行都扩展了自己的资产负债表。如果财政收缩自己的资产负债表，减少支出，加大购回债券的力度，市场上会增加货币，央行为预防通货膨胀，也会回笼货币，从而收缩自己的资产负债表。这样，财政和央行都收缩了自己的资产负债表。

财政的收支账户设在央行，即央行代管的国库中。如果财政增加或者减少了税收，财政增加或者减少的货币收入都会影响央行的资产负债表。

第三节 新通货膨胀理论框架

依据前两章和本章论述，特别是依据第七章图 7-7 表示的通货膨胀总缺口核心理论框架和三大经济关系理论，在央行与财政协调配合基础上，我们总结出新的通货膨胀理论框架，并用图 8-5 表述出来。在图 8-5 中，大括号中内容是解释文字。这一新的理论框架既反映了中国通货膨胀理论关于货币、债务与通货膨胀的关系，也反映了央行与财政协调配合的关系。

该框架中通货膨胀是广义通货膨胀。货币多发，不只引起狭义通货膨胀，即 CPI 上涨，还引起广义通货膨胀，即包括资产泡沫。当前，资产泡沫是更危险的风险。因此，我们的通货膨胀理论范围扩大了，能提升到研究资产泡沫及系统性风险的更高层次。把通货膨胀理论局限于货币与 CPI（或 GDP 平减指数）关系，已满足不了实践需要，跟不上新形势潮流。广义通货膨胀概念更为符合通货膨胀原本定义，即一般物价水平持续上涨，也更为符合货币交易方程式原本定义的交易量价格。

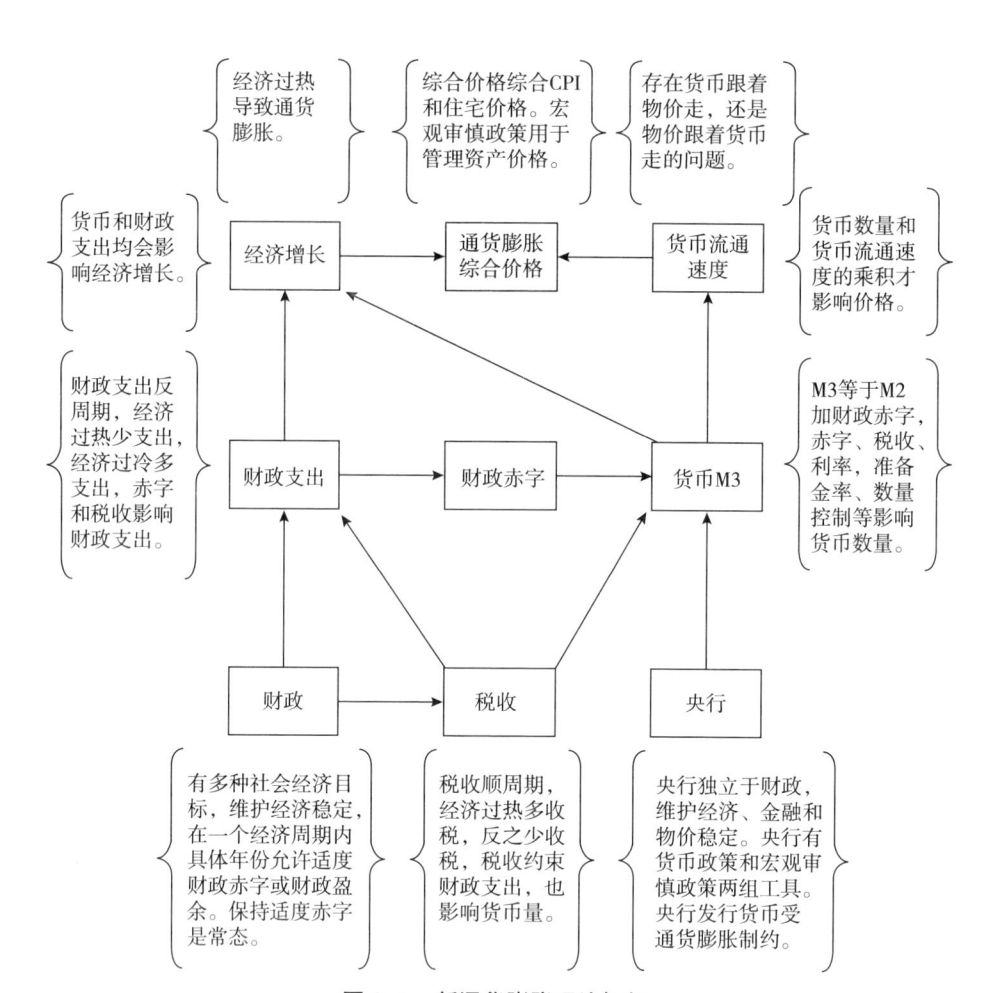

```
┌─经济过热──┐  ┌─综合价格综合CPI─┐  ┌─存在货币跟着─┐
│ 导致通货  │  │ 和住宅价格。宏  │  │ 物价走，还是  │
│ 膨胀。    │  │ 观审慎政策用于  │  │ 物价跟着货币  │
└──────────┘  │ 管理资产价格。  │  │ 走的问题。    │
              └────────────────┘  └──────────────┘
```

┌─货币和财政─┐   ┌─货币数量和─┐
│ 支出均会影 │   ┌──────┐ ┌──────────┐ ┌──────────┐   │ 货币流通速 │
│ 响经济增长。│ │经济增长│──│通货膨胀 │──│货币流通 │   │ 度的乘积才 │
└────────────┘ └──────┘ │综合价格 │ │速度   │   │ 影响价格。 │
                          └──────────┘ └──────────┘   └────────────┘

┌─财政支出反─┐   ┌─M3等于M2──┐
│ 周期，经济 │   │ 加财政赤字，│
│ 过热少支出，│ ┌──────┐ ┌──────────┐ ┌──────────┐   │ 赤字、税收、│
│ 经济过冷多 │ │财政支出│──│财政赤字 │──│货币M3   │   │ 利率、准备 │
│ 支出，赤字 │ └──────┘ └──────────┘ └──────────┘   │ 金率、数量 │
│ 和税收影响 │   │ 控制等影响 │
│ 财政支出。 │   │ 货币数量。 │
└────────────┘   └────────────┘

                ┌──────┐ ┌──────────┐ ┌──────────┐
                │ 财政 │ │ 税收   │ │ 央行   │
                └──────┘ └──────────┘ └──────────┘

┌─有多种社会经济─┐ ┌─税收顺周期，─┐ ┌─央行独立于财政，─┐
│ 目标，维护经济 │ │ 经济过热多收 │ │ 维护经济、金融和 │
│ 稳定，在一个经 │ │ 税，反之少收 │ │ 物价稳定。央行有 │
│ 济周期内具体年 │ │ 税，税收约束 │ │ 货币政策和宏观审 │
│ 份允许适度财政 │ │ 财政支出，也 │ │ 慎政策两组工具。 │
│ 赤字或财政盈   │ │ 影响货币量。 │ │ 央行发行货币受   │
│ 余。保持适度赤 │ └─────────────┘ │ 通货膨胀制约。   │
│ 字是常态。   │   └────────────────────┘
└────────────────┘

图 8-5 新通货膨胀理论框架

  依据这一新的理论框架，央行和财政都能影响通货膨胀，央行是主要影响通货膨胀的部门。在新框架中，用综合价格指数反映通货膨胀，用包含财政赤字的广义货币 M3 代替广义货币 M2，不仅影响到前述三大经济关系的内涵，也加强了央行内部货币政策和宏观审慎政策的联系，以及央行政策与财政政策的联系。前述三大经济关系构成这一框架的核心关系。在这一框架中，存在九个方框，方框之间的关系表示某种经济关系。经济增长方框与通货膨胀综合价格方框的关系即菲利普斯曲线关系。货币流通速度方框与通货膨胀综合价格方框的关系即货币与通货膨胀关系。货币 M3 方框与经济增长方框的关系即货币与产出的关系。这三大关系的逻辑结构由第七章图 7-7 给出。央行与财政的协调配合的关键是新增货币与赤字配置，体现为财政赤字方框与货币 M3 方框的关系。

  依据这一新的理论框架，央行和财政都能影响通货膨胀，央行是主要影响通货膨胀的部门。

央行独立于财政，央行要维护经济稳定和金融稳定，尤其要保持币值稳定。利率、准备金率、货币数量控制和宏观审慎政策是央行的控制工具。央行控制房价要以宏观审慎政策为主，货币政策为辅。央行可以配合财政，适度为财政融资，但购买多少财政债券由央行决定，不由财政决定，央行调控利率也要注意会影响财政的融资成本。

李拉亚（2020）分析了央行联合实施货币政策和宏观审慎政策的理论与方法，把央行双支柱调控框架作为一种新目标制运作，虽也属于新通货膨胀理论框架的一部分，但这不是本篇主题，也因本篇篇幅限制，这里不做介绍。因此，这一框架的理论基础之一是新货币数量论，理论基础之二是货币与赤字配置理论，我们在后续章会继续论述。

图8-5中，财政赤字的两条联系是单方向箭头，表示央行购买多少财政债券由央行决定，不由财政决定。

财政有两个工具，一个是税收，另一个是财政支出。税收的作用是为财政融资，也能影响到市场上货币流通数量。税收是顺周期实施的。当经济过热时，财政提高税收，回笼货币。当经济过冷时，财政减少税收。财政支出受税收约束，但允许适度的赤字或者盈余。财政支出是逆周期实施的。财政支出有维持经济增长和就业的责任。当经济紧缩时，财政提高财政支出，刺激经济增长，刺激就业增加。当经济过热时，财政降低财政支出，从而降低经济增长。财政通过税收和财政支出预防和治理通货膨胀。如果说，过去财政对控制通货膨胀的责任不强，现在我们有必要提高财政对控制通货膨胀的责任。

治理需求拉上或者经济过热引起的通货膨胀，采取"三紧"政策，紧投资，紧财政支出，紧货币发行，并且财政可提高税收。对成本推进的通货膨胀，要找到成本推进的源头，消除成本推进因素，央行也要控制货币发行，遏制这一通货膨胀发展。无论治理哪种通货膨胀，央行都要预期管理。

第四节　新通货膨胀理论特色

我们对比新的中国通货膨胀理论和现代货币理论的通货膨胀理论、原来的中国通货膨胀理论和货币数量论的异同。

在新通货膨胀理论框架中，央行是独立于财政的，央行掌握货币发行自主权，自主购买财政债券。央行是维持币值稳定的主要部门，自然也是管理通货膨胀的主要部门。这与货币数量论一致，与现代货币理论不一致。央行采用利率、准备金率和数量控制调控货币数量，现代货币理论不认同用利率调控货币数量。央行还采用宏观审慎政策控制房价。这与现代货币理论和货币数量论均不同。

在新通货膨胀理论框架中，财政虽可以有适度财政赤字，但仍要受税收约束，不能过分脱离税收水平。税收仍是财政的融资工具。这与现代货币理论不一致。但治理需求拉上或经济过热引起通货膨胀时，财政可以增加税收回笼货币，并减少支出。这与现代货币理论相同。财政不能过分盈余，这会导致财政潜力不能充分发挥。从经济周期看，经济下降阶段，可适度增加赤字，经济上升阶段，可适度减少赤字。这与第六章第三节部分提到的温和的周期赤字观点一致。

新的中国通货膨胀理论用综合价格指数测度通货膨胀，该指数综合了 CPI 和住宅价格。这与现代货币理论和货币数量论的通货膨胀测度指标不一样。尽管仍存在资产价格是否应成为央行调控目标的理论争论，但中国央行贯彻房住不炒的方针，实际上已经把稳定房价作为调控目标。

新的中国通货膨胀理论与货币数量论的最大不同之处是，引进了财政功能，不仅把财政赤字引进广义货币，更是整合了央行和财政职能，加强了央行与财政配合互动，充分发挥了两个部门的潜力，以便更有效治理和预防通货膨胀，共同维护经济稳定和金融稳定。

第五节　预期和不确定性影响

现代货币理论体系的一大漏洞，是无视公众的预期行为。在现代货币理论的论文中，看不到对预期影响的系统论述。现代货币理论还是 20 世纪 70 年代以前宏观经济理论不重视预期的传统。

在 20 世纪 60 年代以来的通货膨胀理论中，预期和不确定性占有重要地位，甚至是核心地位。这里为节省篇幅，我们不介绍预期和不确定性对通货膨胀的影响，传统通货膨胀理论对此有很多研究，可见李拉亚的《通货膨胀机理与预期》和《通货膨胀与不确定性》两本著作。

在我们建立的新通货膨胀理论框架中，我们同样重视预期和不确定性的重要作用。在本节中，我们仅研究预期和不确定性对新通货膨胀理论涉及的财政问题，以及货币与债务配置问题的影响。

一、预期和不确定性对财政理论的影响

我们的新通货膨胀理论框架涉及央行与财政。对央行而言，预期理论和不确

定性已经成为货币政策的核心内容。对财政而言，预期理论和不确定性研究十分薄弱。

其实，财政理论与预期的渊源要早于央行理论与预期的渊源。李嘉图等价定理是最早期涉及预期的理论。该定理认为，政府增加税收和发行债务对经济影响是等价的，对有理性预期的经济人而言，政府的债务是延迟的税收，预期政府今后会加税来偿还现在发行的债务，经济人为减轻将来付税压力，现在就会增加积累，因而对经济人的行为没有影响。后来的经济理论发展中，财政对预期的重视远低于央行对预期的重视。现在，有必要加强研究财政理论中预期和不确定性的作用。

Anzuini 等（2021）研究了财政政策的不确定性影响。该文导言第一自然段指出，经济理论表明，不确定性冲击在解释经济波动方面可能很重要；企业可能通过减少招聘和投资来应对日益不确定的环境；金融中介机构可能更不愿意贷款；家庭可能有增加储蓄倾向。经济不确定性有多种形式和多种来源。财政政策可能是经济的一个不确定因素。他们研究了一种测度财政政策不确定性的方法。

二、预期和不确定性对货币与债务的配置的影响

不确定性增加，本身就是风险增加。企业和居民面临不确定性增大的情况，会影响他们对未来预期的不确定，他们会变得更为谨慎，对自己的资产结构及其反映的风险进行调整。银行会减少信贷，企业会减少投资，居民会减少消费。企业和居民为了提高自己风险配置的稳健性，都会奉行现金为王的策略，以保证资金流不断裂为最优策略。他们不再追求资源配置最优，而是把追求风险配置稳健放在第一位，资源配置最优让位于风险配置最优。辜朝明（2008）认为，此时企业的利润最大化与风险最小化之间的平衡会偏向风险最小化，如优先投资转变为优先还债。

第六节　总　结

传统通货膨胀理论，是以央行及其发行的货币为研究对象的。我们研究的新通货膨胀理论，还以财政及其发行的债券为研究对象。新的通货膨胀理论的外延和内涵都发生了变化。

本章从财政角度扩展货币口径，把债务作为一个重要因素纳入通货膨胀理论

研究，重构新的通货膨胀理论框架，研究了央行和财政互相配合的几种情况，为央行与财政协调配合提供理论基础。

本章适度吸收了现代货币理论的一些观念，如财政可以帮助央行回笼货币，央行可以适度为财政融资，分析央行和财政资产负债表的关联，重视货币和债务的关系，把财政纳入通货膨胀理论框架。本章仍然坚持央行的相对独立性，坚持央行发行货币和购买财政债券的自主权，坚持财政支出要以收入为约束条件，不可过分扩大赤字并由央行买单。

本章总结了新通货膨胀理论的特色，分析了预期和不确定性对财政的影响，对居民和企业的货币与债务配置的影响。

本章建立的纳入财政和央行两大部门的新通货膨胀理论框架，为后面研究货币与债务的资源配置和风险配置，进一步研究央行和财政政策协调配合，提供理论基础。

第九章 货币和债务的资源配置

货币是央行的资源，债务是财政的资源。实现货币和债务的资源配置优化，需要央行和财政协调配合，共同承担实现目标的责任，分享协调配合的红利。这是对第八章新通货膨胀理论框架中央行与财政协调配合的深入研究，进一步夯实其理论基础。央行与财政协调配合的核心，是他们怎样安排货币与债务的配置，实现这一配置的优化。

第一节 已有的理论研究

在宏观经济理论教科书中，央行和财政是分离的两个孤立系统，没有央行和财政协调配合的内容。但经济理论界对央行与财政的协调配合研究可谓源远流长，在中国经济理论界尤其如此。这里我们只简要介绍。

在 1984 年，黄达（2009）系统论述了在传统计划经济体制下财政信贷的综合平衡问题。

李拉亚（1991，第 256～257 页，第 261 页）指出："宏观经济政策要协调配套，计划政策、物价政策、财政政策、金融政策均应协调起来，尽量减少政策手段之间的不相容性。""依照本书的理论，总需求扩张、经济过热、通货膨胀抬头时，宜采取财政、信贷双紧政策，必要时还要采取计划配给政策，以压下总需求；当总需求不足时，可采取放松配给和增加货币供给的政策；当出现预期陷阱时，则应采取财政政策。一般而言，金融政策对抑制总需求更为有效，而财政政策对刺激总供给更为有效。""因此，金融、财政政策的配合使用是重要的。"

李扬（2019）指出："要在总体宏观调控中加强货币政策与财政政策的协调配合，以期形成合力而非相互掣肘，从而清晰、准确地确定宏观政策的真正指向，并标示出其调控力度。"

贾康等（2020）对财政政策与货币政策协调配合做了理论综述及实践脉络介绍，指出了货币政策和财政政策对 IS-LM 模型中两条曲线的影响，"扩张性财政政策使 IS 曲线向右侧移动，紧缩性财政政策使 IS 曲线向左侧移动；宽松性货币政策使 LM 曲线向右侧移动，紧缩性货币政策使 LM 曲线向左侧移动。随着两条曲线受财政政策和货币政策影响而移动，均衡总产出水平和均衡利率水平随之变化"。

楼继伟（2021）指出：一个有效的宏观治理体系，在很大程度上取决于财政政策与金融货币政策的协同情况，需要防范"决策孤岛"，形成财政政策和货币政策有效配合的宏观治理体系，形成"1+1＞2"的体制和政策协同效应。作为财政部前部长，他的话反映了当前宏观调控要克服的问题，即央行和财政各自为政的问题。

第二节　货币和债务的效用

在现代经济理论中，货币已经引进到效用函数中。如果货币是有效用的，那么债务也是有效用的。怎样将债务引进效用函数，是一个值得研究的问题。

我们从宏观调控角度，用两个维度测度货币或者债务的效用。一个维度是，货币增长或者债券增长导致经济增长速度越接近潜在经济增长速度，货币或者债务效用越高。另一个维度是，货币增长或者债券增长带来通货膨胀越接近目标通货膨胀，货币或者债务效用越高。当货币增长或者债券增长不能带来经济增长，只带来超过目标值的通货膨胀时，货币或者债务效用值为负。

显然，我们定义的货币与债务的效用，与微观经济理论定义的效用不一样。微观经济理论定义的效用是针对一个人的感受，比如满足感、愉悦感等。我们的定义更像是测度货币与债务在实现宏观调控目标的作用。如果我们把宏观调控者抽象为一个人，如同把消费者抽象为一位代表性消费者，生产者抽象为代表性生产者，那么这位抽象为一个人的宏观调控者，当货币和债务的数量越能实现他的调控目标，他也就越愉悦，故而给他带来正效用，如果违背他的调控目标，就给他带来负效用。

我们定义的调控目标，是宏观调控的常用目标。新古典经济理论认为市场调节能够自己实现经济增长趋向潜在经济增长水平，宏观调控只要实现通货膨胀目标即可。新凯恩斯经济理论认为，市场调控难以实现经济增长趋向潜在经济增长水平，宏观调控需要实现通货膨胀目标和经济增长目标。我们采用的是双目标，即通货膨胀目标和经济增长目标。

现在的宏观调控，不仅要实现通货膨胀目标和经济增长目标，还要实现金融稳定目标。按照第二篇的分析，维持金融稳定目标本质上是维持宏观风险配置的稳健性。本章研究货币和债务在提高资源配置效率中的作用，故只限于通货膨胀目标和经济增长目标。

我们定义的效用，是为解释货币和债务配置的测度服务，是一种便于描述这一测度的思想语言，或者说，这还只是一种说法，还不是一种严格的具有效用函数的效用理论。建立这样一种严格的效用理论，还需更多和更深入的研究。

当然，我们可以不用"效用"这个词，而改用"效率"，从而避免理论上的纠缠。采用"效用"这个词，给未来理论发展留下了空间。"效用"是经济理论中的一个最为基础的概念，提出一种新效用概念，都需要长期深入探索。但提出一个新的问题，就有了一个开端，就可能打开新领域的大门。

第三节 货币和债务资源配置的测度

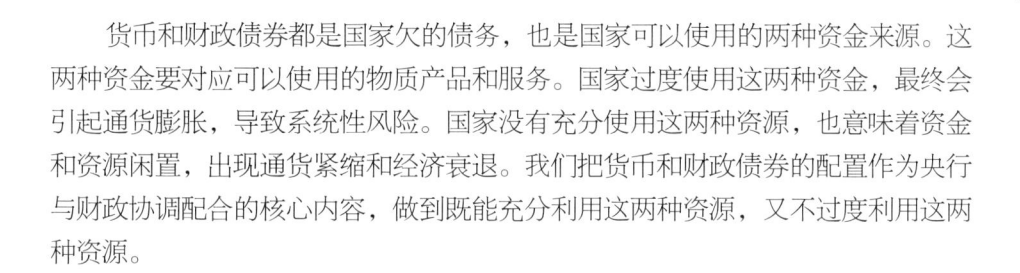

货币和财政债券都是国家欠的债务，也是国家可以使用的两种资金来源。这两种资金要对应可以使用的物质产品和服务。国家过度使用这两种资金，最终会引起通货膨胀，导致系统性风险。国家没有充分使用这两种资源，也意味着资金和资源闲置，出现通货紧缩和经济衰退。我们把货币和财政债券的配置作为央行与财政协调配合的核心内容，做到既能充分利用这两种资源，又不过度利用这两种资源。

一、测度方法

我们关心货币与债券配置，但为便于获得数据，我们测度货币与赤字配置。为了能定量研究货币与赤字配置，我们先建立测度这一配置的方法。有了测度方法，我们就能研究历史上这一配置的具体情况，发现存在的问题，寻找改进的方向，为这一配置的理论研究提供实证基础。

如果把货币和债券看成政府的两种资源，货币和债券的组合就是一种资源配置问题。从宏观调控角度对这一资源配置的效率评估（即效用评估）标准已经由本章第二节给出，即从两个维度或者两个目标测度货币与债务的效用。

因缺乏存量数据，这里我们使用流量指标代替存量指标。我们分别计算财政赤字比新增 M3，和新增 M2 比新增 M3，作为货币和债务的资源配置的第一种测度值，见第八章图 8-1。

我们分别计算新增 M2 比 GDP 名义值以及财政赤字比 GDP 名义值，作为它们配置的第二种测度值，见本章图 9-1。为了方便后面分析，我们在图 9-1 中加进了 GDP 增速。

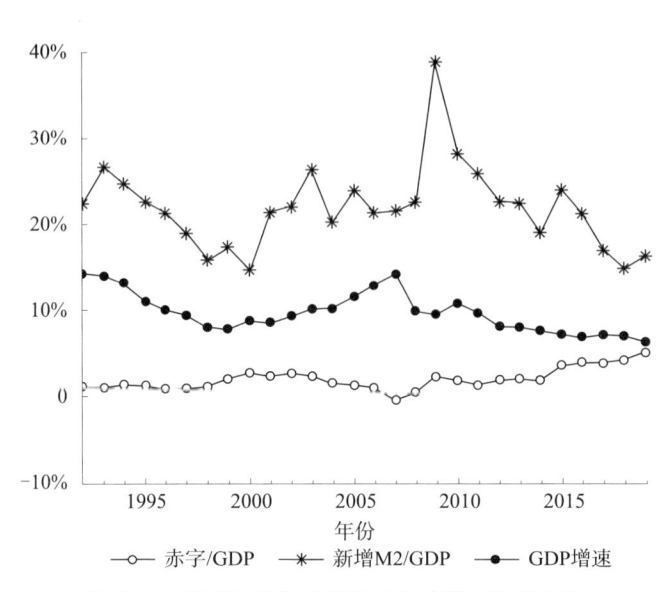

图 9-1　货币和债务的资源配置的第二种测度值

在图 9-1 中，赤字与 GDP 的比值波动较小，新增货币与 GDP 的比值波动较大。这也是这两大政策操作规则的一个特点。换言之，从不确定性角度看，财政的赤字政策不确定性较小，央行新增货币政策的不确定性要大一些。

有了测度货币和赤字配置的方法，还要有评价这一配置优劣的标准，二者结合使用，才有助于这一配置的理论研究。我们可以用本章第二节的货币与债务的效用作为理论分析工具。

宏观调控理论要求，经济增长速度尽量接近潜在经济增长速度目标，通货膨胀尽量接近通货膨胀目标。货币增速或者赤字增速越能实现这两个目标，其效率越高，越背离这两个目标，则效率越低。这是我们评价货币、赤字及其配置的效率标准。

我们也可以把这一标准用于货币、债券及其配置，或者用于货币、债务及其配置。毕竟，财政发行债券，理论关心债务，实证测度赤字。这几个概念各不相同，但理论上是相通的。因此，实际操作时，我们提债券；理论研究时，我们讲债务；实证分析时，我们用赤字。

当经济过冷时，债券效率高于货币效率。因为公众预期价格会进一步下降，持币待购，货币增长对刺激经济增长和通货膨胀的效率低。财政不会持币待购，债券增加带来财政支出增加，对刺激经济增长和通货膨胀的效率要高一些。

当经济过热时，货币增长对经济增长的刺激作用越来越小，对通货膨胀的刺激作用越来越大，货币效率也越来越小。如果此时财政向公众发行债券，回笼公众手中货币，并且财政不用这些货币，则债券增长会降低购买力，从而降低通货膨胀。两相比较，此时债券效率高于货币效率。

二、财政赤字规则和央行新增货币供给规则

货币和债务的资源配置的第二种测度值，为我们提供了工具，研究央行和财政的政策规则。这为研究货币和债务的资源配置变化提供了一个导向。我们可以依据经济增长，大致判断货币和债务的资源配置变化。

在近年来中国央行的货币政策制定中，存在一个货币供给经验规则，M2 增长率等于 CPI 增长率加经济增长率。这个规则表明，如果 CPI 增长率不变，经济增长率下降，M2 增长率也会下降，即 M2 增长率是顺周期的。在上面的测度中，我们可以看到中国央行的新增货币供给也是顺周期的。这是央行维持价格稳定的结果。

理论界对央行货币发行规则研究较多，对财政赤字和税收发行规则研究较少。李拉亚（2016a，第 245～249 页）研究过逆周期的税收规则。Mattson 等（2019）模仿货币政策的泰勒规则公式建立了一个财政政策的赤字规则公式，检验美国财政政策的历史数据是否吻合这个赤字规则。他们试图通过这个赤字规则指导制定财政政策，以实现稳定通货膨胀和最大化就业。那么，在中国财政的政策制定中，是否也存在赤字规则呢？

我们通过货币和赤字配置上述两种测度值的数据，可以发现，央行和财政安排货币和赤字时，均按照一定规则进行，体现了一定规律性。他们的规则各自独立，不存在协调配合，有时还与上述评价标准相违背，故有改善空间。

按照前面货币与赤字的效率分析，在经济周期谷底和谷顶，赤字效率高于货币效率，赤字与新增 M3 的比值上升能提高政策效率。由图 9-1 可见，GDP 增速在 1999 年达到谷底，在 2007 年达到谷顶，目前仍在下降过程中。在第八章图 8-1 中，1997 年以前，赤字与新增 M3 的比值比较平稳。1998 年至 2000 年该值明显上升，并达到谷顶。随后年份该值下降（在 2002 年有所反弹），在 2007 年达到谷底。2007 年后，该值一路上升（2011 年有所下降）。故该值在经济周期谷底达到了最高，符合提高效率要求，而在经济周期谷顶降到了最低，违背了提高效率要求。在 2007 年后，经济增速一路走低，赤字与新增 M3 的比值又一路走高，符合提高效率要求。新增 M2 与新增 M3 的比值，反向于赤字与新增 M3 的比值，这里不再赘述。

我们在前面指出，中国央行实行一条货币供给规则，M2 增长率大致等于 CPI 增长率加经济增长率。"大致"两字是为逆周期调控留下空间，如 2020 年针对新冠病毒感染疫情，央行把 M2 增长率提高到近 11%，比往年提高了 2 个百分点。这个规则表明，为维持 CPI 增长率不变，经济增长率下降，M2 增长率也会下降，经济增长率上升，M2 增长率也会上升，即在一般情况下，M2 增长

率是顺周期的。在特殊情况下，央行启动逆周期调控政策，M2 增长率才是逆周期的。

新增货币也存在同样的情况。图 9-1 中，新增 M2 与 GDP 的比值可以划分为三个阶段，1993—2000 年是下降阶段，从 2001—2009 年是波动上升阶段，2020 年后是波动下降阶段。作为对比，GDP 增速也有这三个对应阶段，只是每个阶段的开始年份和结束年份有点不同，并且波动幅度小。在经济周期的下降阶段的多数年份，新增货币 M2 比 GDP 的比值下降，在经济周期的上升阶段的多数年份，新增货币 M2 比 GDP 的比值上升，28 年中有 22 年央行遵循这一顺周期调控新增货币 M2 的规则，其他 6 年央行逆周期调控新增货币 M2，这六年分别是 1999 年、2004 年、2006 年、2009 年、2015 年和 2019 年。

在上面的测度中，我们可以看到也存在中国财政的赤字规则。图 9-1 中，GDP 增速下降的多数年份，赤字与 GDP 的比值上升；GDP 增速上升的多数年份，赤字与 GDP 的比值下降。28 年中，违反此规律的年份只有 1995 年、1996 年、2000 年、2001 年、2011 年和 2014 年。可见，大多数年份，赤字与 GDP 的比值是逆周期的。这是中国财政的赤字规则。其实这一规律也容易理解，中国财政支出拒下刚性很强，GDP 增速下降的年份，为了弥补财政收支缺口，自然就要增加赤字了。GDP 增速上升的年份，财政收入也相应提高，财政收支缺口相应较小，财政自然少发赤字。这一规律是财政满足自我收支平衡的需要。当然，这一规律也与财政逆周期调控意识相关。

第四节 货币和债券政策的协调配合

由于货币和债券都是政府的欠债，而政府的最大欠债量受通货膨胀约束。可以视为在这个约束条件下，以经济增长与潜在经济增长的缺口为最小作为目标函数，求两种资源的最佳配置问题。

我们可以用反映通货膨胀和经济增长的菲利普斯曲线作为分析货币和债券组合的参考线，见图 9-2。

图 9-2 的菲利普斯曲线通过 f 线和 g 线分为三个区间：经济增长低速区间，此时菲利普斯曲线斜率较为平坦，反映经济增长带来的通货膨胀很低，央行为刺激经济增长，也保持低利率水平；经济增长正常区间，菲利普斯曲线斜率有所提升，反映经济增长带来温和的通货膨胀，同时央行把利率保持在正常利率水平；经济增长过热区间，菲利普斯曲线斜率提升很快，反映经济增长带来很高的通货膨胀，同时央行为给经济降温，把利率上调到高利率水平。

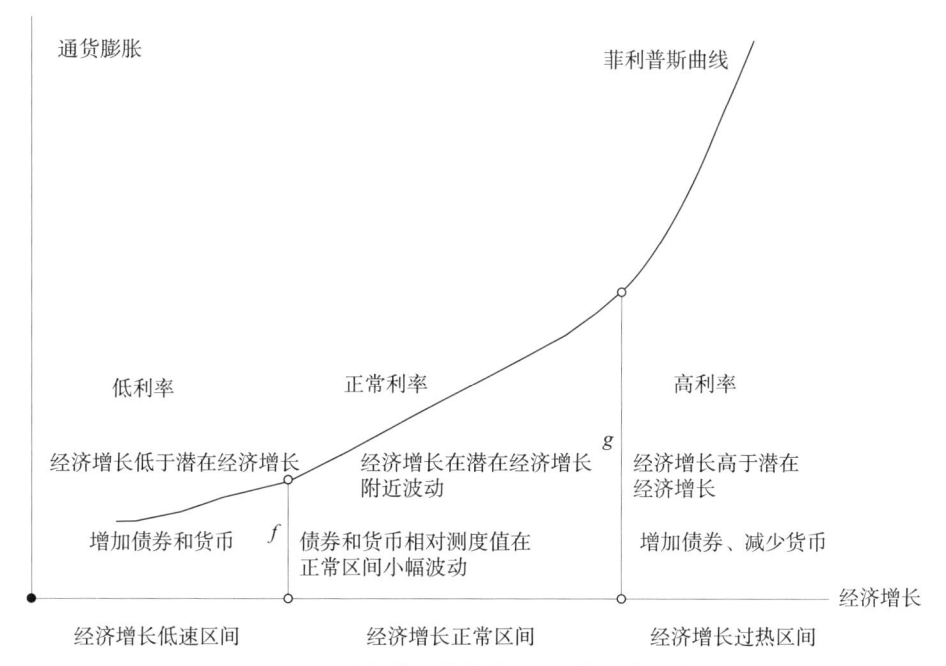

图 9-2 依据菲利普斯曲线配置货币与债务

依据我们对第七章图 7-7 的解释，不难得出图 9-2 的菲利普斯曲线形状。第七章图 7-7 实际上把图 9-2 所示的菲利普斯曲线与货币联系起来了。在第七章图 7-7 中，M 在 M_e 左右区间，对应图 9-2 中经济增长正常区间；M 在 M_{sup} 左右区间，对应图 9-2 中经济增长过热区间；M 在 M_e 左较远的区间，对应图 9-2 中经济增长低速区间。

我们强调，央行和财政要共同防范通货膨胀和促进经济增长，共同遵循货币与债券配置的评价标准，提高货币与债券配置效率。

为灵活配置货币与债券，理论上财政实行收支双期平衡原则，即一个时期赤字和债务余额均可高于国际通行的警戒线，即赤字与 GDP 的比值可以高于 3%，政府债务余额与 GDP 的比值可以高于 60%，下个时期赤字和债务要降下来。从两个时期汇总看，累计的赤字或者累计的债务余额与累计的 GDP 的比值要遵循国际通行的警戒线，从而保证债务规模不会失控。这也可以视为一种财政的周期平衡原则。

货币与债券的配置，防范通货膨胀风险是核心需求。刺激经济增长、维持经济增长或降低经济增长，也均要以通货膨胀水平为导向。要特别注意，M2/GDP、新增 M2/GDP 是宏观杠杆率指标，财政赤字/GDP 是部门杠杆率指标，它们反映的系统性风险均不是偿付不了债务的风险，而是可能引起通货膨胀的风险。正如现代货币理论说的，主权货币国家不存在还不起内债的问题。本文反映通货膨胀的综合价格指数不仅反映消费品价格，也反映住宅价格，而住宅价格是一种资产价格，可从一个方面反映系统性风险。货币与债券配置还需要防范其他系统性风险，这里因篇幅限制，不展开分析了。

在图9-2的经济增长低速区间，如果财政维持收支平衡，央行维持货币量与商品和服务量的平衡（表现为价格稳定），则这两个平衡没有实现资源最佳配置，因为经济增长仍处于潜在经济增长之下。这说明，每个局部的平衡虽能带来全局平衡，但并不是全局的最优平衡。从宏观经济学角度看，这是一种没有实现充分就业的均衡。维持这种均衡的货币与债券配置是低效率的，增加货币和债券可以提高效率。

依据前面关于货币与债券的效率分析，在经济增长低速时，债券的效率高于货币的效率，增发债券和货币不会带来通货膨胀，但能刺激经济增长。此时，财政可增发债券，赤字和债务余额均可突破国际通行的警戒线。同时，央行可以增发货币，公众把这些货币的一部分用于购买债券，起到为财政融资的作用，即央行配合财政。

注意在此区间，CPI低，但资产价格容易走高，会聚集资产泡沫风险。防范这一风险，主要依靠宏观审慎政策，而不是货币政策。央行还要实行低利率政策，降低财政发行债券的成本和企业、居民的融资成本，以刺激经济增长。

在图9-2的经济增长过热区间，经济增长超过潜在经济增长，接近或达到经济增长上限。央行增发的货币大部分或全部转化为通货膨胀。依据前面关于货币与债券的效率分析，在财政不提高支出的前提下，仍然是财政债券的效率高于货币的效率。因此，央行要减少货币发行，财政要增发债券但不提高支出，以提高货币与债券配置的效率。这是财政配合央行。此时，央行还要提高利率，财政发行债券的成本会升高。

在图9-2的经济增长正常区间，货币与债券的配置要回归常态，以避免挤出效应。财政发行债券并提高支出，导致政府占用资源增加，减少了民营企业的资源使用，对民营企业会产生挤出效应。在该区间，要安排好赤字和债券的降幅，以实现财政收支的双期平衡原则，并且通过经济总量扩展减轻债务的相对负担。

第五节 两大政策传导机制的问题

研究货币与债务的配置，需要研究货币政策与财政政策的传导机制。宏观的货币与债券配置，要通过货币传导机制和债券传导机制，传导到微观层次的居民和企业，影响到居民和企业的经济决策，影响到他们的货币与债务的配置，影响到他们的投资和消费，才能发挥作用。货币和财政政策的传导机制畅通不畅通，影响到货币和债务的效率，进而影响到资源配置效率。宏观的资源配置效率，要通过微观的资源配置效率来实现。

一、传统的传导机制理论简介

分析货币政策传导机制的文章很多，分析财政政策传导机制的文章很少。在国际经济理论文献中，我们能看到一些财政政策传导机制的论文，但没有看到关于财政政策传导机制的文献综述，也没有看到公认的财政政策传导机制的理论。李拉亚（1995，第329～331页）研究了财政政策的传导，简要分析了税收政策、国债政策的传导过程，研究了这些政策影响企业和居民的资产组合，从而影响商品市场和资本市场。他研究国债传导时，分析国债对银行资本组合的影响，从而影响到银行的货币供给，由此再由银行系统传递下去，影响到商品市场。

通俗地讲，央行发行货币，到这些货币到达经济人手中并用于投资和消费，这一个过程可称为货币的传导过程，影响这个过程的机制就是货币传导机制。比如利率机制、资产价格机制、信贷机制、资产负债表机制、信息机制、预期机制等，均影响到这一过程，均是货币传导机制的一种。2008年美国金融危机后，非常规货币政策登上舞台，对非常规货币政策的传导机制研究也随之展开，可见伍桂等（2013）的文献综述介绍。

李拉亚（1995，第317～319页）以资本组合为中心，对凯恩斯经济理论和弗里德曼货币理论的传导机制理论做了简要介绍，并从信息混淆与滤波角度对理性预期理论的传导机制理论做了介绍。"对凯恩斯学派而言，中央银行增加货币供给，意味着中央银行会购买更多的证券，这导致经济人资产组合中现金增加，资产组合偏离了原来的均衡点。于是，经济人会重新组合他们的资产，以求达到新的均衡。在风险未变的情况下，经济人会购买更多金融资产。这会驱使金融资产价格上升，从而鼓励企业发行新股票，购买更多的实物资本，于是影响到资本市场。这是凯恩斯学派货币供给冲击的传导过程。""货币学派认为，货币供给增加后，家庭的原有资产组合均衡会破坏，家庭将购买更多的金融资产和实物资产，以达到新的资产组合均衡。这样，对货币学派而言，货币冲击会同时传递给生产者和消费者，同时影响资本市场和消费品市场。这与凯恩斯学派货币供给冲击仅影响到资本市场的传导机制不同。""理性预期学派绕过了资产组合这一环节，该学派认为货币对实际部门的影响，是以信心混淆和滤波为中介的。在存在信息混淆的情况下，如通货膨胀变化较大，货币增加不会对产出有影响。通货膨胀变化越大，菲利普斯曲线越垂直。"

李拉亚（1995，第303~305页）指出："投机资本出现，导致我国经济发生两个深刻的变化。""一是我国的消费者和生产者经济头脑更为复杂，预期意识、不确定性意识均大大增强，对冲击的反应更为敏感。""二是由于投机资本的存在，我国经济中的传导机制也发生了深刻的变化。""当投机资本出现后，传导过程便成为跳跃式的，贷款一增加，产出和价格立即就会做出反应。"这其实是一种预期传导机制理论。

二、中国传导机制的特点

当前中国货币传导机制的一个现象是，央行增发货币，难以到达非房地产行业的企业手中。另外，金融机构倾向于给房地产行业贷款，房地产行业负债严重，成为系统性风险的重要来源。这与房地产行业的抵押有关，房地产行业可以用在建的房子和地产向银行抵押贷款，也与前些年的房地产市场形势较好有关，房地产商买下地皮开工拿到预售证，就可以找中介公司卖期房回笼货币。货币过多地流向房地产行业，导致资源配置失衡。

当前中国货币传导机制的另一个现象是，金融机构倾向于贷款给国营企业，民营企业融资难、融资贵的问题难以解决。这与银行的问责机制有关：贷款给国营企业失败，责任较小；贷款给民营企业失败，责任较大。同时，对国营企业的风险控制较易进行，对民营企业的风险控制较难进行。特别对那些微型民营企业，商业银行均不愿意贷款，既劳神费力，风险又大。

当前中国财政政策传导机制的一个现象是，地方政府财政支出中用于各种科技园区的投资难以形成生产力，变成土地圈地后闲置，变成了隐性债务。地方政府的类似这类投资形成的隐性债务金融化，导致金融机构资金构成中风险资产比重增大。特别是，政府发行的债券，也基本被金融机构买走，财政债务金融化。中国财政政策效应被金融机构吸收。我们在第四章对这些现象做了测度。

应该指出，财政对企业的减税让利政策比货币政策来得直接有效。在2020年针对疫情的减税让利政策对帮助企业渡过难关起了作用。对企业的减税让利传导非常直接，立竿见影，没有货币政策传导那么迂回曲折。企业直接在自己资金流量表扣除减免的税利，也会对资产负债表的变化产生影响。这可以视为财政减税让利政策对企业的资金流量表和资产负债表产生影响的一种机制，有助于企业修复自己的资金流量表和资产负债表。

三、疏通传导过程的堵点

中国货币政策传导过程的堵点，主要体现在金融机构为规避风险不愿意贷款给民营企业，导致货币滞留在金融机构。这需要金融机构进行金融创新，寻找既能规避风险又能贷款给小微企业的新贷款方式。如浙江省政府设立的信保基金，由政府向银行担保，解决小微企业融资难、融资贵的问题。又如温州瓯海农商银行实行"农民资产授托代管融资"模式，解决了农村小微企业和农户没有资产抵押和没有担保情况下的贷款问题。这两种融资模式都有助于小微企业渡过资金紧缺的难关，也有助于疏通货币政策传导过程的堵点。

对企业的减税让利政策，直接让企业减轻负担，也是疏通财政政策传导过程堵点的一种有效方式。

四、引导货币流向

资本天然要追逐利润，货币天然会流向收益高、风险小的领域。中国房地产领域吸收了大量货币，与货币的这种天性分不开。央行可以采用信贷限额政策限制货币流向房地产，还可以采用其他宏观审慎政策限制货币流向房地产，如近年实施的三条贷款红线，规定了商业银行贷款给房地产和贷款给个人购房的比例，也规定了个人贷款购房的条件。

引导货币流向也可以和预期管理结合起来，让居民、企业和金融机构知道央行的抑制房地产泡沫的政策目标，自己规避将货币投向房地产领域。

第六节　防止货币和债务的挤出效应

现实生活的市场，并不是一般均衡理论所假设的那种完全竞争市场，会存在一些问题，如挤出效应问题。挤出效应体现在国进民退上，也体现在破坏代际平衡和阶层平衡上。他们的共同特征是，某个行业或者阶层占用过多资源，导致资源配置均衡遭到破坏，降低资源配置效率。

货币和债券的流向，其实也代表资源使用的方向。某个部门、行业、企业、阶层占用过多的货币或者债券，也意味着他们占用了过多资源。降低这些挤出效应，是提高资源配置效率的方式，是货币和债务配置要考虑的问题，也是央行政策和财政政策要考虑的问题。如果市场导致了挤出效应，那么央行和财政的政策就要限制挤出效应，如货币与债券配置要提防挤出效应。

一、国进民退的挤出效应

Mitchell 等（2016，第 14 章第 3 节）指出：产生挤出效应的一种观点认为，如果政府试图通过发行和出售更多的债券来借款，那么金融竞争就会推高利率。

高利率导致投资者和消费者不愿意借钱从而减少投资与消费。他们认为这种观点是错误的。"所有这一切意味着，没有理由期望财政赤字推高利率，因为利率（至少在到期结构的短期内）是由政策决定的。"日本长期以来财政赤字很高而利率很低。2008年美国金融危机后，美国也是如此。在中国，针对商业银行的正规渠道贷款，他们这一观点也是成立的。但在影子银行和民间融资中，利率由资金供需决定，增发债券会相应减少可贷资金，会推高影子银行和民间融资利率，从而产生挤出效应。

从银行角度看，我们可以假设政府的融资信誉高于国营企业的融资信誉，而国营企业的融资信誉又高于民营企业的融资信誉。银行更愿意贷款给政府，其次愿意贷款给国营企业，最后才愿意贷款给民营企业。因此，民营企业在银行贷款中处于不利地位，更依靠自身积累和社会融资求发展。银行增加贷款，更有利于政府和国营企业。政府发行债务，又压缩了银行的贷款空间，这进一步减少了民营企业从外部融资的空间，对民营企业融资产生了挤出效应。因此，在经济增长正常区间，政府不应增加债务，也不应过多增加货币投放，这会相对有利于民营企业发展。从目前情况看，民营企业发展对提高整体国民经济效益是有利的。这也是在经济增长正常区间，货币与债券的配置不做大的调整的一个重要原因。

二、非生产性开支挤出生产性开支

关于货币政策和财政政策的协调配合，货币与债务的配置，一个重要的问题是，它们导致的资源配置是生产优先的还是消费优先的。这既是一个动态优化问题，也是一个可持续性发展问题，属于代际平衡问题。

财政支出若用于生产性开支，可以产生收益，这类似于家庭投资。与家庭投资的不同点是，政府的公共投资收益不一定给政府带来收入。如政府对铁路投资，政府并没有从这一投资中得到足够的补偿，但铁路发展对国民经济发展带来了收益。财政支出若用于非生产性开支，则不会产生收益，这类似于家庭消费。因此，我们要把这两种财政支出区别对待。从长期看，财政支出若用于公共投资，并且能实现原定目标和效益，则目前的赤字可以由今后的收益弥补，这需要考虑代际之间的平衡，但也要以不引起通货膨胀为原则。

中国财政支出的一个重要方面是要用于公务员工资和其他编制内人员的工资，这是一笔庞大的支出，近年来，这笔开支增长速度很快。这一财政支出挤出了财政的公共投资，破坏了财政的可持续发展。此外，限制公款性消费，限制政府的楼堂馆所建设，也是防止这种挤出效应的方法。

三、高收入者利益挤出低收入者利益

货币和债务配置往往有利于高收入阶层，高收入者更容易借债，更能靠资本增长带来收入增长。低收入者更难借债，只能靠劳动收入。这一挤出问题导致总需求不足，资源闲置，资源配置效率降低。

我们在本书第十一章第四节建立了一个把消费者划分为高收入者和低收入者的 DSGE 模型，模型中引入了政府，政府对高收入者征税，把部分税收给低收入者，把部分税收用于公共投资。这个模型也可用于分析财政的传导机制。我们可以用这个模型分析税收和公共投资对消费和经济的影响。如给公共投资一个冲击，我们可以看到这个冲击对各个经济变量的影响。这是对传导结果的分析，尚不是对传导过程的分析。此外，从这个模型可以看到，我们前述提高资源配置效率的方法，是针对宏观层次的，消费者没有划分为高收入者和低收入者。一旦做了这样的划分，财政政策还可以进一步提高资源配置效率。同样，低收入者如能得到金融帮助，货币政策也能进一步提高资源配置效率。这属于阶层平衡问题。

货币政策也具有消除不平等的某些功能，当然它不如财政政策那么有力和直接。货币政策预防通货膨胀和经济衰退，均有利于低收入者。通货膨胀和经济衰退对低收入者危害最大，对高收入者的危害相对要小一些。

收入不平等是一个结构性问题，靠财政政策和货币政策不能从根本上解决问题。促进收入平等，可以减少资源闲置，增加资源配置效率。

四、房地产行业挤出其他行业

中国居民资产配置中房地产占有重要比重。商业银行对房地产贷款额已经超过对其他行业的贷款额。在争夺资金资源和其他资源上，房地产行业挤出了其他行业。

我们在第三章和第四章的测度中分析了居民还房地产贷款的压力，这种压力也挤出了居民的消费。这说明，一个国家过分依靠房地产行业，资源配置就存在问题。在人口出生率下降的情况下，这一问题更为严重。

房地产市场改革后，由于大城市房价上涨快，大城市居民拥有房地产的财产收入暴增，严重扭曲了收入分配功能，导致资产收入远超过劳动收入，加剧了居民财富的不平等。如同促进收入平等可以提高资源配置效率，促进财富平等也可以提高资源配置效率。

虽然货币与债券配置属于宏观层次，但对房地产有重要影响，当然，宏观审慎政策对房地产的影响更大、更直接。如低利率就有助于刺激泡沫发展。政府增加赤字也刺激房地产发展。因此，货币与债券配置还要与宏观审慎政策结合起来，才能更好地发挥作用。

第七节 总 结

本章从宏观调控角度，研究货币与债务各自的效用，定义货币与债务的效用取决于经济增长速度与潜在经济增长速度的位置，建立货币与债务资源配置的理论基础。

我们认为，在经济增长速度过于低于潜在经济增长速度时，增加债务和货币有助于刺激经济增长速度接近潜在经济增长速度，并且债务的刺激作用要大于货币的刺激作用。当经济增长速度过于高于潜在经济增长速度时，央行要降低货币增长速度，财政增加税收和债券但不增加支出，以降低购买力，这都有助于拉下经济增长速度，给经济增长降温，有利于降低通货膨胀风险。

我们发现，中国政府调控货币与赤字的基本规则大致是，在经济周期的下滑阶段，新增货币与 GDP 的比值是下滑的，赤字与新增 M3 的比值是上升的，赤字与 GDP 的比值是上升的。在经济周期的上升阶段，这些指标就反过来了，并且赤字与 GDP 的比值波动较小，新增货币与 GDP 的比值波动较大。新增货币数量是顺周期的，财政赤字数量是逆周期的。

尽管 2008 年美国金融危机时，金融衍生品闯下大祸，欧美国家发展出的庞大金融衍生品市场的正负效应仍值得我们研究。政府建立和发展金融衍生品市场，平常时期将一部分债务转化为金融衍生品，从而使这部分债务与偿付无关，类似于将一部分债务转化为股票。在金融危机时刻，央行和财政联手应对，央行借钱给财政，财政将购买的债券转换为金融衍生品或者股票，今后卖出这些金融产品并还钱给央行，可作为一种应对大型金融危机的思路。当然，这需要修改现行的法律才行。至于怎样防止由此带来的道德风险，已经脱离本章研究范围，需专门研究。

偿还积累的债务，根本出路还是要发展经济，经济规模变大了，经济效益提高了，就有了偿还债务和容纳债务的本钱。靠用货币发行偿还一部分债务，靠发展资本市场容纳或者转化一部分债务，均不是根本解决办法。此外，保持一定政府债务也是发展经济必需的，没必要把政府债务清零作为我们的目标，事实上也做不到。债务和货币均是中央政府可以应用的资源，也是企业和居民的净金融资产，关键是保持这两种资源配置合理有效，以及它们的风险配置稳健。这是央行和财政配合互动的理论基础。片面强调用增加税收和压缩财政支出的方法去化解债务问题，若影响到经济发展，是得不偿失的。

第十章 货币和债务的风险配置

央行发行货币，财政发行债券，不仅是资源配置问题，也是风险配置问题。财政发行过多债务，导致央行发行过多货币，会引发债务型通货膨胀风险，还会引发系统性风险。央行与财政协调配合，共同稳定价格，促进经济增长，并共同防范系统性风险。货币和债务的风险配置，已经成为宏观调控的核心问题。

第一节 宏观风险配置的核心内容

在一个开放的经济系统中，宏观风险配置的核心由货币、债务和外汇配置组成。在一个封闭系统中，宏观风险配置的核心由货币和债务配置组成。

一、宏观经济理论的薄弱环节

货币和债务是宏观经济理论的两个重点研究问题，但缺少能分析它们怎样影响资源配置和风险配置的理论框架。凯恩斯学派的 IS-LM 模型是一个早期的宏观经济理论框架，能分析货币市场、商品市场与劳动力市场的同时均衡问题，即分析了资源配置问题，但没有纳入财政债务，不能分析风险配置。现在的 DSGE 模型可以同时纳入财政债券和货币因素，但只分析利用这两种政策实现资源最佳配置，没有分析风险最佳配置。我们认为，分析财政与货币的理论框架，要能指导这两种政策怎样实现资源最佳配置和风险最佳配置。这是现在宏观经济理论的一大薄弱环节。

传统宏观经济理论只研究资源最佳配置。李拉亚（2016a，第 126 页）指出："原有的宏观调控理论既没有包含微观层次的风险配置内容，也没有包含宏观层次的风险配置内容。原有风险配置理论只研究了微观层次的风险配置问题，没有研究宏观层次的风险配置问题。我们现在强调系统风险和宏观杠杆率，就不仅要研究微观层次的风险配置，也要研究宏观层次的风险配置，特别要研究调控政策对风险配置的影响。研究宏观层次的风险配置，将对宏观经济理论、方法及其制度发展形成重大影响。"

现代货币理论把央行和财政的资产负债表合并为一张表，通过这张表研究货币和债务的资源配置问题，形成了一种研究财政债券与货币的理论框架。但是，现代货币理论没有意识到，通过这张表也可以研究货币和债务的风险配置问题。毕竟，资产负债表是分析风险配置的一种理论框架。现代货币理论没有把资产负债表作为分析风险的一种理论框架，自然也就没有宏观风险配置的概念，没有稳定金融系统的理论意识。

现代货币理论既通过财政收支来调控经济，又通过货币发行来配合财政政策，这就影响到宏观经济的风险配置。宏观经济风险配置若出问题，会出现系统性金融风险，这是现代货币理论不能忽视的一大问题，也是该理论的一大漏洞。防范系统性金融风险，央行有责任，财政也有责任，需要央行和财政联手防范系统性金融风险，毕竟债务问题严重影响到金融稳定。

二、影响宏观风险配置的因素

2008年美国金融危机后，经济学家们痛定思痛，总结出了导致美国金融危机的几大原因：一是7000亿美元次贷有3000亿美元出了问题；二是高杠杆，7000亿美元的次贷导致50万亿美元的金融衍生品出了问题；三是扑朔迷离的金融衍生品，让人看不清风险；四是评估公司错误评等级，误导了公众；五是政府救市不得力，雷曼兄弟垮台导致金融恐慌，使得危机迅速发展不可收拾，房市和股市同时崩盘；六是金融机构大到不能倒，政府不得不接管这些金融机构进行救助；七是美国政府放松了金融监管；八是房市和股市都出现泡沫，次贷出问题戳穿了这两个泡沫，而带杠杆的泡沫使问题更为严重。经济学家们也总结了经济系统的几大原因：美国居民储蓄率太低，产业空心化，出口逆差长期存在。这些原因均是导致美国宏观风险配置崩盘的因素。其中，最主要的因素是靠高杠杆推动的资产泡沫膨胀。

三、货币与债务协调配置是应对金融危机的重要手段

上面总结了导致美国金融危机的各种因素，怎样针对这些因素化解金融危机，是美国政策界当时的紧迫问题。应该说，危机爆发前，美联储和美国财政部反应迟钝，但危机爆发后这两个部门反应迅速，出台了一系列挽救危机的方案。美国财政部的7000亿美元紧急救援计划，美联储购买债券为财政提供资金，从而扩大其资产负债表规模，将货币和债务配置置于挽救危机的诸多政策的核心位置。可以说，货币和债务配置不仅是金融系统的压舱石，也是挽救金融危机的核

心工具，而美联储扩表是货币政策和财政政策的协调工具。

美国这次金融危机由次贷危机引起，美国约 7000 亿美元的次贷约一半出现了问题。美国财政部的 7000 亿美元紧急救援计划中，救援数额正好等于次贷数额，也有一定含义，即相当于美国政府把次贷全部买了下来，从起源上解决金融危机。这提振了市场信心，防止了市场预期的进一步恶化，从而稳住了宏观风险配置。由此也可以看到，预期对宏观风险配置的重要影响。传统宏观经济理论只研究预期对资源配置的重要影响，显然是不够的。我们还要加强预期对宏观风险配置影响的研究，弥补上宏观经济理论的这一薄弱环节。

第二节　货币和债务风险配置的理论分析框架

传统宏观经济理论研究稳定经济系统，现在需要跟上时代步伐，研究稳定金融系统。稳定金融系统，仅靠央行还不够，还需要财政参与，需要财政货币政策协调配合。第九章财政货币政策协调配合是稳定经济系统，实现资源最佳配置。本章财政货币政策的协调配合是稳定金融系统，实现风险最佳配置。换言之，我们要研究资源配置后面所隐含的风险配置。

一、以通货膨胀风险为核心

由本篇的主题，货币和债务的风险配置中，防范通货膨胀风险是核心，这是由通货膨胀这一约束条件决定的。货币和债务的风险配置，可在货币和债务的资源配置基础上加上通货膨胀风险即可。要特别注意的是，本篇通货膨胀不仅只反映消费品价格，也反映住宅价格，而住宅价格是一种资产价格，可从一个方面反映系统性风险。我们可在第九章图 9-2 的菲利普斯曲线基础上加上通货膨胀风险，作为研究货币和债务风险配置的基础，见图 10-1。

由图 10-1 可见，决定货币和债务风险配置是否稳健的决定因素，由经济增长处于什么区间决定。同样的债务和货币比例，当经济增长处于不同区间，它对应的风险是不同的，对应的通货膨胀预期也是不同的。

在经济增长低速区间，通货膨胀预期低，增加债务和货币，带来的通货膨胀风险低。但是也要注意，欧美国家在 20 世纪 70 年代出现过滞涨，即经济停滞和通货膨胀同时发生。因此，即使在经济增长低速区间，虽然可多发一些货币，也要有度，发得太多，也会引起通货膨胀。

图中标注：

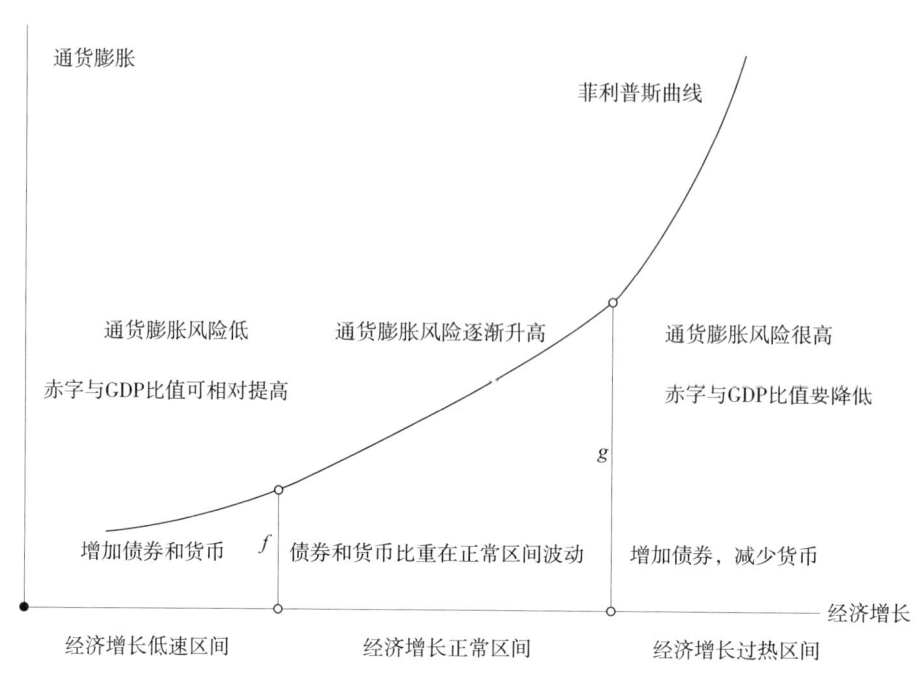

通货膨胀

菲利普斯曲线

通货膨胀风险低　　通货膨胀风险逐渐升高　　通货膨胀风险很高

赤字与GDP比值可相对提高　　　　　　　　　赤字与GDP比值要降低

g

增加债券和货币　f　债券和货币比重在正常区间波动　　增加债券，减少货币

经济增长

经济增长低速区间　　经济增长正常区间　　经济增长过热区间

图 10-1　货币和债务的风险配置

在经济增长低速区间，赤字与 GDP 的比值可以适度提高，只要增发的货币适宜，就不会引起通货膨胀。在该区间，即使赤字与 GDP 的比值大于传统警戒线 3%，只要赤字用于生产建设，形成优质的固定资产，可以直接或者间接提高今后生产能力，那么也是可以的。当然，财政提高了赤字，央行增发货币就要小心，尤要以不引起通货膨胀为原则。换言之，央行在二级市场买进国库券等财政债券，要看通货膨胀情况来决定购买数量。如果财政不能透支，央行又不增加过多流动性，财政向公众售出的债券就受到影响，在财政税收不增加的情况下，财政也不能增加多少支出，形成的赤字也就受到约束。因此，即使财政有心要提高赤字，也要和央行协商，需要央行增发一定的货币才行。

这里需要特别说明的是，财政赤字与 GDP 的比值不超过 3% 的警戒线，是一个从国际上引进的经验数字，有其道理。即使我们有必要遵循它，也要区分经济增长的区间。在一个经济增长周期中，经济增长低速时，可以突破这一警戒线；经济增长过热时，又可以降低这一比值，甚至出现财政盈余。在一个周期中，这一比值平均不超过 3% 就可以了。这样可以增加宏观调控的灵活性和针对性。这也是我们在第九章讲的财政收支双期平衡原则。

在经济增长正常区间，通货膨胀预期稳定，如果财政对公众增发债券，财政取得货币用于投资，因没有影响宏观购买力（购买结构会变化），不会带来通货膨胀风险。但财政也没有必要增加赤字，避免挤出效应。此时，央行增加货币会导致通货膨胀风险提高。毕竟，在该区间，经济已经恢复正常，无需财政和货币的刺激政策，财政和央行保持适中的政策就好。

在经济增长过热区间，通货膨胀预期提高，增加货币会急速增加通货膨胀风险，央行要降低货币增长率。财政增加税收，对公众增发债券，不使用所得货币，这降低了社会购买力，会降低通货膨胀风险。

我们建立的粘性预期理论，分析了预期和经济增速的区间关系，指出[①]："由于预期的粘性性质，在通货膨胀的初始阶段，货币增长对物价增长的冲击迟缓下来，出现一种市场繁荣、购销两旺、经济增长、人民收入增加的虚假繁荣局面。正因为这样，当经济步入通货膨胀轨道时，政府看到的是经济蒸蒸日上的景气现象，此时政府并不急于制止通货膨胀。""在通货膨胀发展一段时期后，预期将会粘在较高的水平上，它又起到阻止通货膨胀下降，并对通货膨胀上升起到推波助澜的作用。预期的这一作用，具有诱发滞胀的效应。当经济已经紧缩，货币增长速度已经降低时，由于预期一时下不来，物价不但不随货币减少而下降，反而会继续上扬一段时间。如果经济因严厉紧缩而出现衰退，而通货膨胀预期又居高不下，那么经济就会出现滞胀现象。1989年我国经济就经历了这么一段时期。""当经济进入谷底，预期也终于被拉下后，又会出现预期陷阱效应。此时，政府试图启动经济，增加货币投放，但多投入的货币都被预期陷阱所吸收，变为库存资金积压起来。消费者因较低的通货膨胀预期而倾向于增加储蓄，或持币待购，出现市场疲软。我国1990年经济就面临这样一种局面。"我们的这些分析结论在这里也是成立的。只是，1991年的分析只讲了货币投放，没有讲债券投放，但对债券投放也是适用的。如我们指出[②]："但是，在预期粘在较低水平时，直接采用财政政策更为有效。这就是增加政府投资和政府消费，依靠这两者的乘数作用直接刺激总供给增加。1990年政府启动经济时，前两次都是采取投放货币的方式，收效不明显。其关键在于公众预期粘在较低水平上，或者说陷入了预期陷阱。第三次启动采用财政政策，增加政府投资和政府消费，作用就明显一些。因此，金融、财政政策的配合使用是重要的。但是反周期的金融政策和财政政策也存在问题。货币供给对经济的影响需经过一段时间，这种滞后的时间长度受到预期影响，预期粘性的改变又是不确定的，这就可能发生时间错位反应。这可表示为，货币的滞后可能导致货币的刺激或抑制作用姗姗来迟，试图拉上总需求的货币扩张政策可能在总需求萎缩已经过去继而总需求扩张已经来临时才起到作用，这就起到刺激经济活动扩张的作用，加剧了经济的波动。这说明，本来是试图稳定经济的政策，可能适得其反，变成了加剧经济波动的政策。"在这段话中，我们已经提出金融和财政政策的配合的重要性，并指出了要注意防范预期粘性导致的政

[①] 李拉亚，1991，第240～241页。
[②] 李拉亚，1991，第260～261页。

策的时间错位反应。这也是我们对时间不一致性理论的一种贡献,即时间不一致性不仅可以由央行的态度变化引起,也可由预期因素导致。

二、风险承担

本书第四章介绍了易纲(2020)和李扬等(2020)分析风险承担的观点,他们从风险承担角度,给出了中国金融资产的风险配置,指出了风险在向什么部门集中,填补了宏观风险配置的空白。

从宏观风险配置看,我们有必要区分货币带来的通货膨胀风险和债务带来的通货膨胀风险。这也是我们扩大货币口径,把财政赤字计入 M3 的原因之一。

由前所述,在经济增长低速区间,财政和货币承担的风险是差不多的。在经济增长正常区间,央行承担的风险高,财政承担的风险低。在经济增长过热区间,央行承担的风险更高,而财政承担的风险低(假设财政扣除价格上涨因素后降低支出,至少不增加支出)。在横轴上,从左至右,央行承担的风险不断提高,财政承担的风险在经济增长低速区间和经济增长正常区间大致不变,在经济增长过热区间还会降低。

如果财政赤字过大,不能通过向公众发行债券来消化,而是需要央行增发货币来消化,那么,央行增发弥补财政赤字的货币带来的风险要由财政承担。财政要承担这部分责任。同样,这部分风险大小,也取决于经济增长处于什么区间。在经济增长低速区间,财政赤字大一点,带来的通货膨胀风险较低。在经济增长正常区间,若财政赤字增加,则央行增发货币,带来通货膨胀风险。在经济增长过热区间,若财政赤字增加,则央行增发货币,带来急剧增加的通货膨胀风险。

第三节 从金融周期角度考察货币与债务的风险配置

如果经济周期反映通货膨胀风险(也包含部分资产泡沫风险),则金融周期反映资产泡沫风险。前面,我们基于经济周期研究货币与债务的风险配置,要预防的重点风险是通货膨胀风险。现在,我们基于金融周期研究货币与债务的风险配置,要预防的重点风险是资产泡沫风险。

我们在本书第五章对金融周期计算方法做了简单介绍,反映金融周期的两个最为核心的指标,一个是广义信贷额,另一个是资产价格。因央行没有提供广义信贷额指标,又因我们试图把财政赤字引进金融周期分析,故这里用 M3 取代广义信贷额。这样,金融周期中就包含货币与债务配置的成分。资产价格也没有统一的指标，我们用商品房本年销售价格取代，这也反映房地产是最大的灰犀牛的实际经济背景。我们先计算这两个指标的增速，再采用平均值方法合并这两个速度指标，然后用 HP 滤波方法得出金融周期的长期趋势值，作为对比，我们也加上了经济周期长期趋势值，见图 10-2。

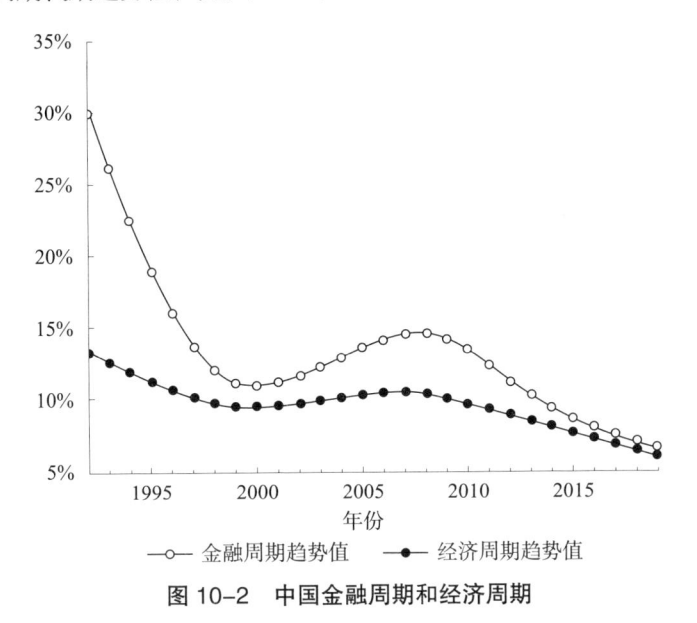

图 10-2 中国金融周期和经济周期

由图 10-2 可见，中国金融周期和经济周期变化非常同步，几乎同升同降，只是到达峰顶时间不太一致。经济周期在 2007 年到达峰顶，金融周期在 2008 年到达峰顶。因为两大周期基本同步，前面基于经济周期的货币与债务的风险配置的分析结果都能搬到这里来，不再复述。

金融周期也可划分为金融增长低速时期、金融增长正常时期和金融增长过热时期。如果通货膨胀风险发生在经济增长过热时期，则资产泡沫风险存在于金融周期的各个时期。在金融增长过热时期，资产泡沫更容易破裂。在金融增长低速时期，资产泡沫风险更容易积聚。因为我们采用的速度指标刻画金融周期，即使金融周期增速降下来，资产价格也已经很高了，资产泡沫风险仍然存在，只是不再发展。

Palley（2015）指出："虽然在经济活动疲软的时候，一般的价格通货膨胀是不可能的，但资产价格通货膨胀可以随时发生。"结合中国的实例看，目前经济增长和金融增长都是低速时期，利率相对较低，居民手中富余的钱倾向于购买房产，从而导致房产价格走高。如为应对新冠病毒感染疫情，央行不得不增发了一些货币，我们已经看到，房地产价格开始上升了。郭树清（2022）指出："目前，我国房地产相关贷款占银行业贷款的 39%，还有大量债券、股本、信托等资金进入房地产行业。""就当前风险而言，可以说，房地产是我国金融风险方面最大的

'灰犀牛'。"

房地产泡沫破裂的本质是房贷违约严重，并产生系列反应，导致银行风险配置失控，从而导致金融危机。2020年新冠病毒感染疫情发生后，各级政府的债务都在增加，还债违约风险也在增加。地方债务与房地产泡沫联系密切，一个出问题会导致另一个出问题。这两个问题并发，足以导致金融系统崩溃。如果这一问题真的发生，为了防止金融系统崩溃，央行不得不承担起守夜人的角色，增发巨量货币以缓解银行和政府的钱荒。这会导致恶性通货膨胀，也会恶化央行资产负债表的稳健性。当然，衡量央行资产负债表稳健性的主要指标是通货膨胀风险，可以通过央行货币和信贷等指标推算。央行不存在还不起内债的问题，但存在能否控制住通货膨胀的问题，能否维持金融系统稳定的问题。

因此，现阶段财政增加债券发行，把债券收入直接用于实体经济，限制货币投向房地产领域，是有必要的。这既能刺激经济发展，又能控制资产泡沫带来的系统性金融风险。

第四节　新增 M3/GDP 名义值

在本书第五章第二节，我们把宏观杠杆率作为测度系统性风险的一个指标，作为央行双支柱调控框架反映最终目标的指标。对央行而言，能够控制的是 M2，因此央行可以把 M2/GDP 名义值作为宏观杠杆率。对财政而言，全社会债务余额/GDP 名义值作为宏观杠杆率。但是企业债务和居民债务并不受财政控制，财政能控制的是财政债券发行。我们认为，对央行和财政而言，可以把 M3/GDP 作为宏观杠杆率。

本书第九章图 9-1 显示了新增 M2/GDP 名义值的变化，作为一个反映货币与债务资源配置的绝对值指标。这里，我们把新增 M3/GDP 名义值作为宏观杠杆率指标，这是一个流量比流量的指标，能比较敏感地反映系统性风险问题。新增 M3 中，当年赤字可由财政控制，当年新增 M2 可由央行控制，该宏观杠杆率可控性强，同时也反映了货币与债务配置的内容。如果是存量比流量，则宏观杠杆率还受过去影响。图 10-3 反映了新增 M3/GDP 名义值的变化。

由图 10-3 可见，1993 年新增 M3/GDP 名义值的比值达到谷顶，是当时政策追求经济增长速度的结果。到 1998 年，这个值达到谷底，是政府治理通货膨胀收紧货币政策的结果。2003 年，这个值达到谷顶。2007 年，该值又达谷底。2009 年这个值最高，是当时应对美国金融危机的结果。2014 年，该值达到谷底。2015年这个值上升较多，2016年至2018年这个值在下降，2019年这个值有所上升。

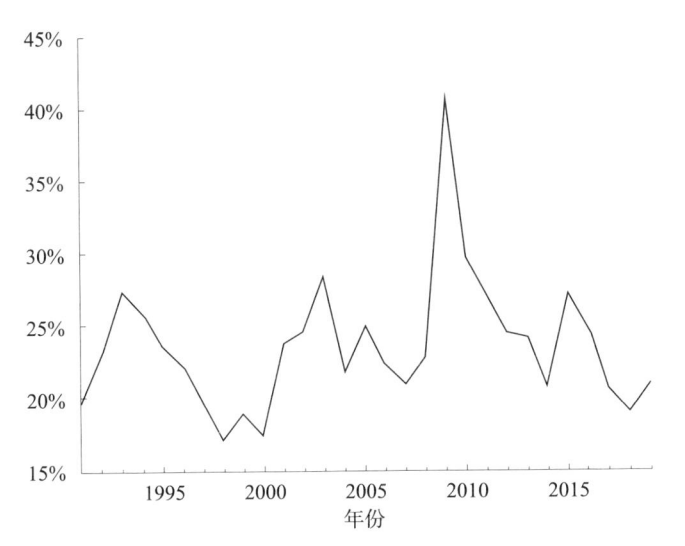

图 10-3　新增 M3/GDP 名义值

本书第九章图 9-1 描述的新增 M2 与 GDP 名义值的比值也可以仿照上面做类似分析，这里为节省篇幅省略。

第五节　不引起债务型通货膨胀的安全区间和安全操作

本书第七章第四节最后一段分析了历史上不引起需求拉上的通货膨胀的 M2 增速和 GDP 增速的安全区间，即 M2 增速低于 15%，GDP 增速低于 9%。现在我们分析不引起债务型通货膨胀的安全区间，即因弥补财政赤字导致货币多发，但不引起通货膨胀的 M3 增速和经济增长增速的安全区间。这样，我们可以回答现代货币理论没有回答的问题，货币置换债务不引起债务型通货膨胀的安全边界在哪里。

一、债券发行的安全区间

我们把历史上赤字与新增 M3 的比值和综合价格增长速度的数据用散点图表示，见图 10-4。

在图 10-4 中，赤字与新增 M3 的比值超过 7% 的那些值对应的综合价格增长速度值均在 5% 以下。赤字与新增 M3 的比值小于等于 4% 的那些值共有 10 个，其中 7 个对应的综合价格增长速度值在 5% 以上。可见历史数据显示，赤字与新增 M3 的比值较大的那些年份，综合价格增长速度较低。

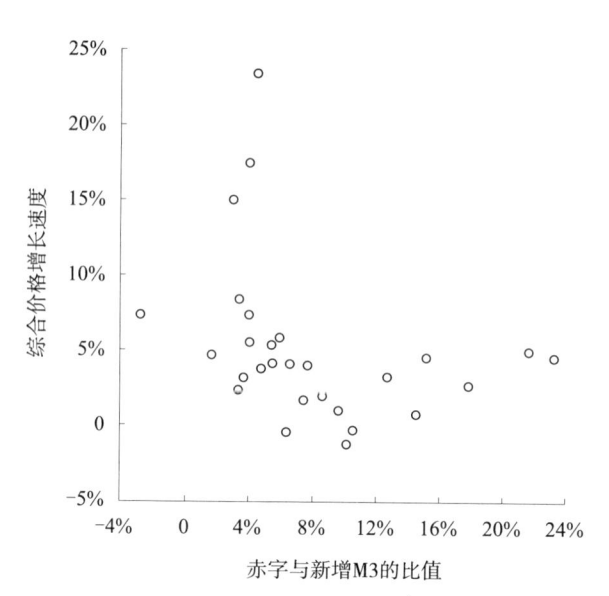

图 10-4 货币、债务配置与通货膨胀

我们再看赤字与 GDP 的比值和综合价格增长速度的关系,见图 10-5。

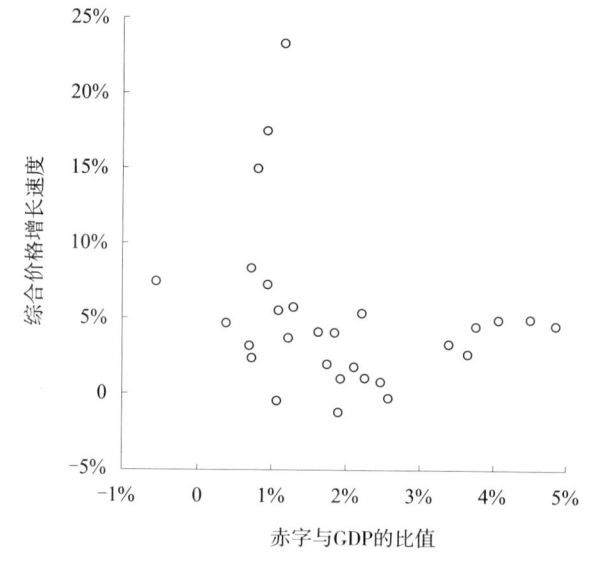

图 10-5 赤字与 GDP 的比值和通货膨胀

在图 10-5 中,综合价格增长速度小于 6% 的值,对应的赤字与 GDP 的比值大多数大于 1%。这说明,赤字与 GDP 的比值较大的那些年份,综合价格增长速度较低。

由图 10-6 可见,综合价格增长速度大于 8% 的年份是 1992 年至 1996 年。此外,在 2004 年、2007年、2009 年、2011 年,综合价格增长速度大于 5%。综合价格增长速度大于 5% 的年份，GDP 增速均大于 9.4%，在或者接近在经济增长过热区间内（以经济增长速度 10% 为界线）。在这些年份，赤字与 GDP 约比值及赤字与新增 M3 的比值均不高，只有在 2009 年这两个值高一些。2015 年以来，这两个值持续上升，对应的综合价格增长速度有所上升，但均在 5% 以下。这说明，2015 年以来财政赤字上升没有对通货膨胀形成推力。

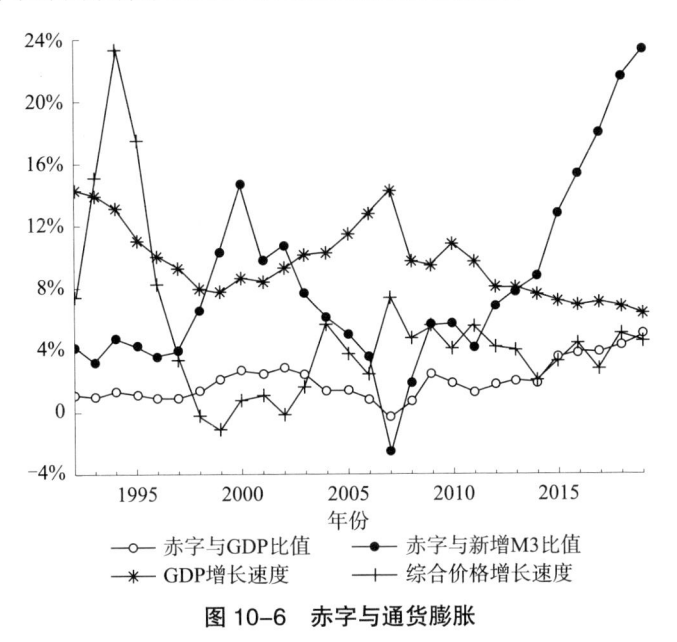

图 10-6　赤字与通货膨胀

在解释图 10-1 时，我们分析在经济增长低速区间内，赤字对通货膨胀的推力不明显。图 10-4 和图 10-5 证实了这一点，并且这两张图还显示，在经济增长正常区间内，赤字对通货膨胀的推力仍然不明显。在图 10-6 中，1999 年左右是经济增长的一个低谷。在这个低谷，赤字与新增 M3 的比值和赤字与 GDP 的比值都很高，但综合价格增长速度也在低谷。

因此，我们可以说，只要不在经济过热区间，赤字增加不会对通货膨胀形成推力。如果赤字发行过多，导致货币发行过多，则货币增加会推动通货膨胀上升。因此，债务型通货膨胀归根结底还是货币多发引起的通货膨胀。

二、货币发行的安全区间

第七章第四节分析了历史上不引起需求拉上通货膨胀的安全区间。本小节结合分析债务型通货膨胀的需要以及图 10-4 继续分析这一问题，并且仍用 M2 这一口径。

20 世纪 90 年代，M2 增速曾经很高，这导致 15% 以内的 M2 增速还能保持物价平稳的假象。稳健起见，我们采用1997年以来的数据重新计算，得到图10-7。

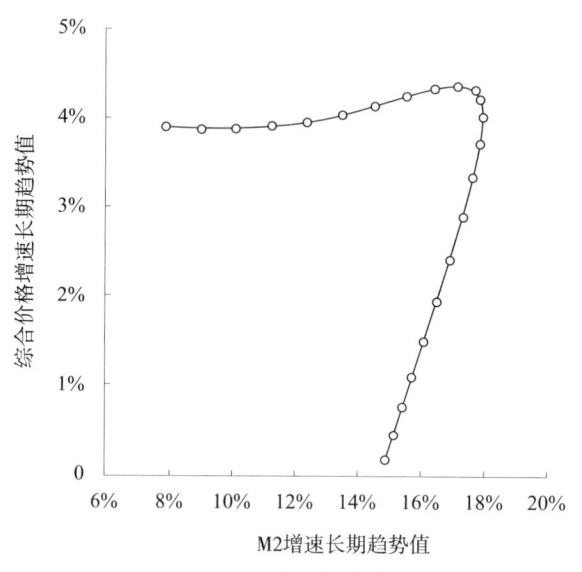

图10-7 1997来M2增速与综合价格增速关系

图10-7有两个分支，一个是上面的横线，另一个是向右上方倾斜的竖线。竖线表示1997年至2007年综合价格增速趋势值上升较为明显。横线分支显示2008年以来，M2增速长期趋势值是一路下滑的，但综合价格增速长期趋势值较为平稳，这主要是这些年房价上升所致。而这些年政府对房价采取了控制手段，否则，房价上升程度更大。依据横线，我们看到，2013年至2019年，M2增速长期趋势值从14%下降至8%，综合价格增速趋势值稍微下降至3.9%，相当平稳。

从图10-7可以看到，M2增长率超过14%会带来两种类型的通货膨胀上升压力：一种是较为平稳型，另一种是急剧上升型。从图10-4可以看到，若新增加的M2用于财政支出的话，虽然财政赤字扩大，但不会提高通货膨胀上升压力。结合这两张图判断，若新增货币全部用于财政支出，则M2增速在14%以内不会提高通货膨胀上升压力。但为谨慎起见，也为避开急剧上升型通货膨胀而留有余地，我们定12%为M2的最高增长率。这是对用货币置换债券的一个较为安全的理论边界。

三、货币购买债券的安全区间

在本书第七章图7-5中，从历史上看，9%以下的经济增长保持了价格的平稳，低于9%的经济增长速度处于安全区间。在第七章图7-4中，接近9%的经济增长速度对应15%的M2增长速度。当然，中国经济经历了高速增长时期和M2增长高速时期，9%的经济增长界限和15%的M2增长速度界限作为安全区间上限，只能用于参考。但现在的经济增长远低于9%，M2增速也远低于15%。根据各种情况判断，新冠病毒感染疫情期间经济处于过冷区间。因此，在这些条件下，提高M2增长率到12%，用新增货币购买财政债券，财政增加赤字，不会导致债务型通货膨胀。

　　假设央行在二级市场用全部新增货币购买财政债券，即新增货币全部用于财政支出，新增财政支出只用于支持企业营运和新基建。因国内产能过剩，需求不足，新增财政支出能消耗过剩产能，刺激需求上升，促进供给增加。从需求侧看，这不会带来生产资料价格上升。新增财政支出主要不用于居民，对房价、粮价和肉价冲击小。这两个理由是对上面安全区间的一个逻辑解释。如果新增财政支出的一部分用于维持粮价和肉价稳定，那么上述理论区间就更为可靠了。由于疫情带来的居民消费低迷，即使新增财政支出的一部分用于消费券，刺激居民消费，上述理论区间也仍是安全的。

　　疫情时期，若央行把新增货币用于延缓企业还贷，也不会带来通货膨胀上升压力。这与上面增加财政支出不会带来通货膨胀上升压力的理由相同。并且，这有利于防止财政的挤出效应。因此，当前新增货币可一部分用于财政支出，一部分用于延缓企业还贷。央行和财政可协商安排新增货币各自的使用比例。

　　依据上述安全区间，央行和财政联手调控还能挖掘出进一步刺激经济增长的潜力，即央行还可以增发货币，财政还可以增加赤字。2020年11月末，M2余额为217.2万亿元。假设2021年M2增长率预定11%，如果提高到12%，便可以增加约2.1万亿元的新增货币。若这笔新增货币全部用于财政，则中央财政能增加2.1万亿元的支出，对财政帮助不小。作为对比，2019年全国一般公共预算收入决算表中，全国一般公共预算收入决算数约为19万亿元，支出大于收入的差额的决算数为2.76万亿元。由上所述，央行也可以把这笔新增货币的一部分用于缓还企业贷款，也能起到刺激经济增长的作用。

　　尽管有了上述数据分析和逻辑解释支持我们的安全区间，但疫情带来的供给侧冲击可能出乎我们意料之外，如出现成本推动的通货膨胀。现实中，我们提高M2增长率还是要小心谨慎从事，稳打稳扎，走一步看一步。

　　上面提出的新增货币全部用于财政赤字和缓还企业贷款，继续坚持房住不炒的宏观审慎政策，继续平稳粮价和肉价，应是消除疫情带来的经济增长速度下降的有效措施。疫情结束，经济恢复正常，货币政策和财政政策均要恢复常规，M2增长率也应回落。

　　前面已经指出，央行的M2增长率和新增货币是顺周期的，是为维持价格稳定的需要。然而，央行调控又需要逆周期进行，经济增长下降时，央行需要多发货币，这就与稳定价格矛盾。上述安全区操作方法，也为央行能稳定价格的逆周期货币政策操作提供了一种方法。

四、货币与债务交换的安全操作

（一）在二级市场上交换

从宏观层面看，央行在二级市场购买债券，用货币置换债券，今后央行再售出债券，是减少债务违约并避免资产恶性贬值的一种方法。这是货币与债务交换的传统操作。这里，央行单独执行这一任务，没有与财政部门联手，由央行自己决定货币增长速度和经济增长速度是否在安全区间内。只要这两者均在安全区间，央行就可以购买财政债券，助财政一臂之力。这是一种用货币置换债务的安全操作方法，也是主流经济学家认同的方法。只要在二级市场央行拥有决定购买多少债券的权力，这一传统操作就是安全的。这一操作会影响企业和居民的资产负债表结构。

从二级市场这一操作看，这也是财政赤字货币化。当然，现代货币理论的财政赤字货币化是央行在一级市场购买财政债券。但两者的实质都是央行购买了财政债券，帮助财政弥补赤字。

（二）在一级市场上交换

现代货币理论要央行在一级市场购买财政债券，那么央行要与财政联手决定货币换债券的工作。或者说，财政要央行购买多少债券，央行就必须购买多少债券。这里，由财政来判断经济增长是否在安全区间，充分就业是否已经实现。主流经济学家都不认同这一操作方法，认为会导致通货膨胀，是一种不安全的操作方法。

我们认为，安不安全本质上是由谁决定购买多少债券的问题，而不是一级市场或者二级市场购买债券的问题。如果由央行决定购买多少债券，即使在一级市场上购买，也是安全的，而且购进成本更低。至于央行是在一级市场还是二级市场购买财政债券，从理论上看，并不重要，从实践上看，有一个法律和制度问题。当然，央行在一级市场购买债券和在二级市场购买债券，对经济的影响机制不一样。

如果央行决定在一级市场购买财政债券的数量，则央行的资产负债表变动直接影响财政资产负债表变动，但不会影响企业和居民资产负债表。央行仍掌控了货币发行权力，不会导致通货膨胀问题，财政负担债息也能减轻。

如果由财政决定央行在一级市场购买财政债券的数量，则财政的资产负债表变动直接影响央行资产负债表变动，但也不会影响企业和居民的资产负债表。但央行丧失了发行货币数量的控制权，会导致通货膨胀问题。

上面分析表明，央行在一级市场购买财政债券，只要由央行决定购买多少财政债券，就没有问题。但实际中，一旦开了这个先例，就有越演越烈的可能，后果是严重的债务型通货膨胀，不到万不得已，还是不要走出这步为妥。

简言之，货币置换债务的安全操作，不在于是在一级市场上还是在二级市场上，而在于 M2 增长速度和经济增长速度是否在安全区间，特别是央行要能自主决定购买多少财政债券。至此，我们回答了现代货币理论没有回答的问题，即给出了上述安全区间，在此区间内，货币置换债务不会引起债务型通货膨胀。

尽管债务型通货膨胀本质上仍是货币多发带来的通货膨胀，但其风险来源和风险责任均在财政一方，不在央行一方，故划分债务型通货膨胀还是有必要的。

（三）货币置换债券的新思路

2008 年美国的 7000 亿美元财政紧急救援计划，直接将有问题的金融机构债转股，危机过去后把股票售出，不但没有亏本，还赚了钱。这是一种处置债券的新思路。我们可以把这一新思路进一步发展为央行借钱给财政部门，财政用这笔钱购买企业和地方政府债券，并转换为金融衍生品或者股票，今后财政售出金融衍生品或者股票，还钱给央行。这些钱并没有直接用于购买商品，不会冲击市场，引起通货膨胀。这些钱不过是在出现危机时挽救有问题的企业和地方政府，使之不至于破产。因此，这些钱也是较为安全的，也是一种较为安全的操作方法。

当然，这一操作有道德风险问题。因此，对那些需要政府救助的企业，他们的责任人必须承担应有的责任和接受相应的惩罚，该企业也应承受相应的惩罚。美国处置 2008 年金融危机，没有解决道德风险问题，接受救助的企业领导人没有受到相应的惩罚，为今后金融风险留下隐患。

我们可以考虑上面提到的新思路，即由央行提供资金，借给财政部门。财政部门用央行借给的钱购买企业和地方政府有问题的债券，并把它们转变为金融衍生品或者股票，在经济形势好转时售出，然后还钱给央行，央行恢复自己资产负债表的稳健性。在疫情时期，这也是一种保企业的较为安全的方法。

在金融危机时刻，采用这种思路，突破 3% 的财政赤字警戒线有了更充足的理由。因为从长远看，经济形势一旦好转，财政低价收购的债券可以按正常价格售出，所获得收益可以弥补赤字。央行增发的货币也没有直接冲击商品市场，不会引起通货膨胀，企业和地方政府出售债券后，所获得的钱用于改善自己的资产负债表，努力还债，维持自己的最低开支，并且还要在经济好转时尽量赎回这些金融资产。这一思路既可缓解危机时的通货紧缩，又可避免未来的通货膨胀风险。因为央行借给财政的货币将会还给央行，不会对未来的市场形成冲击。当然，这一思路有违当前的法律和制度，要修改法律和制度才行。

第六节 总 结

货币与债务的风险配置不仅是宏观风险配置的核心内容，还是稳定金融系统的压舱石，是挽救金融危机的重要工具。传统宏观经济理论把货币和债务作为两个平行系统予以研究，不重视它们之间的交叉研究，更没有意识到它们的配置对宏观风险配置的重要影响。传统的通货膨胀理论，重视央行发行的货币数量，忽视了财政发行的债券数量。本章对货币与债务的风险配置的研究，也为研究通货膨胀理论提供了新的基石，充实和深化了第八章的理论内容。传统宏观经济理论只重视预期对资源配置的影响，忽视了预期对风险配置的影响。传统宏观经济理论的这些薄弱环节，是我们改进和创新宏观经济理论的地方。

货币与债务的风险配置建立在它们资源配置的基础之上，即建立在菲利普斯曲线的基础之上。在经济增长速度过于低于潜在经济增长速度时，增加货币和债务不会带来通货膨胀风险，并且增加债务有助于防止货币脱实向虚，防范资产泡沫风险。本章基于金融周期进一步研究了资产泡沫风险，提出当前增加财政支出，把资金用于实体经济领域，防范货币过多流向房地产市场，有助于预防资产泡沫带来的系统性金融风险。

我们发现，只要不在经济过热区间，债务本身不会引起通货膨胀，用新增货币偿还债务才有可能引起债务型通货膨胀，故债务型通货膨胀归根结底还是货币多发引起的通货膨胀，但其风险是财政带来的，其责任也应由财政承担。因此，从区分风险来源和风险责任的角度看，划分出债务型通货膨胀还是有必要的。财政和央行需要联手应对债务型通货膨胀。央行增发货币购买财政债券要有限度，要以不引起通货膨胀为原则。特别是，央行要掌控货币发行的自主权。财政支出要受收入约束，只能安排适度的赤字。

第四篇

4

宏观调控的跨期动态优化

本篇研究宏观资源配置和宏观风险配置的动态优化，研究跨期动态优化及其涉及的跨周期调控问题，对背后的经济理论进行分析，并上升到哲学和数学层次思考。本篇的研究试图为跨周期调控奠定动态优化的理论和方法基础。

第十一章　宏观资源配置和风险配置的动态优化

本章比较马克思再生产图式与 DSGE 模型，建立马克思再生产图式的动态优化模型，从消费优先角度分析了两大部类配置的动态优化。本章采用 DSGE 模型分析了税收和政府投资对资源配置动态优化的影响。然后，本章引进不确定性和阿罗证券，研究消费者跨期消费动态优化及相应的风险配置问题。

第一节　马克思再生产图式与 DSGE 模型比较

从马克思再生产图式蕴含的经济关系，可以推广出很多深刻思想，如跨期最优思想，这超出了马克思那个时代经济学家们的认识。这是后人可以继续开发的宝贵资源，是马克思经济理论生命力的一大源泉。毕竟资本家追求剩余价值最大化是马克思经济理论核心思想的一部分，把资本家追求剩余价值最大化引入跨期最优是顺理成章的事。

跨期最优思想由拉姆齐（Ramsey）在 20 世纪 20 年代研究最优税赋时提出。中国社会科学院经济研究所李学曾研究员也独立提出了这一想法。作者的硕士生导师张守一研究员要求作者做硕士论文时采用数学模型实现这一想法。针对这一问题，作者的硕士论文研究成果见本章第二节和第三节。这两位学者的想法影响了作者的后续研究，成为作者几十年来孜孜不倦研究的内容。作者的每本专著，都有专门的章节研究这一内容。1991 年，作者用庞特里亚金（Pontryagin）方法研究了跨期最优货币投放问题。[1]1994 年，作者用随机最佳控制方法研究了治理通货膨胀时货币的跨期最优控制问题。[2]2016 年，作者用进化算法从动态最优角度研究了从众行为。[3] 本著作的第一篇采用动态博弈研究了非对称囚徒困境的优化问题，本篇将采用动态规划和 DSGE 模型研究动态优化问题。

跨期最优是经济的一种客观要求。从数学角度上看，马克思再生产图式可以采用跨期最优模型。DSGE 模型也是一种跨期最优模型。跨期最优模型的数学实

---

[1] 《通货膨胀机理与预期》第 11 章第 5 节。
[2] 《通货膨胀与不确定性》第 4 章第 5 节。
[3] 《宏观审慎管理的理论基础研究》第 14 章第 3 节。

质是一种系统动力学模型,属于自然科学领域。DSGE 模型最常用的优化方法是采用多期的拉格朗日方法,动态规划也是 DSGE 模型采用的方法之一。这些方法也可以用于马克思再生产图式。

稳定性概念,是马克思再生产图式与 DSGE 模型的共同概念,反映系统的稳定性。这个概念来自自然科学,不来自经济学。作者在 1984 年使用这些概念时,并没有接触到当时刚刚问世的 DSGE 模型,完全是从自然科学的概念中得到启发的。这个概念从一个方面描述了马克思再生产图式要顺利运转下去的条件。

DSGE 模型中有随机因素,马克思再生产图式没有包含随机因素,但可以包括进来。DSGE 模型中,随机因素一般作为一个随机过程,用于描述冲击发生对系统的影响。在研究风险配置时,我们把随机因素描述为状态,一个变量可以有不同的状态值,但只能取一个状态值。

在中央计划均衡的 DSGE 模型中,依据经济可行性条件,中央计划者进行跨期最优决策,消费者和生产者均不做决策,价格不起作用,不存在要素市场,也就不存在要素价格。这更符合马克思再生产图式的思想。

在中央计划中,存在消费优先发展和生产优先发展两种思路。对市场经济而言,一般时期是消费优先的,但在战争等特殊时期也可以生产优先。这两种思路均涉及资源配置问题。

马克思再生产图式采用社会总产品概念,DSGE 模型采用最终产品(有的 DSGE 模型加上中间产品)概念,两者没有本质区别。我们可以借用柯布-道格拉斯(Cobb-Dauglas)生产函数,同时坚持剩余价值理论,只有新增可变资本才能新增剩余价值。劳动力需要和固定资产搭配才能从事有效率生产,固定资产本身不创造剩余价值。

采用 DSGE 模型,从数学角度建立新古典经济理论、新凯恩斯经济理论和马克思再生产理论的统一框架是有可能的,但各自微观理论基础不同,对统一数学模型的经济理论解释也就不同。如怎样在马克思再生产图式中引进稳态概念,就是一个值得研究的理论问题。

国内外经济理论界有一些对马克思再生产理论与 DSGE 模型的比较分析文献[如武平平(2012)],也有一些结合马克思经济理论和 DSGE 模型研究经济问题的文献[如王艺明(2017)],这都有助于建立三种宏观经济理论的统一数学框架。

第二节　马克思扩大再生产图式的动态模型及稳定性分析

本节依据马克思扩大再生产图式中的假设条件建立其动态模型,有变动假设条件的地方,文中将特别指出。在马克思再生产图式中,国民经济划分为两大部类：生产资料部门称为第一部类，用Ⅰ表示；消费品部门称为第二部类，用Ⅱ表示。本节内容由作者的硕士论文给出，第一小节和第二小节曾发表于《数量经济与技术经济研究》期刊。

一、动态模型

为论述方便，我们先定义如下符号：$Ⅱ_c(t)$ 表示第Ⅱ部类第 t 年的不变资本的价值，$Ⅱ_{m2}(t)$ 表示第Ⅱ部类第 t 年的积累额，$Ⅱ_{m1}(t)$ 表示第Ⅱ部类第 t 年资本家的消费额，$Ⅱ_v(t)$ 表示第Ⅱ部类第 t 年可变资本的价值，$Ⅱ_g(t)$ 表示第Ⅱ部类第 t 年的产值；h 为剩余价值率。相应地，我们定义 $Ⅰ_c(t)$、$Ⅰ_{m2}(t)$、$Ⅰ_{m1}(t)$、$Ⅰ_v(t)$、$Ⅰ_g(t)$。

我们再定义

$$Y_{11}= Ⅰ_c(t) / (Ⅰ_c(t) + Ⅰ_v(t))$$
$$Y_{12}=1-Y_{11}$$
$$Y_{21}= Ⅱ_c(t) / (Ⅱ_c(t) + Ⅱ_v(t))$$
$$Y_{22}=1-Y_{21}$$

在马克思再生产图式中，Y_{11}、Y_{12}、Y_{21}、Y_{22} 均是常数。根据马克思再生产图式及以上定义有

$$Ⅱ_c(t) = Ⅱ_c(t-1) + Y_{21} Ⅱ_{m2}(t-1)$$
$$= Ⅱ_c(0) + Y_{21} \sum Ⅱ_{m2}(t) \quad (11-1)$$
$$Ⅰ_v(t) = Ⅰ_v(0) + Y_{12} \sum Ⅰ_{m2}(t) \quad (11-2)$$
$$Ⅰ_m(t) = h(Ⅰ_v(0) + Y_{12} \sum Ⅰ_{m2}(t)) \quad (11-3)$$
$$Ⅰ_{m1}(t) = Ⅰ_m(t) - Ⅰ_{m2}(t) \quad (11-4)$$

上面公式中求和 $\sum$ 是从 $t=0$ 至 $t-1$。
由马克思再生产的实现条件有

$$Ⅱ_c(t-1) + Y_{21} Ⅱ_{m2}(t-1) = Ⅰ_v(t) + Y_{12} Ⅰ_{m2}(t) + Ⅰ_{m1}(t) \quad (11-5)$$

把式（11-1）至式（11-4）代入式（11-5）中，不难得

$$Ⅱ_{m2}(t) = [(Y_{12}-1)/Y_{21}] Ⅰ_{m2}(t) + [(hY_{12}+1)/Y_{21}] Ⅰ_{m2}(t-1) \quad (11-6)$$

又由马克思再生产图式有

$$Ⅰ_g(t+1) = Ⅰ_g(t) + (1+hY_{12}) Ⅰ_{m2}(t) \quad (11-7)$$
$$Ⅱ_g(t+1) = Ⅱ_g(t) + (1+hY_{22}) Ⅱ_{m2}(t) \quad (11-8)$$

将式（11-6）代入式（11-8），则式（11-7）、式（11-8）可表示为式（11-9）：

$$\begin{bmatrix} Ⅰ_g(t+1) \\ Ⅱ_g(t+1) \end{bmatrix} = \begin{bmatrix} Ⅰ_g(t) \\ Ⅱ_g(t) \end{bmatrix} + \begin{bmatrix} 1+hY_{12} & 0 \\ \dfrac{-Y_{11}(1+hY_{22})}{Y_{21}} & \dfrac{(1+hY_{12})(1+hY_{22})}{Y_{21}} \end{bmatrix} \begin{bmatrix} Ⅰ_{m2}(t) \\ Ⅰ_{m2}(t-1) \end{bmatrix}$$

$$(11-9)$$

式（11-9）是一个差分方程组，式中需给定初始条件 $I_g(1)$、$II_g(1)$、$I_{m2}(1)$、$I_{m2}(0)$。这就是我们所建立的马克思扩大再生产图式的动态模型。这里可以看到，决定两大部类产值走向完全由第一部类的投资决定。

若第 I 部类积累额每年以固定比例 R 增长，即 $I_{m2}(t)=R\,I_{m2}(t-1)$，R 为大于零的实数。在此条件下，式（11-9）的解为

$$\begin{bmatrix} I_g(t+1) \\ II_g(t+1) \end{bmatrix} = \begin{bmatrix} I_g(t) \\ II_g(t) \end{bmatrix} + \begin{bmatrix} 1+hY_{12} & 0 \\ \dfrac{-Y_{11}(1+hY_{22})}{Y_{21}} & \dfrac{(1+hY_{12})(1+hY_{22})}{Y_{21}} \end{bmatrix}$$

$$\begin{bmatrix} I_{m2}(1) \\ I_{m2}(0) \end{bmatrix} \dfrac{R'-1}{R-1} \quad (11\text{-}10)$$

我们用马克思在《资本论》第二卷第二十一章所举的第一个扩大再生产的数例来检验式（11-10）。在这个数例中，$R=11/10$。若式（11-10）的基年与马克思数例中的基年一致，则有

$$\begin{bmatrix} I_g(2) \\ II_g(2) \end{bmatrix} = \begin{bmatrix} 6600 \\ 3200 \end{bmatrix} + \begin{bmatrix} 6/5 & 0 \\ -8/5 & 12/5 \end{bmatrix} \begin{bmatrix} 550 \\ 500 \end{bmatrix} \dfrac{R^1-1}{R-1} = \begin{bmatrix} 7260 \\ 3520 \end{bmatrix}$$

$$\begin{bmatrix} I_g(4) \\ II_g(4) \end{bmatrix} = \begin{bmatrix} 6600 \\ 3200 \end{bmatrix} + \begin{bmatrix} 6/5 & 0 \\ -8/5 & 12/5 \end{bmatrix} \begin{bmatrix} 550 \\ 500 \end{bmatrix} \dfrac{R^3-1}{R-1} = \begin{bmatrix} 8784.6 \\ 4259.2 \end{bmatrix}$$

我们看到，计算结果与马克思数例中的结果是一致的，并且计算方法十分简捷。若资本有机构成是可变的，令

$$d_{11}(t) = \Delta c_1(t)/(\Delta c_1(t)+\Delta v_1(t))$$
$$d_{12}(t) = 1-d_{11}(t)$$
$$d_{21}(t) = \Delta c_2(t)/(\Delta c_2(t)+\Delta v_2(t))$$
$$d_{22}(t) = 1-d_{21}(t)$$

这里 Δ 表示增量。$\Delta c_1(t)$ 表示第 I 部类第 t 年新增固定资本。其余符号可类推。

仿推式（11-9）的思路，可得

$$II_{m2}(t) = [(d_{12}(t)-1)/d_{21}(t)]\,I_{m2}(t) + [(hd_{12}(t-1)+1)/d_{21}(t)]\,I_{m2}(t-1)$$

$$\begin{bmatrix} I_g(t+1) \\ II_g(t+1) \end{bmatrix} = \begin{bmatrix} I_g(t) \\ II_g(t) \end{bmatrix}$$

$$+ \begin{bmatrix} 1+hd_{12}(t) & 0 \\ \dfrac{-d_{11}(t)(1+hd_{22}(t))}{d_{21}(t)} & \dfrac{(1+hd_{12}(t-1))(1+hd_{22}(t))}{d_{21}(t)} \end{bmatrix} \begin{bmatrix} I_{m2}(t) \\ I_{m2}(t-1) \end{bmatrix}$$

$$(11\text{-}11)$$

这就是列宁扩大再生产图式的动态模型。若令资本有机构成不变，式（11-11）就变为式（11-9）。

若令 $n_1 = I_c(t)/I_v(t)$，$n_2 = II_c(t)/II_v(t)$。则式（11-9）可表示为如下形式

$$I_g(t+1) = I_g(t) + [1 + h/(n_1+1)] I_{m2}(t) \qquad (11-12)$$

$$II_g(t+1) = [(n_2+h+1)/(n_1+h+1)][(h+1)/n_2] I_g(t)$$
$$- [1 + h/(n_2+1)](n_1/n_2)[(n_2+1)/(n_1+1)] I_{m2}(t) \qquad (11-13)$$

上式说明，第二部类的发展完全由第一部类决定，也就是说，只要知道上期第一部类的产值和第一部类的投资，也就决定了本期第二部类的产值。这实际上说明，两大部类可以合并为一个部类研究，即只考察第一部类即可。这为从现代控制论角度来研究马克思扩大再生产图式提供了基础，也为第二节的马克思再生产图式的 DSGE 模型研究打下基础。第二节是基于两大部类的合并进行研究的，即只考察第一部类的最优动态积累率。

二、稳定性分析

下面对马克思再生产图式做稳定性分析。我们先定义几个基本概念。

定义1：若马克思扩大再生产的实现条件能满足，即

$$II_c(t-1) + Y_{21} II_{m2}(t-1) = I_v(t) + Y_{12} I_{m2}(t) + I_{m1}(t)$$

$$I_g(t) > I_g(t-1)$$

$$II_g(t) > II_g(t-1)$$

成立，则称两大部类是平衡增长的。

定义2：若两大部类平衡增长，且有

$$I_{m2}(t) > I_{m2}(t-1)$$
$$I_{m1}(t) > I_{m1}(t-1)$$
$$II_{m2}(t) > II_{m2}(t-1)$$
$$II_{m1}(t) > II_{m1}(t-1)$$

对任意 t 恒成立，则称两大部类是稳定平衡增长的。

定义3：若两大部类稳定平衡增长，且两大部类的增长率相等并不变，则称两大部类是均衡增长的。

注意：这里定义的均衡增长与西方经济学中的均衡增长类似，但不完全相同。

定义4：若两大部类处于某种增长状态，在任意时刻 t，若对输入（积累额）存在着一个随机扰动，使输入的变动偏于原来状态，此时输出 $I_g(t)$、$II_g(t)$ 偏离原增长途径，当扰动消失后，$I_g(t)$、$II_g(t)$ 经过足够长的时间回到原增

长途径，则称两大部类此时所处的增长状态具有稳定性。

上面定义的平衡增长、稳定平衡增长、均衡增长都可看作增长状态。

定义 5：若经过充分长的时间后，则两大部类将处于某种不变的状态中，这种状态称为稳态。

我们可证明两大部类稳定平衡增长的条件为，在满足马克思扩大再生产的实现条件的前提下，当 R 为常数，并当 $1 \leqslant R \leqslant \min(1+hY_{12}, 1+hY_{22})$ 时，两大部类稳定平衡增长。这一证明可见我们的原文（李拉亚，1985），这里省略证明过程。在这篇文章中，我们也证明了在满足马克思的扩大再生产的实现条件的前提下，当 R 为常数，并当 $0 \leqslant R \leqslant \min(1+hY_{12}, 1+hY_{22})$ 时，两大部类平衡增长。我们还给出了马克思扩大再生产图式两大部类均衡增长的条件，并用马克思数例检验了运算结果，所得结果与我们的结论一致。

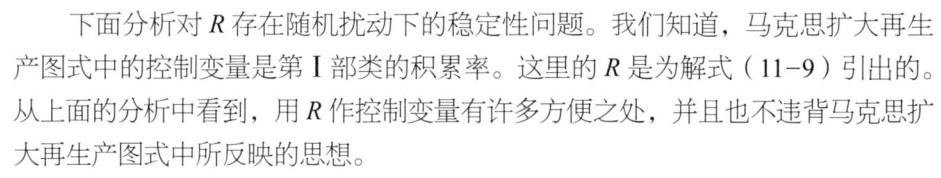

下面分析对 R 存在随机扰动下的稳定性问题。我们知道，马克思扩大再生产图式中的控制变量是第 I 部类的积累率。这里的 R 是为解式（11-9）引出的。从上面的分析中看到，用 R 作控制变量有许多方便之处，并且也不违背马克思扩大再生产图式中所反映的思想。

若给定一个 R，R 属于 $[1, 1+hY_{12}]$ 区间。当 R 被扰动，即当 R 变为 $R+\varepsilon$ 时，只要 $R+\varepsilon$ 仍属于 $[1, 1+hY_{12}]$ 区间，模型[指式（11-10）]仍是稳定平衡增长的。这可称模型对 R 具有局部稳定平衡性。但此时增长途径脱离了原来的轨道。取消扰动后，$I_g(t)$、$II_g(t)$ 也不会再返回到原来的轨道上，并与原轨道相距越来越远。所以，模型的稳定平衡增长 R 状态不具有稳定性，同此，模型的均衡增长状态也不具有稳定性。

若给定 R 属于 $[0, 1]$ 区间，则不难知道 R 被扰动变为 $R+\varepsilon$ 后，只要 $R+\varepsilon$ 仍属于 $[0, 1]$ 区间，模型仍然是平衡增长的，且此时平衡增长还具有稳定性，并存在稳态，即简单再生产状态。

若 R 属于 $[1+hY_{12}, +\infty]$，模型运转一段时间后便会停止，反映此时经济体系的平衡遭到彻底破坏。

以上关于稳定性的几种分析，我们都做过数学严格证明，这里限于篇幅，便省略了。

第三节　消费优先的两大部类配置动态优化

消费优先发展，大致是发达国家在正常时期的发展方式。中国经历过一段重化工业优先发展和基建优先发展后，现在也进入消费优先发展阶段，试图靠消费拉动经济发展。消费优先发展，也就是第二部类优先发展。这是一个在20世纪80年代讨论过的问题。现在不过是换了一个词再次讨论。当然，讨论的经济背景已经完全不同了，但其后反映的数学规律在不同经济背景下具有共性。

一、目标泛函和约束条件

本章第二节采用的符号均与马克思再生产图式的符号相同。现在为了数学上论述方便，并与动态最优常用符号接近，我们用 $X(t+1)$ 代替 $I_g(t+1)$，用 $Y(t+1)$ 代替 $II_g(t+1)$，于是式（11-12）和式（11-13）变为

$$X(t+1) = X(t) + [1+h/(n_1+1)] I_{m2}(t) \qquad (11-14)$$
$$Y(t+1) = [(n_2+h+1)/(n_1+h+1)][(h+1)/n_2] X(t)$$
$$- [1+h/(n_2+1)](n_1/n_2)[(n_2+1)/(n_1+1)] I_{m2}(t) \quad (11-15)$$

我们对上面公式用动态规划方法求马克思再生产图式中的最优增长途径。我们的最优原则如下：

（1）要求计划期内第二部类产值之和尽量大。
（2）要求

$$I_{m1}(t) \geqslant I_{m1}(t-1)$$
$$I_{m2}(t) \geqslant I_{m2}(t-1)$$
$$II_{m1}(t) \geqslant II_{m1}(t-1)$$
$$II_{m2}(t) \geqslant II_{m2}(t-1)$$

由要求（1）可得目标泛函为

$$J = \sum \{[(n_2+h+1)/(n_1+h+1)][(h+1)/n_2] X(t) - [1+h/(n_2+1)]$$
$$(n_1/n_2)[(n_2+1)/(n_1+1)] I_{m2}(t)\}, \quad t=0, \cdots, N-1$$

由要求（2），并根据前面的经济稳定平衡发展的条件，可得 $I_{m2}(t)$ 的允许变动区间为（即约束条件）

$$I_{m2}(t-1) \leqslant I_{m2}(t) \leqslant \min(1+hY_{12}, 1+hY_{22}) I_{m2}(t-1)$$

上面不等式的 t 值为 $1 \leqslant t \leqslant N-1$，$N$ 为计划期长度。

二、终端固定的情况

下面我们用马克思再生产图式的数例作为出发点，先分析计划期第一部类产值在目标年（计划期最终年）固定情况，然后分析其在目标年的开放情况。为与马克思数例进行比较，我们定目标年为第3年，定第3年第一部类的产值仍等于马克思数例中第3年第一部类的产值，即 $X(3)=7968$。于是有

$$X(t+1) = X(t) + \frac{6}{5} I_{m2}(t)$$

$$J=\sum\left(\frac{2}{3}X(t)-\frac{8}{5}I_{m2}(t)\right),\ t=0,\ 1,\ 2$$

$I_{m2}(t)$ 的约束条件为

$$I_{m2}(t-1)\leqslant I_{m2}(t)\leqslant\frac{6}{5}I_{m2}(t-1),\ t=0,\ 1,\ 2$$

记 $I_{m2}(t)$ 的约束条件为 C。为了便于下面的运算，我们采用一些简便记法，令 $X(3)=a$, $X(t)=X_t$, $I_{m2}(t)=U_t$。下面运用动态规划方法，求最优增长途径。我们由第 3 期着手。

因为
$$U_t=\frac{5}{6}(a-X_2)$$

所以
$$f_2(X_2)=\max\left(\frac{2}{3}X_2-\frac{8}{5}U_2\right)$$
$$=\frac{2}{3}X_2-\frac{8}{5}\times\frac{5}{6}a+\frac{8}{5}\times\frac{5}{6}X_2$$
$$=2X_2-\frac{4}{3}a$$

$$f_1(X_1)=\max\left(\frac{2}{3}X_1-\frac{8}{5}U_1+2X_2-\frac{4}{3}a\right)$$
$$=\max\left(\frac{2}{3}X_1-\frac{8}{5}U_1+2X_1+\frac{12}{5}U_1-\frac{4}{3}a\right)$$
$$=\max\left(\frac{8}{3}X_1-\frac{4}{5}U_1-\frac{4}{3}a\right)$$
$$=\frac{8}{3}X_1-\frac{4}{5}\times\frac{5}{6}U_0-\frac{4}{3}a$$

$$f_0(X_0)=\max\left(\frac{2}{3}X_0-\frac{8}{5}U_0+\frac{8}{3}X_1+\frac{4}{5}\times\frac{5}{6}U_0-\frac{4}{3}a\right)$$
$$=\max\left(\frac{2}{3}X_0-\frac{8}{5}U_0+\frac{8}{3}X_0+\frac{16}{5}U_0+\frac{24}{25}U_0-\frac{4}{3}a\right)$$
$$=\max\left[\frac{10}{3}X_0+\left(\frac{8}{5}\right)^2 U_0-\frac{4}{3}a\right]$$

我们取不破坏马克思再生产实现条件的最大 U_0，即 $U_0=625$，由此得到 $U_1=750$。因此有

$$X_1=X_0+\frac{6}{5}\times 625=6750$$
$$X_2=X_1+\frac{6}{5}\times 750=7650$$

由此可计算出 $U_2=265$

所以
$$X_3=X_2+\frac{6}{5}\times 265=7968$$

且有
$$\sum U_t=1640,\ t=0,\ 1,\ 2。$$

在马克思数例中，各年积累额之和为：500+550+605＝1655。

下面再看第二部类情况为

$$Y(0)=3000$$
$$Y(1)=\frac{2}{3}X_0-\frac{8}{5}U_0=3000$$
$$Y(2)=\frac{2}{3}X_1-\frac{8}{5}U_1=3300$$

$$Y(3) = \frac{2}{3}X_2 - \frac{8}{5}U_2 = 4676$$
$$\sum Y(t) = 13\,976, \quad t = 0, 1, 2。$$

在马克思的数例中，第二部类各年产值之和为：3000+3200+3520+3870=13 590。

三、终端开放的情况

下面再分析目标年第一部类产值不固定的情况。除第一部类产值目标年不固定之外，其余假定和要求均同上。

因为
$$f_2(X_2) = \max\left(\frac{2}{3}X_2 - \frac{8}{5}U_2\right)$$
$$= \frac{2}{3}X_2 - \frac{8}{5}U_1$$
$$f_1(X_1) = \max\left(\frac{2}{3}X_1 - \frac{8}{5}U_1 + \frac{2}{3}X_2 - \frac{8}{5}U_1\right)$$
$$= \max\left(\frac{2}{3}X_1 - \frac{8}{5}U_1 + \frac{2}{3}X_1 + \frac{4}{5}U_1 - \frac{8}{5}U_1\right)$$
$$= \max\left(\frac{4}{3}X_1 - \frac{12}{5}U_1\right)$$
$$= \frac{4}{3}X_1 - \frac{12}{5}U_0$$
$$f_0(X_0) = \max\left(\frac{2}{3}X_0 - \frac{8}{5}U_0 + \frac{4}{3}X_1 - \frac{12}{5}U_0\right)$$
$$= \max(2X_0 - 4U_0)$$

我们取不破坏马克思再生产实现条件的最小 U_0，即 $U_0 = 0$，由此得到：$U_1 = 0$，$U_2 = 0$。因此有

$$Y(0) = 3000$$
$$Y(1) = \frac{2}{3}X_0 - \frac{8}{5}U_0 = \frac{2}{3} \times 6000 - \frac{8}{5} \times 0 = 4000$$

由此有
$$f_{N-1}(X_{N-1}) = \max(b_2 X_{N-1} - b_3 U_{N-1})$$
$$= b_2 X_{N-1} - b_3 U_{N-2}$$
$$f_{N-2}(X_{N-2}) = \max(b_2 X_{N-2} - b_3 U_{N-2}) + b_2 X_{N-1} - b_3 U_{N-2}$$
$$= 2b_2 X_{N-3} + (2b_2 b_1 - 2b_3) U_{N-3}$$
$$f_{N-3}(X_{N-3}) = \max(b_2 X_{N-3} - b_3 U_{N-3} + f_{N-2}(X_{N-2}))$$
$$= 3b_2 X_{N-3} + (3b_2 b_1 - 3b_3) U_{N-4}$$
$$f_{N-4}(X_{N-4}) = \max(b_2 X_{N-4} - b_3 U_{N-4} + f_{N-3}(X_{N-3}))$$
$$= 4b_2 X_{N-4} + (6b_2 b_1 - 4b_3) U_{N-5}$$
$$f_{N-5}(X_{N-5}) = \max(b_2 X_{N-5} - b_3 U_{N-5} + f_{N-4}(X_{N-4}))$$
$$= 5b_2 X_{N-4} + (10b_2 b_1 - 5b_3) U_{N-6}$$

所以，可归纳出

$$f_{N-R}(X_{N-R}) = Rb_2X_{N-R} + [0.5(R-1)Rb_2b_1 - Rb_3]U_{N-(R+1)}$$

由此可用数学归纳法证明如下：

令 $R=1$，显然上式成立。

设当 $R=R$ 时，上式成立。

当 $R=R+1$ 时，有

$$f_{N-(R+1)}(X_{N-(R+1)}) = \max(b_2X_{N-(R+1)} - b_3U_{N-(R+1)} + f_{N-R}(X_{N-R}))$$

由归纳假设有

$$\begin{aligned}
f_{N-(R+1)}(X_{N-(R+1)}) &= \max(b_2X_{N-(R+1)} - b_3U_{N-(R+1)} + b_3U_{N-(R+1)} + f_{N-R}(X_{N-R})) \\
&= \max\left\{(R+1)b_2X_{N-(R+1)} + \left[Rb_2b_1 + \frac{(R-1)R}{2}b_2b_1 \right.\right. \\
&\quad \left.\left. -(R+1)b_3\right]U_{N-(R+1)}\right\} \\
&= \max\left\{(R+1)b_2X_{N-(R+1)} + \left[\frac{(R+1)R}{2}b_2b_1 - (R+1)b_3\right]U_{N-(R+1)}\right\} \\
&= (R+1)b_2X_{N-(R+1)} + \left[\frac{(R+1)R}{2}b_2b_1 - (R+1)b_3\right]U_{N-(R+2)}
\end{aligned}$$

证毕。

现在要分析的问题是，上式中在什么时候即 R 取什么值时，才会有 $0.5(R-1)Rb_2b_1-Rb_3 \geqslant 0$ 成立。因为当此式大于零时，U_{N-R} 取值就不是取 $U_{N-(R-1)}$，而是取 $b_1U_{N-(R+1)}$，即 U_{N-R} 就不再取允许集合中的下限，而是取其上限了。我们不难解决当 R 取何值时，有上面不等式成立。

要下式成立 $\quad\quad\quad 0.5(R-1)Rb_2b_1 - Rb_3 \geqslant 0$

即要 $\quad\quad\quad\quad (R-1)b_2b_1 - 2b_3 \geqslant 0$

即 $\quad\quad\quad\quad\quad R \geqslant 1 + \dfrac{2b_3}{b_2b_1}$

因为 $R>0$，$b_2>0$，$b_1>0$。所以上式均可逆。

故在马克思再生产图式中，当终端不固定时，要使经济最优增长，第一部类的积累额 $I_{m2}(t)$ 须按下面方法安排。

（1）当 $R < 1 + \dfrac{2b_3}{b_2b_1}$ 时，取 $I_{m2}(t) = I_{m2}(t-1)$。

（2）当 $R \geqslant 1 + \dfrac{2b_3}{b_2b_1}$ 时，取 $I_{m2}(t) = b_1I_{m2}(t-1)$。

在马克思再生产图式的数例中，$b_1 = \dfrac{6}{5}$，$b_2 = \dfrac{2}{3}$，$b_3 = \dfrac{8}{5}$，故有

$$1 + \frac{2b_3}{b_2b_1} = 1 + \frac{2 \times \frac{8}{5}}{\frac{2}{3} \times \frac{6}{5}} = 1 + 4 = 5$$

故只有当 $R \geqslant 5$ 时，第一部类的积累额才不会全等于零。在上例中，我们取的 $R=3$，所以第一部类的积累额全等于零。

第四节　税收和政府投资对资源配置的动态优化

在现实经济中，低收入者有消费需求，但没有钱。高收入者，投资意愿不足，储蓄不能转化为投资。供给大于需求，意味着资源闲置，资源配置效率不高。在市场经济中，总需求不足是一个长期存在的现象，供给并不能自行创造需求。进入 21 世纪以来，中国经济的总需求不足已经成为常态。

各国解决这一矛盾的一般方法是，政府向高收入者征税，把税收收入部分转移给低收入者，提高低收入者的消费水平，部分用于公共投资，弥补私人投资不足。两者的合力，提高总需求，实现总需求等于总供给，从而解决供大于需的矛盾，提高资源配置的效率。

凯恩斯认为通过上述宏观调控方法可以解决需求不足的问题。马克思认为要根本解决这一问题，要从根本上否认资本主义经济制度。马克思经济理论中关于工人阶级相对贫困化和绝对贫困化的理论，可以解释资本主义经济中一直存在供给大于需求的现象，并能分析这一矛盾的根源。

本节的 DSGE 模型，为分析和模拟这一解决需求大于供给的调控方法提供了工具。本节的 DSGE 模型，不属于新古典经济理论，更符合凯恩斯和马克思的思想。

一、模型的来源、改进和理论基础

本节的研究建立在《动态宏观经济一般均衡模型入门》（何塞·路易斯·托雷斯著，刘斌译）的两个模型基础上。一是该书第四章的 DSGE 模型，该章把经济人划分为李嘉图居民和非李嘉图居民。李嘉图居民的收入中部分用于消费，部分用于投资，其一生有一个最优动态积累率问题。非李嘉图居民的收入全部用于消费，不能借贷，不存在积累问题，自然也没有动态优化问题。但该模型较为简单，没有引入政府，自然也没有税收，没有政府公共资本、公共投资和再分配。二是该书第九章的 DSGE 模型，该章引进了政府的税收、公共资本、公共投资和再分配。但该章没有建立在李嘉图居民和非李嘉图居民分类基础上，是对全部居民征税，不能分析和模拟上述政府解决供给大于需求的方法。我们的模型综合了这两个模型，并做了改进，即向高收入者征税，把税收收入部分转移给低收入者，部分用于公共投资，以提高资源配置效率。故我们的模型能分析和模拟上述政府解决供给大于需求的方法。

一般 DSGE 模型，均假设储蓄等于投资。对马克思经济理论而言，资本家为追逐超额剩余价值，有扩大再生产的内在积极性，但资本主义经济是盲目发展的经济，存在工人阶级相对贫困和绝对贫困问题，工人阶级消费不足，导致市场需求不足，从而导致资本家的储蓄难以全部转化为投资。资本家也要看市场的供需情况决定投资，需求不足时，资本家不会全力扩大投资，因此存在资本家的储蓄大于投资的情况。凯恩斯也认为资本主义经济供给大于需求，储蓄大于投资，不过他的解释不同于马克思，是用他的三个心理倾向解释的，对此我们不多介绍了。当然，资本家也有全力扩大再生产的时候，如经济周期趋向谷顶的时候，此时资本家的储蓄会全部转化为投资，甚至资本家会借债扩大投资。费雪的债务通货紧缩理论和明斯基的金融脆弱性理论能解释这一现象。

当储蓄小于投资时，存在资源闲置问题，资源配置效率受到影响。那么，怎么解决储蓄小于投资导致的资源闲置问题呢？凯恩斯开出的药方是政府投资，由政府投资弥补私人投资的不足部分，从而实现储蓄全部转化为投资。我们采用凯恩斯方法，假设政府只对李嘉图居民征税，把政府税收的部分用于公共投资，弥补私人投资不足，部分作为转移支付给非李嘉图居民，提高非李嘉图居民的消费水平。非李嘉图居民边际消费倾向高于李嘉图居民边际消费倾向，故转移支付提高了市场的总消费需求，从而间接刺激投资。这样，我们既研究税收的分配功能，也研究税收的生产功能，既研究税收用于公共投资促进经济增长和保护生态环境等的功能，也研究通过税收解决储蓄大于投资的功能。

马克思把经济人抽象为两大类：一类是资本家，他们占有生产资料，消费后有储蓄，进行投资；另一类是工人，他们出卖自己的劳动力，不占有生产资料，收入全部用于消费，既没有储蓄，也没有投资。区分资本家和工人的重点在于占不占有生产资料。作为对比，李嘉图居民并不强调占有生产资料，只是强调消费后还有储蓄，可以用于投资。换言之，他不一定是资本家，但可以拥有股份、债券或者存款。资本家在人口中的比重很小，而李嘉图居民在人口中的比重可以较大。在中国，至少有半数的人口拥有净储蓄（储蓄减去负债），他们可被称为李嘉图居民。

在马克思描述的资本主义经济中，资本家人数很少，如可假设低于人口数1%，资本家占有生产资料，资本家除了消费还进行投资，工人阶级收入全部用于消费。因此，本节模型通过设定李嘉图居民占人口比重的方式，可在一定程度上反映马克思关于经济人划分的理论。本节模型没有划分两大部类，采用最终产品而不是总产品，只在固定资本折旧中包含了固定资产的补偿，没有包括流动资产的补偿。本节模型可以通过消费反映第二部类的最终产品，投资反映第一部类的最终产品，通过消费加投资等于最终产品，间接体现两大部类的交换条件，但仍不足以涵盖两大部类的交换条件。故本节 DSGE 模型，只能在一定程度上反映马克思再生产理论，与本章前面马克思再生产模型相关联。

效用论立足于两大商品交换具有相等的效用，并不考察生产商品的劳动时间。但是，效用论认为时间也具有效用，如人们的闲暇就具有效用，并在效用函数中体现出来。马克思经济理论立足于两大商品交换具有等量的劳动时间，并不考察使用价值是否相等。但在马克思经济理论中，能交换的商品，要具有使用价值。我们可用使用价值来描述效用，具有效用的商品，也具有使用价值。由此，效用函数也就是使用价值函数。

相对而言，在不考虑气候等外在因素的情况下，生产一件商品的劳动时间比较固定，它只受科学技术进步和管理进步（如分工与合作）的影响，而交换一件商品的效用变化很快，这由边际效用递减规律决定。如果把消费者总合为一位代表消费者，他安排自己的吃穿住行要花费劳动时间的比例，也大致决定了吃穿住行的使用价值的比例，或者效用的比例。如果由于某种原因，这一比例受到破坏，那么短缺商品的使用价值就会提高，生产这种商品的劳动时间也会增加。因此，我们可以假设两大商品交换具有等量的劳动时间，使用价值也相等。这样，使用价值就与劳动时间挂钩了。

现实生活中，生产一件商品的劳动时间确实受使用价值的影响，使用价值大的东西，值得人们首先花费劳动时间去生产。比如，人们的吃穿住行是生活的必需品，任何一个社会都会首先花费劳动时间生产这些必需品。中国政府一直强调农业是国民经济的基础，民以食为天，就表示了这一点。当然，这是抽象分析的结果，是对全社会而言的。现实中，一些奢侈品使用价值不大，但花费劳动时间不少，这是由收入分配决定的。

通过上面的理论解释，我们可以从使用价值角度看待本节的 DSGE 模型的效用。

二、居民分类和汇总的符号设定

李嘉图居民占经济人的比重为 ω，用下标 i 表示李嘉图居民，即有 i 属于 $[0, \omega]$。非李嘉图居民的比重为 $1-\omega$，用下标 j 表示非李嘉图居民，即有 j 属于 $[\omega, 1]$。我们用下标 t 表示时期。

李嘉图居民第 t 期消费用 $C_{i,t}$ 表示，李嘉图居民第 t 期工资用 $W_{i,t}$ 表示。类似，我们定义非李嘉图居民的消费 $C_{j,t}$ 和工资 $W_{j,t}$。

李嘉图居民的劳动用 $L_{i,t}$ 表示，其闲暇为 $1-L_{i,t}$。非李嘉图居民的劳动用 $L_{j,t}$ 表示，其闲暇为 $1-L_{j,t}$。李嘉图居民和非李嘉图居民的闲暇和消费都具有效用。

李嘉图居民的投资为 $I_{i,t}$，固定资产为 $K_{i,t}$。非李嘉图居民的投资为 $I_{j,t}$，固定资产为 $K_{j,t}$。非李嘉图居民的收入全部用于消费，并且不能借贷，故他们的投资和固定资产均为 0。

由上面定义可汇总李嘉图居民和非李嘉图居民的消费、劳动力、私人资本和投资，有

$$C_t = \omega C_{i,t} + (1-\omega) C_{j,t}$$

$$L_t = \omega L_{i,t} + (1-\omega) L_{j,t}$$
$$K_t = \omega K_{i,t} + (1-\omega) K_{j,t} = \omega K_{i,t}$$
$$I_t = \omega I_{i,t} + (1-\omega) I_{j,t} = \omega I_{i,t}$$

注意，按非李嘉图居民定义，他们的私人资本和私人投资均为0。

三、政府

（一）政府税收

我们只考虑三种税收的情况。一是消费税，假设对生活必需品不征消费税。非李嘉图居民收入只够用于必需品消费，故消费税只对李嘉图居民征收。二是所得税，同样对于低收入阶层不征所得税，故所得税也只对李嘉图居民征税。三是资本税，非李嘉图居民没有资本，故资本税也只对李嘉图居民征税。这些假设与实际情况会有出入，但理论上如此假设是可行的。

设 τ_t^c 为消费税率，τ_t^l 为所得税率，τ_t^k 为资本税率。政府对李嘉图居民征得的消费税为 $\tau_t^c \omega C_{i,t}$，征得的所得税为 $\tau_t^l W_{i,t} L_{i,t}$，征得的资本税为 $\tau_t^k (R_{i,t} - \delta_k) K_{i,t}$。这里，实物资本折旧对应部分要从资本税中扣除。

（二）政府投资

政府的投资不同于私人部门投资，政府投资公共产品，政府有自己的生产公共产品的固定资产。政府对公共产品的投资可以提高私人部门的生产率，如政府修建高速公路和铁路等。因此，生产函数包括三种生产要素，即劳动力、私人资本和公共资本。

（三）政府预算

政府每期的预算由下式给出
$$\tau_t^c \omega C_{i,t} + \tau_t^l W_{i,t} L_{i,t} + \tau_t^k (R_{i,t} - \delta_k) K_{i,t} = G_t + I_{z,t}$$

式中，G_t 是给非李嘉图居民的转移支付；$I_{z,t}$ 是公共投资。

前面已经指出，政府的税收部分用于转移支付，部分用于公共投资。公共资本的积累过程为
$$Z_t = (1-\delta_z) Z_t + I_{z,t}$$

这里 δ_z 是公共资本的折旧率。

为使模型封闭，我们假设公共资本的投资决策是最终产出的一个随机比例，即
$$I_{z,t} = \theta_t Y_t$$

式中，θ_t可以是一个常数或者随机变量。假设公共投资服从下面的随机过程，即

$$I_{z,t} = B_t \theta Y_t$$

式中，B_t服从一阶自回归AR（1）过程。

四、消费

（一）李嘉图居民消费

假设李嘉图居民的消费函数为

$$\sum \beta^t [\gamma \log C_{i,t} + (1-\gamma) \log (1-L_{i,t})]$$

式中，β是贴现因子；γ属于（0，1）是消费在效用函数中的权重。

设$W_{i,t}$为李嘉图居民的工资收入，$R_{i,t}$为资本的收益率，李嘉图居民的储蓄为$S_{i,t}$。李嘉图居民收入的一部分来自劳动收入$W_{i,t}L_{i,t}$，另一部分来自资本收入$R_{i,t}K_{i,t}$。

李嘉图居民的消费约束为

$$C_{i,t} + S_{i,t} = W_{i,t} L_{i,t} + R_{i,t} K_{i,t}$$

把固定资产按照通常的方式运作，即

$$K_{i,t+1} = (1-\delta) K_{i,t} + I_{i,t}$$

式中，δ是资本的折旧率。

李嘉图居民消费的约束条件是

$$(1+\tau_t^c) C_{i,t} + I_{i,t} = (1-\tau_t^l) W_{i,t} L_{i,t} + (1-\tau_t^k)(R_{i,t} - \delta_k) K_{i,t}$$

李嘉图居民的包括消费税的消费支出和投资不能超过他们的净所得。$(1+\tau_t^c) C_{i,t}$是李嘉图居民的实际消费支出。因为有了税τ_t^c，李嘉图居民实际消费支出增加了$\tau_t^c C_{i,t}$，但购买的消费品并没有增加，仍然只有$C_{i,t}$。故李嘉图居民实际支出为$(1+\tau_t^c) C_{i,t}$。注意，这里李嘉图居民交的税并没有返回给李嘉图居民，而是部分作为转移支付给了非李嘉图居民，部分被政府用于投资。因为李嘉图居民净收入减少，消费支出增加，李嘉图居民的储蓄会减少。通过税收的作用，我们可以在理论上假设此时李嘉图居民的储蓄等于投资。

因此，李嘉图居民的消费效用最大化是，选择$C_{i,t}$，$L_{i,t}$，$I_{i,t}$，使得下面目标泛函最大化。我们采用拉格朗日方法求目标泛函最大化，比动态优化方法要简单。

$$L = \sum_{t=0}^{\infty} \beta^t \{\gamma \log C_{i,t} + (1-\gamma) \log (1-L_{i,t}) - \lambda_t [(1+\tau_t^c) C_{i,t} + K_{i,t+1} - K_{i,t} - (1-\tau_t^l) W_{i,t} L_{i,t} - (1-\tau_t^k)(R_{i,t} - \delta_k) K_{i,t}]\}$$

李嘉图居民的一阶条件是

$$\frac{\partial L}{\partial C_{i,t}}: \gamma C_{i,t}^{-1} - \lambda_t (1+\tau_t^c) = 0$$

$$\frac{\partial L}{\partial L_{i,t}}: -\frac{1-\gamma}{1-L_{i,t}}+\lambda_t(1-\tau_t^l)W_{i,t}=0$$

$$\frac{\partial L}{\partial K_{i,t}}: \beta^t\lambda_t[(1-\tau_t^k)(R_{i,t}-\delta)+1]-\beta^{t-1}\lambda_{t-1}=0$$

由上，结合一阶条件的第1个公式和第2个公式，可得出消费与闲暇的边际替代率等于闲暇的单位机会成本，即

$$\frac{1}{1-L_{i,t}}=\frac{\gamma}{1-\gamma}\times\frac{1-\tau_t^l}{1+\tau_t^c}\times\frac{w_{i,t}}{c_{i,t}}$$

结合一阶条件的第1个公式和第3个公式，还得出消费的跨期替代率等于投资的收益率条件，即

$$\frac{1+\tau_t^c}{1+\tau_{t-1}^c}\times\frac{C_{i,t}}{C_{i,t-1}}=\beta[(1-\tau_t^k)(R_{i,t}-\delta)+1]$$

这代表了李嘉图居民消费的最优路径。如果消费税不变，那么它对李嘉图居民的消费储蓄决策没有影响。

（二）非李嘉图居民的消费

非李嘉图居民的消费函数为

$$\sum\beta^t[\gamma\log C_{j,t}+(1-\gamma)\log(1-L_{j,t})]$$

非李嘉图居民的收入分为两部分：一部分来自政府的转移支付，另一部分来自劳动所得。这两部分收入全部用于消费，不存在跨期最优消费的选择问题，只存在本期消费和闲暇的选择问题，因此是一个静态优化问题，其预算约束为

$$C_{j,t}=G_t+W_{j,t}L_{j,t}$$

非李嘉图居民最优消费的一阶条件为

$$\frac{\partial L}{\partial C_{j,t}}: \gamma C_{j,t}^{-1}-\lambda_t=0$$

$$\frac{\partial L}{\partial L_{j,t}}: -\frac{1-\gamma}{1-L_{j,t}}+\lambda_t W_{j,t}=0$$

可得出非李嘉图居民的消费与闲暇的边际替代率等于闲暇的单位机会成本，即

$$\frac{1-\gamma}{\gamma}\times\frac{C_{j,t}}{1-L_{j,t}}=W_{j,t}$$

五、生产

如同政府，厂商是一个抽象的定义。李嘉图居民把固定资产出租给厂商，由厂商进行生产。政府只投入公共资产，不负责生产。最终产出 Y 的生产，需要劳动力 L、私人资本 K 和公共资本 Z。这些变量是汇总变量，前面已经给出。生产函数是

$$Y_t=A_t K_t^{\alpha_1} Z_t^{\alpha_2} L_t^{\alpha_3}$$

式中，A_t是全要素生产力；α_2，α_2，α_3是每个投入对应的技术参数，假设规模效益不变，有$\alpha_2+\alpha_2+\alpha_3=1$。

生产要素的投入已经由李嘉图居民在决定自己的跨期最优消费时给出了，故现在厂商只决定利润的静态最优化问题，即

$$\text{Max} \prod{}_t = Y_t = A_t K_t^{\alpha_1} Z_t^{\alpha_2} L_t^{\alpha_3} - R_t K_t - W_t L_t$$

利润最大化的一阶条件是

$$\frac{\partial \prod}{\partial K_t}: R_t - \alpha_1 A_t K_t^{\alpha_1} Z_t^{\alpha_2} L_t^{\alpha_3} = 0$$

$$\frac{\partial \prod}{\partial L_t}: W_t - \alpha_3 A_t K_t^{\alpha_1} Z_t^{\alpha_2} L_t^{\alpha_3-1} = 0$$

$$\frac{\partial \prod}{\partial Z_t}: \alpha_2 A_t K_t^{\alpha_1} Z_t^{\alpha_2-1} L_t^{\alpha_3} = 0$$

由利润最大化一阶条件可得

$$R_t = \alpha_1 A_t K_t^{\alpha_1-1} Z_t^{\alpha_2} L_t^{\alpha_3}$$
$$W_t = \alpha_3 A_t K_t^{\alpha_1} Z_t^{\alpha_2} L_t^{\alpha_3-1}$$
$$\alpha_2 Y_t / Z_t = \alpha_2 A_t K_t^{\alpha_1} Z_t^{\alpha_2-1} L_t^{\alpha_3}$$

由上

$$R_t K_t = \alpha_1 Y_t$$
$$W_t L_t = \alpha_3 Y_t$$
$$\alpha_2 A_t K_t^{\alpha_1} Z_t^{\alpha_2} L_t^{\alpha_3} = \alpha_2 Y_t$$

六、再分配

前面指出，政府通过税收，把一部分税收收入作为转移支付给了非李嘉图居民。这是政府的再分配功能。

政府投入公共资本，但带来的收益$\alpha_2 Y_t$没有由政府获得，而由厂商（即李嘉图居民）获得。因此，政府在再分配时，要把收益$\alpha_2 Y_t$合理分配给各个生产要素，即资本和劳动。一种分配方案是，把$\alpha_2 Y_t$分为两部分：一部分是$s\alpha_2 Y_t$，作为资本的收益；另一部分是$(1-s)\alpha_2 Y_t$，作为劳动的收益。又因为$R_t K_t + W_t L_t + \alpha_2 Y_t = Y_t$，设$\alpha$为私人资本收益占产出的份额，$(1-\alpha)$为劳动收益占产出的份额，于是有

$$R_t^e K_t = R_t K_t + s\alpha_2 Y_t = \alpha_1 Y_t + s\alpha_2 Y_t = (\alpha_1 + s\alpha_2) Y_t = \alpha Y_t$$
$$W_t^e L_t = W_t L_t + (1-s)\alpha_2 Y_t = \alpha_3 Y_t + (1-s)\alpha_2 Y_t = [\alpha_3 + (1-s)\alpha_2] Y_t = (1-\alpha) Y_t$$

上面两式相加，得到$R_t^e K_t + W_t^e L_t = Y_t$。前面，我们已经汇总$C_t = \omega C_{i,t} + (1-\omega) C_{j,t}$。因此，经济满足如下的可行性条件。

$$C_t + I_t + I_{z,t} = R_t^e K_t + W_t^e L_t$$

政府的后一种再分配功能值得研究。如中国的铁路建设和环境保护主要靠政

府投资，它们或者没有收益，或者收益不足。政府投资带来的效益怎样分配是一个值得研究的问题。我们也可以改进上述最后一种再分配方案，把政府的公共资本 Z 带来的收益部分归政府所有，政府再把所得收益补贴这些政府投资。我们还可以沿用合作博弈关于各个同盟合理分配合作带来的收益的思路，合理分配政府公共投资带来的收益。

本节的模型强调了财政的税收政策对高收入阶层和低收入阶层利益的不同影响。宏观调控政策的一种功能是影响各阶层的利益。从表面上看，政府调控各个宏观经济变量，实际上，政府调控了各个阶层的利益。比如政府控制通货膨胀和发展经济，均会影响到各阶层的利益。制定宏观经济政策，要时刻关注不同阶层的利益诉求，要兼顾考虑高收入阶层和低收入阶层的不同诉求，要实现宏观的全局利益。一般而言，政府代表全局利益，不同阶层代表各自的局部利益。不同阶层的局部利益要服从政府的全局利益。

不同国家的宏观经济政策都要注意协调效益和平均的关系，往往提高了效益就导致不平均加重，强调了平均就降低了效益。高收入阶层会更支持政府提高效益，而低收入阶层会更支持政府提高平均水平。欧美国家是这样，中国也是这样。我们在这里用平均这个词，没有用公平这个词，因为平均可以测度，公平涉及更多含义难以测度，平均并不是公平的同义词。

经济学家的理论分析和模型分析，不能脱离不同阶层的利益诉求。这些不同阶层的不同诉求，可以通过人们对一些问题的不同认识间接体现出来。比如在一定条件下，网上关于改革和文革的讨论，关于要不要抵制洋货的争议，均间接体现效益和平均的诉求。互联网为经济学家接触不同阶层，了解不同阶层的诉求，提供了一个方便的工具。我们可以通过同学群、同事群、朋友群和爱好群等倾听不同阶层的呼声，可谓处处留心皆学问。只要认真观察，调查了解，这些群就可以成为经济研究的信息来源。

七、模型方差及校准

为简便，把李嘉图居民的工资和非李嘉图居民的工资统一用 W_t 表示。非李嘉图居民没有资本所得，故资本收益率用 R_t 表示。

假设全要素生产率服从一阶自回归过程，模型的方程体系为

$$\frac{1-\gamma}{\gamma} \times \frac{C_{i,t}}{1-L_{i,t}} = W_t$$

$$\frac{1-\gamma}{\gamma} \times \frac{C_{j,t}}{1-L_{j,t}} = W_t$$

$$\frac{1+\tau_t^c}{1+\tau_{t-1}^c} \times \frac{C_{i,t}}{C_{i,t-1}} = \beta[(1-\tau_t^k)(R_{i,t}-\delta)+1]$$

$$I_{z,t} = B_t \theta Y_t$$
$$G_t = \tau_t^c \omega C_{i,t} + \tau_t^l W_t L_{i,t} + \tau_t^k (R_{i,t} - \delta_k) K_{i,t} - I_{z,t}$$
$$C_{j,t} = G_t + W_t L_{j,t}$$
$$C_t = \omega C_{i,t} + (1-\omega) C_{j,t}$$
$$L_t = \omega L_{i,t} + (1-\omega) L_{j,t}$$
$$K_t = \omega K_{i,t}$$
$$I_t = \omega I_{i,t}$$
$$C_t + I_t + I_{z,t} = R_t^e K_t + W_t^e L_t = Y_t$$
$$Y_t = A_t K_t^{\alpha_1} Z_t^{\alpha_2} L_t^{\alpha_3}$$
$$K_{t+1} = (1-\delta) K_t + I_{i,t}$$
$$Z_{t+1} = (1-\delta_z) Z_t + I_{z,t}$$
$$W_t = \alpha_3 A_t K_t^{\alpha_1} Z_t^{\alpha_2} L_t^{\alpha_3 - 1}$$
$$R_t = \alpha_1 A_t K_t^{\alpha_1 - 1} Z_t^{\alpha_2} L_t^{\alpha_3}$$
$$R_t^e K_t = \alpha_1 Y_t + s\alpha_2 Y_t$$
$$W_t^e L_t = \alpha_3 Y_t + (1-s) \alpha_2 Y_t$$
$$\ln A_t = (1-\rho_A) \ln \overline{A} + \rho_A \ln A_{t-1} + \varepsilon_t^A$$
$$\ln B_t = (1-\rho_B) \ln \overline{B} + \rho_B \ln B_{t-1} + \varepsilon_t^B$$

假设方程的各个系数均已经给出，现在仍需要校准的参数集为 $\Omega = \{\alpha_1, \alpha_2, \alpha_3, \alpha, \beta, \gamma, \delta_k, \delta_z, \theta, \rho_A, \sigma_A, \rho_B, \sigma_B, \tau^c, \tau^l, \tau^k\}$。我们采用《动态宏观经济一般均衡模型入门》第四章和第九章给出的这些参数的校准值，即 $\Omega = (0.315, 0.585, 0.10, 0.35, 0.97, 0.40, 0.06, 0.02, 0.05, 0.95, 0.01, 0.95, 0.01, 0.116, 0.348, 0.225)$。

八、分析

在程序中，我们只模拟了政府投资冲击的动态响应，结果见图11-1。我们看政府投资冲击发生后，在随机过程B下，政府投资IZ开始增加，随后降低并达到稳态值。该冲击对私人投资I1的影响开始是负的，然后恢复到正的，在20期时达到最高值，然后缓慢下降。该冲击对产出Y影响一开始就是正的，在30期后达到最大值，并稳定下来。这是因为私人资本存量K1和公共资本存量Z都增加的结果。该冲击对李嘉图居民的劳动时间L1影响一开始是负的，随后恢复到正的，并在40期后恢复到稳态。该冲击对非李嘉图居民的劳动时间L2影响一开始是正的，然后影响逐渐消退。该冲击对工资报酬率W影响开始是负的，随后是正的，在40期达到最高值。该冲击对资本报酬率R影响一开始就是正的，在7期左右达到最高值，随后下降，在40期已经接近稳态。

该冲击对李嘉图居民消费 C1 影响刚开始是负的，但很快是正的。该冲击对非李嘉图居民消费 C2 影响开始是负的，到 10 期才恢复到正的。其原因是，模型设定的参数导致政府投资冲击一开始太大，超过税收影响，从而导致对非李嘉图居民的转移支出为负，于是冲击刚发生时，非李嘉图居民消费 C2 是负的，但随着冲击影响下降，非李嘉图居民消费上升幅度很大，政府的转移支付明显提升了非李嘉图居民消费水平。当然，我们可以调整参数缩小政府投资冲击刚开始的冲击力度，使刚开始时对非李嘉图居民的转移支出为零或者正，这样刚开始时非李嘉图居民消费 C2 是零或者正。这是一个参数取值问题，我们主要看趋势。

我们没有调整参数的原因是，要把图 11-1 的脉冲响应与《动态宏观经济一般均衡模型入门》第九章的图 9.1 的脉冲响应做对比，基于共同的参数更有可比性。我们注意到，投资冲击对这两个模型的劳动时间变化趋势影响差异较大。图 9.1 的劳动时间的脉冲响应图先是负的，然后高于潜在水平，最后回归潜在水平，与图 11-1 的李嘉图居民劳动时间变化趋势类似。图 11-1 的非李嘉图居民劳动时间变化趋势一开始是上升的，然后不断下降趋于潜在值。这是因为，政府的公共投资增加了非李嘉图居民的就业机会，自然使他们的劳动时间增加。随着政府公共投资冲击下降，他们的劳动时间也趋于潜在水平。可见，政府公共投资对增加非李嘉图居民的就业影响是明显的。

九、程序

```
// Endogenous variables
var Y, C, C1, C2, I, I1, K, K1, IZ, Z, L, L1, L2, W, R, A, B;
// Exogenous variables
varexo e, u, tauc, taul, tauk;
// Parameters
parameters alpha, alpha1, alpha2, alpha3, beta, deltak, deltag, gamma, omega, rho1, rho2;
// Calibrated parameters
alpha  = 0.35;
alpha1 = 0.315;
alpha2 = 0.100;
alpha3 = 0.585;
beta = 0.97;
deltak = 0.06;
deltag = 0.02;
```

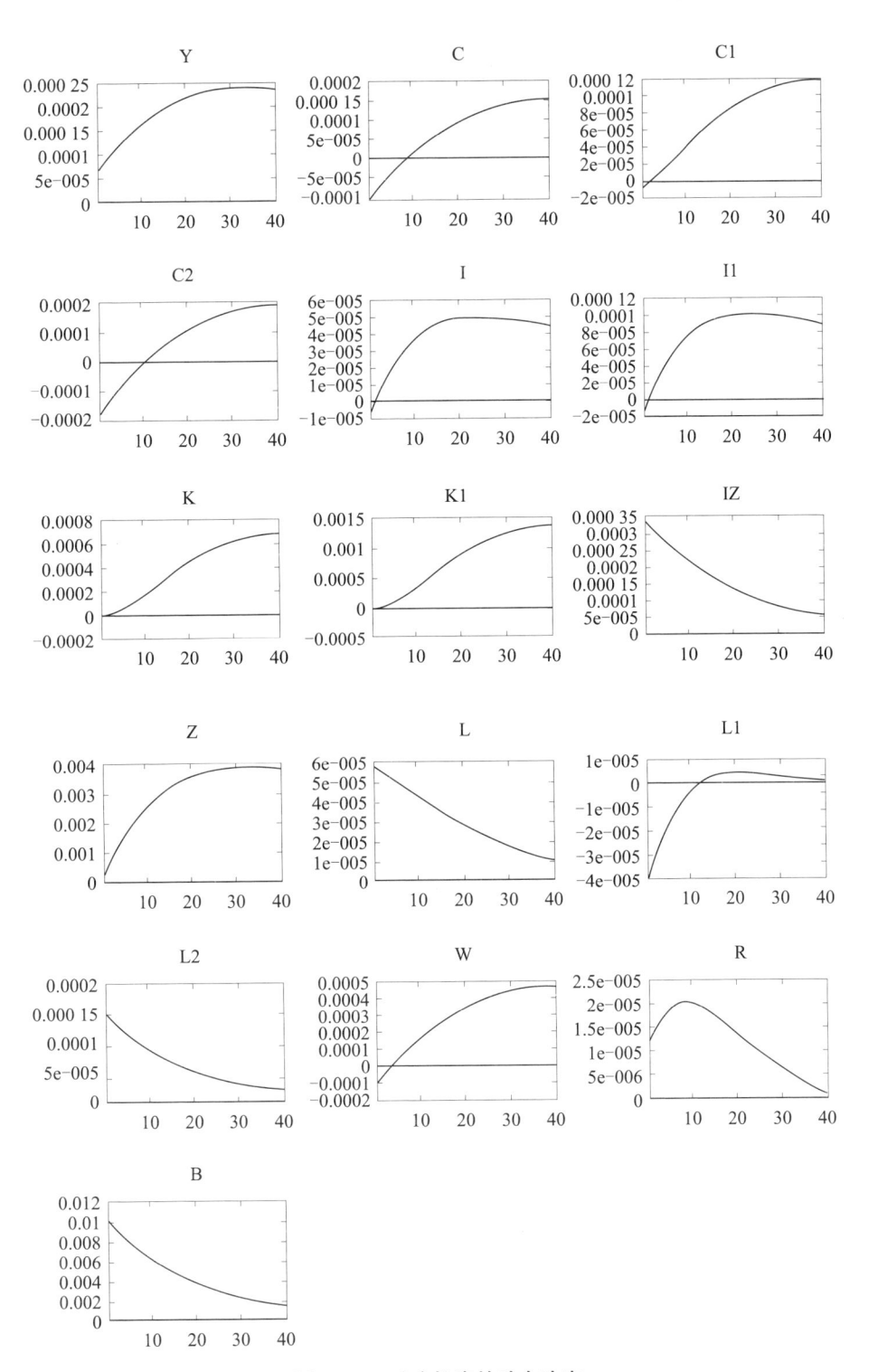

图 11-1　政府投资的动态响应

```
gamma = 0.40;
omega = 0.50;
rho1 = 0.95;
rho2 = 0.95;
// Equations of the model economy
model;
K = omega*K1;
L = omega*L1+ ( 1-omega ) *L2;
( 1+tauc ) *C1= ( gamma/ ( 1-gamma )) * ( 1-L1 ) * ( 1-taul ) * ( 1-alpha ) * Y/L;
1 = beta* (((( 1+tauc ) *C1 ) / (( 1+tauc ) *C1 ( +1 )))
* (( 1-tauk ) *alpha*Y ( +1 ) /K+ ( 1-deltak )));
Y = A* ( K ( -1 ) ^alpha1 ) * ( Z ( -1 ) ^alpha2 ) * ( L^alpha3 );
I1= ( 1-taul ) *W*L1+ ( 1-tauk ) *R*K1- ( 1+tauc ) *C1;
I = omega*I1;
K = I+ ( 1-deltak ) *K ( -1 );
Z = IZ+ ( 1-deltag ) *Z ( -1 );
IZ = B*0.05*Y;
W = ( 1-alpha ) *A* ( K ( -1 ) ^alpha1 ) * ( Z ( -1 ) ^alpha2 ) * ( L^ ( alpha3-1 ));
R = alpha*A* ( K ( -1 ) ^ ( alpha1-1 )) * ( Z ( -1 ) ^alpha2 ) * ( L^ ( alpha3 ));
C2= ( gamma/ ( 1-gamma )) * ( 1-L2 ) *W;
C2= tauc*C1+taul*W*L1+tauk* ( R-deltak ) *K1-IZ + W*L2;
C =omega*C1+ ( 1-omega ) *C2;
log ( A ) = rho1*log ( A ( -1 )) +e;
log ( B ) = rho2*log ( B ( -1 )) +u;
end;
// Initial values
initval;
Y = 1;
C = 0.75;
C1= 0.6;
C2= 0.2;
L = 0.3;
L1= 0.3;
L2= 0.3;
```

```
K = 3.5;
K1= 4;
I = 0.25;
I1= 0.3;
Z = 1;
IZ = 0.05*Y;
W =（1-alpha）*Y/L;
R = alpha*Y/K;
A = 1;
B = 1;
e = 0;
u = 0;
tauc = 0.116;
tauk = 0.225;
taul = 0.344;
end;
// Steady state
steady;
// Blanchard-Kahn conditions
check;
// Disturbance analysis
shocks;
var u; stderr 0.01;
end;
// Stochastic simulation
stoch_simul;
```

第五节　宏观风险配置的动态优化

本节我们假设，消费者交易是通过阿罗－德布鲁市场进行，通过购买阿罗证券进行交易。由此，我们把不确定性引入消费决策，从而引进宏观风险配置及其动态优化。这里效用函数采用期望效用函数，变量可以具有多种状态，可见Mas-Colell 等的《高级微观经济理论》(*Microeconomics Theory*) 第6章的介绍。

我们这里先结合采用王江（2006，第3章）和徐高（2018，第10章第3节）

的二期模型的论述，然后加以推广到多期模型。我们假设消费者具有如下的期望效用函数：

$$u(c_0) + \delta \sum_{\omega=1}^{\Omega} \pi_\omega u(c_1^\omega)$$

在 c_0 中，下标 0 表示第 0 期，因第 0 期已经发生，是确定的事实，$u(c_0)$ 是一般的效用函数，没有状态 ω 的问题。在 c_1^ω 中，下标 1 表示第 1 期，上标 ω 代表在第 1 期的第 ω 种状态。

本节假设消费者只持有阿罗–德布鲁证券，也称为或有证券，本节简称为证券。我们可以用证券的组合为未来的任意消费计划融资。记 $x=[c_1^1;\cdots;c_1^\omega;\cdots;c_1^\Omega]$ 为 1 期的任一消费计划。考虑如下证券的组合，c_1^1 单位的状态 1 证券，$\cdots$，c_1^ω 单位的状态 ω 的证券，$\cdots$，c_1^Ω 单位的状态 Ω 证券，也就是 $\theta=[c_1^1;\cdots;c_1^\omega;\cdots;c_1^\Omega]$。此时，它的支付（即收益）就是 x。

假设在第 0 期消费者有消费品禀赋 e_0，在第 1 期的第 ω 状态下有禀赋 e_1^ω。我们假设消费品是不能储存的，消费者想把消费品移到下一期消费，只能通过对证券的买卖来实现。在这两期中，消费者拥有消费品禀赋为 e_0 和 e_1^ω，$\omega=1,\cdots,\Omega$。状态 ω 只发生一次，即只取 1 至 Ω 的某个值。给定市场交易的状态的证券，我们可以认为消费者的 1 期禀赋就是他对这些证券的初始持有量，即 e_1^ω。消费者的 0 期禀赋是消费品，不是证券。

记 φ_1^ω 为状态 ω 的证券在第 1 期的价格，以第 0 期的消费品为单位。因为我们是用 0 期消费品作为计价单位，所以 φ_0 总是等于 1。要注意，0 期的价格是已知的价格，它不存在多个状态，只有一个状态。

在阿罗–德布鲁证券市场情形下，我们可以设想消费者把他的禀赋 $e=e_1^{\mathrm{T}}=[e_0,e_1]$ 兑换为 $w=e_0+e_1^{\mathrm{T}}\varphi$ 的现金。这里 T 为矩阵的转置符号，φ 是纵向量。w 是他的禀赋的总市值。而后，他可以用这些现金购买 0 期的消费 c_0 和证券组合 θ，以得到 1 期的消费 $c_1=\theta$。他做这个交换要满足约束条件，即两期消费之和 (c_0+c_1) 等于其两期的禀赋之和 (e_0+e_1)，即

$$c_0 + \varphi^{\mathrm{T}} c_1 = w = e_0 + \varphi^{\mathrm{T}} e_1$$

我们可以把预算约束写成

$$w - (c_0 + \varphi_1^1 c_1^1 \cdots + \varphi_1^\Omega c_1^\Omega) = 0$$
$$c_0, c_1^1, \cdots, c_1^\Omega \geqslant 0$$

于是，这个优化问题为

$$\max u(c_0) + \delta \sum_{\omega=1}^{\Omega} \pi_\omega u(c_1^\omega)$$
$$\text{s.t. } w - (c_0 + \varphi_1^1 c_1^1 + \cdots + \varphi_1^\Omega c_1^\Omega) = 0$$
$$c_0, c_1^1, \cdots, c_1^\Omega \geqslant 0$$

这是带不等式的最优问题，可由库恩–塔克（Kuhn-Tucker）方法求最优解。

我们首先构造它的拉格朗日函数为

$$L = u(c_0) + \delta\sum_{\omega=1}^{\Omega}\pi_\omega u(c_1^\omega) + \lambda[w - (c_0 + \varphi_1^1 c_1^1 + \cdots + \varphi_1^\Omega c_1^\Omega)]$$

其一阶条件为

$$\frac{\partial L}{\partial c_0}: u' = \lambda$$

$$\frac{\partial L}{\partial c_1^\omega}: \delta\pi_\omega u'(c_1^\omega) = \lambda\varphi_1^\omega, \quad \omega = 1, \cdots, \Omega$$

将一阶条件带入预算约束条件 $w - (c_0 + \varphi_1^1 c_1^1 + \cdots + \varphi_1^\Omega c_1^\Omega) = 0$,可得

$$w - u'^{-1}(\lambda) - \sum_{\omega=1}^{\Omega}\varphi_1^\omega u'^{-1}\left(\frac{\lambda\varphi_1^\omega}{\delta\pi_\omega}\right) = 0$$

这是一个只包含拉格朗日乘子 λ 的方程,在 $u'^{-1}(\ )$ 为线性函数下可以解出 λ,将其代入一阶条件,即可求出阿罗证券组合选择,它是阿罗证券价格的函数。这里价格视为外生变量,或者一个外部决定的参数。由王江(2006,第 39~40 页)论述,这个一阶条件也是最优条件,主要结论可以由内部解拓展到边界解的情况。因为只讨论了内部解,我们省略了不等式的拉格朗日乘子。对这些数学理论,我们不再赘述。我们将注意力集中到经济理论上。

把一阶条件所得的两个公式做比,即

$$\frac{\delta\pi_\omega u'(c_1^\omega)}{u'(c_0)} = \frac{\lambda\varphi_1^\omega}{\lambda} = \varphi_1^\omega$$

上式说明,在阿罗－德布鲁证券市场进行交易的参与者达到最优化的条件,即在 1 期状态 ω 下的消费的边际效用与 0 期消费的边际效用之比等于 ω 的状态价格,即在不同时期和状态间转移消费是无差异的,故最优状态下消费是平滑的。

按照用方差评估风险的标准,消费平滑,意味着消费波动的方差已经最小化,从而风险也最小化,或者说,在两期中的动态风险配置也最小化。

上面是两期的情况,我们把它推广到多期的情况。王江(2006)和徐高(2018)均没有介绍多期的情况。

假设消费者具有如下的多期期望效用函数:

$$u(c_0) + \delta\sum_{j=1}^{J}\sum_{\omega=1}^{\Omega}\pi_\omega u(c_j^\omega)$$

时期从 0 期至 J 期。为简单起见,设每期的 δ 都一样。其余符号定义同两期的情况。

这里沿用王江(2006,第 37 页)的思路,在多期中,消费者做交换要满足约束条件,即多期消费之和($c_0 + c_1 + \cdots + c_j + \cdots + c_J$)等于其多期的禀赋之和($e_0 + e_1 + \cdots + e_j + \cdots + e_J$),即

$$w = c_0 + \varphi_1^T c_1 + \varphi_2^T c_2 + \cdots + \varphi_j^T c_j + \cdots + \varphi_J^T c_J = e_0 + \varphi_1^T e_1 + \varphi_2^T e_2 + \cdots + \varphi_j^T e_j + \cdots + \varphi_J^T e_J$$

现在从理论上讲，我们有两种方法做消费的最优安排。

一种方法是，沿用王江二期模型的思路，消费者把他各期的禀赋按照 0 期的价格兑换为现金 w，然后用这些现金购买 0 期的消费 c_0 和证券组合 θ_0，以得到 1 期的消费 $c_1=\theta_0$，2 期的消费 $c_2=\theta_1$，…，j 期的消费 $c_j=\theta_{j-1}$，…，J 期的消费 $c_J=\theta_{J-1}$。他的这些购买是一次性完成的，不是分期进行的，因此可以视为一个约束条件，从而只需要一个 λ。各期的价格对他而言是外在的参数，他只要分配好 θ_{j-1} 就行了，或者只要分配好各期的消费 c_j 就行了。这样，消费者只需做一次决策，即通过求解最优，一次求解得出 c_0，c_1，…，c_j，…，c_J。

另一种方法是，沿用动态规划的思路，消费者把他 0 期的禀赋按 0 期价格换为现金 w_0，把现金 w_0 分为两部分，消费 c_0 和按 0 期价格购买的证券组合 θ_0，消费者把他 1 期的禀赋加上 0 期转移过来的证券组合 θ_0 按 1 期的价格换为现金 w_1，把现金 w_1 分为两部分，消费 c_1 和按 1 期价格购买的证券组合 θ_1。依此类推，至最后的 J 期，消费者把他 j 期的禀赋加上 $j-1$ 期转移过来的证券组合 θ_{j-1} 按照 j 期价格换为现金 w_J，并全部购买消费品 c_J。各期的价格对他而言是外部决定的参数，他只要划分好每期现金就行了。这样，每期消费者都需要做一次决策。

现在，我们按照第一种方法进行最优计算，可以把预算约束写成

$$w-\left(c_0+\sum_{j=1}^{J}\sum_{\omega=1}^{\Omega}\varphi_j^{\omega}c_j^{\omega}\right)=0$$

$$c_0,\ c_j^1,\ \cdots,\ c_j^{\Omega}\geqslant 0,\ j=1,\ \cdots,\ J$$

于是，这个优化问题为

$$\max u(c_0)+\delta\sum_{j=1}^{J}\sum_{\omega=1}^{\Omega}\pi_{\omega}u(c_j^{\omega})$$

$$\text{s.t.}\quad w-\left(c_0+\sum_{j=1}^{J}\sum_{\omega=1}^{\Omega}\varphi_j^{\omega}c_j^{\omega}\right)=0$$

$$c_0,\ c_j^1,\ \cdots,\ c_j^{\Omega}\geqslant 0,\ j=1,\ \cdots,\ J$$

这是带不等式的最优问题，可由库恩 – 塔克方法求最优解。我们首先构造它的拉格朗日函数为

$$L=u(c_0)+\delta\sum_{j=1}^{J}\sum_{\omega=1}^{\Omega}\pi_{\omega}u(c_j^{\omega})+\lambda\left[w-c_0-\sum_{j=1}^{J}\sum_{\omega=1}^{\Omega}\varphi_j^{\omega}c_j^{\omega}\right]$$

其一阶条件为

$$\frac{\partial L}{\partial c_0}:\ u'=\lambda$$

$$\frac{\partial L}{\partial c_j^{\omega}}:\ \delta\pi_{\omega}u'(c_j^{\omega})=\lambda\varphi_j^{\omega},\ \omega=1,\ \cdots,\ \Omega;\ j=1,\ \cdots,\ J$$

把一阶条件所得的第 j 期与第 h 期两个式子做比，并且状态不同，一个状态为 ω，另一个状态为 s。

$$\frac{\delta\pi_{\omega}u'(c_j^{\omega})}{\delta\pi_s u'(c_h^s)}=\frac{\lambda\varphi_j^{\omega}}{\lambda\varphi_h^s}=\frac{\varphi_j^{\omega}}{\varphi_h^s}$$

上式表示，对一个消费者而言，不同时期和不同状态下的边际效用之比等于它们的相对价格。这是消费者跨期动态最优的结果。

不论是二期的研究结果，还是多期的研究结果，我们均把消费和证券挂上钩，消费者对每期消费的安排，也就是对每期的证券安排，而证券的收益具有不确定性，体现在证券价格的不同状态上。因此，消费者对每期证券的安排，其实也是对风险配置的安排。并且，更多的数学分析表明，消费者实现了跨期效用最大化，也就是说，消费者实现了资源配置最优化，其风险配置也是最优的。这可见王江（2006，第10章第2节）的解释。

显然，上面的理论分析是在严格的条件下得出的，如对市场完备性要求等。现实经济中，这些条件难以满足，故不能生搬硬套这些结论。如2008年美国金融危机爆发时，各种宏观经济指标看起来不错，经济增长率高，通货膨胀率和失业率低，显示资源配置不错，但风险配置出了大问题，出现了系统性金融风险，导致严重后果。

上面分析是针对一个消费者而言，如果消费者不止一个，仍然可以沿用上述分析问题的思路，但此时不是消费者把各期禀赋按0期价格兑换为现金，而是假设有一位中央计划者，他有安排消费者资金的绝对权力，中央计划者把各位消费者各期的禀赋都按0期的价格兑换为现金，并且遵守总禀赋等于总消费的约束条件，然后按照最优模型求解结果安排各位消费者的消费。针对二期而言，我们可以沿用前面的符号和公式，把每期的下标视为每一个消费者下标，可以得到前面的同样结果，当然，结果的经济含义有所不同。王江（2006，第10章第2节）对此有更深入的分析结果，即当均衡时，每个消费者都分担了未来总禀赋的风险，他们的消费与各自的禀赋的风险无关，此时风险分担是最优的。我们不难把这一思路推广到多期多个消费者。

第六节 总 结

我们现在强调跨周期调节，这一调控不仅看现在的情况，还要看未来的情况，是着眼于中长期的调控。这是一种动态调控方法。本章研究的动态优化方法，就是一种动态调控方法。从宏观经济理论上看，至少有三种常用理论用于指导宏观动态调控，一是马克思经济理论，二是新凯恩斯经济理论，三是新古典经济理论。不同国家不同时期会选择其中的一种理论。2008年美国金融危机后，宏观调控还要调控金融系统，金融经济学也成为宏观调控的一个理论来源。本章的一个目标是把这四种理论的调控方法统一在动态优化的数学框架内。

为此，本章采用离散的动态规划方法，建立了马克思再生产图式的动态优化模型，分析了该模型的稳态和消费优先的最佳发展途径。我们采用连续的拉格朗日求极值方法，建立了异质消费者的 DSGE 模型，分析了财政政策对不同阶层消费者的影响。这个 DSGE 模型属于凯恩斯经济理论模型，但它是从新古典经济理论模型发展起来的。为了节省篇幅，我们没有在本章中介绍它的来源模型，即《动态宏观经济一般均衡模型入门》第 2 章的模型。我们还建立了金融经济学中的宏观风险配置的动态优化模型。

跨周期调控要和逆周期调控相结合。跨周期调控的动态优化可以得到一条最优曲线（二维平面上的情况），如居民的最优消费曲线，跨周期调控要使实际消费尽量接近这条最优消费曲线。一旦实际消费高于最优消费曲线，就采取逆周期调控拉下实际消费，反之则反。这可视为逆周期调控和跨周期调控相结合的一种方法。李拉亚（1991，第 279～280 页）也提到过这一思想："显然，最佳的货币投放量 U^* 是一个复杂的函数，银行不可能按照这样一个复杂函数来投放货币。但是银行可以根据 U^* 这一理论曲线来作为自己投放货币的参照，使实际投放曲线围绕理论曲线波动，或者相差不致太远。"

在本章中，我们采用的动态规划方法和拉格朗日求极值方法，均是计算动态优化的方法，前者是分阶段决策，走一步看一步，后者是一次性决策，确定每步走向。这两种数学方法，影响到宏观经济理论进程。DSGE 模型更成为一种理论框架，容纳了新凯恩斯经济理论和新古典经济理论。从数学角度看，这两种数学方法也可以解释马克思再生产理论。我们可以从数学模型上，统一分析马克思经济理论、新凯恩斯经济理论、新古典经济理论和金融经济学的动态优化内容。当然，要特别指出，数学模型只描述数量关系，不能取代各种经济理论对经济现象的解释。我们在第十二章对经济最优动态理论做深入的分析。

物理理论一般框架发展启发我们，在经济理论发展中也可以尝试理论生成器（theory generator）。这首先要建立一个一般的理论框架。在微观经济理论中，我们可以看到，消费理论和生产理论的很多重要结论的数学分析，都建立在微积分的极值理论之上。DSGE 模型又从宏观角度再次把理论的数学形式建立在微积分的极值理论之上。因此，DSGE 模型有可能成为这样一种理论框架。在这一理论框架中，很多经济理论具有数学上的共同形式。反过来，通过这种共同形式，我们既可以得到一些对许多理论都适用的结论，也可以判断怎样的形式能带来怎样的结果，还可以发现其后更深层次的原因。

第十二章　宏观经济动态及优化理论讨论

经济理论的核心思想之一是优化理论，尤其是动态优化理论。许多学科的核心思想之一均是优化思想，优化对科学而言具有哲学意义，世界本质上是优化的。本章将对动态优化涉及的经济理论和哲学思想进行研究探讨。

第一节　宏观经济动态及优化理论起源

一、马克思是宏观经济动态理论的鼻祖

马克思扩大再生产图式是最早的宏观经济动态方法和动态理论。马克思没有把他的动态方法用数学模型表示出来，而是用图表表示出来，在当时是很先进的。虽然当时有瓦尔拉斯（Walras）用线性方法描述一般均衡理论，在方法上也是非常先进的，但那是静态方法，与动态方法不在同一个层次上。马克思在再生产图式中表述出来的动态思想，今天仍有现实意义。

马克思最早发现宏观经济运行过程需要遵守的条件，即两大部类交换条件。只有满足这些交换条件，两大部类再生产才能持续发展下去。从现在经济理论角度看，两大部类交换条件是最早的动态均衡要满足的条件。因此，马克思实际上提出了动态均衡概念。

动态均衡包含了多重均衡的概念。我们知道，凯恩斯提出了多重均衡概念。凯恩斯认为，经济可以在实现充分就业上获得均衡，也可以在低于充分就业上获得均衡。市场不一定能实现充分就业上的均衡，政府的作用是要采取财政政策和货币政策，让经济实现充分就业均衡。宏观经济动态理论表明经济有多种演化路径，多种演化路径都有可能实现均衡，但不一定是充分就业的均衡。在马克思再生产图式的交换条件中，满足再生产交换条件的扩大增长路径不止一条，而是无数条。

宏观经济动态理论也是经济增长理论的基础，马克思再生产图式反映的理论也是一种经济增长理论。在再生产图式中，资本有机构成是不变的。但在马克思理论体系中，资本有机构成不断提高的思想占有重要地位。资本有机构成不断提

高的思想也是一种动态理论，反映了科学技术进步对经济增长的作用，是经济增长理论中科学技术进步作用的早期理论。

马克思没有在再生产图式中引进优化思想，但马克思强调资本家要追求剩余价值最大化是优化思想，资本有机构成提高是资本家追求剩余价值最大化的一种结果，也是不以资本家的意志为转移的一种结果。在那个时代，马克思不可能采用现代的数学优化方法，但提出了优化的思想，并用这种思想分析了那时的资本主义经济，由此得出资本有机构成提高的论断。后面的经济发展过程证实了马克思论断的正确性。

从马克思数学手稿看，马克思掌握了微积分知识，他也有用数学方法描述经济的愿望，但他只用到了初等数学知识，没有用到微积分知识，从而与数学优化方法失之交臂。马克思只活到65岁，且55岁后贫病交加，可能导致他无法在数学描述经济上有所进展。另外，他有更多更重要的工作等待完成，如资本论第二卷和第三卷等待其完成，剩余价值学说史也等待其完成，他不能过多分心在数学方法上。

二、边际效用分析与优化

与马克思同时代的经济学家提出了边际效用的思想。从数学角度看，边际的概念其实就是导数的概念或者微分的概念。因此，从边际概念到优化概念是一个很自然的过程。欧美经济理论从此与微积分结下不解之缘。这种优化还是静态优化思想。综观微观经济学，始终贯穿最大化和最小化的思想与方法，与微积分的极值理论结下不解之缘，尤与拉格朗日条件极值方法密切相连。稍后问世的马歇尔的局部均衡理论建立在边际效用基础上，是那时边际效用理论的经典之作。

从现代数学规划角度看，利润最大化和成本最小化是一个对偶概念，数学本质上是一回事。然而，从线性规划到动态规划，最优思想便从静态最优上升到动态最优。

三、一般均衡理论

瓦尔拉斯用线性方程组方法解释和描述了一般均衡理论体系。线性方程组本身没有优化思想在内，但一般均衡理论包含优化思想，它试图证明市场经济能使资源配置最优化。福利经济学第一定理和第二定理说明了这点。后来，一般均衡理论建立在不动点理论基础之上，有了严格的数学基础。

四、动态优化思想

拉姆齐（Ramsey）在1927年的论文《对税收理论的贡献》和1928年的论

文《储蓄的数学理论》提出了动态优化的思想。这构成现在 DSGE 模型奠基性的理论思想。用现在 DSGE 模型的语言来说，消费者在现期消费和储蓄中有一个选择。现期消费多，意味着未来消费会少；现期储蓄多，意味着今后消费会多。那么，从消费者一生来看，每期应该怎样选择消费和储蓄，才能导致他一生的消费效用最大化？这就是动态优化的思想。

在自然科学中，也存在类似的问题，如一个球在一定高度沿着一条曲线下滑，这条曲线是怎样的形状才能使球最快达到地面；又如飞机应沿着怎样的曲线上升，才能最省油达到某一高度。用古典变分法可以解决这种最速下降路径问题。但古典变分法的控制向量不能有约束条件，还要求哈密顿（Hamilton）函数对控制向量连续可微。1958 年，庞特里亚金提出极大极小原理，克服了古典变分法这两个问题。我们在 1991 年出版的《通货膨胀机理与预期》的最后一章使用了庞特里亚金的方法。

1957 年，贝尔曼（Bellman）等提出动态规划，这是一种离散动态优化方法，我们在 1984 年用到这一方法，即第十一章介绍的用这一方法解决计划期内最大化第二部类产值问题。带有随机变量的最佳控制方法也是一类动态优化问题，20 世纪 60 年代初，线性系统在二次型性能指标下的最优控制问题由卡尔曼（Kalman）解决。我们在 1995 年出版的《通货膨胀与不确定性》的第 4 章使用了这一方法。

这些方法构成 DSGE 模型数学方法的基础。但我们在实际构造 DSGE 模型时，使用最多的方法是最为简单的拉格朗日优化方法，这是微积分第一学期的内容。因此，如果只是使用 DSGE 模型的话，并不需要高深的数学知识，有微积分知识并掌握 Dynare 软件就行了。Dynare 软件为计算 DSGE 模型解决了计算问题，降低了使用 DSGE 模型的数学难度。

五、重复博弈和进化博弈

在市场经济中，没有一个机构安排每个经济人应该做什么和应该怎样做，每个经济人均根据市场情况决定自己做什么和怎样做，这些经济人的活动是同时交互进行的。这里交互指经济人和经济人之间的活动是互动的，不是孤立进行的。博弈论特别适合研究个体之间的交互作用，弥补了经济理论在这方面的欠缺，成为主流经济学的一大研究领域。另一种适合研究异质性个体交互作用的模型是 ABM（Agent-Based Model），但该模型没有进入主流经济学视野，仍作为边缘学科存在，这里暂且不提。

重复博弈是一种动态模型，每一次重复博弈，意味着一次决策，导致模型更新。在重复博弈中引进淘汰标准和淘汰机制，构成进化博弈，进化博弈有动态优化的思想。这和前面贝尔曼动态优化思想有所不同,贝尔曼动态优化是从所有期的角度考虑问题,而进化博弈是从每一期角度考虑问题。重复博弈一般是两个参与者的博弈,进化博弈一般是两个种群的博弈,每个种群有无数的参与者。

本书第二章从数学上证明了不对称收益囚徒困境重复博弈也存在合作。这其实也是一类动态优化问题,两个囚徒在一定惩罚机制下重复博弈,只有合作才能达到最优的互惠目的。在此之前,我们只发现在实验博弈上用实验证实过这个问题。我们在第二章的总结部分对比了囚徒困境重复博弈的优化和微积分的优化的不同点。

纳什均衡(Nash equilibrium)表示参与者都没有改变现状的愿望与动力,因为改变现状不能提高收益,这类似于帕累托(Pareto)最优概念。在博弈中存在很多纳什均衡,博弈的一个发展方向是,淘汰掉一些不适合的纳什均衡,保留适合的纳什均衡,如动态博弈可视为两阶段博弈,要淘汰掉部分纳什均衡,挑选出最适合的纳什均衡,这具有优化思想。这种优化不是追求最大最小,而是追求最为适合。

六、算法优化

《宏观审慎管理的理论基础研究》第14章第1节说:"在经济理论中使用算法,是欧美经济学界研究问题的一种新潮流。就笔者所知,欧美经济学界目前尚是在经济研究中使用已有算法(如遗传算法)。经济学家根据研究问题特点设计出新算法,还很少见。这反映经济学界使用算法还处于起步阶段。根据经济研究对象的特点,设计出新算法,是经济学界的一大挑战,也是今后经济理论创新的一个源泉。这需要新知识、新视角和新思维。"

进化算法或演化算法把进化论引入算法,在算法中引进淘汰标准和淘汰机制,具有动态优化思想。如同进化博弈,进化算法也是仅就每一期考虑问题。

算法还有众多优化方法,它们中很多吸取了数学上的优化思想,并具有和计算机结合的特色。图论的优化理论不同于微积分优化理论,已经成为算法优化的一个重要思想来源。当然,算法优化思想不全来自数学,仿生算法的思想来自自然界生物的行为,如蚂蚁就具有寻找最短路径的行为,由此形成了蚂蚁最优算法。

算法要有效,即要具有可计算性。我们只要把一个优化问题转换为一个可计算性问题,就可以交给计算机去处理了。对问题的可计算性分析,将成为经济理论分析的一个核心和本质的组成部分。李拉亚(2014)对此有专文分析。

第二节　优化思想比较

一、两类优化思想

在上面介绍中，我们看到两类优化思想。一类是追求最大最小，拉格朗日方法、变分法、庞特里亚金极大极小原理、随机最佳控制，均属于这类方法。另一类是追求最为适合，进化算法、进化博弈、动态博弈，均属于这类方法。从客观生活角度看，它们的共同点是每期均要做一次决策，但反映在数学模型中，并不一定如此。

第一类优化方法中的拉格朗日方法，看不到每期的决策，数学方法把每期决策隐藏起来了，求导一次便解决了每期决策的问题。第一类优化方法中的贝尔曼方法，则把每期决策都显示出来。因此，第一类优化方法可分为两种：一种显示每期决策，如贝尔曼规划；另一种不显示每期决策，如拉格朗日方法、变分法、庞特里亚金极大极小原理。

二、局部最优和全局最优

优化方法中有的只能得到局部最优，如拉格朗日方法，有的能得到全局最优，如贝尔曼方法。从计算机算法看，一般的进化算法只能得到局部最优，但进化算法中的遗传算法能寻找全局最优解和次优解，避免只得到局部最优解。我们在《宏观审慎管理的理论基础研究》的第 14 章设计的进化算法是同步算法，能同时得到图上所有最长路径，由此也可以得到图上所有哈密顿路径和哈密顿圈。这也是一种求全局最优的方法。

三、算法有效性

《宏观审慎管理的理论基础研究》的第 14 章第 5 节指出："我们把算法完成任务所需计算次数用图的点数的函数表示，如果该函数是多项式函数，该算法是有效的。如果该函数是指数函数，该算法是无效的。当算法无效时，随着图上点的增加，计算机计算结果所需时间变得无限增加。这样，便不可能得到计算结果。"上述各种算法和模型都有算法的有效性问题。如我们设计的那个进化算法是非有效的，可以在理论上解释从众行为的聚合过程，实际计算时，遇到复杂一点的问题就计算不出结果。

诺贝尔经济学奖获得者赫伯特·A.西蒙（Herbert A.Simon）提出有限理性，实质上是把计算有效性概念用于经济学了。经济人做决策需要计算一些复杂问题，这既需要时间，也需要精力，还需要其他成本，为省事，就要把复杂问题的复杂计算作为近似计算处理，以提高计算的有效性，节约计算成本，减少计算时间。换言之，经济人不追求最优，而追求次优；不追求全局最优，而追求局部最优。西蒙获得计算机学界最高奖图灵奖，他的计算机知识会影响到他的经济理论，从计算有效性概念理解他的有限理性理论是一个适合的视角，符合西蒙知识结构特点。

我们在《通货膨胀机理与预期》的再版前言[①]中指出"至此，中国粘性预期理论的第二个假设中用部分信息代替全部信息降低信息成本，第三个假设中用时滞信息代替现期信息降低信息成本，第四个假设中用向他人学习降低信息成本。中国粘性预期理论降低信息成本的这些方法，是对信息成本理论的创新。"我们的粘性预期理论的一个特色，也是要采用近似计算方法提高计算效率，降低计算成本，降低获取和处理信息的成本。中国粘性预期理论第二个假设（该著作第9章第2节）是："2.信息的边际成本等于决策的边际收益。经济行为者收集信息要付出代价，如时间、金钱等，这些代价就是成本，即获取信息的成本。信息收集得越多，对预期的准确性帮助也就越大。但是收集信息的成本也随收集信息的增加而增加，如果收集信息的成本大于正确决策所带来的利润，那么这就得不偿失。一个理性的经济行为者在收集信息达到一定程度后必然会放弃进一步收集信息的努力。"该著作第9章第3节指出："由于我国的信息成本较大，特别是信息发表滞后，导致经济行为者在获取足够新信息方面所需时间较长。这导致短期内经济行为者做预期时所依据的信息改变不大，因此预期也不会有大的变化。"该著作第9章第2节提出了中国粘性预期理论的学习假设，具有黑箱假设的人会向具有灰箱假设的人学习。"同时预期的这种学习功能也会促使灰箱假设预期结果逐渐被大家接收，成为公众的普遍预期。少数人较为正确的预期通过学习功能传播将成为大多数人的共识。"在该著作第9章第3节"预期形成过程"中，预期形成也涉及学习："3）向别人学习也从自己过去的失误中学习。"我们在《通货膨胀与不确定性》第52页中对此说得更为清楚："4.预期的学习假设。这一假设可分为两个方面。一是经济人从自己过去的预期经验中学习，不断纠正预期误差；二是经济人向他人学习，模仿别人的预期行为。模仿别人的预期，可以减轻信息成本和时滞。"

现在，我们看到，局部最优和全局最优，算法有效性，不仅仅是数学概念和计算机概念，在经济理论中也起到重要作用。

---

① 由知识产权出版社于2020年再版。

第三节　在动态优化模型中引入异质性分析

一般来说，宏观经济理论的行为主体分为消费者、生产者、政府和外部四个部分，政府又可以分为央行和财政两个部分。如果我们把这些部门往下细分，便是异质性分析。我们在第十一章看到，马克思把消费者分为资本家和工人，这就是异质性分析。异质性分析会对宏观经济动态优化模型产生复杂影响。

在高级微观经济理论研究中，有消费者代表和生产者代表，这相当于宏观经济理论中的消费者和生产者。但是，宏观经济中的消费者和生产者行为并不是无数不同消费者和不同生产者行为的简单汇总，消费者代表和生产者代表的行为要能代表无数的不同消费者和不同生产者，要满足一些苛刻的条件，而这些条件在现实中不易满足。

然而，对宏观经济的微观基础很重视的新古典经济理论，对宏观经济理论的消费者和生产者的代表性没有疑问，在此基础上建立了宏观经济动态优化模型，如 DSGE 模型。对新古典理论这一做法，经济理论界也存在质疑，陈彦斌等（2010）介绍的 20 世纪 70 年代就已经问世的比利（Bewley）模型就是一例。他们指出："家庭的异质性被忽视。基于代表性个体的分析方法主要考虑典型家庭的福利状况，而忽略了特定人群（如最穷人群）的利益，所制定的最优经济政策很可能会导致特定人群福利状况急剧恶化，致使社会冲突加剧。"

在宏观经济理论动态优化模型中引入异质性分析，至少使模型更接近实际情况。现在看来，异质性分析已经是经济研究的一个热点问题。DSGE 模型也已经引入异质性分析，如第十一章 DSGE 模型关于消费者的分类，就是欧美经济理论界提出来的，他们把消费者中的高收入者称为李嘉图居民，把消费者中的低收入者称为非李嘉图居民。这一分类接近马克思的资本家和工人的分类。

我们在 1991 年就提出过异质性预期问题，在《通货膨胀机理与预期》中，中国粘性预期理论的第一个假设就是预期异质性假设，见该著作第 9 章第 2 节的黑箱假设及灰箱假设："1. 黑箱假设及灰箱假设。对于绝大多数经济行为者而言，他们利用收集的信息做预测时所依据的模型是黑箱模型，也就是说，他们只考虑模型输入与输出的关系，而不考虑模型的具体结构。模型本身对他们而言是一只黑箱。模型输入与输出的关系，可由他们过去的经验获得，也可由他们对未来的判断而做出修改。对于受过专门经济学教育的人而言，他们对于经济问题的变量关系及模型结构有一定程度的认识，他们依据的模型虽然与实际问题有一定的差距，但能部分反映实际问题的情况，因之可称这些模型为灰箱。"在该假设中，经济人分为两组。一组是绝大多数人（公众），他们不了解经济系统的模型结构，采用黑箱假设预测未来。另一组是受过专门经济学教育的人（专家），他们对经济问题的变量关系及模型结构有一定程度的认识，他们采用灰箱假设预测未来。现在，在 DSGE 模型中也已经引入有限理性预期的因素，模型建模较之理性预期模型，要复杂多了。

我们在第十一章分析过，1984 年提出的马克思再生产图式动态模型和动态优化模型，是一种异质性动态优化模型。依据马克思再生产图式，模型中生产划分为生产资料部门和消费资料部门，这是对生产部门的异质性分析。从时间上看，1982 年新古典经济理论刚提出 DSGE 模型，中国经济理论研究异质性动态优化模型起步非常早。在新凯恩斯学派的 DSGE 模型中，也已经引入中间产品部门和最终产品部门，这也是对生产部门的异质性分析。

第四节　在动态优化模型中引入风险

一、决定论还是随机论

客观世界是决定的还是随机的，这是一个哲学问题。在牛顿体系中，宇宙运行规律是决定论所描述的那样，像一个巨大的时钟运转。而在量子力学所描述的微观世界里，量子运行规律是随机的，你完全不能确定它在什么地方，但能说它在一处的概率是多少，在另一处的概率是多少。然而，随机性只是量子世界的一个性质，令人震惊的是观察结果也是不确定的。你不可能同时测定一个粒子的动能和位置，但可以分两次测量，一次测定它的动能，另一次测定它的位置。更难以理解的是双缝实验。在该实验中，人类没有观察时，光子或者电子呈现波动运动。一旦人类观察，光子或者电子就呈现粒子运动。这一实验颠覆了人们对自然系统的认识，即自然系统的客观规律不受人的观察而变化。如无论观察不观察，都不会改变地球围绕太阳转的客观事实。

在经济系统中，菲利普斯曲线变化类似于双缝实验。当经济学家没有观察它时，它曾经长期稳定存在。一旦经济学家观察它，它就不再稳定了，出现变化，甚至不再存在。菲利普斯曲线随观察而变化的现象，不能停留在物质层面解释，需要上升到人的精神层面解释。经济学家是用预期解释这一现象的。

在使用理性预期的 DSGE 模型中，虽然在建立模型时加上了预期，但在用 Dynare 软件编程时，预期不见了，因为我们实际得到的是稳态时的情况，在稳态，变量都变成了常数，故预期不起作用。

尽管 DSGE 模型加上了随机项，但这并没有回答问题的本质。我们对经济系统运行的规律的认识仍是受决定论支配的。只要我们给定原始状态，按照我们的规律就知道最终结果。对动态优化而言，还能知道最终结果是最优的。

在金融经济学的模型中，随机现象还表现为状态，这比在方程后加一项随机误差项更能反映随机因素对模型内在因素的影响。

然而，现实世界到处呈现不确定性，并受非线性规律支配。我们在经济理论和模型上所取得的成果，基本建立在线性基础之上。把不确定性和非线性引入经济理论、模型和优化，是未来的一个发展方向。

二、理性还是感性

经济理论中一直存在两种对经济人的认识。一种认识是，经济人是理性的，他有全局意识，有优化思想，不爱冒险，独立考虑问题，不会人云亦云。另一种认识是，经济人是不理性的，没有全局意识，也没有优化思想，喜欢冒险，有从众行为。

（一）理性经济人

从思想溯源讲，亚当·斯密的《国富论》中的经济人具有理性经济人的素质，经济人只为自己考虑，不为他人考虑，一心追求自己利益最大化。这种人人为自己的行为在市场运作下，结果自私的行为是利他的。这是微观属性与宏观属性不一致的最早论述。

在马克思经济理论中，工人的地位是从属于资本的，工人有人身自由，出卖自己的劳动力。因为劳动力市场上有大量的人找工作，工人只能被动接受工资，即接受维持自己劳动力再生产的工资水平。工人选择工资的权力受限，他即使有理性素质，也难有理性行为，如不可能去优化自己的工资水平。

马克思经济理论中的资本家，是理性的经济人。资本家追求剩余价值最大化，与他个人道德品质无关，是市场机制使然，是市场经济的规律。因为重点研究资本，马克思的经济理论体系重点研究资本家行为，故理性经济人占有重要地位。

在马克思经济理论中，资本家周密安排生产，在企业内部是有计划的，是优化的。但在市场经济运作下，整个经济系统是无计划的，无优化的，存在供给与需求的矛盾，存在经济危机的客观基础。这也是微观属性与宏观属性不一致。

在古典均衡理论和局部均衡理论中，经济人是理性的。消费者在收入约束下追求效用最大化，生产者在成本约束下追求利润最大化。在市场经济运作下，生产者的利润最大化变成了零利润。我们再次看到微观属性与宏观属性不一致。

（二）非理性经济人

在凯恩斯经济理论中，我们看到了另外一种经济人，一种具有动物精神的经济人，或者具有冒险精神的经济人。我们称之为感性经济人。他们是投资者。感性经济人是非理性的，他独具眼光，不会从众，凭感觉决策，而不是凭理性决策，也不能做最优计划，因为谁也看不清20年后的经济形势，但现在就必须做出投资决策。这是一种领头羊式的经济人。

在行为经济学中，我们还看到另外一种感性经济人。他们不是领头羊，而是跟着领头羊走的羊群。他们人云亦云，不独立思考，不爱冒险，从众是他们的决策方式。从众可以降低决策成本，可视为一种成本最小化决策。但是在市场运作下，从众可以导致泡沫，从全局看，不是成本最小的。这也是微观属性与宏观属性不一致。

在消费经济理论中，我们可以看到攀比的消费者。他们不是依据自己的收入决定自己的最优消费水平，而是依据别人的消费水平决定自己的消费水平。这也是一种感性经济人，他们的风险意识很弱。

（三）对比

我们看到理性经济人是追求最优的，不爱风险的，并且也试图追求动态最优，如年轻时多积累，年老时多消费，从而实现自己一生的效用最大化。感性经济人事实上不追求最优，因此也不可能追求动态最优，但排除他们感觉自己是追求最优。对待风险上，感性经济人分为三类，一类喜欢冒险，一类不喜欢冒险，还有一类风险意识弱，如消费攀比者。

在人口中，这几种经济人划分的比例决定了经济系统的动态特征。

三、相关理论

在传统的宏观经济理论中，风险并不受到重视，在高级宏观经济学教科书中，见不到风险内容。2008年美国金融危机爆发后，经济理论界加强了对系统性风险的研究，风险意识大增。高级宏观经济学教科书引进2008年美国金融危机案例，开始重视风险。在宏观经济理论的动态优化模型中引入风险，自然也成为一个值得关注的问题。

在传统高级微观经济理论中，风险占据比较突出的位置。如Mas-Colell等的《高级微观经济理论》的第6章和第19章，均是围绕风险展开的。该书第6章第E节的内容为："在6.E节，我们扩展了我们的基本理论，效用不仅依赖于货币收益，还依赖于不确定性背后的自然状态（states of nature）。在这个过程中，我们

用这些潜在的自然状态建立了模拟不确定性的框架。这个框架易于用于分析很多问题，我们在以后将广泛使用它。"期望效用理论把不确定性下的效用和确定性下的效用结合起来了，为不确定性下的决策提供了理论基础。

在金融经济学中，风险是中心内容，《高级微观经济理论》的第 6 章和第 19 章是金融经济学的理论基础和核心内容。在宏观经济理论中，可以引进金融经济学的以自然状态为基础的动态优化模型，作为宏观经济理论动态优化模型的一个组成部分。但是，金融经济学的该动态优化模型建立在阿罗－德布鲁市场和阿罗证券（Arrow securities）基础上，要把其转变为宏观经济学动态优化模型，还要先把不确定性和风险引入宏观经济理论，先打好宏观经济理论的不确定性和风险研究基础。在第十一章中的风险配置动态优化模型是金融经济学模型，我们只是把王江（2006）第 3 章的模型从二期推广到多期而已。

如何用宏观经济动态优化模型研究更为复杂的不确定性问题，是一个值得研究的问题，也是一个很具有挑战性的问题，如研究资本泡沫，资本泡沫又与投机资本相关。在《通货膨胀与不确定性》一书中，我们从宏观经济理论角度，研究过不确定性、投机资本、资本泡沫和资本组合等问题。这些研究有助于在宏观动态优化模型中纳入不确定性因素，然而我们的研究离这一目标还有不小的距离，还需继续努力。

四、重要性和必要性

因系统性风险具有很大的不确定性，金融系统具有很大的不确定性，研究不确定性构成宏观审慎管理的重要任务。"在任何一种经济系统中，都存在不确定性的影响。每一种经济制度，都有限制不确定性影响的某些功能。在市场经济体制下，采用保险、期货交易、远期合同和一定程度的国家干预来限制不确定性的影响。在传统计划经济体制下，则采用计划手段来限制不确定性的影响。""我们正处于对不确定性影响的限制手段较少的状态，政府的宏观调控，常被突如其来的不确定性冲击所干扰。研究不确定性，已是实践的迫切需要，是经济学家不可推辞的责任，是历史赋予我们这一代人的使命。"[1]"不确定性不仅与通货膨胀有密切关系，事实上，它是影响经济系统的重要变量之一。"[2]"经济体制改革，物价放开，金融市场建立，对外开放四个方面的不确定性问题，是中国经济中不确定性问题的大背景。"[3]

"令人惊奇的是，尽管理性预期理论问世之初就已注重信息混淆问题，但

---

[1] 李拉亚，1995，第 IV 页。
[2] 李拉亚，1995，第 25 页。
[3] 李拉亚，1995，第 27 页。

理性预期理论却没有把不确定性作为内生变量看待，不确定性没有得到预期那样的同等待遇，颇有厚此薄彼之感。从理论发展史的角度看，这意味着什么？是否意味着一种把不确定性作为内生变量的理论正在等待时机破土而出？经济理论继预期革命之后还会出现一个不确定性革命吗？"[1] 现在看来，答案已经很明显了，宏观审慎管理已把不确定性作为内生变量看待，宏观审慎管理理论就是李拉亚期望的经济理论的不确定性革命。"中国经济理论界对不确定性的研究还相当薄弱，相信在不久的将来，不确定性也会像预期理论一样，推动经济理论发展，并把通货膨胀理论提高到一个新的层次上。"[2]《通货膨胀与不确定性》把不确定性作为研究对象，实际上也为宏观审慎管理奠定了一个方面的理论基础。

五、系统风险的一种形成机制

系统性风险有客观因素，如高杠杆，也有主观因素，如金融恐慌和预期突变。2008年美国金融危机在雷曼兄弟破产后急剧恶化，与金融恐慌有关，而金融恐慌是预期突变的表现。故不确定性和预期突变，都与系统风险密切相关。防范和化解不确定性和预期突变，也就是防范和化解系统性风险。

到目前为止，经济理论界对系统风险的主观因素研究薄弱，对系统性风险这一方面的形成机制几乎没有研究。中国通货膨胀粘性预期理论的预期突变机制，也是系统风险主观方面的形成机制，尽管没有使用系统性风险这个词。

"粘性预期的粘性和突变性来自信息不完备性。当信息严重不足时，经济人就无法调整预期，这时预期呈现粘性；或者经济人也可能大规模调整预期，这时预期又呈现突变性。往往在通货膨胀之初，不确定性较小时，经济人的预期易粘在较低水平上。而当通货膨胀发展一段时期，不确定性较大后，预期又会突变，粘在较高水平上。究竟何时预期的粘性会从较低水平变到较高水平，是很难确定的，受多种因素影响，特别受不确定性因素影响。"[3] "预期突变带来经济的剧烈变化，防不胜防。如果政府能执行稳定的政策操作，可以减少预期突变的可能性。"[4] 粘性预期的粘性特征对应了系统风险的累积，而粘性预期的突变特征对应了系统风险的爆发。可见，用粘性预期理论解释系统风险的形成和爆发，要比用理性预期理论解释系统风险的形成和爆发，更为实际一些。

---

[1] 李拉亚，1995，第12页。
[2] 李拉亚，1995，第21页。
[3] 李拉亚，1995，第55页。
[4] 李拉亚，1995，第55页。

第五节 跨周期调控的动态优化基础

现在跨周期调控成为国内经济理论界讨论的热点问题。跨周期调控着眼于长期考虑，是一种要打提前量的调控，是前瞻性调控。本节研究这一调控的实践、理论的渊源及其动态优化的基础。

一、实践渊源

早在计划经济年代，存在长期规划指导经济活动，布局长远经济发展。这可以视为一种跨周期调控。比如，安排大型水力发电站，铁路发展的布局，均可视为一种跨周期调控，均需要央行和财政的支持。我们现在仍然存在这种跨周期调控。如中国政府对房地产市场调控，就要着眼于长期，考虑10年、20年后还有多少人购房，从而调控现在的房地产市场。这就需要跨周期调控。由此可见，跨周期调控也是防范系统性风险的重要方法。

在市场经济中，投资也是跨周期的，它往往涉及10年、20年，甚至更久的收益，是决定企业生死存亡的大事，需要企业家长远的战略目光。但欧美国家政府把这些投资和经济布局交给企业家进行，企业家自己去融资，央行和财政不直接出面支持。美国州一级政府对经济发展也有自己的规划，如美国得克萨斯州政府就致力于打造以计算机为中心的高科技发展方向，在税收和土地费上予以支持，并取得明显成效，改变了它原来以农牧业和石油为基础的面貌。在战争时期，如"二战"时期，中央政府会出面进行规划，把经济纳入战争的轨道，转向武器等战争用品生产，由央行和财政支持，进行跨周期调控。

通货膨胀目标制是一种跨周期调控框架。这里的目标是长期稳定不变的，是跨周期的。中国政府提出的合理区间论，类似于通货膨胀目标制，其目标也是长期稳定跨周期的，也是一种跨周期调控，并且是和逆周期调控相结合的一种宏观调控框架。

前瞻性指引是预期管理的一种方式，也是跨周期调控的一种方式。前瞻性指引的定义尚未统一，一种简明且权威定义是央行明确公布未来货币政策走势（Woodford，2012b）。前瞻性指引一种常用方式是状态依赖型引导，即政策变化与未来具体的经济指标值相关。如央行宣布，在失业率降到一定水平或产出增长低于一定水平之前，银行利率不会高于当前水平。这种未来具体的经济指标值是可以跨周期的。李拉亚（1995，第355页）提出过类似状态依赖型引导："政府要明确告诉公众一个信息，只要通货膨胀还处于较高的水平上，如两位数水平上，政府就会采取一种较紧的经济政策，并付之于实际。"

二、理论渊源

在宏观经济理论发展上，虽然没有跨周期调控一说，但重视跨周期经济行为，如经济增长模型、世纪交叠模型、DSGE 模型、生命周期理论，均是研究跨周期经济行为的理论，均可以为跨周期调控提供理论指导。

欧美央行宏观调控的一个核心问题，是协调短期利率和长期利率，这实质上要考虑跨周期问题，也可以说是跨周期调控。2008 年美国金融危机爆发后，美联储使用的前瞻性指引，也是着眼于长期利率的，也可以视为跨周期调控。故预期管理可以为跨周期调控服务。

中国经济理论界在 1991 年就已经反思逆周期调控的不足和跨周期调控方法的必要。李拉亚（1991，第 260～263 页）指出："但是反周期的金融政策和财政政策也存在问题。货币供给对经济的影响需经过一段时间，这种滞后的时期长度受到预期影响，预期粘性的改变又是不确定的，这就可能发生时间错位反应。这可表示为，货币的滞后可能导致货币的刺激或抑制作用姗姗来迟，试图拉上总需求的货币扩张政策可能在总需求萎缩已经过去继而总需求扩张已经来临时才起到作用，这就起到刺激经济活动扩张的作用，加剧了经济的波动。这说明，本来是试图稳定经济的政策，可能适得其反，变成了加剧经济波动的政策。""反周期方法的另一个问题是，当刺激经济增长时，由于预期粘性及价格粘性的作用，政府易刺激总供给使之达到潜在总供给水平以上，此时供给明显增加而价格并未明显提高，若政府乐此不疲，接踵而来的就是新一轮通货膨胀。""由于反周期政策的上述潜在危险，我国经济学家们现在又转向实行一种消极的方法，以不变应万变。这就是前面所说的，从不变的稳定的经济速度出发来调节货币供给及配给限制。这种稳定的经济增长速度又称为中速增长，指国民收入增长速度为 6%。这就是所谓的固定增长率规则。这一规则的优点是它向公众明确公布了政府政策的目标，这就有助于消除公众预期中的不确定性因素，引导大家配合这一目标安排自己的经济活动，从而减少经济的波动。由于政府目标不变，政府与公众就能减轻这类问题的消极影响，大家都按这一目标来预期经济活动，协调经济活动。政府遵循这样的规则，首要条件是政府要有可信度，要说话算数，不要途中变卦。"这里，"不变的稳定的经济速度出发来调节货币供给及配给限制"就是一种跨周期调控。这其实也是一种目标制调控。

三、跨周期调控的动态优化

跨周期调控追求的最优是动态最优。宏观调控要实现资源配置最优和风险配置最优，从跨周期调控上看，要实现这两种配置的动态最优。第十一章研究了这两种配置的动态最优问题。

我们现在分析宏观经济问题，大致有六种理论框架。一是建立在国民经济核算和计量和计算技术基础上的方程组框架，如存量流量一致性分析框架、线性规划、一般均衡理论体系等。二是系统动力学框架，如微分方程、差分方程、动态规划、随机过程和随机最佳控制等。三是博弈论框架，如零和博弈、合作博弈、重复博弈和进化博弈理论等。四是 ABM 框架，采用计算机模拟技术。五是 DSGE 模型框架，结合了一般均衡、系统动力学和计量技术，可以看作一般均衡理论体系的升级版本。六是计算机算法框架，我们曾专文介绍了这一方法（李拉亚，2014）。《宏观审慎管理的理论基础研究》第 14 章"从众行为的算法分析"，是自己设计算法从事经济理论研究，该章方法在 2010 年全国数量经济学年会的大会主题报告中做了介绍。计算机算法很多建立在图论基础之上，未来图论对经济理论影响将会增加。目前，网络经济理论就建立在图论基础上。

宏观经济动态及优化不只是一种方法，更是一种跨周期调控的理论框架。宏观经济理论问世以来，宏观经济动态及优化就是理论演化的一条主要路径。上述六种框架中，除第一种框架只涉及静态优化外，其他五种框架均涉及动态优化，均可为跨周期调控提供理论支持。

在本著作《宏观调控理论创新研究》中，第一篇涉及重复博弈理论框架，第二篇涉及存量流量一致性分析框架，第三篇涉及滤波，属于系统动力学框架，第四篇涉及 DSGE 模型和动态规划。我们的这些研究，均涉及长期和短期问题，均可为跨周期调控服务。

四、市场调节能否实现动态优化

从实践上看，市场调节能较为有效地调节当前市场供需平衡，较为有效地实现当前合理的资源配置。但市场调节对实现当前合理的风险配置效率不高。2008 年美国金融危机，中国现在的房地产市场情况均说明了这一点。

从理论上看，一般均衡理论证明市场调节对实现当前资源配置是有效的，但并没有证明市场调节对实现资源配置的动态优化是有效的。生命周期理论研究了人一生中怎样安排消费与储蓄能带来效用最大化，但这不是市场调节的结果，而是人自己安排的结果，相当于人对自己一生的消费与储蓄做了一个动态优化的计算。

从实践和理论上看，市场调控实现动态优化能力不足，缺少实现动态优化的机制，故宏观跨周期调控有必要。事实上，现在的宏观调控也带有一些跨周期调控的内容。如中国政府调控房地产市场，美联储调控短期利率和长期利率。加强对宏观跨周期调控研究，是理论和实践的需要。

五、跨周期调控与逆周期调控结合

跨周期调控着眼于长远，逆周期调控着眼于现在。宏观调控要把跨周期调控和逆周期调控结合起来，也就是要把现在的利益和长远利益结合起来。目前利益高的，从长远看利益不一定高，甚至有害。

宏观调控的基调是长远利益，目前的利益要服从长远利益。因此，逆周期调控要服从跨周期调控。或者说，是在跨周期调控的基础上实行逆周期调控。

跨周期调控着眼于未来，其设定的目标是稳定不变的。通货膨胀目标制可以视为一种跨周期调控。而泰勒规则可以视为逆周期调控。因此，通货膨胀目标制和泰勒规则结合，就是一种跨周期调控与逆周期调控结合的方式。如在第五章中，我们把双支柱调控框架作为目标制运作，同时又制定了逆周期的调控规则，这也是一种跨周期调控与逆周期调控结合的方式。

李拉亚（1991，第262～263页）在总结逆周期调控的不足和跨周期调控的必要后指出："我们认为，稳定经济增长速度，需首先稳定货币供给的增长率。这也就是说，通过稳定货币供给增长率来起到稳定经济增长率的作用。依据我们的理论，长期内，公众不存在货币幻觉，货币的作用是中性的，稳定的货币增长率能够带来稳定的经济增长。由于经济系统的不确定性及经济系统内在的扩张机制的作用，我们也可采用反周期的计划政策和财政政策与稳定货币供给的金融政策配套，尽量消除经济系统的波动。这是一种以金融政策为主，计划、财政政策为辅的管理宏观经济的方法。"这里稳定的货币增长率是一种跨周期的调控，而反周期政策是逆周期调控，二者结合也是一种跨周期调控与逆周期调控结合的方式。

李拉亚（1991，第275～280页）突破了上面稳定的货币增长率，采用庞特里亚金极大极小方法，计算出具有动态最优路径的每期最佳货币投放量，作为央行实际投放货币的理论参考值。但是这一方法还没有考虑随机因素的影响。

李拉亚（1995，第97～106页）采用随机二次型最佳控制方法，研究在计划期内尽量降低通货膨胀的同时，又尽量使经济增长降低的程度最小。这是一种随机动态最优控制模型，需联合使用卡尔曼滤波和确定性最佳控制方法。这一模型的理论背景是，通货膨胀由经济过热产生，可通过降低经济增长速度来拉下通货膨胀。这与现代货币理论的想法是一致的。

从理论上看，跨周期调控追求的最优动态路径，是逆周期调控的基础。当经济活动偏离这一最优动态路径时，就要采取逆周期调控方法，使之回到最优动态路径上。

六、跨周期调控的未来发展

上面对跨周期调控及与逆周期调控结合做了理论解释，给出了实践依据，举出了已有的跨周期调控及与逆周期调控结合的例子，如通货膨胀目标制和泰勒规则相结合的调控框架。通货膨胀目标制目标稳定不变，以不变应万变，有优点也有缺点。如2008年美国金融危机爆发，美联储就立即实施了非常规货币政策，放弃了目标制。如果美联储在金融危机爆发时还固守目标制，美国的经济将会全面崩溃。1929年美国经济大危机说明了这一点。此外，目标制并不以动态优化作为基础。当然，通过DSGE模型，目标制可以以动态优化作为基础。最后，目标制没有打提前量，不是依据未来的情况调整现在的政策，是一种较弱的跨周期调控。

未来跨周期调控还会进一步发展。跨周期调控的本质是前瞻性调控，要对未来的发展有一个准确的预期，从而依据这一预期调控目前的经济，打好提前量，实现动态最优路径。这是一种较强的跨周期调控。前瞻性是否正确，决定跨周期调控的成败。这要求政府加强对未来的预测工作，加强对动态优化模型的研究，做到预测正确，并确定动态优化路径，这是一个挑战。这也要求政府加强预期管理工作，引导公众的预期趋向政府的预期。

但对一些具体市场，这一挑战难度要低些，如房地产市场。我们可以依据未来人口规模，以及已有房屋数量和未来房屋数量变化，预测未来适合的房屋数量。从现在开始，以未来适合的房屋数量调控目前房屋数量增量。以此为依据，政府引导公众的房价预期，防范房地产泡沫发展与破裂，稳定房地产市场。

第六节　对动态优化的经济哲学思考

哲学是对一切学科规律的内容抽象思维，是世界观和方法论。哲学的最高境界，是终极之问。我们从哪里来？我们要往哪里去？我们为什么会存在？我们和其他世界有什么不同？如马克思就解释和回答了资本主义经济从哪里来，为什么会存在，与其他经济形态的本质不同在哪里，要往哪里去的问题。对动态优化的经济哲学思考，也离不开这些终极之问。我们为什么会存在，对应动态优化的普遍性。我们和其他世界有什么不同，对应动态优化的计算特点。我们从哪里来，对应经济学天生就是动态和优化的学问。我们要往哪里去，对应经济动态优化的发展方向。从哲学角度看经济动态优化，是从普遍看特殊，从抽象看具体，从现在看未来。

我们现在所掌握的数据、方法和理论无疑远超过100年前的经济学家，但我们对经济理论背后的哲学思想的认识未必超过了那时的经济学家。斯密对市场上人人为自己但最终结果也是利人的思想，是一种深刻的哲学观念。马克思对市场上企业有计划生产但总体是无计划生产的思想，也是一种深刻的哲学观念。斯密和马克思的这种哲学观念，具有共同性，即总体的性质并不是个体性质的总和，总体性质不同于个体性质。他们对市场的深刻认识左右了经济理论发展。如宏观审慎管理的一个重要观念是，微观监管不能代替宏观监管。宏观经济理论的一个重要认识是，微观经济理论不能取代宏观经济理论。在微观上成立的东西，在宏观上不一定成立。反之，宏观上成立的东西，在微观上也不一定成立。

一、动态优化的普遍性

我们所感知的三维世界有时间因素，因此天然就是动态的。经济理论从静态发展到动态，天然如此，如生命周期理论。但很多动态问题并不一定与时间相关，而是与选择相关。当然，这些选择发生时，时间也在流逝，但选择才是实质，时间只是表象。选择的先后次序也意味着动态，如动态博弈。

然而，我们所处的世界是否天然优化，还真不好说。从生命世界说，由达尔文进化论，存在优胜劣汰规律，可以说是天然优化的，市场经济中这种优胜劣汰现象比比皆是。又如，资本天生要追逐最大化剩余价值，这与资本家品德无关，由资本主义经济关系及制度所决定。这是一种客观规律。这一客观规律是一种优化规律。但无生命世界是否也天然优化呢？光天然要走直线的捷径，只是由于时空弯曲了，才会偏移。水在重力控制下，天然要往下流，这也可以看作一种优化行为，在众多路径中选择了最低路径。客观世界的诸多规律，不一定都有优化因素在起作用。但客观存在的结果，一定是一种比较适合的存在，这种比较适合也是一种优化行为。从这一角度看，动态优化具有普遍性。

在计划经济中，计划者要追求最优经济增长途径，这是动态优化问题。在市场中，依靠价格调节供需，经济增长能否实现最优经济增长途径呢？第十一章的DSGE模型只说明了要实现最优经济增长的条件是什么，或者说最优消费的条件是什么，但并没有说明市场能自己实现这些动态最优条件。但在静态的一般均衡体系中，依靠价格调节供需，市场能实现静态的最优条件。从这一角度看，那只看不见的手只能导致静态最优，实现静态的资源最佳配置，不能导致动态最优，不能实现动态的资源最佳配置。因此，政府干预市场的一个理论上的原因，是要实现动态最优增长，实现动态的资源最佳配置和风险最佳配置。

二、经济学中的时间

在物理学中，时间是一个核心概念。在牛顿力学中，时间是均匀的，速度、时间和距离构成运动方程体系。在爱因斯坦的相对论中，时间不再是均匀的，可以随着速度变化而变化。在经济理论中，时间也是一个核心概念。时间的可测度和可比较性、稀缺性、不确定性和效用（成本），构成经济理论体系的重要内容。

在马克思经济理论中，价值理论建立在生产商品的社会平均劳动时间基础上，剩余价值理论建立在剩余劳动时间基础上，这均与时间的可测度和可比较相关。时间是每个人的外部禀赋，它是可以用来交换的。对马克思而言，商品等价交换的本质是相等劳动时间的交换。在马克思经济理论中，简单劳动的1h（这里h表示小时）创造的价值要小于复杂劳动的1h创造的价值。因此，每个人测度时间的长度是一样的，每天都是24h，但等量时间带来的使用价值、成本和价值是因人而异的。从事简单劳动的人8h创造的价值可能只有从事复杂劳动的人8h创造价值的一半，因此，从事简单劳动的人的收入只有从事复杂劳动的人的收入的一半，从等量价值交换的角度可以解释。节省劳动时间是马克思技术进步理论的核心因素。固定资本无形磨损或者精神磨损虽然在本质上是技术进步带来的，但形式上与时间相关，固定资本有形磨损虽然在本质上与使用相关，但也与时间相关。

在效用理论中，时间也是重要因素。时间是有效用的，在效用函数中，闲暇时间是一个重要变量。时间可以导致稀缺性，稀缺性是效用理论的一个重要因素。在经济生产中，存在陈年美酒的现象，白酒在酒窖中放置时间越长，就越值钱。类似现象还有古董的价值。时间是有成本的，时间对每个人来说都是稀缺资源，每个人的时间都是有限的，因此，对每个人而言，时间是有成本的。时间带来不确定性，不确定性在资本交易中要取得补偿，对这种补偿的理论分析在经济理论中占有重要地位。如在庞巴维克的利息理论中，现在100元钱比未来的100元钱更有价值，在动态优化模型中，这体现为贴现率。贴现就是一种对不确定性的补偿。

劳动价值论和效用论的本质区别是，商品自愿交换后面隐含的等价因素不同。效用论认为两个商品交换是因为效用相等，对濒临饿死的人而言，一个馒头的效用远超过一套别墅，愿意用一套别墅去交换一个馒头。然而，这只是假设的极端情况，市场上并没有出现一套别墅交换一个馒头的普遍情况。劳动价值论认为两个商品自愿交换当然也是交换不同的使用价值，但自愿交换意味着背后的劳动时间相同，抽象说来，就是生产这两个交换商品的社会必要平均劳动时间相同。劳动价值论是从社会上交换的总体平均角度抽象看问题的，抽象掉了一套别墅交换一个馒头的特殊情况。自然科学和社会科学的理论发展均离不开抽象。劳动价值论注重从宏观上抽象，得出社会必要平均劳动时间概念。效用论注重微观上的抽象，得出效用递减概念。效用论对闲暇时间定义的效用，虽然也符合效用递减规律，但若不存在为生存而必须劳动的问题，人们也愿意每天 24h 都享受闲暇时间，闲暇时间不会存在负效用和零效用问题。从全社会角度看，或者从宏观上看，效用论也可以学习劳动价值论，提出全社会必要平均效用的概念，如全社会消费大米和面粉的比重变化是较为平稳的。

如果我们把使用价值的大小也纳入交换要考虑的因素，和劳动时间一起决定商品交换背后的平等问题，那么从平均角度看，或者从全社会看，劳动时间决定交换的平等本质，交换价值能解释一些特别现象。养一头猪所花的劳动时间是一定的，但一头猪各个器官在市场上出售的价格不同，对这类问题，效用论比较好解释，有了使用价值大小的因素，劳动价值论也能解释这类棘手难题。但若从全社会看，用一头猪去交换粮食的话，劳动价值论就好解释了，不要考虑使用价值大小，只需考虑使用价值不同。因此，我们也可以从使用价值大小角度发展劳动价值论，但注意使用价值大小只是从属因素，劳动时间才是本质因素。比如交换者 A 想用自己的一把斧头交换一袋面粉或者一袋大米，如果生产一把斧头、一袋面粉和一袋大米的社会必要平均劳动时间相同，而交换者 A 更喜欢吃大米，则他会用一把斧头交换一袋大米。

从哲学抽象上看，决定交换自愿进行的因素有两种，一种是劳动时间多少，另一种是使用价值或者效用的大小。我们可以把这两种因素赋予权数，用以解释这两种因素对自愿交换的作用。对劳动价值论而言，劳动时间的权数大，对效用论而言，劳动时间的权数小。如果两者的权数一样大，就是一种典型的二元价值论了。

自愿交换要在一定约束条件下追求最大化，并且自愿交换的最终结果也会反映在分配中。这些约束条件与社会形态有关。对一个按需分配的社会而言，交换更看重效用，劳动时间的约束条件不重要。对一个按劳分配的社会而言，交换更看重劳动时间，劳动时间的约束条件很重要。对一个按资分配的社会而言，如果工人的时间也是一种资本的话，那么也是一种二元价值论，资本和劳动时间都是一种约束条件。我们通常所用的效用函数，就体现了这样一种二元价值论。从效用论推演出来的三位一体分配理论，即资本、土地和劳动的报酬在分配中的比重，符合按资分配的社会形态和社会制度的要求。

对不同的人而言，时间的成本不相同。如对接受教育的时间成本而言，不同的人是不同的。在高级微观经济理论中，有一种甄别理论。该理论假设存在信息不对称，企业在招收工人时，并不知道谁是生产能力强的人，谁是生产能力弱的人，但工人自己知道自己的生产能力是强还是弱。企业为甄别工人的生产能力，可以采用教育程度标准。如果假设教育有成本，并假设教育不带来劳动生产率提高（如中国封建社会的科举制度），教育程度只作为劳动者工资定价的成本因素，那么擅长读书的人获得同样的教育程度（如本科学位）所花时间比不擅长读书的人获得同样的教育程度所花时间要少，尽管同样教育程度获得同样工资，因每个人一生的工作时间有限，不擅长读书的人就不会去追求较高的教育程度而获得较高的工资，因为他可能得不偿失。他会在较高的工资和较高的教育成本中做一个选择，使其边际工资收入和边际成本相等。这个选择结果是不擅长读书的人和擅长读书的人的工资分界线。这其实也是机制设计的核心思想，即让不擅长读书的人不会假装擅长读书，不会去追求高教育程度。也就是说，机制设计合理的话，会让人披露自己的真实信息，从而解决信息不对称下的甄别问题。

这里不擅长读书的人和擅长读书的人可以与人的智商做某种对应。但把人的智商引入经济理论研究，是一个十分敏感的话题，可能会被种族优异论的人所利用。因此，要注意既不要把智商和种族挂钩，也不要给人贴上高智商和低智商的标签，低智商是一种带有侮辱性的词，不宜给人贴上这个标签。在经济理论研究中，涉及智商不要针对具体的人，只能作为一种理论因素对待。这涉及经济理论研究的道德问题，经济理论研究不能容忍种族主义存在。

人的智商与人的身高一样，既有社会因素，也有遗传与变异因素，与人的DNA相关。人的一些性格，既有社会因素，也有DNA因素。如有的人厌恶风险，有的人风险中立，有的人喜好风险，这既有社会因素影响，也有DNA的原因。经济研究未来一定会进入DNA研究层次，出现DNA经济学。现在的神经经济学，只是先声。与DNA经济学对应的是经济伦理学，规定任何经济理论研究不能持反人类的立场，不为种族主义服务。

马克思的简单劳动和复杂劳动与人的智商因素不相关，如果把人的智商因素引进来，那么可以扩展简单劳动和复杂劳动的理论。但如上所述，这是现代社会非常忌讳的一个问题，研究要谨慎行事。毕竟，能力具有后天因素，而智商具有先天因素。我们可以说某些人更适合从事某些劳动，但不要说某些人更适合简单劳动，某些人更适合复杂劳动。如我们只能说好学校要招收高考成绩高的学生，但不能说好学校要招收智商高的学生。我们不要把高考成绩和智商挂钩，事实上也存在高分低能的现象。但在社会上，我们确实看到好学校毕业生的起点工资要高于差学校毕业生的起点工资，并且从事更为复杂的劳动工作，这就需要经济理论合理解释这一现象。好高校毕业生少，是稀缺资源，可以解释一部分高工资收入的问题。好学校带来的好教育，导致好学校的学生能力强，也可以解释一部分高工资收入和从事更为复杂的劳动工作的问题。还有好学校的名牌效应和社会效应等，均可以解释一部分高工资收入的问题。但好学校学生的学习能力较强，更适合作为一个因素进行理论分析。

对一个人一生而言，不同阶段时间成本也不一样。我们说"少壮不努力，老大徒悲伤"，也包含一定的道理。儿童们都是学习语言的天才，其学习语言的时间成本远低于成年人。这与其脑神经发育程度有关，学习钢琴等也同样如此。这应该是教育经济学要研究的问题。

在预期理论中，人们对未来的预期影响现在决策，预期与时间密切相连。预期已经成为现代经济理论的核心概念，它不仅是意识对存在的反应和反映，也是把时间引进经济理论的一个重要变量。物理理论未来的时间不会对现在产生影响，而经济理论未来的时间会对现在产生影响。这也是经济理论和物理理论的不同之处。当然，如果物理理论发展出一种能超过光速的理论，会产生时间倒退的现象，如科幻小说描述的那样，就另当别论了。时间有成本对预期理论有重要意义。我们曾指出（李拉亚，1991，第226页）："信息的边际成本等于决策的边际收益。经济行为者收集信息要付出代价，如时间、金钱等，这些代价就是成本，即获取信息的成本。信息收集得越多，对预期的准确性帮助也就越大。但是收集信息的成本也随收集信息的增加而增加，如果收集信息的成本大于正确决策所带来的利润，那么这就得不偿失。一个理性的经济行为者在收集信息达到一定程度后必然会放弃进一步收集信息的努力。"我们把时间作为信息成本的单独一项特别列出，具有理论意义。这与经济人注意力有限有直接的对应关系。经济人把有限的时间分配到不同的信息上，也就是把有限的注意力分配到不同的信息上。

短期和长期是经济理论分析中的两个重要概念。经济周期理论就有短周期和长周期的划分。"从长远看，我们都已死去。"这是凯恩斯的名言，对经济理论产生重大影响。经济理论的一些结论正确与否，是相对于短期分析或是相对于长期分析而言的。针对短期分析成立的结论，针对长期分析就不一定对，反之亦然。因此，经济理论也是一种相对论，是相对长期或是短期的理论。比如作者提出的粘性预期理论，认为预期在短期内是粘性和可能突变的，但在长期内是理性的。我们可以用学习功能和淘汰功能把短期的结论和长期的结论统一起来。

从宏观调控角度看，短期对应逆周期调控，长期对应跨周期调控。宏观调控是逆周期调控和跨周期调控的结合。

本著作前两篇扩展的时间不一致性概念，也与时间密切相关，是影响20世纪70年代以来经济理论发展的一个重要概念。

三、动态优化的一些计算特点

引进时间因素后，静态优化只是局部优化，只是时间一个截面上的优化，在时间其他截面上，它不再是优化。如前所述，一些动态的本质是选择，而不是时间。每一次选择都可以看作一个截面，或者一个子集合。

一些动态优化算法的全局优化是比较每个截面，在每一个截面上做一个优化或者一个选择，把这些截面累加起来，寻找全局优化。每一个截面上均优化，可能并不是所有截面上的全局优化。

如果没有在边界上，特别是角点上，那么动态优化是连续的，不应该存在过大的突变行为。但是，情况也不一定绝对如此，如突变论研究的一些现象，在变量变化的区域内部也存在突变，这会影响到动态优化。比较有把握的是，如果研究对象是线性的，那么动态优化是连续的。但是，即使是线性优化，也要注意边界和角点上的优化行为，在讲解微观经济学时，这是我们要重点讲解的内容。

目前，科学界对非线性问题的静态优化都没有统一可行的方法，对非线性动态优化就更力不从心了。把非线性问题线性化，是目前常用的方法，如做DSGE模型就是如此。但这可能会丢掉非线性问题的很多重要特征，甚至是本质特征。如果动态优化是一个连续过程，那么这种近似做法就比较可行了。

线性和非线性差距太大。为弥补这一差距，我们采取了一种折中办法。我们在《宏观审慎管理的理论基础研究》的第15章第1节，研究两个非线性空间，一个复杂，另一个相对简单，我们把复杂空间上要研究的性质一一映射到较为简单的空间上，进行研究。如我们试图把一般图形的哈密顿圈问题映射到二分图上去研究。我们也可以把这一思路用到优化理论中。如图论中的哈密顿路径是最长路径，我们的方法就是在较为简单的二分图中寻找哈密顿路径，然后把这条路径映射到一般图上，从而找出一般图上的哈密顿路径。我们是在研究从众行为时考虑到这些问题的，这与现在研究经济行为的数学模型不一样，但随着计算机算法在经济学中的应用，这种思路和方法会普遍起来。

四、经济学天生就是动态和优化的学问

无论是马克思研究的资本追逐剩余价值最大化，还是微观经济学追求的利润最大化和成本最小化、宏观经济学中的各种动态优化模型，以及博弈论中的纳什均衡和一般均衡理论的均衡，或是孙冶方讲计划经济是最大最小经济，无不是优化思想的体现。其他经济学科也离不开优化的窠臼。可以说，经济学天生就是动态和优化的。这既与人追求最好生活相关，也与人若不追求最好就会被淘汰有关，如自然淘汰和战争淘汰，还与资源有限有关。这种最大最小还往往是对称的、同一的。如利润最大化和成本最小化是对称和同一的。微观经济理论中的消费理论和生产理论也具有抽象意义上的对称性和同一性。这种对称性和同一性尤其体现在它们均建立在优化基础上。高度抽象的优化和实际生活的次优并不矛盾，并成为推动经济理论发展的源泉。

人类在数十万年的进化过程中，那些追求最好生活的人的后代生存率高，后代一代一代繁衍下来，使人类有追求最好的天性。资源有限，也迫使人类最大限度利用资源，积累最大限度利用资源的知识，并不断提高生产力水平和生产效

益。人类由游牧过渡到农耕，再过渡到工业社会，均是为了最大化利用资源的结果，也是为了追求更好生活的结果。相应人类发展的社会形态，无论重农主义经济学，重商主义经济学，还是重工业革命后的现代经济学，都是要追求最好的生活和最有效利用资源。那些不能适应先进生产力带来社会形态转变的国家和民族，会被淘汰。经济学发展本身，深深打上优化的烙印。

五、宏观经济动态优化的发展方向

从上面论述可以看到，宏观经济动态优化还有广阔的发展前景。从理论上讲，引进风险配置和不确定性理论，不仅影响到宏观经济理论发展，也影响到宏观经济动态优化理论发展。很简单对比，如果资源最佳配置是宏观经济理论的一个重要课题，构成宏观经济动态优化模型的一个重要组成部分，那么风险最佳配置也将成为宏观经济理论的一个重要课题，也将构成宏观经济动态优化模型的一个重要组成部分。对比资源最优配置理论与方法，风险最优配置的理论与方法还十分薄弱，是宏观经济理论发展需要重点加强的地方。

六、计算机算法一统天下之势

从微积分发展上看，牛顿莱布尼兹公式（Newton-Leibniz formula）十分重要。但是没有牛顿莱布尼兹公式，微积分也会发展起来，毕竟得不到积分的解析解，还可以得到积分的计算值。在没有计算机之前，数值计算的速度和精度都受到严重影响，牛顿莱布尼兹公式的解析解对获得积分值至关重要。有了计算机后，我们就可以用算法快速和高精度计算积分值了。

不仅数学公式的解的问题可以归结为算法问题，数学本身的逻辑关系问题也可以归结为算法问题。对数学逻辑的证明还可以归结为算法问题，20世纪50年代就有机器证明了。数学将来会演变为计算机算法的一个分支，而不是现在计算机算法是数学的一个分支。计算机算法现在是鸠占鹊巢。

从人工智能发展趋势看，计算机算法不仅对数学产生革命性影响，对其他一切学科也会产生革命性影响。过去我们习惯于把研究的问题归结为数学问题，今后我们将把研究的问题归结为算法问题。即使是哲学本身，也难逃计算机革命的影响。人类一思考，计算机就想笑！

不难推断，随着计算机技术的发展，计算机算法将会在经济学中得到越来越多的应用，进化算法等优化算法也会越来越应用于经济学的动态优化之中。

我们曾经指出（李拉亚，2014）："从目前研究现状看，经济学计算机化还处于起步阶段。在不久的将来，新一代具有人脑功能特点的计算机将开发出来，计算机对经济学的影响将更大，经济学计算机化还将迈上一个新台阶。可以说，经济学计算机化是经济理论发展的一个新制高点，谁占领了这个制高点，谁就取得了未来经济理论发展的有利位置。""一旦我们采用新一代计算机，经济学计算机化便会登上一个新台阶。依托新一代计算机，现在的计算机知识推理理论和知识获取理论将取得进步。从实践中提炼理论，从理论中提炼算法可以由计算机辅助完成，甚至部分由计算机独自完成。在未来我们可以借助于新一代计算机创造经济理论体系，甚至新一代计算机为我们创造经济理论体系。西蒙开创的机器证明会发展到机器理论创造。""从范式转换来看，经济学计算机化表现在算法将处于经济理论的核心位置，模型将用算法表述，一些不能用模型表述的经济思想也能用算法表述。理论提炼为算法，继而分析算法的有效性将是理论研究的新方法路径。这有别于经济学数学化的方法路径，即将理论提炼为模型，继而分析模型解的存在性、唯一性和稳定性。"

如果说计算机硬件运行速度和存储能力是计算机的躯体，算法则是计算机的大脑。这两者结合的现状已能标志一个新时代的来临，我们正在进入一个崭新的计算机人工智能时代。传统的数学方法显得过时，以计算机算法为核心的经济理论新时代即将来临，宏观经济动态优化的理论与方法将接受计算机新时代的检阅。经济理论向何处去，未来世界将是谁家天下，从哲学角度看，各个学科发展趋势是明确的，如同过去数学一统天下，今后算法将一统天下。

七、从经济世界和经济理论悟客观世界

我们前面已经扩展了优化概念，把最大最小的优化概念扩展到最适合。当然，随着人类认知的长进，优化概念还可以继续扩展，但终归离不开"最"这个概念。

从低级智慧社会，我们也可以看到较高层次智慧社会的一些现象。如可以从蚂蚁社会的等级制度和分工合作看人类社会的等级制度和分工合作。人类从蚂蚁觅食的最优路径总结出蚂蚁算法。从无智慧或者低智慧的生物世界也可以看到人类经济社会的一些特点。李拉亚（1995，第38页）指出："生物学中也有一种主流观念，认为反映种群数量关系的模型总是趋于均衡状态的，现实中的动植物种群数量总是离均衡状态不远。这种均衡状态保证了最有效地利用食物资源和最低的浪费。"

经济世界是由人类这一智慧生物创造的，具有追求最低成本和最大收益的特征，人类经济社会演变过程中，也具有追求最适合的特征。也正如此，优化理论在经济理论中占据核心位置。

存在两种世界观，一种认为客观世界自在自有，另一种认为客观世界由更高

智慧创造。这两种世界观将长期共同存在。我们这里不争论这两种世界观，这不是本节的研究内容。我们试图说明，无论坚持哪种世界观，都可以从经济世界角度观察客观世界。

如果这个客观世界是按照某种极高智慧创造出来的，那么这个客观世界就应该存在最优原则在起支配作用，如同经济世界的最优原则在起支配作用。那么，我们就能从经济世界和经济理论去认识、分析和推测客观世界，从最优原则去看待客观世界。这就如同从蚂蚁社会看人类社会。

如果这个客观世界是自在自有的，不存在一个创物主，我们也不能排除这个自在自有的客观世界仍然存在最优原则在起支配作用。这个最适合的客观世界有它的诞生，也有它的死亡。星系有它们之间的运行规律，相安无事，也有它们的碰撞。在漫长的演变过程中，这个自在自有的客观世界也是一个最适合的客观世界。每一种存在的东西，必有其存在的原因。

人类的智慧实在太渺小，面对茫茫宇宙，我们知之甚少。由人类自己创造的经济世界去悟客观世界，可能是自不量力，也可能是一种方法、一种角度、一种方向，可以减少一些盲目性。

自然科学存在一种经典的双缝实验。在该实验中，人类没有设置仪器观察时，光子或者电子呈现波动运动，出现干涉现象，在屏幕上出现很多条纹。一旦人类设置仪器观察，光子或者电子就呈现粒子运动，不出现干涉现象，在屏幕上只出现两条条纹。这一实验令人迷惑，颠覆了我们对自然系统的认识，即自然系统的客观规律不受人的认识和观察而变化，无论地心说还是日心说，都不会改变地球围绕太阳转的客观事实。

在经济系统中，我们也发现一些经济规律，一旦人们观察到它，它就会发生变化，甚至不复存在。历史上菲利普斯曲线变化表明了这一点。经济规律这一现象，不能停留在物质层面解释，需要上升到人的精神层面解释。经济学家是用预期解释经济规律这一现象的。人们的预期变化了，他们就会调整自己的原有最优决策，做出新的最优决策，从而改变菲利普斯曲线形状。

令人迷惑的双缝实验，上升到哪个层面才能解释呢？我们拭目以待。或许，自然科学和经济科学会殊途同归？

第七节 总 结

本章讨论了宏观动态经济理论发展过程的一种思想脉络，即从动态优化角度发展宏观经济理论，建立宏观经济理论的统一框架。从这一思想脉络和理论框架看，宏观调控是一种动态调控，是跨周期调控和逆周期调控的结合，不仅要考虑当前，还要着眼于长远，要努力实现动态优化。当前各种涉及宏观调控的经济理论，动态优化都是其核心内容。动态优化不仅是一种方法，而且影响到了宏观调控的理论思想，是宏观经济理论的思想构成元素和重要组成部分。

实际上，微观经济学的基本思想、理论组成和理论框架也受到数学方法的影响。边际效用理论就渗透了微积分的导数和微分的思想。数学的优化思想是微观经济学的消费理论和生产理论的思想来源之一。博弈论更是构成微观经济学的重要组成部分。

现在人工智能异军突起，其对经济理论带来的革命将是前所未有的，会超出我们的想象。人工智能自己构造出来的经济理论，将会颠覆人类构造出来的经济理论。人类的哲学境界将被人工智能升华，所有的人类构造的科学理论都将如此，并都将成为人工智能的应用学科。

第十三章　动态系统的数学与符号思考

符号思考也是哲学思考，是对哲学思考的一种抽象。数学逻辑是一种符号逻辑，但符号逻辑超越数学逻辑。如算法范围超过数学范围，算法符号也超越数学符号。

作为经济研究学者，我们研究经济问题时，会把经济问题提炼为数学问题或者算法问题，从而对这些数学问题或者算法问题进行研究，进入数学和算法研究领域。我们的这些研究，当时看可能与经济学联系不密切，意义不清楚，后来看与经济学联系密切起来了，意义也清楚了。我们现在的这些研究，也要若干年后才知道意义有多大。这是一种趣味性研究，不是功利性研究。科学的趣味性研究，不少研究成果若干年后会爆发出强大生命力和具有极大意义。

第一节　在算法中采用符号及其应用

我们在本章第一节、第二节和第七节都提到算法，在本节对算法的符号系统进行研究。这是一种纯数理研究，是未来经济理论与方法发展将会涉及的数理基础内容。

一、符号系统是未来发展方向

现代数学早已不是仅仅研究数的科学，而是研究空间和结构及其运算的科学，符号运算适合这一发展方向，具有发展前景。如从计算机角度看，二元符号系统构成电子计算机计算基础，多元符号系统也将构成量子计算机计算基础。

我们在《宏观审慎管理的理论基础研究》的第14章用自己设计的一种新进化算法研究了从众行为。实际上，我们设计的这一算法不仅只适用于研究从众行为，还可以用于图论，如同步寻找出一张图上的所有最长路径，故也可以由此同步寻找出一张图上的所有哈密顿圈。当然，我们同步寻找出一张图上的所有哈密顿圈的算法还不是有效算法。

这一算法采用符号作为运算对象，是一种多元符号系统。目前科学中常用的

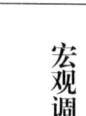

是二元符号系统。如逻辑代数和图论中最小路径计算均采用符号 0 和符号 1 作为运算对象，是二元符号系统。又如电子计算机的电路基础是开关电路，这可以用二元符号系统描述。二进制也是一种二元符号系统，与二元符号系统的逻辑代数结合，在开关电路基础上设计出加法器，从而形成电子计算机的核心构建。我们用的实数其实是符号系统的一种，不仅可以用二元符号系统表示，也可以用其他多元符号系统表示，如常用的十进制，是十元符号系统。符号系统比数能包括更多的内容，符合科学发展规律。科学发展总是用一种能容纳更多内容的体系取代原来的旧体系，但旧体系仍作为新体系的特例存在。量子计算机是多态的，用电路开与关不够了，需要一种多元的符号体系作为计算基础。此外，用符号作为运算对象，没有运算误差，也适合量子计算机的运算。

二、符号系统在研究质数连通中的应用

本章用"质数"一词，"质数"也常用"素数"表示，二者是通用的。质数是指在大于 1 的自然数中，除 1 和它本身以外不再有其他因数的自然数。

在《宏观审慎管理的理论基础研究》的第 15 章第 3 节中，我们用幻方图研究质数的连通性，采用符号标记质数。在该节表 15-1 上，我们用符号 0 表示质数，如果用符号 1 表示非质数，该表就转变为符号表了，是一种二元符号系统。在该表的所有 61 个质数中，只有四个是孤立的质数，其他质数均是连通的。质数连通指，在该表中，一个质数紧挨着的四周是否存在其他质数，如果存在，这些质数是连通的。由此，质数连通性质可分为三种类型。两个相邻质数的连接线是斜线，称为对角连通。两个相邻质数的连接线是水平线，称为水平连通。两个相邻质数的连接线是垂直线，称为垂直连通。在该表中，垂直连通的质数有 47 个。

"我们计算了从维数为 3 至维数为 99 的所有奇数维数的幻方。这 49 个幻方中，我们计算了每一幻方中垂直连通的质数的个数占该幻方所有质数的比例。这些比例的变化范围从 33% 至 81%。维数为 93 的幻方这一比例为 33%。维数为 29 的幻方这一比例为 81%。这一比例在 70% 以上的幻方的维数为：11，17，23，29，41，59。这些维数还都是质数。这一比例大于 50% 的幻方有 24 个。"[①]

三、符号系统在研究混沌方程中的应用

我们在《宏观审慎管理的理论基础研究》第 294 页中说过："理性疏忽的一个细化是信息粗化处理或者说不精确处理。20 世纪 80 年代问世，90 年代发展起

[①] 李拉亚，2016a，第 301 页。

来的粗糙集理论便是一种专门研究信息粗化的数学理论，在计算机算法和信息工程上有广泛的应用。笔者研究了一种对混沌系统进行粗化处理的方法，即仅研究变量变化的涨与落，而忽略变量变化的具体大小数值。"我们用符号取代数字，可以视为信息的抽象处理或者信息的粗化处理。这与经济理论的理性疏忽理论异曲同工。

我们早在 1995 年以前就用二元符号系统研究过几种混沌系统，发现这几种混沌系统具有一定的符号结构，这些结构具有某种符号规则性。[①]

如我们研究增长型混沌方程 $X_{t+1} = \lambda X_t(1-X_t)$，若变量值 X_{t+1} 小于 X_t，取 X_{t+1} 值为符号 0，若变量值 X_{t+1} 大于 X_t，取 X_{t+1} 值为符号 1。当 $3.0 \leq \lambda < 3.68$ 时，对初始值 $X_0 \in (0, 1)$ 区间的任何值，经过有限次迭代运算后，该方程变量 X_{t+1} 的符号值序列由重复的（10）结构组成，即（101010……）。我们知道，当 $3.569\,945 \leq \lambda$ 时，该方程变量 X_{t+1} 的值已经进入混沌区间，但它在这一区间的符号值序列是重复的（10），它的符号序列在这一区间是可以预测的。

当 $3.68 \leq \lambda < 3.829$ 时，该方程变量 X_{t+1} 的符号值序列由（10）结构和（110）结构组成；当 λ 趋于 3.68 时，（10）结构出现增加；当 λ 趋于 3.829 时，（110）结构出现增加。

同样，当 $3.829 \leq \lambda < 3.86$ 时，该方程变量 X_{t+1} 的符号值序列由重复的（110）结构组成，即（110110110……），它的符号序列也是可以预测的。

当 $3.86 \leq \lambda < 4$ 时，该方程变量 X_{t+1} 的符号值序列由（10）、（110）、（1110）、（11110）等结构组成。当 λ 趋于 4 时，这些结构中 1 的个数不断增加。

在 $3.0 \leq \lambda < 4$ 的区间，该方程变量 X_{t+1} 的符号值序列的符号 0 的下个值必定是符号 1，说明该混沌方程的值 X_{t+1} 具有遇落必涨的特点，即当它的符号序列取符号 0 时，我们可以预测它的符号序列下个值取符号 1。这也说明该混沌系统即使在混沌区间内，也不是完全杂乱无章的，具有这一符号规则性。我们知道，在该方程变量 X_{t+1} 取实数时，一旦进入混沌区间，变量 X_{t+1} 取值是不可预测的。

这种符号规则性类似于滤波，把混沌系统的某种特征呈现出来，过滤掉用实数表现的混沌系统呈现的不可预测性。这也可以称为符号滤波，过滤现象看本质。从哲学上看，是透过现象看本质。

从微观的量子世界看，世界是不确定的。从宏观的牛顿力学和爱因斯坦的相对论看，世界是确定的。这是两种不同的世界观。从混沌系统看，混沌是不确定的，初始条件的微小变化都能带来后面的巨大差异。但从符号系统看，混沌也存在符号上的某种规则性，具有一定的确定性。从混沌系统看，我们把这两种世界观调和起来了，揭示了混沌系统的随机性和有序性的某种结合，从数值看是随机

---

① 李拉亚，1995，第 146～150 页。

的，从符号看是有一定程度的有序的，即具有上面描述的符号规则性。这也是我们的哲学观点，是一种不确定性和确定性结合的观点。

我们在《通货膨胀与不确定性》第 6 章和第 12 章中指出了混沌系统在经济理论中的应用，还可见李拉亚（1993）的专文论述，这里不再赘述。

托马斯·林（2020，第 24～29 页）在《素数的阴谋》（*The Prime Number Conspiracy*）一书中介绍，在 2016 年一篇在线发布的文章中，美国斯坦福大学的桑德拉贾恩（Soundararajan）和奥利弗（Oliver）发现，在前 10 亿个质数中，一个尾数为 9 的质数后面，出现尾数为 1 的质数的可能性，比出现尾数为 9 的质数的可能性，要高出近 65%。这个结果令人惊讶，因为数学家们长期认为质数的行为很像随机数，而这种尾数偏好直接违背了随机性。他们的工作揭示了质数的随机性和有序性的某种微妙结合。对比他们的工作，我们关于混沌系统符号的尾数也具有同样的特征，即在 $3.0 \leq \lambda < 4$ 的区间，增长型混沌方程 $X_{t+1}=\lambda X_t(1-X_t)$ 的变量 X_{t+1} 的符号值序列结构的尾数符号 0 的下个值必定是符号 1。科学家们也长期认为混沌系统的行为很像随机数，可是这种符号的尾数规则直接违反了随机性。关于质数和混沌系统的这种尾数偏好是异曲同工的，均违反了质数和混沌的随机性。

在《素数的阴谋》的序言中，有段话非常深刻："素数有一个众所周知的特征，即其分布呈现基本的随机性。然而，这种随机性被一种令人惊讶的模式打破了。随机性和规律性相互交织，即混乱背后存在某种结构，这是贯穿全书的主题，实际上也是贯穿整个现代科学的主题。"我们在《通货膨胀与不确定性》第 146 页、第 147 页和第 149 页中也曾指出："研究经济波动时我们会注意到，经济波动并不规则，波动的频率与振幅都有很强的随机性质。但是，如果用很粗的尺度测量波动的话，那么波动的变化就显得规则一些。反过来，如果试图用混沌行为描述经济波动，由于混沌行为无规律可言（仅在 λ 值的一小段区间内，混沌行为呈现奇周期倍增），这将无助于分析经济波动的内在规律。如果也用很粗的尺度描述混沌，如不用具体数值而用符号描述混沌，看混沌的行为能否呈现出某种符号规则性，这对经济研究而言，也是可取的。""本节中采用一种新的二元符号系统，用这种新的二元符号系统，能发现混沌系统具有某种记忆性质。在混沌出现之前的某些规律，进入混沌区间后还能保留下来。我们认为，混沌的这种记忆规则，是有意义的。""混沌的记忆性，表明混沌还不全是杂乱无章的，它也有一些内在规律可言。""BS- 符号系列的结构保持不变，这反映了混沌行为的记忆性。它记住并保持了周期倍分岔区间的 BS- 序列的符号结构。这意味着 BS- 序列展现出了混沌行为的一种新的性质。"

四、符号系统在研究分数维的应用

（一）不含重复质因数的所有自然数个数的维数

如在《通货膨胀与不确定性》第 6 章第 3 节中，我们用盒维数测度了增长型方程周期点的维数为 0.6309，是分数维。这里，用周期点的个数取代了增长型方程的具体函数值，周期点可以看作符号。我们可以仿此思路，研究与质数相关的问题，即不含重复质因数的所有自然数个数的维数，这里 0 不作为自然数。于是我们研究质数个数取代研究质数的具体数值。质数的个数可以视为符号。

按照质数从小到大的排列顺序，依次定义第一个质数 2 为 $\Omega(1)$，第二个质数 3 为 $\Omega(2)$，第三个质数 5 为 $\Omega(3)$，…，第 n 个质数为 $\Omega(n)$。于是，从 2 开始至质数 $\Omega(n)$ 之间的所有质数的个数为 n，这 n 个质数构成一个质数序列 $\{\Omega(1), \Omega(2), \Omega(3), \cdots, \Omega(n)\}$。

我们定义 $C_n^i = n!/i!(n-i)!$，即组合数。把上面质数序列所有质数的个数 C_n^1，加这个质数序列所有两个质数乘积个数 C_n^2，加这个质数序列所有三个质数乘积个数 C_n^3，一直加到这个质数序列 n 个质数的乘积个数 C_n^n，此外还加自然数 1 的个数为 1，即 C_n^0。由此得 $\sum_{i=0}^{n} C_n^i$。这个和值是质数序列中所有质数按照组合计算公式构造出来的自然数的个数再加 1（自然数 1 的个数为 1），我们把质数的这种乘积称为构造，并称为乘法运算构造。我们知道上式的和值是 2^n。上面所有这些乘积的各个积值均不相等，均是唯一的，并且不含重复质因子。

因为质数有无穷多个，当 n 趋于无穷时，虽然质数的间隔越来越大（孪生质数还是存在），但采用盒维数的概念计算，不含重复质因数的所有自然数个数的维数也趋于 0.6309。即定义盒子的边长 $\delta=1/3^n$，对于每一个确定的 δ，含不含重复质因数的所有自然数个数的盒子的个数是 2^n 个，依盒维数定义的计算公式（见《通货膨胀与不确定性》第 144 页），其维数 S 趋于 0.6309。

这里维数趋于 0.6309，而不是等于 0.6309，是因为求极限过程中，质数间隔会越来越大（尽管孪生质数存在），收敛也会越来越慢。

现在不意外了，不含重复质因数的所有自然数个数可以和增长型方程周期点的个数对应起来，也与康托尔（Cantor）集的元素个数对应起来。换言之，不含重复质因数的所有自然数个数 2^n，与康托尔集合在直线 [0，1] 区间上反复去掉中间 1/3 后的剩余线段的个数 2^n，是相等的，也即不含重复质因数的自然数可一一对应这些剩余线段。康托尔集的盒维数是 0.6309。于是，不含重复质因数的所有自然数的倒数的集合也具有康托尔集合的所有性质，如具有康托尔集在实直线上无处稠密的性质。我们只要把这些自然数的倒数映射到实直线上就可以清楚看到这一点。

这样，不含重复质因数的所有自然数个数、增长型混沌方程周期点个数和康托尔集元素个数的集合都具有分数维 0.6309，而质数是不含重复质因数的所有自然数个数的关键构成因素。

（二）杨辉三角形行的和值的维数

我们知道 $\sum_{i=0}^{n} C_n^i$ 也是杨辉三角形每行的和值。不含重复质因数的所有自然数个数就与杨辉三角形行的和值对应起来了，其中，和数中的每一项 C_n^i 也是对应的。这也与二项式定理的系数对应起来了。如是，杨辉三角形包含的所有规律，都可用于研究不含重复质因数的所有自然数个数的规律。这也说明，当行数趋于无穷大时，杨辉三角形行的和值 $\sum_{i=0}^{n} C_n^i$ 的维数是分数维 0.6309。

（三）质数的加法运算

如果把上面质数的乘积运算改为加法运算，即把上面序列所有质数的个数 C_n^1，加这个质数序列所有两个质数相加个数 C_n^2，加这个质数序列所有三个质数相加个数 C_n^3，一直加到这个质数序列 n 个质数的相加个数 C_n^n，此外还加自然数 1 的个数为 1，即 C_n^0。由此也得 $\sum_{i=0}^{n} C_n^i$。由该公式，我们也可以得到分数维的结果，也可以和杨辉三角对应起来。

第二节　对自然数的一种分类

一、把自然数划分为四类集合

对于不含重复质因数的所有自然数个数，加上含重复质因数的所有自然数个数，就是全体自然数个数了。我们可以认为，全体自然数除 1（如果 0 不算自然数）之外，都是质数和质数派生出来的质数乘积数。含重复质因数的所有自然数个数可以用重复组合公式去计算。

由此，我们把自然数分为四类集合，第一类集合是 1，第二类集合是质数全体，第三类集合是除前两类集合的不含重复质因数的所有自然数，第四类集合是含重复质因数的所有自然数。如果一定要把 0 作为自然数，就把 0 计入第一类集合。这不影响我们的逻辑分析。为方便，我们还是假设 0 不算自然数。

第一类集合的元素个数只有一个。当质数个数 n 趋于无穷时，第二类集合的元素个数 n 是无穷的，第三类集合元素个数 $2^n - n - 1$ 是无穷的，第四类集合元素

个数不少于 $(2^n)^n$，也是无穷的。如我们可以把第四类集合划分出更多的子集合，如重复因子的指数为 2 为一类集合，重复因子的指数为 3 为一类集合等，这样可以划分无穷多个子集合。于是，第四类集合的元素个数要大于 $(2^n)^n$。这里重复因子的指数趋于无穷。

我们可以把这四类集合的元素值的倒数映射到（0，1]区间上。这是一个左开右闭的区间。若不考虑第一个集合，则可把其他三个集合的元素值的倒数映射到（0，0.5]区间上。第四类集合的元素值倒数趋于 0。第二类集合元素值倒数最大的是 0.5。这也是把 1 以后的全体自然数映射到（0，0.5]区间上。

按照无穷集的势或者基数概念，两个无穷可数集只要存在一一对应关系，它们的元素个数就一样多。如我们划分的第二类集合、第三类集合、第四类集合的个数一样多，并且与自然数个数一样多，因为它们都是自然数的真子集，而且它们还与有理数一样多，但没有实数多。这是集合论的基本概念。如质数集合是自然数集合的真子集，于是质数个数和自然数个数一样多。这对数论而言，很多现象就不好解释了。这是一个基本逻辑问题。

二、在一一对应基础上加上指数级别概念

虽然 n 与 2^n 可以一一对应，但毕竟存在指数级别的区别，而偶数个数与自然数个数一一对应不存在这种指数级别的区别。即使是直线上的点与平面上的点一一对应，那也只是平方级别的区别。平方级别与指数级别的区别相同于算法中算法有效还是无效的概念，如 n^2 是算法有效的，而 2^n 是算法无效的。

在微积分中，有高阶无穷小和低阶无穷小的概念，高阶无穷小比低阶无穷小更快趋近 0。第二类集合的个数 n 与第三类集合的个数 2^n-n-1 的比值为 $n/(2^n-n-1)$。当 n 趋于无穷时，这个比值趋于 0。显然，当 n 趋于无穷时，$n/(2^n)^n$ 会比 $n/(2^n-n-1)$ 更快趋于 0。

在数论中，质数个数和自然数个数是不一样多的，质数是越来越稀疏的。质数定理表明了这一点。

在实直线上，或者实数轴上，有理数是处处稠密的，而自然数是无处稠密的，但自然数和有理数之间存在一一对应关系，按照集合的势或者基数概念，自然数和有理数是一样多的。但依据稠密性，有理数与自然数的个数也存在指数级别的区别，因为两个任意小的有理数之间存在无穷多个有理数。

在无穷集合的组合数和排列数上，也存在指数级别的区别。

抽屉原理表明，把三个苹果放进两个抽屉，必有一个抽屉放进两个苹果。我们把抽屉原理推广到无穷，康托尔集的剩余线段上可以一一对应放下所有的不含

重复质因数的自然数,如果要放下所有自然数,必定有剩余线段上包含不止一个自然数。这是无穷集合的抽屉原理。这也是我们在无穷集的一一对应关系上再加上指数级别区别的原因。显然,这个原理与元穷集的势或者基数概念不一致。

基于算法中有效计算概念、微积分中高阶无穷小概念、有理数的稠密概念、无穷集的组合数与排列数概念和无穷集的抽屉原理,我们在无穷集一一对应基础上,加上指数级别的概念,即我们强调指数级别的区别作为判断两个集合个数多少的依据。当然,这里集合的个数和集合的势或者基数的概念不一样。我们这样做会有什么结果呢?

第二类集合的元素个数是无穷的,但它少于第三类集合的元素个数。因为第二类集合的个数为 n,第三类集合的个数为 2^n-n-1,它们存在指数级别的区别。同理,第三类集合的元素个数少于第四类集合的元素个数,2^n-n-1 与 $(2^n)^n$ 是指数级别的区别。

上述分析很直观,在数论中会产生矛盾的结果。我们以哥德巴赫(Goldbach)猜想为例。

如果强哥德巴赫猜想是对的,那么任意大于 2 的偶数都能写成两个质数之和。这两个质数也可以相同,如 6 是两个 3 之和。一个偶数也可以是多组不同的两个质数相加之和。目前,这一猜想还没有得到证明,对该猜想最好的证明结果是,陈景润(chen,1973)证明了任何一个充分大的偶数,都可表示为一个质数加上顶多是两个质数的乘积之和(简称"1+2")。

弱哥德巴赫猜想已经被证明是对的:任一大于 7 的奇数都可写成三个质数之和。

三、产生的矛盾之一

除 2 以外的质数两两相乘是奇数。设不含 2 的全体质数个数为 $n-1$,则除 2 以外的全体质数两两相乘的个数为 C_{n-1}^2,不含重复质因数的所有自然数个数为 2^n,而 C_{n-1}^2 与 2^n 是指数级别的区别。而不含重复质因数的所有自然数只是自然数中极少的一部分,因此除 2 以外的全体质数两两相乘的个数为 C_{n-1}^2,只是奇数中极少的一部分。

除 2 以外的质数两两相加是偶数。仿上,全体质数两两相加的个数也为 C_{n-1}^2,如果强哥德巴赫猜想是对的,则全体质数两两相加的个数等于全体偶数个数,再加上重复的偶数个数。如 10=5+5,10=3+7,就包含了一个重复偶数个数。

这就存在一个矛盾,即 C_{n-1}^2 与 2^n 是指数级别的区别,而偶数与自然数不存在指数级别的区别。若按照无穷集合的势或者基数概念,则偶数和奇数的个数均等于自然数个数。

偶数个数与奇数个数一样多。但是，按照上面分析，全体质数两两相乘的个数为 C_{n-1}^2，只对应极少部分奇数个数。如果强哥德巴赫猜想是对的，则全体质数两两相加的个数也为 C_{n-1}^2，考虑重复偶数因素，则比全体偶数的个数还要多。

除 2 以外的两个质数相乘然后加 1 是偶数，这样全体质数两两相乘（每一个乘积均加 1）的个数还是 C_{n-1}^2，那么就只对应极少的偶数了，也就是原来对应的那些奇数每个加 1 而形成的偶数。除 2 以外的两个质数相加然后加 1 是奇数，这样全体质数两两相加（每一个和数均加 1）的个数还是 C_{n-1}^2，那么就比全体奇数的个数还要多了，也就是原来对应的那些偶数每个加 1 而形成的奇数个数，注意多的部分是重复偶数加 1 而形成的奇数个数。

这个矛盾源自我们假设强哥德巴赫猜想成立，源自我们引进的指数级别的比较概念，也源自无穷组合的抽屉原理。

四、产生的矛盾之二

如果强和弱哥德巴赫猜想是对的，2 以后的任意两个质数之和就覆盖偶数序列了（不包括 2 和 4），而 2 以后任意三个质数之和就覆盖奇数序列了（不包括 1 至 7 的奇数）。这里，C_{n-1}^2 个数可以有多个对应一个偶数的情况，如 11 加 7 对应 18，13 加 5 也对应 18。C_{n-1}^3 的个数也可以有多个对应一个奇数的情况。因此，只要部分 C_{n-1}^2 和 C_{n-1}^3 的和的个数就可以覆盖 7 以后全体自然数个数。而前三类集合个数是 2^n，C_{n-1}^2 和 C_{n-1}^3 的和的个数与 2^n 有指数级别的区别，而 2^n 与自然数个数也有指数级别的区别。这也是一个矛盾。

五、产生的矛盾之三

质数乘积运算构造的第三类集合元素个数远远少于全体自然数个数，需要加上第四类集合的元素个数，才等于自然数个数。第四类集合元素个数远远大于第三类集合元素个数。

质数加法运算构造的第三类集合元素个数不少于全体自然数个数。因为按前面论述，仅 C_{n-1}^2 表示的偶数个数就比全体偶数个数要多，而偶数个数与自然数个数一样多，但这两种运算构造的第三类集合元素个数是一样多的。这就形成了一个矛盾，与前面的那两个矛盾是一致的。

重复声明一下，我们比较无穷集合元素个数并不是建立在无穷集合的势或者基数概念之上，而是在此基础上加上指数级别的概念，才导致这些矛盾。如果不加上指数级别的概念，按照无穷集合的势或者基数概念，质数个数和自然数个数一样多，质数定理还有意义吗？数论的逻辑和集合论的逻辑怎么协调统一呢？

第三节 用质数构造偶数

如果用全体质数构造 7 以后的所有自然数，我们既可以采用乘法运算构造，也可以采用加法运算构造。如果，强和弱的两种哥德巴赫猜想均是对的，那么用加法运算构造更为有效，虽然映射上存在多对一的问题。并且，这两种构造方法存在第二节所述的矛盾。乘法运算构造不存在猜测问题，而加法运算构造存在猜测是否正确的问题。这里，我们也猜测，即使强和弱两种哥德巴赫猜想都不成立，加法运算仍可构造出 7 以后的全体自然数。当然，这仍存在第二节所述的矛盾。

一、质数两两相加构造偶数

我们研究哥德巴赫猜想，可以说和提出哥德巴赫猜想的原始思想是逆反的。提出哥德巴赫猜想的原始思想是除 2 以外的全体正偶数都可以由两个质数相加而成。虽然，偶数是 2 的倍数，由 2 和全体正奇数质数相乘构造正偶数自然也是一种方法，但这不是我们的思想。我们的思想是，除 2 以外的全体质数两两相加，可以构成全体正偶数，而且这是一种构成正偶数最为经济和有效的方法。

我们坚信，大自然奥秘不是碰巧形成的，必有其背后的逻辑原因。这是我们的基本哲学观，也是我们探讨大自然奥秘的兴趣所在。

除 2 以外的质数两两相加能否构造出所有正偶数，如果只能构造出部分正偶数，强哥德巴赫猜想自然不成立。证明这一点，与质数的分布有关，与小区间的质数分布有关，即与小区间内的质数定理有关。这条途径研究起来非常困难，毕竟现在数学家们对小区间质数分布研究还一筹莫展。

强哥德巴赫猜想成立，首先要求除 2 以外的全体质数两两相加产生的正偶数个数要大于全体正偶数个数。这里同一个偶数可以表示为多组不同质数相加，记为多个偶数个数。如偶数 28 等于质数 11 加 17，也等于质数 5 加 23，故记为 2 个偶数个数。

在一般情况下，本章所说的全体偶数指全体正偶数，如果涉及负偶数，我们会特别指出。

（一）在大范围内的情况

1. 在有限范围内

Clawson（1996，第 149 页）指出，在 10 的 100 万次方的范围内，质数占自然数的比例只有 0.000 043 4%，要 230 万个自然数才会出现一个质数，也就是要

165万个偶数才会出现一个质数。

假设除2以外的质数个数为n，从3开始的全体质数两两相加的个数为$C_n^2=n\times(n-1)/2$，由此可计算10的100万次方内全体质数两两相加产生的偶数与10的100万次方内全体偶数的比重。为简单计，设A代表10的100万次方，b代表0.000 043 4%，$A/2$是10的100万次方内偶数个数，故$A\times b$是10的100万次方内质数的个数。于是，有

$$[A\times b(A\times b-1)/2]/(A/2)=(A\times b)\times b-b$$

可见，在10的100万次方范围内，除2以外的全体质数两两相加产生的偶数个数与10的100万次方内全体偶数个数的比重大于1。因为$(A\times b)\times b$是10的100万次方内全体质数个数乘以b，所得的乘积是正整数，并远大于b，故$(A\times b)\times b-b>1$。当然，这里全体质数两两相加产生的偶数个数有重复数，如10=3+7，10=5+5。

我们可以计算重复的偶数，为

$$[A\times b(A\times b-1)/2]-(A/2)$$

上式是在10的100万次方范围内，全体质数两两相加产生的偶数个数，减去该范围内的偶数个数，得出重复的偶数个数。

在10的100万次方范围内，重复的偶数个数与10的100万次方内全体偶数个数的比重为

$$\{[A\times b(A\times b-1)/2]-(A/2)\}/(A/2)=(A\times b)\times b-b-1$$

上述两个比值的差异可以忽略不计。这说明，在10的100万次方范围内，除2以外的全体质数两两相加产生的偶数个数的重复率非常高。但这不能说明在10的100万次方范围内，除2以外的全体质数两两相加产生的偶数个数，能保证产生了该范围内的所有偶数。

2. 在无限范围内

由质数定理，$\pi(n)\approx n/\lg n$。由此，可以对b做估算，有

$$b=\frac{\pi(n)}{n}\approx\frac{\dfrac{n}{\lg n}}{n}=\frac{1}{\lg n}$$

故$(A\times b)\times b-b=(n/\lg n)\times(1/\lg n)-1/\lg n$。当$n$趋于无穷大时，采用洛必达法则，该式趋于无穷大。

故质数定理保证了，除2以外的全体质数两两相加产生的偶数个数要远超过全体偶数个数。当然，这也同样存在上述有限范围内偶数的重复率问题，不能保证产生了无限范围内的所有偶数。

3. 边界条件

在$(A\times b)\times b-b$中，b取什么值有$(A\times b)\times b-b=1$？我们求解这个一元二次方程，得

$$b = \frac{1 \pm \sqrt{1+4\times A}}{2\times A} \approx \frac{1}{\sqrt{A}}$$

但是，我们并不知道 b 和 A 的准确函数关系，只知道随着 A 越来越大，b 会越来越小，但 b 不会等于 0。因此，我们可以假设一些极端情况的 b。当然，这样假设的 b 并不一定是客观存在的 b。

4. 假设的极端情况

设 $b=1/A$，$(A\times b)\times b-b=0$。这说明，当 $b=1/A$，分母要远远大于分子，全体偶数个数要远超过除 2 以外的全体质数两两相加产生的偶数个数。显然，$b=1/A$ 与 $b=1/\lg n$ 存在根本区别，或者说当 n 趋于无穷时，是高阶无穷小与低阶无穷小的区别。

同样，设 $b=k/A$，k 为一个正数，$(A\times b)\times b-b=(k-1)\times b$。当 A 趋于无穷大，b 趋于 0，这个比值趋于 0。这说明，全体偶数个数要远超过除 2 以外的全体质数两两相加产生的偶数个数。

设 $b=1/(2\times A)$，$(A\times b)\times b-b=-(1/2)\times b$。比重得出负数，分子和分母必有一个为负数，因为分母不为负数，所以分子为负数。很明显，当 $b=1/(2\times A)$，分子 $[A\times b(A\times b-1)/2]$ 为负数。组合数不可能出现负数，故不可能有 $b=1/(2\times A)$。

当然，b 取什么值是由质数分布客观决定的。质数定理保证了这些极端情况不会存在。

（二）在小区间的情况

潘承洞（1979，第 114～115 页）指出，华罗庚教授在 1938 年就证明了很大程度上说哥德巴赫猜想是正确的，"几乎"所有的偶数都是哥德巴赫数，介绍了后续数学家们进一步改进的华罗庚教授的结果，并介绍了当时小区间内哥德巴赫猜想的研究成果。

当质数增加足够稀疏后，是否会存在较少的质数两两相加不足以产生连续偶数的问题。我们并不能完全排除这种可能性。

当量子计算机出现后，我们可以用量子计算机计算自然数数轴上更为遥远地方的质数分布情况，如果在小区间内，有 $b=1/A$ 或者 $b=k/A$ 这类情况存在，导致 $(A\times b)\times b-b=0$，或者发现这一比值小于 1，强哥德巴赫猜想便不成立。

反过来看，如果强哥德巴赫猜想成立，在任意一个小区间内，质数两两相加都能产生足够偶数，并且每个偶数都能等于两个质数相加，显示不同区间质数间距的某种平稳性，即质数间距不会出现极端情况。故研究强哥德巴赫猜想，有助于我们理解和研究小区间范围内的质数定理。后面的研究表明，强哥德巴赫猜想成立与伯特兰（Bertrand）猜想和质数间距相关。因为伯特兰猜想给出了质数间距的最大可能范围，而质数间距的具体函数形式还是一个研究中的问题。

托马斯·林（2020，第18～23页）介绍到，长期以来，数学家们一直认为，如果能证明小区间上质因子个数的奇偶性分布问题，就能直接证明小区间上的质数定理。现在数学家证明了前一个问题，反而发现后一个问题更加难以企及，这再次证明质数不会轻易善罢甘休。

我们说的小区间范围内，除2以外的质数两两相加能否产生足够正偶数，也是一个很难研究的问题，相当于大海捞针。后面的研究思路是摆脱小区间质数定理能否成立的困扰，另辟蹊径，试图把大海捞针改为池塘捞针。

（三）用两质数相减和两质数平方差构造正偶数

上面的问题是除2以外的质数两两相加能否构造出全体正偶数，现在的问题是除2以外的质数两两相减能否构造出全体正偶数。进一步的问题是，除2以外的质数两两相加构造出的正偶数，加上除2以外的质数两两相减构造出的正偶数，能否形成全体正偶数。

设偶数 a 等于质数 x 加质数 y，即 $a=x+y$；偶数 b 等于质数 x 减质数 y，即 $b=x-y$。这里 x 大于 y。那么，$(x+y)\times(x-y)=a\times b$，即 $x^2-y^2=a\times b$。不难得到，$a=2\times x-b$。

现在的问题是，除2以外的质数两两相加构造出的正偶数，加上除2以外的质数两两相减构造出的正偶数，加上除2以外的任意两质数的平方差构造的正偶数，能否等于全体正偶数？后面还会研究这个问题。

（四）用三个质数之和构造所有的奇数

弱哥德巴赫猜想说所有大于7的奇数都等于三个质数之和。这个猜测已经被证明了。这也意味着可以用三个质数之和构造所有的奇数。从构造角度看，用两个质数之和构造6以后全体偶数，比用三个质数之和构造7以后全体奇数，要困难一些。弱哥德巴赫猜想对质数的个数要求弱一些。

二、偶数三角形构成方法

我们把除2以外的所有质数按横坐标由小到大顺序排列，再把这些质数按纵坐标由小到大顺序排列，那么这些质数两两相加所得的偶数就形成一个三角形，称为偶数三角形。偶数三角形从左上到右下的对轴线是质数与自身的相加所得偶数，见表13-1所反映的偶数三角形的一部分。偶数三角形充分体现了我们用2以后的全体质数两两相加构造全体偶数的思路。注意，这里 $\Omega(1)=3$。

表 13-1　偶数三角形

	3	5	7	11	13	17	19	23	29	31	37	41	43	47	53
3	6	8	10	14	16	20	22	26	32	34	40	44	46	50	56
5		10	12	16	18	22	24	28	34	36	42	46	48	52	58
7			14	18	20	24	26	30	36	38	44	48	50	54	60
11				22	24	28	30	34	40	42	48	52	54	58	64
13					26	30	32	36	42	44	50	54	56	60	66
17						34	36	40	46	48	54	58	60	64	70
19							38	42	48	50	56	60	62	66	72
23								46	52	54	60	64	66	70	76
29									58	60	66	70	72	76	82
31										62	68	72	74	78	84
37											74	78	80	84	90
41												82	84	88	94
43													86	90	96
47														94	100
53															106

强哥德巴赫猜想表示每一个偶数由两个质数相加而成。在偶数三角形中，这两个质数就确定了一个偶数的一个位置。因为偶数还可以由其他两个质数相加而成，故在偶数三角形中还会有其他的位置。我们可以把横行最左边的每一个质数作为纵轴坐标数，把纵列最上边每一个质数作为横轴坐标数。如（13，11）就是24的一个位置的坐标，（17，7）是24的另一个位置的坐标。

我们没有标出偶数三角形主对角线以下的位置。这些位置可以由横轴坐标和纵轴坐标调换而成，如偶数8等于3加5，也可以等于5加3，故我们只需要在偶数三角形上横轴质数5和纵轴质数3的交叉位置计入偶数8即可。因此，一般情况下，没有必要标出这些位置。我们在第五节研究排队顺序法时，也可以把偶数的排队顺序拓展到偶数三角形主对角线以下的位置。

偶数三角形是一个研究质数的工具，它把一维质数空间扩展到二维质数空间，不再是从一条直线上看质数，而是从平面看质数。黎曼（Riemann）猜想是从复平面分析质数。乌拉姆（Ulam）螺旋图是从二维平面看质数分布，发现质数较多落在图的对角线上，具有对角线连通性质。我们在《宏观审慎管理的理论基础研究》一书的第15章第4节，从幻方图分析质数分布（称为质数连通），发现质数在幻方图上存在垂直连通现象，也是从二维平面分析质数。

采用类似方法，我们也可以建立一个奇数等于三个质数之和的奇数几何体，这是一个立体图形，有三个维度，两两形成三个平面。其每两个坐标轴之间的平面，就是两个质数之和。

三、偶数三角形上偶数的一些性质

（一）孪生质数的一个性质

为论述方便，我们先定义对应偶数。因为每个质数加 3 都等于一个偶数，我们定义这个偶数是这个质数的对应偶数。偶数三角形上第一行偶数都是对应偶数。

由表 13-1，我们可以总结孪生质数的一个性质。如果两个质数是孪生质数，小的那个孪生质数 x 的对应偶数 a 等于 $3+x$，大的那个孪生质数 y 的对应偶数 b 等于 $3+y$，并且 b 还等于 $5+x$。

如 11 的对应偶数 14 等于 3 加 11，13 的对应偶数 16 等于 3 加 13，16 还等于 5 加 11。

证明：设较小的那个孪生质数 x 加 3 所得对应偶数为 a，$a=3+x$，较大的那个孪生质数 y 加 3 所得对应偶数为 b，$b=3+y$。因为 x 和 y 是孪生质数，$y-x=2$，所以 $3+y-3-x=2$，故 $3+y=3+x+2$，即 $b=5+x$。该性质得证。

由表 13-1 可见，孪生质数的对应偶数 a 和 b，偶数 a 在第一行，偶数 b 在偶数 a 的下一行，同时也在偶数 a 右边列的第一行。这里，纵轴上质数 3 和 5 决定了孪生质数的性质 $b=5+x$，可见第一对质数 3 和 5 对未来所有的孪生质数对都产生作用。这是孪生质数该性质的意义。这个意义贯穿了本章研究质数的诸节内容。

虽然质数定理发现了大区间的质数分布规律，伯特兰猜想及其证明发现小区间的质数间距，我们对质数出现的预测能力还十分有限，对质数的变化规律知之甚少。现在，我们发现前面的质数对后面的质数有影响，并通过二维平面把质数轴上这种前后影响关系显示出来，也是对质数认识的进展。我们在第五节和第六节进一步把前面质数与后面质数的关系表示出来，特别是在第六节把这种关系用数学公式展现出来，为强哥德巴赫猜想证明提供一种新的思路。

孪生质数的该性质还可以拓展。11 开始的孪生质数，这样相同的偶数会出现两对。如 11 和 13 是孪生质数，有质数 11 所在列第二行 16 和质数 13 所在列第一行 16 一对，质数 11 所在列第三行 18 和质数 13 所在列第二行 18 一对。这是因为纵轴上 5 和 7 也只相差 2。质数 29 与质数 31 是一对孪生质数，在它们所在列，存在一对 34、一对 36、一对 42、一对 48，这些对偶数分别对应纵轴上孪生质数对。

只要纵轴上相邻两个质数的差值等于横轴上对应两个质数的差值，就会出现这样成对的偶数。如纵轴上质数 13 和 17 差值为 4，横轴上质数 19 和 23 差值也为 4，那么这两组质数的交叉位置上就出现了两个 36。

（二）偶数出现的区域

偶数三角形的每列的数值从上往下是严格递增的，递增值是纵轴上相邻两个质数的差值，每行的数值从左往右也是严格递增的，递增值是横轴上相邻两个质数的差值。因此，一个偶数，在一列最多出现一次，在一行也最多出现一次。故每个偶数出现的位置有一定区域，超过这个区域就不会出现。

一列上最大的偶数是其主对角线上的偶数，也就是该列最下一行的偶数。若一个偶数 a 比该列最大偶数大，这个偶数 a 不会出现在该列及该列左边诸列上。

一列上最小的偶数是该列第一行偶数。若一个偶数 a 比该列最小偶数还小，这个偶数 a 不会出现在该列及该列右边诸列上。

（三）偶数出现次数

在偶数三角形中，偶数出现的次数不同。6，8，12 出现了一次。10，14，16，18，20，28，32，38 出现了两次。22，24，26，30 出现了 3 次。34，36 出现了 4 次。Clawson（1996，第 247 页）介绍了数学家对这一问题的研究成果，他用 $C(n)$ 表示一个偶数 n 的由不同组两个质数相加而成的组数。如 $C(6)=1$，只能由 1 组两个 3 相加而成。$C(34)=4$，可以由 4 组质数相加而成，即 3+31，5+29，11+23，17+17。如果一个偶数可以由较多的乘积因子构成，它的 $C(n)$ 值就大。那些仅由 2 和另一个质数乘积因子构成的偶数，$C(n)$ 值最小。如 $390=2\times 3\times 5\times 13$，$C(390)=27$。$398=2\times 199$，$C(398)=7$。随着偶数增大，偶数表现为更多乘积因子的概率也增加，$C(n)$ 也有增加趋势。

我们也可以用 $C(n)$ 表示偶数 n 在偶数三角形中出现的次数。而且，下面的分析明确了 $C(n)$ 的上界。即我们可以回答，在偶数三角形中，一个偶数最多能出现几次。

其实，依据前面分析的偶数三角形的性质，这个问题较好回答。因为一个偶数在一列上最多出现一次。我们找到比这个偶数小又最接近这个偶数的主对角线上的一个数，记下这个数所在列。在第一行，找到比这个偶数大又最接近这个偶数的数，记下这个数所在列。这两个记下的列的中间列数，就是这个偶数最多能出现的次数。比如，36 最多只能出现 4 次。34 是最接近 36 的主对角线上的数，在质数 17 所在列。40 是第一行最接近 36 的数，在质数 37 所在列。这两个记下列的中间只有 4 列，所以 36 最多只能出现 4 次，而 36 确实出现了 4 次。在 34 和 40 这个区间内，除了 36，还有 38，38 只出现了 2 次。如果算上这个区间的两个端点 34 和 40，在这个区间内就有 4 个偶数，即 34，36，38，40。34 出现了 4 次，40 出现了 3 次。

注意，34 既出现在主对角线上，也出现在第 1 行上。这种情况的数还有

6, 10, 14, 22, 26, 34。这么看来, 38 出现在主对角线上, 但没有出现在第 1 行。

我们在第六节中将用一种特殊的二元一次不定方程组求出在偶数三角形上任意一个偶数出现的次数。

在偶数三角形中, 一个偶数最少能否出现 0 次? 这是需要研究的极为困难的问题。若能回答这个问题, 也就能回答强哥德巴赫猜想正确与否。我们后面会对这个问题做进一步分析。

第四节 偶数三角形的一些概念和性质

偶数三角形有不少有意义的性质, 我们可以利用这些性质来研究强哥德巴赫猜想, 研究伯特兰猜想, 研究强哥德巴赫猜想与伯特兰猜想的关系, 研究强哥德巴赫猜想与质数定理的关系, 研究质数分布的一些性质。偶数三角形的性质为研究这些问题提供了一种途径。

为研究这些性质, 我们将提出中间偶数、真正新偶数、最大偶数区间和缺失偶数等概念。

一、准备知识

所有偶数能否出现在偶数三角形上, 涉及质数的间距问题。我们研究所有偶数能否出现在偶数三角形上, 重点依据伯特兰猜想及其证明成果, 而无需小区间质数定理支持。

1845 年, 法国数学家伯特兰给出了一个猜想, 对所有大于 1 的整数 n, 在区间 $[n, 2n]$ 之间存在一个质数。1850 年, 俄罗斯数学家切比雪夫 (Chebyshev) 证明了这一猜测。1919 年, 印度数学家拉马努金 (Ramamujan) 用其他方法证明了这一猜测。1932 年, 匈牙利数学家埃尔德什 (Erdös) 用初等方法证明了这一猜测。1952 年, 名仓 (Nagura) 证明了, 当 n 大于或等于 25 时, 在 $5n$ 和 $6n$ 之间常 (always) 存在一个质数。最近研究结果是, 对所有大于 1 的整数 n, Bachraoui (2006) 证明, 在区间 $[2n, 3n]$ 之间存在一个质数, 他在该文中还提出了一个问题, 这是否为真: 对于所有大于 1 的整数 n 和一个固定整数 $k \leq n$, 存在一个质数 p, 使得 $kn \leq p \leq (k+1)n$。他在该文中证明了 $k=2$ 为真。Loo (2011) 证明了在区间 $[3n, 4n]$ 存在一个质数。Shevelev 等 (2012) 证明了, 对于 $n > 1$, 只有当整数 k 为 1、2、3、5、9、14 时, 区间 $(kn, (k+1)n)$ 包含一个质数,

至少对于 $k \leqslant 100\ 000\ 000$ 成立。他们的研究回答了 Bachraoui（2006）提出的问题。目前，数学家们还在努力缩小伯特兰猜想的区间。

在本章中，我们把伯特兰猜想的区间中 n 取值为质数的情况，作为伯特兰猜想的推论。我们在后面将继续研究这一推论。

埃拉托色尼（Eratosthenes）筛法从理论上讲可以发现所有质数，但是不能预测质数。至今数学家们也没有找到质数通项公式，只提出了质数分布公式，即质数定理。作为质数定理的推论，伯特兰猜想给出了已知一个质数 $\Omega(n)$，下一个质数 $\Omega(n+1)$ 的最大可能范围。

二、中间偶数定义

（一）相邻两列的中间偶数定义

质数 $\Omega(n-1)$ 所在列第一行偶数 a 之后的连续偶数，$a+2$，$a+4$，……，一直到 $\Omega(n)$ 所在列第一行偶数 $[\Omega(n)+3]$ 减 2 之值，称为质数 $\Omega(n-1)$ 所在列与质数 $\Omega(n)$ 所在列之间的中间偶数，或简称为质数 $\Omega(n-1)$ 所在列的中间偶数。这里，第一个中间偶数 $a+2$ 等于 $\Omega(n-1)+5$。

中间偶数按由小到大的顺序排列，依次称为第一个中间偶数、第二个中间偶数、第三个中间偶数等。

如质数 31 所在列第一行偶数 34 和质数 37 所在列第一行偶数 40 之间的中间偶数是 36，38。36 是第一个中间偶数，38 是第二个中间偶数。

中间偶数的左边一列，指 $\Omega(n-1)$ 所在列，中间偶数的右边一列指 $\Omega(n)$ 所在列。

质数 $\Omega(n-1)$ 所在列的中间偶数均应出现在质数 $\Omega(n-1)$ 所在列及其左边诸列。这是依据偶数三角形的性质，比 $\Omega(n)$ 所在列第一行偶数小的偶数，不能出现在 $\Omega(n)$ 所在列及其右边诸列。

质数 $\Omega(n-1)$ 所在列可能出现的最大中间偶数是 $\Omega(n)$ 所在列第一行偶数 $[\Omega(n)+3]$ 减 2 之值，即 $\Omega(n)+1$。

（二）任意两列的中间偶数定义

设 k 为一个正整数，质数 $\Omega(n-k)$ 所在列第一行偶数 a 之后的连续偶数，$a+2$，$a+4$，……，一直到 $\Omega(n)$ 所在列第一行偶数 $[\Omega(n)+3]$ 减 2 之值，称为质数 $\Omega(n-k)$ 所在列与质数 $\Omega(n)$ 所在列之间的中间偶数。

如质数 23 所在列第一行偶数 26 和质数 37 所在列第一行偶数 40 之间的中间偶数是 28，30，32，34，36，38。

任意两列中间若有 x 个中间偶数，左边一列上的各个偶数加 $2\times(x+1)$ 的值，就是右边列上相应位置偶数的值。这说明，左边一列上的各个偶数等于两个质数相加，这些偶数加 $2\times(x+1)$ 的值，也等于两个质数相加。

（三）中间偶数的意义

所有的第一行的偶数加它们相邻两列的中间偶数构成 4 以后的全体偶数。

偶数三角形上是否包含了 4 以后的所有偶数？如果偶数三角形包含了 4 以后的所有偶数，强哥德巴赫猜想成立，否则，强哥德巴赫猜想不成立。

现在，我们只要证明任意相邻两个质数所在列之间的中间偶数能出现在偶数三角形上，就能证明所有中间偶数均能出现在偶数三角形上，从而证明强哥德巴赫猜想成立。

这把要证明无穷的偶数出现在偶数三角形上转换为只证明有限个中间偶数出现在偶数三角形上，而伯特兰猜想限定了相邻两个质数的间距，从而也限定了这相邻两个质数所在列之间中间偶数的个数。

这是我们的证题思路，也是前面所说的另辟的途径，摆脱小区间质数定理能否成立的困扰。

三、真正新偶数

我们把 $\Omega(1)=3$ 至 $\Omega(n)$ 的 n 个质数两两相加，所得偶数个数是 C_n^2+n。注意，这里有重复组合，即同一个质数相加。这些偶数中最大偶数是 $2\times\Omega(n)$。质数 $\Omega(n+1)$ 所在列的偶数个数是 $C_{n+1}^2+n+1-C_n^2-n=n+1$。

如果 $\Omega(n+1)$ 与 $\Omega(n)$ 数值差距大，则 $\Omega(n+1)$ 所在列的偶数可以划分为两部分。一部分小于或等于 $2\times\Omega(n)$，即原有偶数。另一部分大于 $2\times\Omega(n)$ 但小于或等于 $2\times\Omega(n+1)$，称为真正新偶数。注意，$\Omega(n+1)$ 所在列的真正新偶数是 $\Omega(n+1)$ 所在列的出现了的偶数。

如第 9 个质数 29 所在列有 9 个偶数，其中大于 $2\times\Omega(n)=46$ 但小于或等于 $2\times\Omega(n+1)=58$ 的真正新偶数是 48，52，58，其余偶数是原有的偶数。

$\Omega(n+1)$ 所在列真正新偶数，由该列大于 $2\times\Omega(n)$ 并最接近 $2\times\Omega(n)$ 的偶数开始，到偶数 $\Omega(n)+\Omega(n+1)$ 为止，再加上 $2\times\Omega(n+1)$，构成在 $\Omega(n+1)$ 所在列上所有出现的真正新偶数。

当 n 大于 2 时，质数 $\Omega(n)$ 所在列的偶数由四个部分组成，第一行的偶数、落在 A 集合的中间偶数、过去出现的偶数和真正新偶数。

四、缺失偶数

（一）缺失偶数和列缺失偶数的定义

在表 13-1 中，$\Omega(n)$ 列的偶数及以前所有列的偶数与 $2\times\Omega(n)$ 以内的所有偶数不一定完全相同，不同部分的偶数称为缺失偶数。

在表 13-1 中，$\Omega(n)$ 列的偶数区间由该列最小偶数至最大偶数的所有连续偶数组成，记为 $[\Omega(n)+3, 2\Omega(n)]$。$\Omega(n)$ 列的偶数与这个偶数区间的所有偶数不一定完全相同，不同的部分称为该列缺失偶数。该列缺失偶数中的一部分或者全部可能在以前的诸列中出现，扣除这些已经出现的偶数，剩下的偶数就是缺失偶数。因此，要注意区分列缺失偶数和缺失偶数这两个概念。

如质数 11 所在列的偶数区间偶数为 14，16，18，20，22，而质数 11 所在列的偶数为 14，16，18，22。它们的不同部分是偶数 20。偶数 20 是该列的列缺失偶数，也是该列的缺失偶数，因为偶数 20 没有在以前的诸列中出现过。

又如质数 29 所在列的偶数区间偶数为 32，34，36，38，40，42，44，46，48，50，52，54，56，58，该列的偶数只有 32，34，36，40，42，46，48，52，58。它们的不同部分是 38，44，50，54，56，称为该列的列缺失偶数，其中 38 在以前的诸列出现过，故 44，50，54，56 是缺失偶数。

每列的第一个缺失偶数没有等于本列对应质数加一个原来质数，说明它要等于一个新质数加一个原来质数。

在表 13-1 中，我们发现新质数 11，17，23，29，31，37 时，相应发现它们所在各列最小缺失偶数 20，32，44，50，56，64，它们均可以等于 3 加一个质数。这只是非常局部的发现，尚不足以构成猜测。

（二）缺失偶数和列缺失偶数小于 $\Omega(n-1)+\Omega(n)$ 的情况

缺失偶数也可能小于 $\Omega(n-1)+\Omega(n)$，如质数 31 所在列的缺失偶数 56，就比质数 29 加质数 31 的和 60 要小。

列缺失偶数也可能小于 $\Omega(n-1)+\Omega(n)$，这些列缺失偶数可能会在前面诸列中出现过。如质数 29 所在列的列缺失偶数是 38，44，50，54，56，其中 38，44，50 小于 $\Omega(n-1)+\Omega(n)=52$，并且 38 在以前诸列中出现过，其中 54，56 大于 $\Omega(n-1)+\Omega(n)=52$。

五、最大偶数区间

质数 $\Omega(n-1)$ 所在列的最大偶数值 $2\times\Omega(n-1)$ 与质数 $\Omega(n)$ 所在列的

最大偶数值 $2\times\Omega(n)$ 之间的各个连续偶数，若没有出现在质数 $\Omega(n)$ 所在列中，就成为该列的缺失偶数。这些连续偶数构成开区间（$2\Omega(n-1)$，$2\Omega(n)$），不包括两个端点在内。因为这两个端点都已经出现在各自所在列，不是缺失偶数。这个开区间称为最大偶数区间。

最大偶数区间内的偶数，要么在 $\Omega(n)$ 所在列中出现，要么是 $\Omega(n)$ 所在列出现的缺失偶数。

计算这一最大偶数区间的偶数个数是 $[2\times\Omega(n)-2\times\Omega(n-1)]/2-1$，或者为 $\Omega(n)-\Omega(n-1)-1$。

如第 5 个质数 13 所在列共有偶数 16，18，20，24，26。质数 13 所在列的最大偶数是 26，质数 11 所在列最大偶数是 22，最大偶数区间的偶数个数是 13-11-1=1，即 1。最大偶数区间的偶数是 24，24 已经出现在质数 13 所在列，故这一列不存在缺失偶数。

又如质数 29 所在列的最大偶数是 58，质数 23 所在列的最大偶数是 46，46 与 58 之间的偶数是 48，50，52，54，56。最大偶数区间的个数是（58-46）/2-1=5。质数 29 所在列有大于 46 的偶数 48，52，58，该列出现的缺失偶数是 50，54，56。质数 23 所在列的缺失偶数 44，直到质数 31 所在列才出现。因此该列出现的缺失偶数共计为 44，50，54，56。

再如质数 37 所在列的最大偶数是 74，质数 31 所在列的最大偶数是 62。74 与 62 的之间的偶数是 64，66，68，70，72。最大偶数区间的个数是（74-62）/2-1=5。最大偶数区间的偶数 66 和 68 出现在 37 所在列，故缺失偶数是 64，70，72。

若相邻两个质数 $\Omega(n-1)$、$\Omega(n)$ 差距较大，即质数 $\Omega(n)$ 减质数 $\Omega(n-1)$ 的差值较大，质数 $\Omega(n)$ 所在列的最大偶数值与质数 $\Omega(n-1)$ 所在列的最大偶数值的差距也较大，可能导致较多的缺失偶数。

伯特兰猜想表明，相邻两个质数的差距是有限的，从而一个质数所在列出现的缺失偶数也是有限的。

六、缺失偶数和中间偶数关系

在一列没有出现的缺失偶数，只能出现在该列的右边诸列上。我们可以把从右往左的中间偶数排队方法改为从左到右，以确定缺失偶数在右边诸列出现的位置。在左边一列没有出现的缺失偶数，可以通过计算右边一列或者诸列上它在中间偶数的排队顺序，判断它在右边一列或者诸列上的位置。这也反映了缺失偶数和中间偶数的关系。我们可以采用确定中间偶数在偶数三角形上位置的方法，确定缺失偶数在偶数三角形上的位置。

如质数 11 所在列没有出现的缺失偶数 20，我们在质数 13 所在列可以看到它是第二个中间偶数，它出现在质数 13 所在列第 1 行的下两行，即第 3 行。20 又处在质数 17 所在列的第 1 行，故 20 不再可能出现在右边列上，由此可以判断 20 只能在偶数三角形上出现两次。

又如在质数 23 所在列没有出现的偶数 44，是一个缺失偶数。我们在质数 29 所在列看到 44 是第 6 个中间偶数，不能出现在该列上。我们在质数 31 所在列看到，44 是第五个中间偶数，扣除不能出现的第三个中间偶数，44 出现在该列第 1 行下 4 行位置上，即出现在第 5 行位置上。在质数 37 所在列，44 是第二个中间偶数，故出现在该列第 1 行下两行位置上，即第 3 行位置上。44 出现在质数 41 所在列第 1 行，故 44 不会再出现在右边列上，由此我们知道 44 在偶数三角形上只能出现 3 次。

中间偶数是从小到大排列的。如果一个缺失偶数不会出现在某列的第 1 行，那么我们每一步在往右的列观察中间偶数时，会看到该缺失偶数不断往前排队，并在某列的中间偶数中不再出现。至此，我们也可以确定这个缺失偶数在偶数三角形上出现的次数。

七、一列中各种偶数的关系

（一）三个比值公式

只要 $\Omega(n)$ 足够大，$\Omega(n)$ 所在列的 n 个偶数的个数，远远小于从该列最大偶数到最小偶数之间的所有连续偶数个数 $(\Omega(n)-1)/2$。我们用 $n/[(\Omega(n)-1)/2]$ 来刻画这个远远小于的程度。依据质数定理（里本伯姆，2007，第 191 页），第 n 个质数的大小约为 $n\lg n$。在 $n/[(\Omega(n)-1)/2]$ 中，用 $n\lg n$ 代替 $\Omega(n)$，则有 $2/(\lg n-1/n)$，随着 n 趋于无穷大，$2/(\lg n-1/n)$ 的极限值为 0。

我们更精准一下，用 $\Omega(n)$ 所在列的 n 个偶数的个数比该列的列缺失偶数个数，即 $n/\{[(\Omega(n)-1)/2]-n\}$，用 $n\lg n$ 代替 $\Omega(n)$，该式变为 $2/[\lg n-(1/n)-2]$，当 n 趋于无穷大时，该式趋于 0。尽管我们不知道质数 $\Omega(n)$ 所在列的列缺失偶数有多少在前面诸列出现过，但可用 $n/\{[(\Omega(n)-1)/2]-n\}$ 来刻画质数 $\Omega(n)$ 所在列中偶数个数远少于列缺失偶数个数的程度。

如果相邻两个质数 $\Omega(n-1)$、$\Omega(n)$ 差距足够大，从质数 $\Omega(n)$ 所在列的最大偶数值到质数 $\Omega(n-1)$ 所在列的最大偶数值之间的连续偶数个数也会变大，$\Omega(n)$ 所在列的 n 个偶数的个数与这些连续偶数个数的比值为 $n/[\Omega(n)-\Omega(n-1)+1]$。我们用 $n\lg n$ 代替 $\Omega(n)$，用 $(n-1)\lg(n-1)$ 代替 $\Omega(n-1)$，得到 $1/[\lg n-(1-1/n)\lg(n-1)+1/n]$。当 n 趋于无穷大时，该式趋于无穷大。这说明，即使这些连续偶数全部为缺失偶数，也远少于 $\Omega(n)$ 所在列的 n 个偶数的个数。

（二）缺失偶数与真正新偶数的关系

我们在前面定义，$\Omega(n)$ 所在列已经出现的大于 $2\times\Omega(n-1)$ 但小于或等于 $2\times\Omega(n)$ 的偶数，称为 $\Omega(n)$ 所在列的真正新偶数。而 $\Omega(n)$ 所在列的缺失偶数是，$\Omega(n)$ 所在列没有出现的大于 $2\times\Omega(n-1)$ 但小于 $2\times\Omega(n)$ 的偶数。换言之，开区间 $(2\Omega(n-1), 2\Omega(n))$ 的偶数，要么是 $\Omega(n)$ 所在列的真正新偶数，要么是 $\Omega(n)$ 所在列出现的缺失偶数。

当 $\Omega(n-1)$ 与 $\Omega(n)$ 差距足够大时，大于 $\Omega(n-1)+\Omega(n)$ 但小于 $2\times\Omega(n)$ 的偶数也会增加，并且这些偶数均是缺失偶数，而且是连续的偶数。随着这些连续的缺失偶数增加，缺失偶数的个数会大于真正新偶数的个数。

一般而言，当 n 趋于无穷时，尽管存在孪生质数，随着 $\Omega(n)$ 增加，$\Omega(n-1)$ 与 $\Omega(n)$ 的差距也增加，缺失偶数的个数大于真正新偶数的个数也增加，但缺失偶数的个数大于真正新偶数的个数，不存在指数级别的区别，因而缺失偶数可以进入偶数三角形。如果 $\Omega(n-1)$、$\Omega(n)$ 等质数分布出现极端情况，缺失偶数就可能不会出现在偶数三角形上。我们在分析二元一次不定方程组的解时，指出了这一点。$\Omega(n-1)$、$\Omega(n)$ 等质数分布是客观存在，能否出现极端情况，也由客观决定。

八、下一个质数的范围

（一）缩小伯特兰猜想推论的范围

每个质数所在列的缺失偶数，可以指出下一个质数的范围。如果每个缺失偶数都在偶数三角形上出现，它们所在列就对应新质数。

如果 $\Omega(n)$ 所在列的缺失偶数 $\Omega(n-1)+\Omega(n)+2$ 出现在偶数三角形上，它所在列在 $\Omega(n)$ 所在列的右边，但不一定与 $\Omega(n)$ 所在列相邻，故该所在列对应的质数就是一个新质数。而 $\Omega(n-1)$ 与 $\Omega(n)$ 均是我们知道的质数，故这个新质数的范围可以定下来。

我们不知道 $\Omega(n-1)+\Omega(n)+2$ 出现在所在列的哪个位置上，但可以根据 $\Omega(n-1)$ 与 $\Omega(n)$ 判断。

首先，$\Omega(n-1)+\Omega(n)+2$ 小于或等于 $2\times\Omega(n)$，大于 $\Omega(n-1)+\Omega(n)$，$2\times\Omega(n)$ 处于纵轴质数 $\Omega(n)$ 所在行，所以 $\Omega(n-1)+\Omega(n)+2$ 要出现在纵轴质数 $\Omega(n-1)$ 所在行的位置或者之上。如果出现在纵轴质数 $\Omega(n-1)$ 所在行的位置上，$\Omega(n-1)+\Omega(n)+2$ 与 $\Omega(n)$ 所在列的相邻偶数相差 2，故它所在列对应的质数与 $\Omega(n)$ 是孪生质数，于是这个新质数等于 $\Omega(n)+2$。

其次，如果它出现在第 1 行，即新质数等于它减 3，新质数为 $\Omega(n-1)+$

$Ω(n)-1$。

故新质数的范围为，大于或等于$Ω(n)+2$，小于或等于$Ω(n-1)+Ω(n)-1$。但我们尚不知道这个新质数是不是$Ω(n+1)$。只有当它为$Ω(n)+2$，才能确定它是$Ω(n+1)$。

我们获得的这个新质数范围，可以对比伯特兰猜想推论的范围。因为$Ω(n-1)$可以比$Ω(n)$小很多。当n为质数时，相对于Loo（2011）关于伯特兰猜想的成果$[2n, 3n]$之间必有质数存在，我们的结果是，在$Ω(n)+2$与$Ω(n-1)+Ω(n)-1$之间必有质数存在。只要$Ω(n-1)+Ω(n)+2$出现在偶数三角形上，结果就成立。注意：$Ω(n)$中的n不是质数，而是自然数。

（二）由最大偶数区间的偶数判断下一个新质数

如果大于$2×Ω(n)$并小于$2×Ω(n+1)$的这些偶数能等于两个质数相加，其中至少一个加数是新质数，因为原有质数两两相加所得最大偶数不会超过$2×Ω(n)$。

（三）由真正新偶数判断下一个新质数

依据我们关于真正新偶数的定义，大于$2×Ω(n)$并小于$2×Ω(n+1)$的真正新偶数等于$Ω(n+1)$加一个原来质数g，$3 \leq g < Ω(n)$。

九、偶数重复出现的比例

所有的第一行的偶数加它们相邻两列的中间偶数构成从6开始的全体偶数，我们可以计算偶数三角形上偶数重复出现的比例。

我们知道，$Ω(n)$所在列与$Ω(n+1)$所在列之间的中间偶数，只能出现在$Ω(n)$所在列及其左边诸列。比$Ω(n)$所在列主对角线上偶数$2×Ω(n)$大的偶数，只能出现在$Ω(n+1)$所在列及其右边诸列。

由$Ω(1)$所在列至$Ω(n)$所在列的偶数三角形上的全体偶数的位置有$n^2/2$个，在这个部分的偶数三角形上，最大的偶数是$2×Ω(n)$，比$2×Ω(n)$大的偶数只能出现在$Ω(n)$所在列的右边诸列上，但是比$2×Ω(n)$小的偶数也可能出现在$Ω(n)$所在列的右边诸列上。

我们可以在$Ω(n)$所在列第1行的偶数往左下取一条斜线，斜线与主对角线的交点处于由6至$2×Ω(n)$的中间位置上，这条斜线的右边是大于$Ω(n)$所在列第1行的偶数的偶数，也包括极少量的小于$Ω(n)$所在列第1行的偶数的偶数，这条斜线左边包含的偶数的位置数量只有由$Ω(1)$所在列至$Ω(n)$所在列的偶数三角形上的全体偶数的位置数量的一半，即只有$n^2/4$个。

$\Omega(n)$ 所在列第 1 行的偶数值是 $\Omega(n)+3$，于是由 $\Omega(1)$ 所在列至 $\Omega(n)$ 所在列第一行的偶数加所有中间偶数的个数构成 6 至 $\Omega(n)+3$ 的全部偶数，全部偶数的个数是 $(\Omega(n)-1)/2$。

于是，重复偶数的个数是

$$n^2/4-(\Omega(n)-1)/2$$

我们用全体偶数个数比复偶数个数，有

$$(\Omega(n)-1)/2/[n^2/4-(\Omega(n)-1)/2]$$

简化后，有

$$2\times(\Omega(n)-1)/[n^2-2\times(\Omega(n)-1)]$$

我们用全体偶数个数比全体偶数的位置个数，有

$$2\times(\Omega(n)-1)/n^2$$

里本伯姆（2007，第 191 页）指出，第 n 个质数的大小约为 $n\times\lg n$，故 $\Omega(n)$ 近似等于 $n\times\lg n$。我们可用 $n\times\lg n$ 代替上式中的 $\Omega(n)$。如

$$2\times(\Omega(n)-1)/n^2 = 2\times(n\times\lg n-1)/n^2$$
$$=(2\times\lg n/n)-1/n^2$$

当 n 趋于无穷时，上式趋于 0。上式中，$\lg n/n=1/\pi(n)$，抛弃右边高阶无穷小项，$2\times(\Omega(n)-1)/n^2\approx 2/\pi(n)$。

$2\times(\Omega(n)-1)/n^2$ 虽然说明了全体偶数个数比偶数三角形上全体偶数的位置个数，但间接说明了质数的间距或者质数的分布。

第五节　中间偶数排队顺序法

一、相邻两个质数中间偶数的最多个数

在横轴质数 3 到 87 中，质数每往右移动一位，中间偶数要么为 0 个（孪生质数），要么为 1 个，最多为 2 个。质数从 87 往右移到 97，中间偶数才有 3 个，分别为 94，96，98。直到这时，才首次出现第 3 个中间偶数 98。

横轴质数往右或往左移动一位可以包含多个中间偶数，这是质数间距问题。Clawson(1996，第 150～151 页)指出，理论上讲质数间距可以有任意多个合数，从而有任意多个中间偶数。在质数 887 和质数 907 之间，存在 19 个合数，其中 10 个偶数。在质数 90 874 329 411 493 和质数 90 874 329 412 297 之间，存在 803 个合数，其中 402 个偶数。但是，我们也看到，伯特兰猜想给出了质数间距的最大距离，从而也限制了中间偶数个数。

由伯特兰猜想可知，$\Omega(n+1) < 2 \times \Omega(n)$，$\Omega(n+1)$ 与 $\Omega(n)$ 之间中间偶数的个数不会超过

$$\frac{2\Omega(n) - \Omega(n)}{2} - 1$$

即不会超过 $(\Omega(n) - 2)/2$ 个。

很明显，孪生质数的中间偶数为 0 个。

二、中间偶数在偶数三角形上出现的位置

如果强哥德巴赫猜想成立，$\Omega(n-1)$、$\Omega(n)$ 所在列的中间偶数都会出现在 $\Omega(n-1)$ 所在列及其左边诸列上。因为这些中间偶数最大的一个小于 $\Omega(n)$ 所在列的第一行偶数，故它们不会出现在 $\Omega(n)$ 所在列及其右边诸列上。

（一）相邻两列的中间偶数为 0 个

如果相邻两个质数 $\Omega(n-1)$、$\Omega(n)$ 各自所在列第一行偶数中间不存在偶数，即中间偶数个数为 0 个，则 $\Omega(n)$ 所在列第一行偶数会出现在 $\Omega(n-1)$ 所在列第二行。这是孪生质数的情况。由纵轴质数 3 和 5 决定这一性质。第三节孪生质数研究已经指出这一点了。

（二）相邻两列的中间偶数为 1～2 个

相邻两个质数 $\Omega(n-1)$、$\Omega(n)$ 各自所在列第一行偶数中间的偶数如果只有 1～2 个，这 1～2 个偶数会按大小顺序出现在质数 $\Omega(n-1)$ 所在列的第一行偶数之下。由纵轴质数 3，5，7 决定了这一性质。纵轴质数 3，5，7 决定了质数 $\Omega(n-1)$ 所在列最上面 3 个偶数是连续偶数，这些连续偶数等于质数 $\Omega(n-1)$ 依次加 3，5，7。

如质数 31 所在列的第一行偶数是 34，质数 37 所在列的第一行偶数是 40，34 和 40 之间有偶数 36 和 38，故在 31 所在列的第一行偶数 34 下，出现 36 和 38。这也意味着这些偶数不会等于一个新质数加一个原有质数，而只会等于两个原有质数相加。

（三）相邻两列的中间偶数在 3 个以上

相邻两个质数 $\Omega(n-1)$、$\Omega(n)$ 各自所在列第一行偶数中间的偶数如果有 3 个以上，按大小顺序排列，称为第一个偶数、第二个偶数、第三个偶数等。

这些中间偶数部分出现在质数 $\Omega(n-1)$ 所在列上，部分不出现在该列上。如第一个偶数和第二个偶数会出现在该列上，第三个偶数不出现在该列上。不出

现在该列的中间偶数只可能出现在第二个偶数的左下方区域。

如第三个偶数不会出现在质数 $\Omega(n-1)$ 所在列，这由纵轴上质数 11 决定。纵轴上质数 11 要求质数 $\Omega(n-1)$ 所在列的对应偶数比它上面偶数增加 4，而第三个偶数只比第二个偶数增加 2。这第三个偶数也不会出现在第二个偶数所在的行及其上方。于是，第三个偶数只可能出现在第二个偶数的左下方。

第四个偶数比第二个偶数增加了 4，可以出现在第二个偶数的下方。其他中间偶数由此类推，要么出现在质数 $\Omega(n-1)$ 所在列，要么出现在该列左边诸列。

第一个偶数和第二个偶数的其他位置，也在 $\Omega(n-1)$ 所在列左边诸列上。如果 $\Omega(n-2)$、$\Omega(n-1)$ 是孪生质数，第一个偶数在第二个偶数所在列的左边相邻位置。

（四）第三个偶数出现在 $\Omega(n-2)$ 所在列的情况

$\Omega(n-1)$、$\Omega(n)$ 所在列的中间偶数的第三个偶数 a 没有出现在 $\Omega(n-1)$ 所在列上。我们分析第三个偶数 a 出现在 $\Omega(n-2)$ 所在列的情况。当然，第三个偶数 a 也可以出现在 $\Omega(n-2)$ 所在列更左边的列上。

若相邻两列 $\Omega(n-2)$ 与 $\Omega(n-1)$ 的中间偶数为 x 个，那么这两行偶数之间的差值是 $2\times(x+1)$，这两个质数的差值也是 $2\times(x+1)$。

$\Omega(n-1)$、$\Omega(n)$ 所在列的中间偶数的第四个偶数处于 $\Omega(n-1)$ 所在列第 4 行，设它的值是 y，y 减去 $2\times(x+1)$ 的值，即 $\Omega(n-2)$ 所在列第 4 行上的偶数值，即 $y-2\times(x+1)$。

$\Omega(n-1)$、$\Omega(n)$ 所在列的中间偶数第三个偶数值 a 等于 $y-2$。如果 $\Omega(n-2)$ 所在列第 4 行上的值等于第三个偶数值 a，即 $y-2\times(x+1)=y-2$，有 $x=0$，说明 $\Omega(n-2)$ 与 $\Omega(n-1)$ 是孪生质数。故若 $\Omega(n-2)$ 与 $\Omega(n-1)$ 是孪生质数，则第三个偶数 a 出现在 $\Omega(n-2)$ 所在列第 4 行上。

如果 $\Omega(n-2)$ 与 $\Omega(n-1)$ 不是孪生质数，则 $y-2\times(x+1)$ 不等于 $y-2$。按照第三节的搜寻方法，进入第 5 行，$\Omega(n-2)$ 列此位置上的偶数值为 $y-2\times(x+1)+2$，如果 $y-2\times(x+1)+2=y-2$，则有 $2(1-x)=0$，即 $\Omega(n-2)$ 与 $\Omega(n-1)$ 两列中间有 1 个偶数。故若 $\Omega(n-2)$ 与 $\Omega(n-1)$ 中间有 1 个偶数，则第三个偶数 a 出现在 $\Omega(n-2)$ 所在列第 5 行上。

依此类推，$\Omega(n-2)$ 所在列第 6 行的偶数值为 $y-2\times(x+1)+2+4$，如果 $y-2\times(x+1)+2+4=y-2$，则有 $2\times(3-x)=0$，即 $\Omega(n-2)$ 与 $\Omega(n-1)$ 两列中间有 3 个偶数。故若 $\Omega(n-2)$ 与 $\Omega(n-1)$ 这两列中间有 3 个偶数，则 $\Omega(n-1)$、$\Omega(n)$ 所在列的中间偶数第三个偶数 a 出现在 $\Omega(n-2)$ 所在列第 6 行上。

自然，我们也可以把这个思路用于分析第三个偶数出现在 $\Omega(n-3)$ 所在列的情况，以及更为左边所在列的情况。

三、中间偶数落入 A 集合或者 B 集合

$\Omega(n-1)$、$\Omega(n)$ 所在列的中间偶数的部分，即第一个偶数、第二个偶数、第四个偶数、第五个偶数、第七个偶数等，出现在 $\Omega(n-1)$ 所在列。我们把这些出现在 $\Omega(n-1)$ 所在列的中间偶数放入一个集合，称为 A 集合。我们把没有在 $\Omega(n-1)$ 所在列出现的中间偶数放入一个集合，称为 B 集合。

中间偶数是落入 A 集合，还是落入 B 集合，与纵轴质数分布相关。我们把纵轴质数分布与中间偶数排队顺序结合起来，放在表 13-2 中。

表 13-2　纵轴质数分布与中间偶数排队顺序

纵轴质数分布	行	在该列的中间偶数（A 集合）	不在该列的中间偶数（B 集合）
3	第 1 行		
5	第 2 行	第一个中间偶数	
7	第 3 行	第二个中间偶数	
11	第 4 行	第四个中间偶数	第三个偶数
13	第 5 行	第五个中间偶数	
17	第 6 行	第七个中间偶数	第六个偶数
19	第 7 行	第八个中间偶数	
23	第 8 行	第十个中间偶数	第九个偶数
29	第 9 行	第十三个中间偶数	第十一个偶数 第十二个偶数
31	第 10 行	第十四个中间偶数	
37	第 11 行	第十七个中间偶数	第十五个偶数 第十六个偶数
41	第 12 行	第十九个中间偶数	第十八个偶数
43	第 13 行	第二十个中间偶数	
47	第 14 行	第二十二个中间偶数	第二十一个偶数
53	第 15 行	第二十五个中间偶数	第二十三个偶数 第二十四个偶数
59	第 16 行	第二十八个中间偶数	第二十六个偶数 第二十七个偶数
…	…	…	…

四、任意两列中间偶数的排队顺序变化

任意两列中间偶数从左边那一列开始的排列顺序仍然依次是第一个偶数、第二个偶数、第三个偶数、第四个偶数、第五个偶数、第六个偶数、第七个偶数

等。出现在左边那列的中间偶数是第一个偶数、第二个偶数、第四个偶数、第五个偶数、第七个偶数等，没有出现在左边那列的中间偶数是第三个偶数、第六个偶数等。

但是不同的任意两列的中间偶数的排队顺序会发生变化。于是，在某一列不能出现的中间偶数，到了其他列的中间偶数，因其排队顺序发生了变化，可能出现在其他列上。

我们具体看 $\Omega(n-2)$、$\Omega(n)$ 两列的中间偶数排队情况。

$\Omega(n-1)$、$\Omega(n)$ 两列的中间偶数，也是 $\Omega(n-2)$、$\Omega(n)$ 两列的中间偶数，是 $\Omega(n-2)$、$\Omega(n-1)$ 两列的中间偶数后续加的数，它们排队在 $\Omega(n-2)$、$\Omega(n-1)$ 两列的中间偶数后。如若 $\Omega(n-1)$、$\Omega(n)$ 两列的中间偶数有 3 个，$\Omega(n-2)$、$\Omega(n-1)$ 两列的中间偶数有 4 个，则 $\Omega(n-2)$、$\Omega(n)$ 两列的中间偶数有 7 个。$\Omega(n-1)$、$\Omega(n)$ 两列的中间偶数的第三个偶数，在 $\Omega(n-2)$、$\Omega(n)$ 两列的中间偶数中成为第七个偶数，出现在 $\Omega(n-2)$ 所在列上。

$\Omega(n-1)$、$\Omega(n)$ 两列的中间偶数，若没有出现在 $\Omega(n-1)$ 所在列上，则它们在第二个偶数的下方区域的分布难以预测。现在，在 $\Omega(n-2)$、$\Omega(n)$ 两列的中间偶数中，因排队顺序的变化，它们可能出现在 $\Omega(n-2)$ 所在列上，从而可以依据它们的新的排队顺序来预测它的位置。它在 $\Omega(n-2)$ 所在列上的位置，要扣除不在该列出现的中间偶数后，按大小顺序排在这列第一行的位置下面。

任意两列中间偶数的排队方法，是确定每个中间偶数在偶数三角形上位置的一种方法。反复使用该方法，可以确定一个中间偶数在偶数三角形上的所有位置。

在 $\Omega(n-1)$ 所在列上没有出现的中间偶数，如中间偶数 x，通过任意两列中间偶数的排队顺序变化，我们能否确定它在偶数三角形上的所有位置呢？我们可以依据偶数三角形行和列的性质，先确定这个偶数 x 只能出现在偶数三角形上的区域。然后我们看这个区域内最右边列与左边相邻列中间偶数的排队顺序，依据表 13-2 看这个偶数 x 的排队顺序，能否出现在左边相邻列上。依次检查最右边列与左边各列的中间偶数，依据表 13-2 看这个偶数 x 的排队顺序变化，就可以确定这个偶数在该区域内可能出现的所有位置。

这实质上就是一个偶数 x。在偶数三角形上它可能出现的区域内，该偶数 x 能否出现在该区域的横轴质数与纵轴质数的交叉位置上？我们后面用二元一次不定方程来解决这一问题。

五、中间偶数排队顺序举例

我们看质数 887 和质数 907 两列的中间偶数（892～908）在较近诸列的

位置。我们先看质数 877 至质数 907 的情况。

我们从质数 877 开始，该列第 1 行偶数是 880，中间偶数是 882 ～ 908。出现在该列 A 集合的偶数是 882，884，888，890，894，896，900，906，908。然后往右移一列，该列第 1 行偶数是 884，中间偶数是 886 ～ 908，出现在该列 A 集合的偶数是 886，888，892，894，898，900，904。再往右移一列，该列第 1 行偶数是 886，中间偶数是 888 ～ 908，出现在该列 A 集合的偶数是 888，890，894，896，900，902，906。至此，质数 887 和质数 907 两列的中间偶数（892 ～ 908）已全部出现在偶数三角形上。如果我们再往右移一列，则发现它们在偶数三角形上的其他位置，该列第 1 行偶数是 890，中间偶数是 892 ～ 908，出现在该列 A 集合的偶数是 892，894，898，900，904，908。在这些列中，我们只显示从质数 877 所在列开始的中间偶数 882 ～ 908，其他偶数不显示。

我们再确定这些中间偶数 892 ～ 908 在偶数三角形的所在区域，这可以确定这些中间偶数在偶数三角形的所有位置。

质数 443 所在列在主对角线上的偶数是 886，小于 892。它的相邻质数 449 所在列在主对角线上的偶数是 898。因此，质数 887 和质数 907 两列的中间偶数（892 ～ 908）所在偶数三角形的区域从质数 449 所在列开始，到质数 887 所在列结束。

质数 457 所在列的主对角线上偶数是 914，大于 908。质数 457 是从 3 开始的第 87 个质数。故该区域最低行是第 87 行，最高行是第 1 行。

质数 449 是从质数 3 开始的第 86 个质数，它所在列有 86 个偶数，它所在列第 1 行的偶数是 452，它所在列倒数第 2 行的偶数是 892，是质数 887 和质数 907 两列的中间偶数的第一个偶数。

我们进行从左往右中间偶数排队顺序法从偶数 452 开始，中间偶数从 452 到 908。质数 887 是从质数 3 开始的第 153 个质数。故我们进行从左往右中间偶数排队顺序法，要做往右移动一列的操作 67 次。每次都要进行中间偶数排序。

每一次操作，即往右移动一列，中间偶数会减少一个或者多个，这会导致原来中间偶数排序中落在 B 集合的一些元素，在新的中间偶数排序中落在 A 集合，从而出现在偶数三角形上。这种操作反复进行，会导致所有的中间偶数的排队顺序结果全部落入 A 集合中，从而全部出现在偶数三角形上。

所以，质数 887 和质数 907 两列的中间偶数（892 ～ 908）在这些列上会不断出现，并且遵循从左至右从低行往高行上升的规律。

六、中间偶数能否不在偶数三角形上的讨论

我们采用上面中间偶数排队法，确定一个中间偶数在偶数三角形上的所有位

置。如果采用这种方法，一个中间偶数不在偶数三角形上出现，即在每列该偶数在中间偶数上的排队顺序均在 B 集合中，每往右一列，该缺失偶数在中间偶数排队上往前移动，一直到在右边某列的中间偶数中不再出现。这种情况要在什么条件下才能出现呢？

比如一种可能情况，第一步，确定一个左边列，该中间偶数在第一次的中间偶数排队，是该中间偶数的第九个偶数，落在 B 集合。第二步，往右边移一列，该中间偶数在中间偶数排队上升到第六个偶数，落在 B 集合。第三步，再往右移一列，该中间偶数在中间偶数排队上升到第三个偶数。如果再往右移一列，该中间偶数在中间偶数中没有消失，那么它在中间偶数的排队顺序不是第一个偶数，就是第二个偶数，都可以出现在偶数三角形上。如果该中间偶数在中间偶数排队中消失了，那么该中间偶数不能出现在偶数三角形上。

如果一个中间偶数不能出现在偶数三角形上，这意味着，可能该中间偶数所在区域上，其横轴上质数的间距与纵轴上质数的间距存在某种巧合，恰恰导致该中间偶数排队顺序均在 B 集合。

这种巧合其实是，横轴质数每次往右边移动一位，该中间偶数在纵轴上中间偶数排队顺序也往上移动，但均没有落在另一个纵轴质数上，而是落在一个非质数的奇数上。如对某个中间偶数，第一步，某个列对应质数为 x，假设该中间偶数是第九个中间偶数，对应奇数21。第二步，往右移动一列，对应质数若是 $x+4$，则该中间偶数是第六个中间偶数，对应奇数 15=21-6。第三步，再往右移动一列，若该列对应质数是 $x+4+4$，该偶数是第三个中间偶数，对应奇数 9=21-6-6。

下面我们分析这种情况。

七、中间偶数在每次排队顺序中按由小到大依次落入 B 集合的分析

为方便起见，先确定一个左边列，其中间偶数的第一次排队顺序确定。现在左边列往左边移动一列，即从右往左移动。

如果设某列对应的质数是 $\Omega(n)$，那么每次往左边移动一列，中间偶数排队顺序均会变化。一个中间偶数在每次中间偶数的排队顺序中均按顺序落入 B 集合，如第一次排队顺序是第三位偶数，第二次排队顺序是第六位偶数，第三次排队顺序是第九位偶数，第四次排队顺序是第十一位偶数，依此类推，我们把这一情况总结为表 13-3。

表 13-3　中间偶数在每次排队顺序中均落入 B 集合

第三个中间偶数排队顺序每次落入 B 集合的变化情况	横轴质数往左边移动列	用 Ω(n) 作为基数，各个质数的表示	两列间中间偶数个数（质数间距）	纵轴上中间偶数排队顺序对应的非质数的奇数	中间偶数排队顺序第六个中间偶数的相应变化
3	Ω(n)			9	6
6	Ω(n−1)	Ω(n)+6	2	15	9
9	Ω(n−2)	Ω(n)+12	2	21	12
11	Ω(n−3)	Ω(n)+16	1	25	14
12	Ω(n−4)	Ω(n)+18	0	27	15
15	Ω(n−5)	Ω(n)+24	2	33	18
16	Ω(n−6)	Ω(n)+26	0	35	19
18	Ω(n−7)	Ω(n)+30	1	39	21
21	Ω(n−8)	Ω(n)+36	2	45	24
23	Ω(n−9)	Ω(n)+40	1	49	26
24	Ω(n−10)	Ω(n)+42	0	51	27
26	Ω(n−11)	Ω(n)+46	1	55	29
27	Ω(n−12)	Ω(n)+48	0	57	30
…	…	…	…	…	…

由表 13-3 可见，要一个中间偶数在每次中间偶数的排队顺序中均按照顺序落入 B 集合，要求质数间距满足表 13-3 的特殊苛刻要求。我们可以证明，这些苛刻要求不能都满足。

在表 13-3 中，Ω(n) 是对大于或等于 87 的任一质数而言的。因为在质数 87，我们才第一次遇到中间偶数有 3 个的情况。对大于或等于 87 的任一质数而言，表 13-3 中的现象不可能作为质数的规律存在。

由表 13-3 可见，横轴质数往左移动一位或者数位，到一个新质数位置，并要求原来落入 B 集合的偶数仍然落入 B 集合，这意味着这两个质数之间的偶数个数要符合表 13-3 的要求。质数按照这种要求移动后，可能不再是质数。如 Ω(n) 被 3 除，余数要么是 1，要么是 2。表 13-3 左起第三列，如果 Ω(n) 被 3 除，余数是 1，那么 Ω(n)+26 能被 3 整除，Ω(n−6) 不会是质数。如果 Ω(n) 被 3 除，余数是 2，那么 Ω(n)+16 能被 3 整除，Ω(n−3) 不会是质数。

因为 Ω(n) 是大于或等于 87 的任一质数，如果质数按照表 13-3 的要求移动后还是质数，就意味着质数有规律，而质数中不存在这种规律。

例如，Ω(n)+6=Ω(n−1)，Ω(n)+12=Ω(n−1)+6=Ω(n−2)，我们知道质数中并不存在这么一个规律。当然，对特定质数存在这个情况，如 7+6=13，

7+12=19。但这对其他质数并不都成立。

又如，$\Omega(n-9)$ 至 $\Omega(n-12)$ 之间，先是两个相邻质数 $\Omega(n-9)$ 和 $\Omega(n-10)$，在 $\Omega(n-10)$ 和 $\Omega(n-11)$ 中间有一个偶数，然后又是两个相邻质数 $\Omega(n-11)$ 和 $\Omega(n-12)$。质数中，也不存在这种规律。当然，对特定质数存在这个情况，如 5、7、9、11、13 和 11、13、15、17、19。但这对其他质数并不都成立。

再如 $\Omega(n-3)$ 至 $\Omega(n-6)$ 之间，先是两个相邻质数 $\Omega(n-3)$ 和 $\Omega(n-4)$，在 $\Omega(n-4)$ 和 $\Omega(n-5)$ 中间有两个偶数，然后又是两个相邻质数 $\Omega(n-5)$ 和 $\Omega(n-6)$。质数中，仍不存在这种规律。并且，这是 6 个连续奇数，若第一个奇数被 3 除余数为 1，则第三个奇数和第六个奇数能被 3 整除，于是 $\Omega(n-6)$ 不是质数。

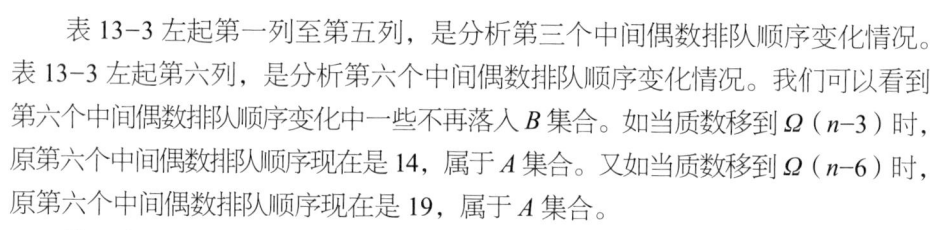

表 13-3 左起第一列至第五列，是分析第三个中间偶数排队顺序变化情况。表 13-3 左起第六列，是分析第六个中间偶数排队顺序变化情况。我们可以看到第六个中间偶数排队顺序变化中一些不再落入 B 集合。如当质数移到 $\Omega(n-3)$ 时，原第六个中间偶数排队顺序现在是 14，属于 A 集合。又如当质数移到 $\Omega(n-6)$ 时，原第六个中间偶数排队顺序现在是 19，属于 A 集合。

综上所述，中间偶数在每次排队顺序中由小到大依次落入 B 集合是不可能的。因此，每一次往左移动，都会导致排队顺序的变化，都能导致一些原来落入 B 集合的中间偶数落入 A 集合。在一个中间偶数可能出现的区域内，只要在它的一次中间偶数排队顺序中不落入 B 集合，它就会出现在偶数三角形上。

但是，随着质数越来越大，质数出现越来越稀疏，中间偶数落入 A 集合也越来越少。如果说，只要给猴子足够的时间，让它在键盘上胡乱敲，它也有可能敲出一部莎士比亚戏剧来，那么在无穷的质数序列中，会不会有一个中间偶数碰巧每次排队顺序都落入 B 集合呢？上面是针对第三个偶数每次排队顺序中由小到大依次落入 B 集合的情况。但第三个偶数每次排队顺序中不一定依次落入 B 集合，如有可能第一次排队顺序是第三个偶数，第二次排队顺序成为第十五个偶数，第三次排队顺序则成为第二十六个偶数，等等。我们需要严格证明这种情况不可能出现。我们目前只证明了，每一次排队顺序，都产生与原来排队顺序不一样的结果，能导致一些原来落入 B 集合的中间偶数在新的排队顺序中落入 A 集合，这样对 $\Omega(n)$ 所在列中间偶数而言，它们逐步出现在偶数三角形上。但我们并没有证明每个中间偶数最终都会落入 A 集合，从而出现在偶数三角形上。

从表 13-3 右边第一列的 9 加表 13-3 右边第二列的任意一个移动数量，均是一个非质数的奇数。这是我们设计这张表暗含的规定，即依据 B 集合元素不对应纵轴质数的规定。

八、中间偶数排队顺序前后与其在偶数三角形位置的高低

中间偶数排队顺序中第一个中间偶数，是排队顺序中最前面的中间偶数，它处于第二行位置，是中间偶数在偶数三角形中的最高位置，等于质数 5 加另一个质数。中间偶数在排队顺序中越靠后，其在偶数三角形中的位置越低。这一性质对相邻两列的中间偶数成立，对在偶数三角形中的可能出现区域内任意两列之间的中间偶数也成立。

因为中间偶数要出现在偶数三角形上，必会在某一列落入 A 集合，而 A 集合中偶数按大小顺序依次出现在该列上。

九、中间偶数在偶数三角形上的进一步讨论

所有的第一行的偶数加它们相邻两列的中间偶数构成 4 以后的全体偶数。要证明 4 以后的每个偶数都在偶数三角形上，即要证明相邻两列的中间偶数均在偶数三角形上。

$\Omega(n)$ 所在列中间偶数分为两个部分，一个部分是落入 A 集合的中间偶数，另一个部分是落入 B 集合的中间偶数。

（一）$\Omega(n)$ 所在列的属于 A 集合的中间偶数个数不会超过 n 个

因为 $\Omega(n)$ 所在列与 $\Omega(n+1)$ 所在列之间的中间偶数落入 A 集合的都会出现在 $\Omega(n)$ 所在列上。更精确而言，在 $\Omega(n)$ 所在列的属于 A 集合的中间偶数个数不会超过 n 个，因为 $\Omega(n)$ 所在列只有 n 行。

那么，$\Omega(n)$ 所在列第一行偶数与 $\Omega(n+1)$ 所在列第一行偶数之间的中间偶数能否大于 $2 \times \Omega(n)$ 呢？如果能够大于 $2 \times \Omega(n)$，意味着这些中间偶数有可能不在 $\Omega(n)$ 所在列上，它们的个数也会超过 n 个。我们证明这是不可能的。

依据 Bachraoui（2006）关于伯特兰猜想的文章的最后一个推论 1.4，对任意正整数 $n > 2$，存在一个质数 p，满足

$$n < p < \frac{3 \times (n+1)}{2}$$

取 $n = \Omega(n)$，上面不等式为

$$\Omega(n) < p < \frac{3 \times [\Omega(n) + 1]}{2}$$

这个质数 p 不一定是 $\Omega(n+1)$，也可能是 $\Omega(n+2)$ 等其他质数，但一定小于 $1.5 \times \Omega(n) + 1.5$。如果这个质数 p 比 $\Omega(n+1)$ 大，p 能满足上面不等式，$\Omega(n+1)$ 也能满足上面不等式。

取 $p = \Omega(n+1)$，于是有

$$\Omega(n) < \Omega(n+1) < 1.5 \times \Omega(n) + 1.5$$

$\Omega(n)$ 所在列第一行偶数与 $\Omega(n+1)$ 所在列第一行偶数之间的中间偶数的最大一个，小于 $\Omega(n+1)+3$，于是有

$$\Omega(n+1) + 3 < 1.5 \times \Omega(n) + 1.5 + 3$$

当 $n > 3$，即 $\Omega(n) > 7$ 时，$1.5 \times \Omega(n) + 1.5 + 3 < 2 \times \Omega(n)$。而质数 3、质数 5 和质数 7，它们之间没有中间偶数。质数 7 和质数 11 之间有一个中间偶数 12，12 < 14。故 $\Omega(n)$ 所在列第一行偶数与 $\Omega(n+1)$ 所在列第一行偶数之间的诸中间偶数均小于 $2 \times \Omega(n)$。

前两节已经分析过，一列上偶数分为已经出现偶数和真正新偶数两个部分。已经出现偶数又可以分为本列的落入 A 集合的中间偶数和左边诸列已经出现的偶数。注意，本列的落入 A 集合的中间偶数在左边诸列也已经出现过。所以，已经出现偶数包含本列的落入 A 集合的中间偶数。

（二）非相邻两列之间属于 A 集合的中间偶数个数

显然，两个相隔很远的两列 x 和 y 之间中间偶数可以很多，它们之间属于 A 集合的中间偶数个数会不会超过左边一列 x 的偶数个数呢？显然，只要两个质数相隔够远，它们所在列之间的中间偶数落入 A 集合的偶数个数也会超过较小质数所在列的偶数个数。但是，这些中间偶数在偶数三角形上只出现在一定区域。

因此，更精准地说，我们要考虑任意一个中间偶数在偶数三角形上可能出现的区域，在这个区域内中间偶数个数是否会超过区域最左边一列的偶数个数。如 98 作为质数 89 所在列的第三个中间偶数，它的列所在区域从质数 53 所在列开始，至质数 89 所在列结束。质数 53 所在列第一行偶数 56 至质数 97 所在列第一行偶数 100 之间的中间偶数有 21 个，而质数 53 是从 3 开始的第 15 个质数，其所在列只有 15 个偶数。如果不考虑真正新偶数，这 21 个中间偶数落入 A 集合的只能有 14 个，落入 B 集合的有 7 个。如果落入 A 集合的中间偶数超过 14 个，就至少有一个 A 集合的中间偶数不能出现在该列上，这是抽屉原则决定的。当然，即使出现这种情况，这个不能出现在该列上的中间偶数也可能会出现在这个区域的其他列上。

实际情况是，在质数 53 所在列至质数 97 所在列的 21 个中间偶数中，落入 A 集合的有 12 个，落入 B 集合的有 9 个。那么质数 53 所在列还有两个偶数就是真正新偶数了。这两个真正新偶数是 100 和 106。质数 53 所在列还有一个真正新偶数 96。质数 53 所在列左边相邻列是质数 47 所在列。96 大于质数 47 所在列主对角线上偶数 94，故 96 不会出现在质数 47 所在列及其左边诸列，属于真正新偶数。96 是这些中间偶数和真正新偶数的交集。

由于质数越来越稀疏，随着质数变大，中间偶数落入 A 集合会越来越少，落入 B 集合会越来越多。换言之，中间偶数落入 A 集合的个数比中间偶数个数

会越来越小。

$\pi(x)$ 是质数定理的到 x 为止质数出现个数的函数。$\pi(b)-\pi(a)$ 是区域内横轴的质数个数。a 是正整数，是区域最左边一列对应的正整数，那么该列对应的质数是 $\Omega(a)$。b 是正整数，是区域最右边一列对应的正整数，那么该列对应的质数是 $\Omega(b)$。为简单记，针对 a 和 b 都是偶数，或者都是奇数，或者一个偶数一个奇数，$(b-a-1)/2$ 近似视为这个区域中间偶数个数。

$\Omega(a)$ 所在列对应的纵轴上质数出现的概率是 $1/\lg a$。我们要求中间偶数落在 $\Omega(a)$ 所在列的概率为

$$\frac{b-a-1}{2\times \lg a}$$

设 $b=a+c$，c 是一个正整数，则上式为

$$\frac{c-1}{2\times \lg a}$$

当 a 趋于正无穷大时，上式趋于 0。

这说明，$\Omega(a)$ 所在列落入 A 集合的中间偶数个数会越来越少。因此，从质数出现的概率角度看，不会存在区域内中间偶数个数超过区域最左边列上的偶数个数问题。

然而，这并不是精准的证明，只是就趋势而言。不过，这并不影响我们关于中间偶数出现在偶数三角形上的分析，因为区域内中间偶数能在区域内其他列出现。

（三）质数 $\Omega(n)$ 所在列最大中间偶数边界 $2\times\Omega(n)$

因为质数 $\Omega(n)$ 所在列的最大偶数是其对角线上偶数 $2\times\Omega(n)$，所以质数 $\Omega(n)$ 所在列最大中间偶数是 $2\times\Omega(n)$。原始的伯特兰猜想表明，在 $\Omega(n)$ 与 $2\times\Omega(n)$ 之间存在一个质数。但是，我们看到，在 $\Omega(n)$ 与 $2\times\Omega(n)$ 之间可能存在多个质数。所以质数 $\Omega(n)$ 所在列的最大偶数可能在 $\Omega(n)$ 所在列与 $\Omega(n+1)$ 所在列之间，也可能在 $\Omega(n+1)$ 所在列的右边某列上。

质数 $\Omega(n)$ 所在列的各个偶数，是质数 $\Omega(n)$ 所在列第一行偶数至最大中间偶数 $2\times\Omega(n)$，扣除这些偶数落入 B 集合的偶数后，所余下的偶数。而这些落入 B 集合的偶数会出现在质数 $\Omega(n)$ 所在列的左边诸列上。

这个最大中间偶数 $2\times\Omega(n)$，也可能出现在质数 $\Omega(n)$ 所在列的右边诸列上。设 c 为一个正整数，如果质数 $\Omega(n)$ 所在列最大中间偶数 $2\times\Omega(n)$，落在质数 $\Omega(n+c)$ 所在列第一行偶数与 $\Omega(n+c+1)$ 所在列第一行偶数之间，则这个最大中间偶数 $2\times\Omega(n)$，可能出现在 $\Omega(n+c)$ 所在列，也可能出现在 $\Omega(n+c)$ 所在列的左边诸列上。这取决于这个最大中间偶数 $2\times\Omega(n)$，在 $\Omega(n+c)$ 所在列第一行偶数与 $\Omega(n+c+1)$ 所在列第一行偶数之间中间偶数的排队顺序。如果它落入 A 集合，会出现在 $\Omega(n+c)$ 所在列上，如果落入 B 集合，则会出现

在 $\Omega(n+c)$ 所在列的左边诸列上。质数 $\Omega(n+c)$ 所在列是离这个中间偶数 $2\times\Omega(n)$ 最近的并在它左边的列。换言之，在质数 $\Omega(n+c)$ 所在列第一行偶数与这个中间偶数 $2\times\Omega(n)$ 之间，不存在其他质数所在列。

（四）任一个中间偶数能否出现在偶数三角形上

任一个中间偶数能否出现在偶数三角形上，取决于它在它左边诸列的每一次偶数排队顺序中是否有一次落入 A 集合。只要它有一次落入 A 集合，它就会出现在偶数三角形上。

上面已经分析 $\Omega(n)$ 所在列与 $\Omega(n+1)$ 所在列之间的中间偶数落入 B 集合的情况。落入 B 集合的中间偶数会出现在 $\Omega(n)$ 所在列左边诸列上。而 $\Omega(n)$ 所在列与 $\Omega(n+1)$ 所在列之间的中间偶数落入 A 集合的会出现在 $\Omega(n)$ 所在列。

我们在第六节解决任意一个中间偶数在其所在区域内的具体出现位置问题。

十、把排队顺序拓展到偶数三角形主对角线以下的位置

当质数所在列不断左移时，会出现中间偶数排队顺序的偶数落到偶数三角形主对角线以下位置的情况。我们在前面定义偶数三角形时指出，虽没有定义偶数三角形主对角线以下的位置，但指出这些位置只是横轴质数和纵轴质数调换而已。当出现中间偶数排队顺序的偶数落到偶数三角形主对角线以下位置时，这个中间偶数仍是两个质数相加而成。因此，把排队顺序拓展到偶数三角形主对角线以下的位置后，原来定义的偶数可能出现区域的范围就扩展了。这样，质数所在列可以继续左移，看中间偶数能否落到偶数三角形主对角线以下的位置上。这样做，增加了中间偶数落在偶数三角形上的机会。因为中间偶数即使落在偶数三角形主对角线以下的位置，也可以通过横轴质数和纵轴质数的调换，找到它在偶数三角形主对角线以上的位置。

现在的一个问题是，若一个中间偶数在某列（其对应质数为 a）不能表示为两个质数 a 和 b 之和，会不会在左移到一列（其对应质数为 b）时，能表示为两个质数 b 和 a 之和呢？如果能表示为这两个质数 b 和 a 之和，此时该中间偶数的位置在主对角线之下，这与前面该中间偶数不能表示为两个质数 a 和 b 之和相矛盾。这表明，后面的左移与前面的左移相关联。这种关联也表明，如果前面左移该中间偶数为两个质数 a 和 b 之和，落入 A 集合，后面左移也应该有中间偶数为两个质数 b 和 a 之和，也落入 A 集合。这也说明质数分布前后关联的一种性质。

中间偶数排队顺序方法也是一种筛法，试图把没有出现在偶数三角形上的中间偶数筛出来。如果任意一个中间偶数通过这种筛法都出现在偶数三角形上，则强哥德巴赫猜想成立。

第六节　一种特殊的二元一次不定方程组求解法

不定方程，也称丢番图方程（Diophantine equation），是数论的一个重要内容。通常不定方程只求整数解，本节研究一种特殊的不定方程的求解方法，可以求出在偶数三角形上一个偶数的所有位置，每一个位置均表示这个偶数等于哪两个质数相加。

一、一种特殊的二元一次不定方程

（一）定义

希尔伯特在 1900 年巴黎国际数学家大会上陈述第八问题时指出："对于黎曼质数公式（黎曼猜想）进行彻底讨论之后，我们或许就能严格地解决哥德巴赫问题，即是否每个偶数都能表示成两个质数之和，并进一步着手解决是否存在无穷多对差为 2 的质数问题，甚至更一般的问题，即线性丢番图方程 $a \times x + b \times y + c = 0$，$(a, b) = 1$，是否总有质数解：$x$ 和 y。"[1] 王元（1999）指出：考虑不定方程式 $ax + by = c$，其中 a，b，c 为给定整数，试求这一方程式的质数解 x，y。当 $a = b = 1$，c 为偶数且 $c \geq 6$ 时，方程的可解性即哥德巴赫猜想。当 $a = 1$，$b = -1$，$c = 2$ 时，方程式有无穷多解即相当于孪生质数对猜想。

本节仅研究 $x + y = c$，c 为偶数且 $c \geq 6$ 时，这一特殊的二元一次不定方程的质数解问题。较之一般不定方程求整数解，该不定方程求质数解显然要更困难。在本节最后，我们还研究 $x - y = c$，c 为偶数时，这一特殊的二元一次不定方程的质数解问题。这里的偶数为偶数三角形上的偶数。

（二）搜索法与质数解的区域

由于 $x + y = c$ 本身并没有提供多少信息，我们先用搜索法求解。c 称为所求偶数，x 和 y 为所求偶数 c 的质数解。

我们把这个方程变形为：$x + y - c = 0$。我们确定 $y = 3$，由此确定一个质数 x，要求 $x + y - c = 0$。尝试一个尽可能大的质数 x 满足条件，若不满足，方程式右边有不为 0 的正整数。我们取最接近 0 的正整数，记为 $ch(1)$，称为差数。$ch(1)$ 对应了那个尽可能大的质数。我们找不到 x 为质数时，可以找到 x 为正整数，满足 $x + y - c = 0$。这个正整数在质数 $\Omega(n)$ 与质数 $\Omega(n+1)$ 之间。质数 $\Omega(n)$ 为 x 的区域的上限。

---
[1] 蔡天新，2019。

下一步，我们确定 $y=5$，尝试一个尽可能大的质数 x 满足条件，若不满足，方程右边有不为 0 的正整数。我们取最接近 0 的正整数，记为 ch（2）。我们可依此类推下去，让差数趋近于 0。

如果 $y \geq c/2$，仍没有一个 x 为质数使等式成立，则该不确定方程无解。差数虽趋近于 0，但未必一定等于 0，因为差数并不是一个连续函数。

这个搜索法确定的 $x+y=c$ 的质数解的可能区域为，y 为 3 至 $c/2$ 之间，x 为 3 至质数 $\Omega(n)$ 之间。当然，我们也可以说 x 为 3 至 $c/2$ 之间，但这样做重复了 y 的区域，并没有提供新的信息。

这个搜索法仅用了方程本身的非常有限的信息，没有利用偶数三角形的性质，搜索的效率很低。这个方程的质数解，就是偶数 c 在偶数三角形上的一个位置的坐标。我们利用偶数三角形的性质，可以用求解的方式，得出方程的质数解。

（三）思路

在偶数三角形上，x_i 和 y_j 分别为横轴质数和纵轴质数，对偶数三角形上的全体偶数而言，有

$$x_i+y_j=c(i,j), \quad i=1, 2, \cdots; j=1, 2, \cdots$$

对一个偶数 c，$x+y=c$ 有多组质数解。如偶数 22，有三组质数解，分别为：$11+11=22$，$5+17=22$，$3+19=22$。因此，对应 $x+y=c$ 的多组质数解，$x+y=c$ 有多个方程，形成二元一次不定方程组。

利用偶数三角形的性质求 $x+y=c$ 质数解的思路是，先确定偶数 c 在偶数三角形的区域，然后通过建立一个二元一次不定方程组，求解这个 c 在偶数三角形该区域的所有位置 $c(i,j)$，每一个位置均对应 $x+y=c$ 的一个质数解。这是一种迂回求解的方法。

在偶数三角形上，由上面搜索法确定的 x 的区域，设 x 的区域上限的右边相邻质数 $\Omega(n+1)$ 为参照列，取该列第一行的偶数为参照偶数，令该参照偶数减 c 的值为 b。令 $\Omega(n+1)$ 减 x_i 的值为 d_i。设 y 的区域的下限为 3，以 3 为参照行，令 y_j 减 3 的值为 e_j。由此，我们依据偶数三角形的信息，求 $d_i=b+e_j$ 的整数解，由该整数解，可以确定 x 和 y 的质数值。

此外，我们也可以做

$$x_i - y_j = B(i,j), \quad i=1, 2, \cdots; j=1, 2, \cdots$$

由 $x_i+y_j=c(i,j)$ 和 $x_i-y_j=B(i,j)$ 的关系，也可以计算出 c 在偶数三角形的所有位置 $c(i,j)$。

下面采用构造法证明该思路确可以求解出 x 和 y 的质数值。不过，下面的符号会有一些变化，注意不要混淆。

二、利用偶数三角形性质求二元一次不定方程组的解

我们在第五节对第三个中间偶数出现在 $\Omega(n-1)$ 所在列的研究思路，可以作为解二元一次不确定性方程的质数解的一种方法。只是这里不是针对第三个中间偶数，而是任意一个中间偶数。

在本节，所求中间偶数设为 x，参照偶数设为 y。注意这里 x 和 y 的定义与上面不同了。

（一）基本设定

处于 $\Omega(n+1)$ 所在列第一行或者某一行的一个偶数 y，称为 $\Omega(n)$ 所在列与 $\Omega(n+1)$ 所在列之间中间偶数 x 的参照偶数，称 $\Omega(n+1)$ 所在列为参照列，中间偶数 x 也称为所求偶数。参照偶数一般选第一行的偶数，也可以选第二行、第三行或者其他行的偶数，但要求参照偶数所在行高于或者等于所求偶数所在区域的最高行。换言之，所求偶数的所在行不能高于参照偶数的所在行。

$\Omega(n)$ 与 $\Omega(n+1)$ 的中间偶数 x 小于参照偶数 y，令 x 等于 $y-b$，b 为大于或等于 2 的偶数，并且小于 y。显然，对偶数 x 而言，选择不同的参照值 y，会有不同的 b 值。对不同的中间偶数，也会有不同的 b。

设 $\Omega(n-c)$ 所在列偶数与 $\Omega(n+1)$ 所在列偶数的差值为 $d(c)$，即 $d(c)=\Omega(n+1)-\Omega(n-c)$。这里 c 为 0、1、2、3、4、5、……。

处于 $\Omega(n-c)$ 所在列与参照偶数 y 同一行的一个偶数的值是 $y-d(c)$。

（二）在 $\Omega(n-c)$ 所在列上的二元一次不定方程的设定

如果 $y-d(c)=y-b$，则有 $d(c)=b$。这说明若 $\Omega(n-c)$ 与 $\Omega(n+1)$ 的差值为 $d(c)=b$，这个偶数 $y-b$ 出现在 $\Omega(n-c)$ 所在列上，并且与偶数 y 处于同一行上，此时设 $a(0)=0$。若 $b=2$，则 $\Omega(n-c)$ 与 $\Omega(n+1)$ 是孪生质数，此时 $c=0$。

如果 $y-d(c)$ 不等于 $y-b$，进入下一行，$\Omega(n-c)$ 所在列此位置上的偶数值为 $y-d(c)+a(1)$，$a(1)$ 是这行偶数与上一行偶数的差值，也是一个偶数。如果 $y-d(c)+a(1)=y-b$，则有 $d(c)=a(1)+b$，说明若 $\Omega(n-c)$ 与 $\Omega(n+1)$ 两列的偶数差值为 $d(c)=a(1)+b$，则这个偶数 x 出现在 $\Omega(n-c)$ 所在列下一行上，即偶数 y 的下一行上。

这说明，以 $\Omega(n+1)$ 所在列的偶数 y 所在行为参照，任一个 $\Omega(n)$ 与 $\Omega(n+1)$ 之间的中间偶数 $x=y-b$，出现在 $\Omega(n-c)$ 所在列与偶数 y 处于同一行或者下一行的条件是，$d(c)=b$ 或者 $d(c)=a(1)+b$。若 $d(c)=b$，则 $x=y-b$ 出现在 $\Omega(n-c)$ 所在列，并处于偶数 y 的同一行上。若 $d(c)=a(1)+b$，则 $x=y-b$ 出现在 $\Omega(n-c)$ 所在列，并处于偶数 y 所在行的下一行上。

如果 $y-d(c)+a(1)$ 不等于 $y-b$，则进入下一行，$\Omega(n-c)$ 所在列此位置上的偶数值为 $y-d(c)+a(1)+a(2)$，$a(2)$ 是这行偶数与上一行偶数的差值，也是一个偶数。如果 $y-d(c)+a(1)+a(2)=y-b$，则有 $d(c)=a(1)+a(2)+b$，说明若 $\Omega(n-c)$ 与 $\Omega(n+1)$ 两列的偶数差值为 $d(c)=a(1)+a(2)+b$，则这个偶数 x 出现在 $\Omega(n-c)$ 所在列上，并处于偶数 y 所在行的下两行上。

依此类推，若这个偶数 x 出现在 $\Omega(n-c)$ 所在列第 h 行上，则得到公式为

$$d(c)=b+\sum_{i=0}^{h}a(i)$$

这个公式中，h 表示处于偶数 y 所在行下面的行数。若 $h=0$，表示处于偶数 y 的同一行，我们规定 $a(0)=0$。$d(c)$ 和 $a(i)$ 在前面已经定义。

设：$e(i)=e(i-1)+a(i)$，$i=1 \sim h$。

规定 $e(0)=0$。

上面公式可以表示为

$$d(c)=b+e(h)$$

或者表示为

$$d(c)-e(h)=b$$

这里，$d(c)$、$e(h)$ 和 b 都已经分别计算出来了，我们只是要检查是否有 $d(c)=b+e(h)$，或者是否有 $d(c)-e(h)=b$。因此，我们称这个不定方程为特殊的二元一次不定方程。其特殊性在于，我们采用构造法，$d(c)$、$e(h)$ 和 b 都已经分别计算出来了。这是前面王元说的那个不定方程 $x+y=c$ 的一个变化形式，本质上还是要求一个偶数等于两个质数之和。

实际上，处于偶数 y 的同一行横轴上质数作为参照行，$e(0)$ 就是参照行的质数与自己相减得 0，$e(1)$ 是参照行下一行的质数与参照行质数相减所得值，依此类推下去。如，参照行是横轴质数 3 所在行，即第 1 行，那么，$e(0)=3-3$，$e(1)=5-3=2$，$e(2)=7-3=4$，$e(3)=11-3=8$，$e(4) \ 13-3=10$，依此类推下去。

我们可称 $d(c)$ 和 $e(h)$ 为质数的累积分布函数，$d(c)$ 是横轴的质数累积分布函数，$e(h)$ 为纵轴的质数累积分布函数。当然，质数累积分布函数不涉及概率，只涉及累积，与概率论的累积分布函数有区别。

（三）多个列的二元一次不定方程组

E 是一个集合，$E(0)=e(0)$，$E(1)=e(1)$，$\cdots$，$E(h)=e(h)$。B 是一个集合，其每个元素均为数量 b，元素个数与 E 集合的元素个数相同。D 是一个集合，其每个元素 $D(c)=\Omega(n+1)-\Omega(n-c)$，$c=0, 1, 2, 3, 4, \cdots$。于是，多列的二元一次不定方程组为

$$D \cap (B+E)$$

符号∩表示两个集合的交，两个集合的交集由两个集合的共同元素构成。符号＋表示两个集合相加，即两个集合相应元素的相加。这里用集合的交，是表示每列中在某行的等式 $d(c)=b+e(h)$，即 D 中一个元素与 $B+E$ 中一个对应元素相同，从数值上看就是相等。

（四）偶数 $x=y-b$ 的所在区域选定

前面已经指出一个偶数在偶数三角形出现的区域。这里依据偶数三角形行和列的性质，再明确指出一个偶数所在区域的行与列。

偶数 x 所在列的区域为：左边某一列最大的偶数（处于偶数三角形主对角线上）小于偶数 x，并且最接近偶数 x。这列右边相邻列为该区域最左边列。参照偶数 y 所在列的左边相邻列，为该区域最右边列。

偶数 x 所在行的区域为：参照偶数在第一行时，参照偶数所在行的下一行为该区域最上边行。一行主对角线上偶数大于偶数 x，又最接近偶数 x，该行上一行为该区域最底行。参照偶数在第二行时，若 B 与 D 的交集非空，参照偶数所在行作为该区域最上边行，此时 $e(0)=0$，否则参照偶数所在行的下一行作为该区域最上边行。

偶数 x 的区域选定与偶数 x 的值相关。偶数 x 的值大，相应所在的区域范围也大。

D 的元素值，h 的值，均由所选择的区域决定。

针对一个偶数，我们能依据偶数三角形性质确定它存在的区域，确定区域具体的行数和列数。上面公式右边部分与偶数值的关系体现在行数 h 上。公式左边 D 与偶数 x 的值的关系体现在列数上。

三、举例

依据上面不定方程，我们可求解每个中间偶数在偶数三角形上的所有位置。如质数 31 所在列和质数 37 所在列的中间偶数是 36 和 38，求这两个偶数在偶数三角形上的所有位置。

（一）参照偶数 y 在第一行

取第一行的偶数作为参照值。这里取质数 37 所在列第一行的偶数 40 作为参照值。如果取 $b=4$，即寻找偶数 36 在偶数三角形上的所有位置。

依据前面关于一个偶数出现的区域划分，36 所在区域为质数 17 所在列的右边，质数 37 所在列的左边，总共有 4 列。偶数 36 可能出现最低行在纵轴质数

19 所在行之上，纵轴质数 3 所在行之下，有 5 行。

由上，得 D={6, 8, 14, 18}。

从第一行开始，计算出 E 的各个元素：

e（1）=e（0）+5-3=2，

e（2）=e（1）+7-5=7-3=4，

e（3）=e（2）+11-7=11-3=8，

e（4）=e（3）+13-11=13-3=10，

e（5）=e（4）+17-13=17-3=14。

于是，B+E 的计算结果为

$$\begin{bmatrix} 4 \\ 4 \\ 4 \\ 4 \\ 4 \end{bmatrix} + \begin{bmatrix} 2 \\ 4 \\ 8 \\ 10 \\ 14 \end{bmatrix} = \begin{bmatrix} 6 \\ 8 \\ 12 \\ 14 \\ 18 \end{bmatrix}$$

计算所得结果 {6, 8, 12, 14, 18} 与 D 集合 {6, 8, 14, 18} 的交集是 {6, 8, 14, 18}。

6 是质数 37 所在列的偶数 40 的下 1 行，即在第 2 行，D 中元素 6 对应质数 31 所在列。

8 是质数 37 所在列的偶数 40 的下 2 行，即在第 3 行，D 中元素 8 对应质数 29 所在列。

14 是质数 37 所在列的偶数 40 的下 4 行，即在第 5 行，D 中元素 14 对应质数 23 所在列。

18 是质数 37 所在列的偶数 40 的下 5 行，即在第 6 行，D 中元素 18 对应质数 19 所在列。

故 36=5+31，36=7+29，36=13+23，36=17+19。这也是前面 x+y=36 不定方程的所有质数解。

由上，质数 31 所在列和质数 37 所在列的中间偶数 36 和 38 的所有位置都可以算出。

我们看到，在纵轴上涉及的质数分布是：3，5，7，11，13，17。在横轴上涉及的质数分布是 19，23，29，31。偶数 36 能否等于两个质数相加，由数 4 和这两个质数分布决定。

（二）参照偶数 y 在第二行

1. 质数 37 所在列第二行的偶数 42 作为参照偶数

针对偶数 36，还可以通过偶数参照值 y 的变化，确定一个我们所需要的 B，

让 $D \cap (B+E)$ 有解。因为依据区域划分，D 已经确定，我们可以通过调整 B 和 E，使该方程有解。偶数参照值 y 可以在第二行，从第二行开始计算的 E 集合可以事先得到。

我们知道 $D=\{6，8，14，18\}$。那么什么样的 E 集合元素加一个什么数会和 D 集合有交集呢？

若以质数 37 所在列第二行的偶数 42 作为参照偶数，可确定 $B=6$，因为 B 与 D 的交集为 6，故第二行为区域的最高行，$e(0)=0$，从而知道 $E=\{0，2，6，8，12，14\}$，由此可知 $D \cap (B+E)$ 的集合的解，从而可知偶数 36 在偶数三角形的所有位置。

$$\begin{bmatrix} 6 \\ 6 \\ 6 \\ 6 \\ 6 \\ 6 \end{bmatrix} + \begin{bmatrix} 0 \\ 2 \\ 6 \\ 8 \\ 12 \\ 14 \end{bmatrix} = \begin{bmatrix} 6 \\ 8 \\ 12 \\ 14 \\ 18 \\ 20 \end{bmatrix}$$

由此可知，$D \cap (B+E)$ 的集合为 $\{6，8，14，18\}$。由此可确定偶数 36 在偶数三角形上的所有 4 个位置。

2. 不正确设定参照偶数的例子

我们再看一例，质数 37 所在列第三行的偶数 44 作为参照偶数，确定 $b=8$，即确定偶数 36，求解偶数 36 在偶数三角形上的所有位置。

经过前面的两个解，我们可以看到，36 在质数 31 所在列的位置已经在第二行了，高于质数 37 所在列的偶数 44 所在的第三行。我们推算不定方程的解时，每一步均要求所求偶数与参照偶数在同一行，如果不在同一行就进入下一行。因此，我们不能用偶数 44 作为参照偶数。

3. 求解偶数 38 在偶数三角形上的所有位置

我们还看一例，求解偶数 38 在偶数三角形上的所有位置。

依据偶数三角形行和列的性质，我们可确定偶数 38 所在区域为质数 17 所在列的右边，质数 37 所在列的左边，总共有 4 列。偶数 38 可能出现最低行在纵轴质数 23 所在行之上，纵轴质数 5 所在行之下，有 5 行。

可以用质数 37 所在列第二行的偶数 42 作为参照偶数，确定 $b=4$，即确定偶数 38，求解偶数 38 在偶数三角形上的所有位置。

质数 17 所在列的左边至质数 37 所在列的右边的中间诸列的 D 值集合是 $\{6，8，14，18\}$。

因为 B 与 D 的交集为空，不会与参照偶数 42 在同一行，所以直接进入质数

37 所在列的偶数 42 的下一行，即第 3 行。

为了得出所有解，我们把 E 的各个元素全部算出来，从第 2 行开始，即参照行的质数是 5，则有

$e(1)=e(0)+7-5=2$,

$e(2)=e(1)+11-7=11-5=6$,

$e(3)=e(2)+13-11=13-5=8$,

$e(4)=e(3)+17-13=17-5=12$,

$e(5)=e(4)+19-17=19-5=14$。

把数据代入方程 $D \cap (B+E)$，$B+E$ 的计算结果为

$$\begin{bmatrix} 4 \\ 4 \\ 4 \\ 4 \\ 4 \end{bmatrix} + \begin{bmatrix} 2 \\ 6 \\ 8 \\ 12 \\ 14 \end{bmatrix} = \begin{bmatrix} 6 \\ 10 \\ 12 \\ 16 \\ 18 \end{bmatrix}$$

计算所得结果 {6, 10, 12, 16, 18} 与 D 集合 {6, 8, 14, 18} 的交集是 {6, 18}。

6 是质数 37 所在列的偶数 42 的下一行，即在第 3 行，D 中元素 6 对应质数 31 所在列，因为质数 37−31=6。

18 是质数 37 所在列的偶数 42 的下 5 行，即在第 7 行，D 中元素 18 对应质数 19 所在列，因为质数 37−19=18。

故 38=19+19，38=7+31。

4. 用质数 37 所在列第一行的偶数 40 作为参照偶数

作为对比，我们也可以用质数 37 所在列第一行的偶数 40 作为参照偶数，确定 $b=2$，求解偶数 38 在偶数三角形上的所有位置。

由上，有 $D=\{6, 8, 14, 18\}$。

从第一行开始，即参照行的质数是 3，计算出 E 的各个元素：

$e(1)=e(0)+5-3=5-3=2$,

$e(2)=e(1)+7-5=7-3=4$,

$e(3)=e(2)+11-7=11-3=8$,

$e(4)=e(3)+13-11=13-3=10$,

$e(5)=e(4)+17-13=17-3=14$,

$e(6)=e(5)+19-17=19-3=16$。

于是，$B+E$ 的计算结果为

$$\begin{bmatrix} 2 \\ 2 \\ 2 \\ 2 \\ 2 \\ 2 \end{bmatrix} + \begin{bmatrix} 2 \\ 4 \\ 8 \\ 10 \\ 14 \\ 16 \end{bmatrix} = \begin{bmatrix} 4 \\ 6 \\ 10 \\ 12 \\ 16 \\ 18 \end{bmatrix}$$

计算所得结果 {4，6，10，12，16，18} 与 D 集合 {6，8，14，18} 的交集是 {6，18}，与前面计算结果相同。

5. 用质数 37 所在列第三行的偶数 44 作为参照偶数

针对偶数 38，我们可以用质数 37 所在列第三行的偶数 44 作为参照偶数，确定 $b=6$，求解偶数 38 在偶数三角形上的所有位置。因为 B 与 D 有交集元素 {6}，此时，E={0，4，6，10，12，16}，$B+E$ 的集合元素是 {6，10，12，16，18，22}，$D\cap(B+E)$ 的元素是 {6，18}，该结果和上面计算结果一样。

可见，因为我们不知求解偶数的具体位置在哪一行，所以保险做法是，选择第一行的偶数作为参照偶数为宜。

（三）只求中间偶数具有最小质数加数的位置

1. 只求一个具有最小质数加数的位置

在质数 89 所在列和质数 97 所在列之间的中间偶数，首次出现第三个中间偶数 98。我们求 98 在偶数区间的一个位置。

选择质数 97 所在列为参照列，该列第 1 行偶数 100 为参照偶数。我们确定 b，98=100−2，$b=2$。

不确定 98 的所在区域，而是依据公式 $D\cap(B+E)$ 搜索，故只求 98 在偶数区间的一个位置。

首先确定 D 的几个元素的值，97−89=8，97−83=14，97−79=18，97−73=24，则有 D={8，14，18，24}。

再计算 $B+E$，有

$$\begin{bmatrix} 2 \\ 2 \\ 2 \\ 2 \\ 2 \\ 2 \\ 2 \end{bmatrix} + \begin{bmatrix} 2 \\ 4 \\ 8 \\ 10 \\ 14 \\ 16 \\ 20 \end{bmatrix} = \begin{bmatrix} 4 \\ 6 \\ 10 \\ 12 \\ 16 \\ 18 \\ 22 \end{bmatrix}$$

D 与 $B+E$ 的交集是 {18}。18 是质数 97 所在列的偶数 100 的下 6 行，即在第 7 行，对应纵轴质数 19。D 中元素 18 对应质数 79 所在列。故 98=19+79。

2. 选择不同参照列

因为 98 没有出现在质数 89 所在列，也可以用质数 89 所在列作为参照列。100 在该列第 4 行。我们确定 D 的前 4 个元素的数值，即 D={6, 10, 16, 18}。

$B+E$ 的计算和前面的计算相同，但是我们是从第 5 行开始计算的，即参照行质数为 11，则有

$a(1)=13-11=2$，$e(1)=e(0)+a(1)=0+2=13-11=2$，
$a(2)=17-13=4$，$e(2)=e(1)+a(2)=2+4=17-11=6$，
$a(3)=19-17=2$，$e(3)=e(2)+a(3)=6+2=19-11=8$，
$a(4)=23-19=4$，$e(4)=e(3)+a(4)=8+4=23-11=12$。

$B+E$ 的计算为

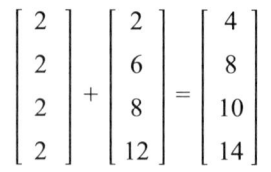

$$\begin{bmatrix} 2 \\ 2 \\ 2 \\ 2 \end{bmatrix} + \begin{bmatrix} 2 \\ 6 \\ 8 \\ 12 \end{bmatrix} = \begin{bmatrix} 4 \\ 8 \\ 10 \\ 14 \end{bmatrix}$$

D 与 $B+E$ 的交集是 {10}。$B+E$ 的元素 10 对应第 7 行，即 100 在该列第 4 行的下 3 行，对应纵轴质数 19。D 中元素 10 对应质数 79 所在列。故 98=19+79。

3. 求中间偶数 98 的所有位置

我们还可以继续扩大 D 和 E 的范围，以获得更多的 98 的位置。

选择质数 97 所在列为参照列，该列第 1 行偶数 100 为参照偶数。我们确定 b，98=100-2，$b=2$。

首先确定 D 的元素的值，97-89=8，97-83=14，97-79=18，97-73=24，97-71=26，97-67=30，97-61=36，97-59=38，97-53=44，则有 D={8, 14, 18, 24, 26, 30, 36, 38, 44}。

再计算 $B+E$，有

$$\begin{bmatrix} 2 \\ 2 \\ 2 \\ 2 \\ 2 \\ 2 \\ 2 \\ 2 \\ 2 \\ 2 \\ 2 \\ 2 \end{bmatrix} + \begin{bmatrix} 2 \\ 4 \\ 8 \\ 10 \\ 14 \\ 16 \\ 20 \\ 26 \\ 28 \\ 34 \\ 38 \\ 40 \end{bmatrix} = \begin{bmatrix} 4 \\ 6 \\ 10 \\ 12 \\ 16 \\ 18 \\ 22 \\ 28 \\ 30 \\ 36 \\ 40 \\ 42 \end{bmatrix}$$

D 与 $B+E$ 的交集是 {18，30，36}。

18 是质数 97 所在列的偶数 100 的下 6 行，即在第 7 行，对应纵轴质数 19，对应横轴质数 79。故，98=19+79。

30 是质数 97 所在列的偶数 100 的下 9 行，即在第 10 行，对应纵轴质数 31，对应横轴质数 67。故，98=31+67。

36 是质数 97 所在列的偶数 100 的下 10 行，即在第 11 行，对应纵轴质数 37，对应横轴质数 61。故，98=37+61。

4. 偶数三角形的局部

我们把横轴质数 79，83，89，97 及纵轴质数 3，5，7，11，13，17，19，23 所在偶数三角形的区域的偶数计算出来，见表 13-4。在表 13-4 上，我们可以看到 98 的三个位置。

表 13-4　偶数三角形的局部

质数	53	59	61	67	71	73	79	83	89	97
3	56	62	64	70	74	76	82	86	92	100
5	58	64	66	72	76	78	84	88	94	102
7	60	66	68	74	78	80	86	90	96	104
11	64	70	72	78	82	84	90	94	100	108
13	66	72	74	80	84	86	92	96	102	110
17	70	76	78	84	88	90	96	100	106	114
19	72	78	80	86	90	92	98	102	108	116
23	76	82	84	90	94	96	102	106	112	120
29	82	88	90	96	100	102	108	112	118	126
31	84	90	92	98	102	104	110	114	120	128
37	90	96	98	104	108	110	116	120	126	134

（四）中间偶数排队法确定偶数 98 的位置

作为对比，我们也可以采用第五节的中间偶数排队法确定偶数 98 的位置。

从质数 89 所在列看，98 是第三个中间偶数，落入 B 集合，不会出现在该列上。

从质数 83 所在列看，98 是第六个中间偶数，落入 B 集合，不会出现在该列上。

从质数 79 所在列看，98 是第八个中间偶数，落入 A 集合，并且是 A 集合 6 个偶数中最大一个，按大小排第六位。98 会出现在该列上，并出现在第 7 行上，A 集合中第一个中间偶数处于第 2 行，依次下来，98 处于第 7 行上。

从质数 73 所在列看，98 是第十一个中间偶数，落入 B 集合，不会出现在该列上。

从质数 71 所在列看，98 是第十二个中间偶数，落入 B 集合，不会出现在该列上。

从质数 67 所在列看，98 是第十四个中间偶数，落入 A 集合，并且是 A 集合 9 个偶数中最大一个，按大小排第九位。98 会出现在该列上，并出现在第 10 行上。A 集合中第一个中间偶数处于第 2 行，依次下来，98 处于第 10 行上。该列从第一行到第十一行的偶数是：70，72，74，78，80，84，86，90，96，98，104。

从质数 61 所在列看，98 是第十七个中间偶数，落入 A 集合。该列从第一行到第十三行的偶数是：64，66，68，72，74，78，80，84，90，92，98，102，104。依次下来，98 处于第 11 行上。

从质数 59 所在列看，98 是第十八个中间偶数，落入 B 集合。

从质数 53 所在列看，98 是第二十一个中间偶数，落入 B 集合。

质数 47 所在列对角线上偶数是 94，98 不可能出现在该列及其左边诸列。

故 98 在偶数三角形上出现三次，它们的位置是，质数 79 所在列第 7 行上，质数 67 所在列第 10 行上，质数 61 所在列第 11 行上。

四、中间偶数不定方程组与质数轴前后质数的联系

纵轴或者横轴上的质数分布指质数的间距。纵轴上质数分布和横轴上质数分布是相同的质数分布。上面公式把横轴上距离起点遥远地方的质数分布与纵轴上距离起点最近的质数分布联系起来。这相当于把自然数数轴上遥远的质数分布和靠近起点的质数分布联系起来。

如越接近参照偶数所在列，即列越往右，$d(c)$ 值越小，列越往左，$d(c)$ 值越大。行越往上，行数越小，$e(i)$ 值越小，行越往下，行数越多，$e(i)$ 值越大。$d(c)$ 值和 $e(i)$ 值这个取值特点，把我们已经掌握的纵轴上从 3 往下的质数的分布与我们尚不知道的横轴上非常右边的质数的分布联系了起来。

如果在横轴上遥远的右边存在 D 的诸值非常大的情况，即质数间距非常大，而公式右边当所求偶数 x 的区域靠近偶数三角形的上方，于是 b 设定为较小的值，参照偶数 y 在第一行或者接近第一行，意味着 h 的值不会太大，则公式右边的值就不会很大。于是在这种情况下，D 与 E 互相制约。若强哥德巴赫猜想成立，横轴上非常右边的质数分布要受到纵轴上从 3 开始的质数分布的制约，以保证区域在偶数三角形上方的所求偶数有解。

当然，对那些在主对角线上的偶数或者靠近主对角线上的偶数的位置而言，它们的区域在偶数三角形的下方，它们区域纵轴上的质数分布和横轴上的质数分布，相当于在自然数数轴上同一区域的质数分布。

所求偶数的位置有的处于偶数三角形的上端，有的处于偶数三角形的较下端，即使同一个偶数，也存在上面两种情况。

五、上述不定方程组解的存在性分析

如果强哥德巴赫猜想成立，则上述二元一次不定方程组对每个中间偶数有解。如果强哥德巴赫猜想不成立，则上述二元一次不定方程组不会对每个中间偶数有解。反过来，上述二元一次不定方程组对每个中间偶数有解，强哥德巴赫猜想成立。哥德巴赫猜想成立与上述二元一次不定方程组对每个中间偶数有解互为充分必要条件。

前面已经证明了，一个中间偶数不会在每次中间偶数的排队顺序中均落入 B 集合。对充分大的 $\Omega(n)$ 所在列中间偶数而言，在它可能出现的区域内，它有很多次中间偶数排队顺序，只要有一次不落入 B 集合，它就出现在偶数三角形上。但这不算严格证明所有中间偶数均出现在偶数三角形上，因此也不算严格证明上述二元一次不定方程组对每个中间偶数有解。

上述二元一次不定方程组对出现在偶数三角形上的每个偶数均有解，能求解出偶数三角形上每个偶数的所有位置。

上面我们也看到采用矩阵方法计算中间偶数不确定方程组，其关键是可以通过 B 矩阵来确定哪些中间偶数会出现在偶数三角形的具体位置上。从直观上看，每个中间偶数都可以和 B 矩阵中的元素联系起来，从而可以确定它们在偶数三角形上的位置。怎样严格证明这一点，还有待研究。比如，我们要能证明 B 矩阵中一定有元素等于 2，因为 $y-2$ 等于最大的那个中间偶数。

另外，我们也可以把偶数三角形上的偶数映射到中间偶数上，因为偶数三角形上第一行偶数在偶数三角形上，只要把其他行偶数映射到中间偶数即可，这是多对一的映射。如我们可把偶数三角形上偶数 $a(i,j)=y-B(i,j)$ 的公式变换为 $B(i,j)=y-a(i,j)$，再把 $B(i,j)$ 与中间偶数联系起来，因为 $y-B(i,j)$ 不仅可以映射到偶数三角形上的偶数，也可以映射到中间偶数。$y-B(i,j)$ 身兼二任的性质，是我们沟通偶数三角形上偶数与中间偶数的桥梁。

六、用矩阵表示的中间偶数不定方程组

（一）定义

令 $B(i,j)=D(i)-E(j)$，$i=0,1,2,3,4,\cdots$；$j=0,1,2,3,4,\cdots$。计算结果见表 13-5。在表 13-5 中，D 和 E 的定义同前。

表 13-5　计算 $B(i, j)$

行数	质数		$\Omega(n)$ $D(0)$	$\Omega(n-1)$ $D(1)$	$\Omega(n-2)$ $D(2)$	$\Omega(n-3)$ $D(3)$	$\Omega(n-3)$ $D(4)$	...
1	3	$E(0)$	$B(0, 0)$	$B(1, 0)$	$B(2, 0)$	$B(3, 0)$	$B(4, 0)$	...
2	5	$E(1)$	$B(0, 1)$	$B(1, 1)$	$B(2, 1)$	$B(3, 1)$	$B(4, 1)$	...
3	7	$E(2)$	$B(0, 2)$	$B(1, 2)$	$B(2, 2)$	$B(3, 2)$	$B(4, 2)$	...
4	11	$E(3)$	$B(0, 3)$	$B(1, 3)$	$B(2, 3)$	$B(3, 3)$	$B(4, 3)$	...
5	13	$E(4)$	$B(0, 4)$	$B(1, 4)$	$B(2, 4)$	$B(3, 4)$	$B(4, 4)$	...
6	17	$E(5)$	$B(0, 5)$	$B(1, 5)$	$B(2, 5)$	$B(3, 5)$	$B(4, 5)$	...
...	...	...	...	...	...	...	...	...

上式恒等变换为：$D(i)=B(i, j)+E(j)$。

现在，只要取 b 为 $B(i, j)$ 中的任一个值，$D \cap (B+E)$ 就不会为空集。如取 $b=B(4, 2)$，则有 $D(4)=b+E(2)$，于是 $D \cap (B+E)$ 的交集有一个元素为 $\{b+E(2)\}$，说明这个中间偶数在第 3 行，在 $\Omega(n-4)$ 所在列。这个中间偶数的值为 $\Omega(n+1)$ 第一行偶数 y 值减去 $B(4, 2)$，即 $y-B(4, 2)$。

$E(0)$ 那一行的 B，对应偶数三角形上第一行的偶数被参照偶数所减的值。我们可以直接确定这些偶数的位置。

如果我们使用矩阵，则 D 视为一个一维列矩阵，E 视为一个一维列矩阵，$B(i, j)$ 视为一个二维矩阵。$B+E$ 是矩阵加法，即 B 中每列元素与 E 的对应元素相加，所得矩阵为一个二维矩阵 A，再用 D 与 A 中每列相交，交集的元素为不定方程组的解。

（二）解释

现在，只要确定 $\Omega(n)$ 所在列中间偶数在偶数三角形上可能出现的区域，依据 $y-B(i, j)$，由 $D \cap (B+E)$，就可以确定中间偶数 $y-B(i, j)$ 在偶数三角形上的所有位置。实际上，我们只要检查与某一个中间偶数对应的 $B(i, j)$ 在表 13-5 的几行几列，就知道该中间偶数在偶数三角形上的几行几列，可谓一目了然。换言之，偶数三角形上偶数 $a(i, j)=y-B(i, j)$。

当然，对那些远离参照列的中间偶数，它们在偶数三角形上的可能出现区域并没有在这里完全表现出来，它们在偶数三角形上的位置就不能全部计算出来，只能计算出一部分。要把它们在偶数三角形上的位置全部计算出来，就要扩大计算的区域范围，把它们在偶数三角形上可能出现的区域包括在内。

这样做，可以同时求出所有中间偶数在偶数三角形上的位置。较之原来一次求一个中间偶数，这样较为省事。更为重要的是，这是证明中间偶数都在偶数三角形上的一种思路。例如，$y-B(i, j)$ 能取遍 $\Omega(n)$ 所在列与 $\Omega(n+1)$ 所在列之间的中间偶数吗？如果能，则每个中间偶数都能出现在偶数三角上。如果不能，我们可以把参照偶数所在列往右边移动一列，再看能否取遍那些上次没有取的中间偶数，参照偶数所在列可一直右移直到取遍 $\Omega(n)$ 所在列的所有中间偶数为止，或者超出中间偶数可能出现在偶数三角形上的区域为止。前面的例子中，我们也看到参照列左移的情况，也可以在符合条件的情况下采用左移参照列的方法，看 $y-B(i,j)$ 能否取遍 $\Omega(n)$ 所在列与 $\Omega(n+1)$ 所在列之间的中间偶数。这与前面排队顺序法的思路相似。

（三）举例

我们以质数 89 所在列与质数 97 所在列之间的中间偶数（94，96，98）作为例子，见表 13-6。使用前面的计算数据，有 D={8，14，18，24，26，30，36，38，44}。E={0，2，4，8，10，14，16，20，26，28，34，38}。这是中间偶数 98 在偶数三角形上可能出现的区域。要计算其他中间偶数在偶数三角形上的全部位置，就要相应扩大区域范围，否则，可能只能计算出它的部分位置，而不是全部位置。

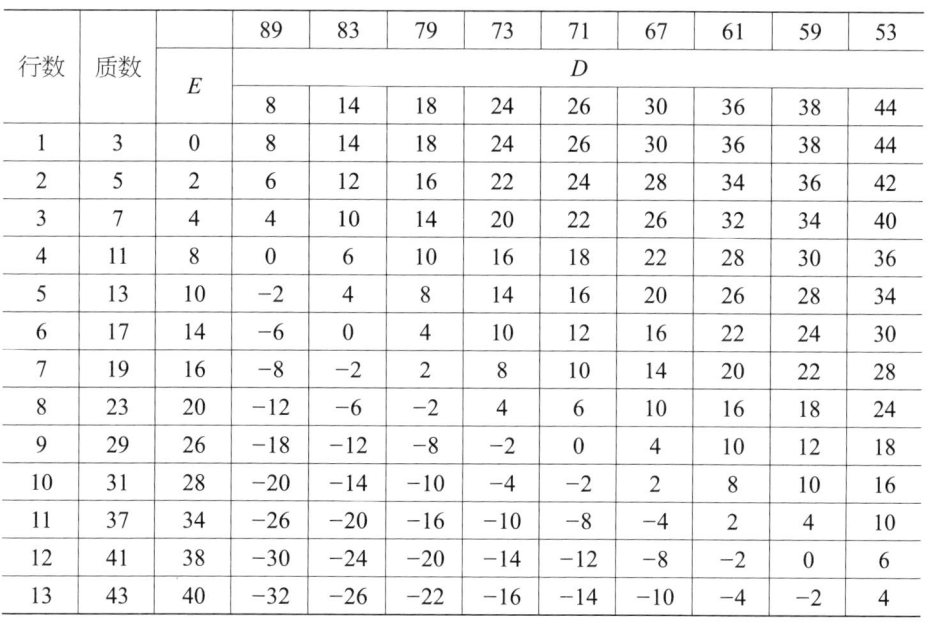

表 13-6　质数 97 所在列的举例

行数	质数	E	89	83	79	73	71	67	61	59	53
			D								
			8	14	18	24	26	30	36	38	44
1	3	0	8	14	18	24	26	30	36	38	44
2	5	2	6	12	16	22	24	28	34	36	42
3	7	4	4	10	14	20	22	26	32	34	40
4	11	8	0	6	10	16	18	22	28	30	36
5	13	10	−2	4	8	14	16	20	26	28	34
6	17	14	−6	0	4	10	12	16	22	24	30
7	19	16	−8	−2	2	8	10	14	20	22	28
8	23	20	−12	−6	−2	4	6	10	16	18	24
9	29	26	−18	−12	−8	−2	0	4	10	12	18
10	31	28	−20	−14	−10	−4	−2	2	8	10	16
11	37	34	−26	−20	−16	−10	−8	−4	2	4	10
12	41	38	−30	−24	−20	−14	−12	−8	−2	0	6
13	43	40	−32	−26	−22	−16	−14	−10	−4	−2	4

我们看到，$B(i,j)$ 的值有 0，2，4，6，8，10，12，14，16，18，20，22，24，26，28，30，32，34，36，38，40，42，44，有从 2 到 44 的连续偶数，还有 0。这些 $B(i,j)$ 的值是从质数 97 所在列到 53 所在列的中间偶数 58 至 98 的连续偶数，与参照偶数 $y=100$ 的差值（从 2 至 42 的连续偶数），以及 53 所在

列的第一行偶数56与参照偶数$y=100$的差值44，参照偶数$y=100$与自己的差值0。由B+E与D的交集均不为空，即这些D、B、E使得D∩（B+E）的交集不为空，故与B对应的中间偶数均在偶数三角形上。

对中间偶数98，我们看到$B(i,j)$等于2的列有18，30和36，即质数79，67，61所在列，2所在行为7，10，11行。这里$E(0)$为偶数三角形第一行。这些结果与前面计算完全相同。

对中间偶数96，我们看到$B(i,j)$等于4的列有8，14，18，24，30，38，44，即89，83，79，73，67，59，53各个质数所在列，所在行为3，5，6，8，9，11，13行。在表13-1上，最右边列是质数53所在列，我们看到第13行是96。我们也可以看到，98和96的区域是一样的。

对中间偶数94，我们看到$B(i,j)$等于6的质数所在列有89，83，71，53，所在行为2，4，8，12行。在表13-1上，最右边列是质数53所在列，我们看到第12行是94。我们也看到，在质数47所在列的14行是94，我们的计算遗失了94的这个位置。所以，94的区域要往左边移动一列，把这个遗失的位置补回来。在表13-4上，我们看到89所在列的第2行是94，83所在列的第4行是94。

（四）对$B(i,j)$为负数和零的解释

在表13-6上，$B(i,j)$为负数是什么意思呢？y减负的$B(i,j)$得一个正数，是偶数三角形上相应位置的偶数。我们可以通过表13-4看到，在质数89所在列，在第5行是102。在表13-6上，质数89所在列，在第5行是-2，参照偶数100-（-2）=102。其余负数可以依此类推解释，不再赘述。

在表13-6上，$B(i,j)$为0是什么意思呢？它表示在偶数三角形上的相同位置的偶数值就是参照偶数y值。

$B(i,j)$为负数，为我们证明中间偶数存在偶数三角形上，更加方便。即使一个中间偶数在$B(i,j)$的正整数中没有找到相应的数，使得参照偶数减$B(i,j)$的这个相应的数，等于该中间偶数。我们还可以通过参照列左移的方式，在相应变化后的$B(i,j)$的负整数中找到相应的数，使得参照偶数减$B(i,j)$的这个相应的数，等于该中间偶数。

（五）意义

$B(i,j)$的值为2、4、6三个连续偶数，对应三个连续中间偶数98、96、94。要证明中间偶数在偶数三角形上，只要证明$B(i,j)$的值为连续偶数，并且对应$\Omega(n)$所在列与$\Omega(n+1)$所在列之间的中间偶数，即$y-B(i,j)$的不同值分别等于这些中间偶数。这是中间偶数能否出现在偶数三角形上的条件，也

是用矩阵表示的中间偶数不定方程组有解的条件。对任意 $\Omega(n)$ 所在列与 $\Omega(n+1)$ 所在列之间的中间偶数，只要满足这个条件，这些中间偶数就能出现在偶数三角形上，从而强哥德巴赫猜想成立。这个条件意味深长，它是自然数轴上前面质数区间间距或者分布与后面质数区间间距或者分布的联系纽带，是偶数三角形上横轴质数区间间距或者分布与纵轴质数区间间距或者分布的联系纽带。换言之，是两段质数区间具有某种关系性质的表现。

七、用质数相减表示二元一次不定方程组

（一）定义

令 F 等于横轴质数减纵轴质数之差值，即 $F(i, j) = x(i) - y(j)$，$i=1, 2, 3, 4, \cdots$；$j=1, 2, 3, 4, \cdots$。质数相减见表 13-7。如果 $F(i, j) = 2$，则 $x(i)$ 与 $y(j)$ 是孪生质数。2 出现在以 0 为元素的主对角线的上一个对角线上。在表 13-7 上，由 $F(i, j)$ 组成的三角形称为两质数相减偶数三角形，对应表 13-1 由两质数相加所形成的偶数三角形。这两种偶数三角形主对角线以下的元素均没有定义。

表 13-7 质数相减

质数	$x(1)$	$x(2)$	$x(3)$	$x(4)$	$x(5)$	$\cdots$
$y(1)$	$F(1, 1)$	$F(2, 1)$	$F(3, 1)$	$F(4, 1)$	$F(5, 1)$	$\cdots$
$y(2)$		$F(2, 2)$	$F(3, 2)$	$F(4, 2)$	$F(5, 2)$	$\cdots$
$y(3)$			$F(3, 3)$	$F(4, 3)$	$F(5, 3)$	$\cdots$
$y(4)$				$F(4, 4)$	$F(5, 4)$	$\cdots$
$y(5)$					$F(5, 5)$	$\cdots$
$\cdots$	$\cdots$	$\cdots$	$\cdots$	$\cdots$	$\cdots$	$\cdots$

我们看一个例子，见表 13-8。

表 13-8 质数相减的举例

i		1	2	3	4	5	6	7	8	9	10	11	12	13	14	15
j	质数	3	5	7	11	13	17	19	23	29	31	37	41	43	47	53
1	3	0	2	4	8	10	14	16	20	26	28	34	38	40	44	50
2	5		0	2	6	8	12	14	18	24	26	32	36	38	42	48
3	7			0	4	6	10	12	16	22	24	30	34	36	40	46
4	11				0	2	6	8	12	18	20	26	30	32	36	42
5	13					0	4	6	10	16	18	24	28	30	34	40
6	17						0	2	6	12	14	20	24	26	30	36

续表

i		1	2	3	4	5	6	7	8	9	10	11	12	13	14	15
j	质数	3	5	7	11	13	17	19	23	29	31	37	41	43	47	53
7	19							0	4	10	12	18	22	24	28	34
8	23								0	6	8	14	18	20	24	30
9	29									0	2	8	12	14	18	24
10	31										0	6	10	12	16	22
11	37											0	4	6	10	16
12	41												0	2	6	12
13	43													0	4	10
14	47														0	6
15	53															0

（二）性质与两个猜测

表13-8的结构与表13-1有所不同，如每列的值从大到小排列，在主对角线上的值均为0。但是与表13-1相同，每行的值从左到右按从小到大的顺序排列，且每相邻两列的数值之差，是所在列的两个质数的数值之差。第一行每个数，均是其在横轴上往左在纵轴上往下所围的三角形内诸数的最大数。并且在这个三角形内存在从2到这个最大数的连续偶数。当然，这一连续偶数性质需要证明，现在只能作为猜测，可称为三角形内连续偶数猜测。

表13-8中，$\Omega(n)$ 与 $\Omega(n+1)$ 之间的中间偶数部分出现在 $\Omega(n+1)$ 所在列上。对比表13-1，$\Omega(n)$ 与 $\Omega(n+1)$ 之间的中间偶数部分出现在 $\Omega(n)$ 所在列上。我们也可以采用前面 A 集合和 B 集合的概念。中间偶数前两个偶数会出现在 $\Omega(n+1)$ 所在列上。

如果上面三角形内连续偶数猜测成立，$\Omega(n)$ 与 $\Omega(n+1)$ 之间的中间偶数均应在 $\Omega(n+1)$ 所在列第一行偶数的三角形内。如果不依据这一猜测，一个偶数大于 $\Omega(n)$ 所在列第一行的偶数，就不会出现在 $\Omega(n)$ 所在列及其左边诸列上。于是，中间偶数落在 A 集合的偶数会出现在 $\Omega(n+1)$ 所在列上，中间偶数落在 B 集合的偶数可能会出现在 $\Omega(n+1)$ 所在列的左边诸列和右边诸列的某些列上。

由表13-8可见，$F(i,j)$ 的值是从2到50的连续偶数，包含重复的偶数。这与表13-6具有从2到44的连续偶数一样。这形成一个猜想，任意一个偶数等于除2以外的两个质数之差。虽然在国内较低等级刊物上有人宣称证明了这一猜想，但没有取得学术界公认。这一猜想与强哥德巴赫猜想相对应，任意大于或等于6的偶数等于除2以外的两个质数之和。于是，若这两个猜想成立，则除2以外的两质数相加能构造出大于2的所有偶数，除2以外的两质数相减，也能构造出大于或等于2的所有偶数。这两个猜想通过下面的 $F(i,j)$ 与偶数三角形上

偶数 $a(i, j)$ 的关系联系起来。

（三）$F(i, j)$ 与 $a(i, j)$ 的关系

两质数相减偶数三角形上偶数 $F(i, j)$ 与两质数相加偶数三角形上偶数 $a(i, j)$ 有什么关系呢？$a(i, j)=x(i)+y(j)$，$F(i, j)=x(i)-y(j)$，这两式相加，有 $a(i, j)=2\times x(i)-F(i, j)$。故对于两质数相加的偶数三角形上偶数 $a(i, j)$，我们可以确定与它对应的两质数相减偶数三角形上的 $F(i, j)$，反之也一样。于是，一个偶数在两质数相加偶数三角形上偶数 $a(i, j)$ 有多个位置，会对应在两质数相减偶数三角形上偶数 $F(i, j)$ 的多个位置。在这些位置上对应的两个质数是一样的。

于是，表 13-8 可转化为偶数三角形，由 $a(i,j)=2\times x(i)-F(i,j)$，可得 $a(1, 1)=2\times 3-0=6$，$a(2, 1)=2\times 5-2=8$，$a(2, 2)=2\times 5-0=10$。余下偶数三角形上偶数依此类推。

当然，我们也可以由 $a(i,j)=x(i)+y(j)$，计算出 $a(i,j)$。如 $a(1, 1)=x(1)+y(1)=3+3=6$，$a(2, 1)=x(2)+y(1)=5+3=8$，等等。注意，$a(1, 2)$ 在偶数三角形主对角线下，没有定义值。

（四）求在偶数三角形上一个偶数的全部位置

我们求 30 在偶数三角形上的全部位置。由 $a(i, j)=2\times x(i)-F(i,j)$，得 $F(i,j)=2\times x(i)-a(i,j)$。现在 $a(i,j)=30$，故有 $F(i,j)=2\times x(i)-30$。由此得到了 $F(i, j)$ 的值，依据表 13-8，可以确定 $F(i, j)$ 的各个位置，从而确定 30 的 $a(i, j)$ 的各个位置。

我们看 30 在偶数三角形上出现的可能区域。我们只看列。因 $F(i, j)$ 大于或等于 0，要求 $2\times x(i)-30\geq 0$，故要从质数 17 所在列开始。$2\times x(9)-30=58-30=28$，28 大于质数 29 所在列第一行偶数 26，故 30 不可能出现在偶数三角形的质数 29 所在列及右边诸列上。我们看到，该方法比较容易确定偶数在偶数三角形上可能出现的列所在区域。

于是，$F(i, j)=2\times x(6)-30=2\times 17-30=4$。在表 13-9 上，$F(6, 5)$ 的值是 4。故 $a(i, j)$ 与 $F(6, 5)$ 对应的位置，即 $a(6, 5)$ 的值是 30。

$F(i, j)=2\times x(7)-30=2\times 19-30=8$。在表 13-9 上，$F(7, 4)$ 的值是 8。故 $a(i, j)$ 与 $F(7, 4)$ 对应的位置，即 $a(7, 4)$ 的值是 30。

$F(i,j)=2\times x(8)-30=2\times 23-30=16$。$F(8, 3)$ 的值是 16。故 $a(i,j)$ 与 $F(8, 3)$ 对应的位置，$a(8, 3)$ 的值是 30。

由上，我们计算出 30 在偶数三角形上出现的三个位置。有意思的是，30 对应 $F(i, j)$ 的值是 4，8，16，是一个等比数列。当然，这只是特例。

表 13-9　表 13-1 和表 13-8 的相同位置的数的乘积

i		1	2	3	4	5	6	7	8	9
j	质数	3	5	7	11	13	17	19	23	29
1	3	6×0	8×2	10×4	14×8	16×10	20×14	22×16	26×20	32×26
2	5		10×0	12×2	16×6	18×8	22×12	24×14	28×18	34×24
3	7			14×0	18×4	20×6	24×10	26×12	30×16	36×22
4	11				22×0	24×2	28×6	30×8	34×12	40×18
5	13					26×0	30×4	32×6	36×10	42×16
6	17						34×0	36×2	40×6	46×12
7	19							38×0	42×4	48×10
8	23								46×0	52×6
9	29									58×0

（五）问题

现在的问题是，由 $a(i,j)=2\times x(i)-F(i,j)$，能得出全部中间偶数或者全部偶数吗？换言之，给定任意一个大于或等于 6 的偶数 a，$2\times x(i)-a$ 与 $F(i,j)$ 是否有交集？通过这种关系，若能证明任意一个偶数等于除 2 以外的两个质数之差，也就证明了任意大于或等于 6 的偶数等于除 2 以外的两个质数之和。当然，前提条件是所有偶数要能出现在两质数相减偶数三角形上。

上面两个猜测成立吗？即任意一个偶数等于两个奇数质数之差的猜测，以及三角形内连续偶数的猜测。与表 13-1 相同，表 13-8 第一行的数和它们的中间偶数构成自然数轴上的全体偶数，如果能证明三角形内连续偶数猜测，也就证明了任一个偶数等于除 2 以外的两个质数之差。

我们可以采用前面的中间偶数排队顺序法来确定中间偶数在两质数相减偶数三角形上的位置，并且可以采用往左移动和往右移动的两种中间偶数排队顺序法。这加大了中间偶数落在两质数相减偶数三角形上的可能性。中间偶数能都出现在质数相减的偶数三角形上吗？

从形式上看，该方法最接近本节第一小节的 $x+y=c$ 的不定方程求质数解，只是我们利用了 $F(i,j)$ 与 $a(i,j)$ 的关系。

八、质数的直角三角形边关系的推测

（一）推测的内容

里本伯姆《博大精深的素数》一书第 266～268 页指出一个猜想：存在无穷多正整数组 (a, b, c) 使得 $a^2+b^2=c^2$，并且 a 和 c 为质数。

我们把这一猜想称为质数的直角三角形边关系猜想。显然，这一猜想建立在初等数论关于二元一次不定方程的勾股数方程基础之上，但远比勾股数方程只需要求整数解困难。这一猜想与上小节的内容直接相关。

（二）该猜想与上述内容的关系

我们把表 13-1 的数乘以表 13-8 相同位置的数，即 $a(i,j) \times F(i,j)$，见表 13-9。

令 $x(i)+y(j)=a(i,j)$ 乘以 $x(i)-y(j)=F(i,j)$，有
$$x(i)^2-y(j)^2=a(i,j) \times F(i,j)$$

上式说明，$a(i,j) \times F(i,j)$ 必定是 8 的倍数。因为两个奇数的平方差是 8 的倍数。如果 $a(i,j) \times F(i,j)$ 是完全平方数，则是 16 的倍数乘以 4 或者 4 的倍数。

把上式恒等变换一下，有
$$y(j)^2+a(i,j) \times F(i,j)=x(i)^2$$

显然，如果 $x(i)+y(j)$ 是完全平方数，$x(i)-y(j)$ 是完全平方数，它们的乘积也是完全平方数。即 $a(i,j)$ 是完全平方数，$F(i,j)$ 是完全平方数，则 $a(i,j) \times F(i,j)$ 是完全平方数。但是，$a(i,j)$ 不是完全平方数，$F(i,j)$ 不是完全平方数，$a(i,j) \times F(i,j)$ 也有可能是完全平方数。

如果存在无穷多并且是完全平方数的 $a(i,j) \times F(i,j)$，上式就是质数的直角三角形边关系猜想，即
$$y(j)^2+\left(\sqrt{a(i,j) \times F(i,j)}\right)^2=x(i)^2$$

针对 $a^2+b^2=c^2$ 而言，$y(j)$ 对应 a，$\sqrt{a(i,j) \times F(i,j)}$ 对应 b，$x(i)$ 对应 c。

（三）一些相关的已知基础知识

1. 完全平方数的一些性质

完全平方数有很多性质，这里只摘录几条性质。

（1）一个正整数 n 是完全平方数的充分必要条件是 n 有奇数个因数（包括 1 和 n 本身）。如 36 的因数有 1、2、3、4、6、9、12、18、36。

（2）偶数平方是 $8 \times n$ 或者 $8 \times n+4$ 型。

（3）完全平方数必为两种形式之一：$3 \times n$，$3 \times n+1$。

（4）平方数具有这些形式：$16 \times n$，$16 \times n+1$，$16 \times n+4$，$16 \times n+9$。

（5）在两个相邻整数的平方数之间所有整数都不是完全平方数。

2. 勾股数不定方程 $x^2+y^2=z^2$ 的正整数解相关知识

（1）x 与 y 有不同奇偶性。

（2）x 与 y 中有且仅有一个数能被 3 整除。

（3）x 与 y 中有且仅有一个数能被 4 整除。

（4）x，y，z 中有且仅有一个数能被 5 整除。

（5）不定方程 $x^2+y^2=z^2$ 适合 $x>0$，$y>0$，$z>0$，$(x,y)=1$，$2|x$ 的一切正整数解可以用下列公式表示出来：

$$x=2\times u\times v, y=u^2-v^2, z=u^2+v^2, u>v>0, (u,v)=1$$

其中，u，v 一奇一偶。

这里，我们也可以看到复数的平方运算与之类似的地方。

设有一个复数 w 的表示式为 $w=u+v\times i$。这里 $i=\sqrt{-1}$，w 的模为 $\sqrt{u^2+v^2}$。上面，z 是复数 w 的模的平方。复数 w 的平方为

$$w^2=(u+v\times i)^2=u^2-v^2+2\times u\times v\times i$$

把 x 和 y 的值代入上式，有

$$w^2=(u+v\times i)^2=u^2-v^2+2\times u\times v\times i=y+x\times i$$

对复数 $y+x\times i$ 做开方运算，得复数 $u+v\times i$。这样，我们可以通过复数运算求不定方程 $x^2+y^2=z^2$ 的整数解。

（四）对 $y(j)^2+\left(\sqrt{a(i,j)\times F(i,j)}\right)^2=x(i)^2$ 解的解释

1. 从勾股数方程 $x^2+y^2=z^2$ 的角度看

针对 $x^2+y^2=z^2$，$y(j)^2+\left(\sqrt{a(i,j)\times F(i,j)}\right)^2=x(i)^2$ 中，$\sqrt{a(i,j)\times F(i,j)}$ 对应 x，$y(j)$ 对应 y，$x(i)$ 对应 z。

在 $y(j)^2+\left(\sqrt{a(i,j)\times F(i,j)}\right)^2=x(i)^2$ 中，$x(i)$ 和 $y(j)$ 均是质数，除它们本身就是 3 或者 5 外，它们不可能被 3 或者 5 整除。这样，如果 $x(i)$ 和 $y(j)$ 均不是 3 和 5，那么 $\sqrt{a(i,j)\times F(i,j)}$ 就要能被 3、4、5 整除。

此外，$\sqrt{a(i,j)\times F(i,j)}=2\times u\times v$，$y(j)=u^2-v^2$，$x(i)=u^2+v^2$。由于 $y(j)$ 是质数，要求 $u-v=1$，即 u 和 v 为两个相邻的正整数。于是有 $y(j)=u^2-v^2=(u+v)\times(u-v)=u+v$。

如 $5^2+12^2=13^2$ 中，$12=2\times 3\times 2$，12 能被 3 和 4 整除，5 能被 5 整除，12 与 5 有不同奇偶性。并且 $u-v=3-2=1$，3 与 2 为一奇一偶，$(3,2)=1$，$y(j)=3^2-2^2=(3+2)\times(3-2)=5$，$x(i)=3^2+2^2=13$。

套用上面的复数运算方法，我们可以通过对复数 $w=y(j)+\sqrt{a(i,j)\times F(i,j)}\times i$ 做开方运算，得复数 $u+v\times i$。现在，要检查求得的 u 和 v，能否满足 $x(i)=u^2+v^2$。这样，我们可以利用复数运算的性质，去判断能否有 $x(i)=u^2+v^2$，以及 $2\times u\times v$ 能否为平方数。

2. 从完全平方数的角度看

对 $a(i,j)$ 做质因数分解，要求除一个质因数外，其他质因数均是平方，

如果非平方的这个质因子等于 $F(i, j)$ 或者 $x(i)-y(j)$，则 $a(i, j) \times F(i, j)$ 是完全平方数。如表 13-9 中的 $18 \times 8 = 2 \times 3 \times 3 \times 2 \times 2 \times 2 = 12 \times 12$，是一个完全平方数。于是有 $5^2+12^2=13^2$。

如果 $a(i, j)$ 是 2 的奇次方，$F(i, j)$ 或者 $x(i)-y(j)$ 也是 2 的奇次方，那么 $a(i, j) \times F(i, j)$ 是 2 的偶数次方，于是 $a(i, j) \times F(i, j)$ 是完全平方数。如表 13-9 中的 8×2 是 4^2。于是有 $3^2+4^2=5^2$。

依据完全平方数的性质，在表 13-9 中，是否存在这样的类型，$x(i)+y(j)$ 是 16 的倍数，$x(i)-y(j)$ 是 4 的倍数。这其实是说，如果 $x(i)-y(j)$ 是一个完全平方数，现在只要求 $a(i, j)$ 是一个完全平方数即可。因为两个完全平方数的乘积还是完全平方数。

3. 从上面两条结合的角度看

从完全平方数要求看，$\sqrt{a(i, j) \times F(i, j)}$ 要求 $a(i, j) \times F(i, j)$ 是一个完全平方数即可。从勾股数不定方程要求看，$\sqrt{a(i, j) \times F(i, j)}=2 \times u \times v$，两个正整数 u 和 v 的平方差为一个质数 $y(j)$，平方和也为一个质数 $x(i)$。如 $\sqrt{a(i, j) \times F(i, j)}=2 \times u \times v$，$F(i, j)$ 是 4，此时只要求 $a(i, j)$ 是两个相邻正整数的积的平方。

无论 $3^2+4^2=5^2$ 还是 $5^2+12^2=13^2$，都符合上述已知基础知识的诸条内容，这里不再逐一解释。

（五）杰波夫猜想

上面的研究与杰波夫猜想关联。

1. 定义

里本伯姆（2007，第 279～280 页）介绍了一个猜想，两个相邻的平方数之间一定有质数。这是杰波夫（Desboves）于 1855 年提出的猜想，称为杰波夫猜想。楼世拓等（1985）对这个猜想及其证明情况做了介绍，对于充分大的数 x，在 x 和 $x+x^\theta$ 之间是否有质数存在？这里的 θ 满足 $0 < \theta \leqslant 1$。切比雪夫（Chebyshev）早已证明了 $\theta=1$ 的情形。如果能够证明当 $\theta=0.5$ 时命题结论为真，就相当于证实了杰波夫猜想。里本伯姆说，这个猜想甚至用黎曼猜想也未能被证明，但由格林姆（Grimm）猜想可以推出它。

2. 杰波夫猜想与伯特兰猜想的比较

数学家们已经证明和改进了伯特兰猜想。对所有大于 1 的整数 n：在区间 $[n, 2n]$ 之间存在质数，在区间 $[2n, 3n]$ 之间存在质数，在区间 $[3n, 4n]$ 存在质数。

我们选择伯特兰猜想的最大区间 $[n, 2n]$，把其两个端点与区间 $[(n-1)^2, n^2]$ 的两个端点比较大小。

先比较 $(n-1)^2$ 与 n。令 $(n-1)^2-n>0$，有 $n^2-2n+1-n>0$，即 $n+\frac{1}{n}>3$。故当 $n>2$ 时，有 $(n-1)^2-n>0$，即 $(n-1)^2>n$。

再比较 n^2 与 $2n$。令 $n^2-2n>0$，有 $n^2>2n$，即 $n>2$。故当 $n>2$ 时，有 $n^2-2n>0$，即 $n^2>2n$。

故对所有大于 2 的整数 n，有
$$(n-1)^2>n$$
$$n^2>2n$$

现在的问题是，当 $n \geqslant 4$ 时，$(n-1)^2$ 不仅大于 n，还大于 $2n$。这样，$[(n-1)^2, n^2]$ 不包含 $[n, 2n]$。

$[(n-1)^2, n^2]$ 区间长度是 $n^2-(n-1)^2=2n-1$，$[n, 2n]$ 区间长度是 $2n-n=n$。

杰波夫猜想是针对任意两个相邻正整数而言。我们可以先聚焦于一个质数 s 与 $s-1$ 这两个正整数的平方数之间是否存在质数，即 $[(s-1)^2, s^2]$ 内是否存在质数。这类似伯特兰猜想，当 $n=s$ 时，在区间 $[s, 2s]$ 内，存在质数。这样做的好处是，质数越来越稀疏，质数间距越来越大，我们可以把自然数轴上任意一个质数 s 的质数间距与 $[s, 2s]$ 的长度和 $[(s-1)^2, s^2]$ 的长度做比较。这里区间长度是区间两个端点的距离。

对于一个质数 s 而言，当 $n=s$ 时，$[s, 2s]$ 区间长度是 s。依据伯特兰猜想，在区间 $[s, 2s]$ 内，存在质数。因此，s 的质数间距小于 $[s, 2s]$ 区间长度。

当 $n=s$ 时，$[(s-1)^2, s^2]$ 的区间长度是 $2s-1$，但 $[(s-1)^2, s^2]$ 的区间可能远离 $[s, 2s]$ 区间，在质数轴的更右边。我们难以断定在这个长度为 $2s-1$ 的 $[(s-1)^2, s^2]$ 区间内，是否存在一个质数。

$[s, 2s]$ 长度 s 是对自然数轴上 s 和 $2\times s$ 定位的，$[(s-1)^2, s^2]$ 长度 $2s-1$ 是对自然数轴上 $(s-1)^2$ 和 s^2 定位的。两个区间的长度虽然只差约 2 倍，但两个区间在自然数轴上的位置相差的是平方数级别。因此，比较 $[s, 2s]$ 和 $[(s-1)^2, s^2]$，不仅要比较它们的长度，还要比较它们的位置。

区间长度是一个绝对指标，区间的长度与区间两个端点的比值是一个相对指标。区间长度可以越来越大，但在自然数轴上区间也会越来越往右边移动，即区间的两个端点也随之越来越大。自然数轴上区间越来越往右边移动，质数间距也越来越大，但质数也越来越大。用区间的长度与区间两个端点的比值，能与质数间距对应质数的比值关联起来。里本伯姆（2007，第 192～199 页）介绍了关于质数间距的研究情况。质数间距是相邻质数差 $d_n=p_{n+1}-p_n$，当 n 趋于无穷大时，比值 $\frac{d_n}{p_n}$ 趋于 0。这个比值是一个相对指标，质数间距是一个绝对指标。虽然质数间距越来越大，但对于它对应的质数值而言，其增长速度要慢得多。

当 s 趋于无穷大时，区间 $[s, 2s]$ 的长度 s 与区间两个端点的比值是 1 和 2，这与比值 $\dfrac{d_n}{p_n}$ 趋于 0 完全不同。

当 s 趋于无穷大时，$[(s-1)^2, s^2]$ 的长度 $2\times s-1$ 与区间两个端点的比值均为 0，类似于比值 $\dfrac{d_n}{p_n}$ 趋于 0。

里本伯姆（2007，第 196～198 页）介绍了 2001 年时最好的结果是 $d_n = O(p_n^{0.525})$，并且介绍到：当 n 趋于无穷大时，如果 $\sqrt{p_{n+1}} - \sqrt{p_n} = 0$ 成立，则安德里卡（Andrica）猜想 $\sqrt{p_{n+1}} - \sqrt{p_n} < 1$ 对于充分大的 n 成立。反之若此不等式成立，则杰波夫猜想成立。

为方便比较，也不失一般性，设区间 $[(n-1)^2, n^2]$ 的右端点对应质数 p_n，该区间的左端点为 $n^2 - 2n + 1$，即 $p_n - 2\times\sqrt{p_n} + 1$。该区间 $[p_n - 2\sqrt{p_n} + 1, p_n]$ 长度为 $p_n - (p_n - 2\times\sqrt{p_n} + 1) = 2\times\sqrt{p_n} - 1$。对比此时伯特兰猜想区间 $[p_n, 2p_n]$，它的区间长度是 p_n，它在右边紧邻区间 $[p_n - 2\sqrt{p_n} + 1, p_n]$。

再比较 $[p_n - 2\sqrt{p_n} + 1, p_n]$ 与此时的质数间距 d_n，该质数间距作为一个区间在右边紧邻 $[p_n - 2\sqrt{p_n} + 1, p_n]$。我们不知道质数间距的具体函数形式，只知道 2001 年数学家的估计是 $d_n = O(p_n^{0.525})$。因此，若质数间距小于或等于 $2\times\sqrt{p_n} - 1$，则区间 $[p_n - 2\sqrt{p_n} + 1, p_n]$ 必定有质数。这个比较非常微妙，恰巧在边界线上。这也说明伯特兰猜想区间还有改进的余地。我们的这一分析与安德里卡猜想的分析结果是一致的。

我们可以放宽杰波夫猜想的条件，k 为正整数，区间 $[(n-k)^2, n^2]$ 必定包含质数。仿上面的分析，$[p_n - 2k\sqrt{p_n} + k^2, p_n]$ 的长度是 $k\times(2\times\sqrt{p_n} - k)$。若该长度大于 p_n 的质数间距，则区间 $[(n-k)^2, n^2]$ 必定包含质数。

这有助于我们确定质数间距的函数形式。如果杰波夫猜想成立，那么 d_n 的函数形式应该接近 $2\times\sqrt{p_n} - 1$。如果杰波夫猜想不成立，但若 $k=2$，区间 $[(n-2)^2, n^2]$ 必定包含质数，那么 d_n 的函数形式应该接近 $4\times(\sqrt{p_n} - 1)$。总之，总有一个 k 能使得 $[(n-k)^2, n^2]$ 必定包含质数。

从目前研究情况看，这个 k 极有可能为 1，但也有可能为 2。因此，d_n 的函数形式应该接近 $2\times\sqrt{p_n} - 1$，或者 $4\times(\sqrt{p_n} - 1)$ 也有可能 $2\times\sqrt{p_n} - 1 \leqslant d_n \leqslant 4\times(\sqrt{p_n} - 1)$。

当 s 是一个大于 2 的质数，并且 $k=2$ 时，如果区间 $[(s-2)^2, s^2]$ 包含质数，则孪生质数的平方和之间存在质数。勃罗卡（Brocard）于 1904 年猜测：任意两个大于 2 相邻质数的平方之间至少有 4 个质数。[①] 这也是一个未被证明的猜想。

---

① 里本伯姆，2007，第 189 页。

3. 杰波夫猜想与 $x^2+y^2=z^2$ 的关系

我们可以直接从不定方程 $x^2+y^2=z^2$ 的解出发，$x=2\times u\times v$，$y=u^2-v^2$，$z=u^2+v^2$，$u>v>0$，$(u,v)=1$，我们增加一个规定 $v=u-1$。于是，由 $z+y$ 和 $z-y$，有

$$u^2=\frac{z+y}{2}$$

$$v^2=(u-1)^2=\frac{z-y}{2}$$

上面两式相加，有

$$z=2\times u^2-2\times u+1$$

上面两式相减，有

$$y=2\times u-1$$

将 z 和 y 的值代入前面两式，有

$$u^2=\frac{z-y}{2}=\frac{2\times u^2-2\times u+1+2\times u-1}{2}=u^2$$

$$v^2=(u-1)^2=\frac{z-y}{2}=\frac{2\times u^2-2\times u+1-2\times u+1}{2}=\frac{2\times u^2-4\times u+2}{2}=u^2-2\times u+1$$

并且有

$$x=2\times u\times v=2\times n\times(n-1)=z-1$$
$$y=2\times u-1=2\times n-1$$
$$z=x+1$$

验算 $u=n=2$ 的情况。

$$x=2\times u\times v=2\times n\times(n-1)=2\times 2\times 1=4$$
$$y=2\times u-1=2\times n-1=2\times 2-1=3$$
$$z=x+1=4+1=5$$

即

$$4^2+3^2=5^2$$

区间 $[(n-1)^2, n^2]$，即区间 $[1,4]$ 包含质数 2 和 3。区间 $[1,4]$ 包含区间 $[2,4]$。
再验算 $u=n=3$ 的情况。

$$x=2\times u\times v=2\times n\times(n-1)=2\times 3\times 2=12$$
$$y=2\times u-1=2\times n-1=2\times 3-1=5$$
$$z=x+1=12+1=13$$

即

$$12^2+5^2=13^2$$

区间 $[(n-1)^2, n^2]$，即区间 $[4,9]$ 包含质数 5 和 7。这里区间 $[4,9]$ 包含区间 $[3,6]$ 的一部分，即 $[4,6]$ 这部分。

4. 杰波夫猜想与质数的直角三角形边关系猜想的关系

前面分析已经指出，从质数的直角三角形边关系猜想 $a^2+b^2=c^2$ 的要求看，

$\sqrt{a(i,j) \times F(i,j)} = 2 \times u \times v$，两个相邻正整数 u 和 v 的平方差为一个质数 $y(j)$，平方和也为一个质数 $x(i)$，即 $x(i)=u^2+v^2$，$y(j)=u^2-v^2$，$v=u-1$。由此可得

$$u^2 = \frac{x(i)+y(j)}{2}$$
$$v^2 = \frac{x(i)+y(j)}{2}$$

这是勾股数不定方程 $x^2+y^2=z^2$ 与质数的直角三角形边关系猜想 $a^2+b^2=c^2$ 结合情况下获得的结果。显然，这样的要求很强，但解决了区间与质数的位置确定问题。

区间 $\left[\dfrac{x(i)+y(j)}{2}, \dfrac{x(i)+y(j)}{2}\right]$ 的长度是 $y(j)$。那么区间左边最接近的质数要小于 $\dfrac{x(i)-y(j)}{2}$。区间右边最接近的质数要大于 $\dfrac{x(i)+y(j)}{2}$。$y(j) < \dfrac{x(i)+y(j)}{2}$。因为 $y(j)=2 \times u-1$，$\dfrac{x(i)+y(j)}{2}=u^2$。当 $u \geq 4$ 时，$y(j) < \dfrac{x(i)-y(j)}{2}$。

（六）孪生质数

如果存在无穷多对质数 $x(i)$ 和 $y(j)$ 满足 $x(i)^2-y(j)^2=F(i,j) \times a(i,j)$，并且 $x(i)+y(j)=a(i,j)$，$x(i)-y(j)=F(i,j)=2$，那么孪生质数有无穷多对。这里不要求 $2 \times a(i,j)$ 是完全平方数，如 $13^2-11^2=24 \times 2$。这个不定方程可用于如下孪生质数的勾股数不定方程。

依据上面勾股数不定方程正整数解的诸条内容，在孪生质数的条件下，除要求 $a(i,j) \times F(i,j)=2 \times a(i,j)$ 是完全平方数外，还要求 $\sqrt{a(i,j) \times F(i,j)}=2 \times u \times v$，并且这两个正整数 u 和 v 的平方差为一个质数，平方和也为一个质数。如 $3^2+4^2=5^2$ 中，$a(i,j) \times F(i,j)=4 \times 4$，$4=2 \times u \times v=2 \times 2 \times 1$，$2$ 和 1 是两个相邻正整数的积，$u-v=2-1=1$，$3=u+v=2+1$，$5=u^2+v^2=2^2+1^2$，2 和 1 的平方差等于 3，2 和 1 的平方和等于 5，3 和 5 是孪生质数。

如果 $F(i,j)=2$，并且与 $F(i,j)$ 对应的 $a(i,j)$ 是 2 的奇数次方，那么 $2 \times a(i,j)$ 是完全平方数，于是这一勾股数不定方程 $x(i)^2-y(j)^2=2 \times a(i,j)$ 存在质数解。现在的问题是，与 $F(i,j)=2$ 对应的 $a(i,j)$ 中，有无穷多的 $a(i,j)$ 是 2 的奇数次方吗？这里，不仅要求孪生质数有无穷多对，还要求与 $F(i,j)=2$ 对应的 $a(i,j)$ 中，有无穷多的 $a(i,j)$ 是 2 的奇数次方。在质数 53 以内，我们看到只有 $F(2,1) \times a(2,1)=2 \times 8$ 满足这一条件，即 $3^2+4^2=5^2$。

第七节 从众行为的算法有效性分析

一、符号算法简介

我们在《宏观审慎管理的理论基础研究》的第 14 章用自己设计的一种符号算法研究了行为经济理论中的从众行为。这研究了人类社会的一种认知过程，探讨了少数人的认识怎样演变为多数人的认识。我们的符号算法通过倍增过程和扩展过程可以同步寻找出一张图上的所有最长路径，故也可以由此同步寻找出一张图上的所有哈密顿路径和所有哈密顿圈。我们用这一算法获得了哈密顿图上的所有 30 个哈密顿圈和 5 个最大独立集，见《宏观审慎管理的理论基础研究》的附录一和附录二。本节分析这一符号算法的有效性。

我们先以哈密顿图为例介绍我们的算法，见图 13-1。在图 13-1 中，用 v00，v01，v02，…，v19 分别表示图 13-1 的 20 个点。两点之间的连线为边。在图 13-1 中，每个点均只有三条边。用 v00v01v07v08 表示由点 v00、v01、v07 和 v08 构成的一段路径，其长度为 4。

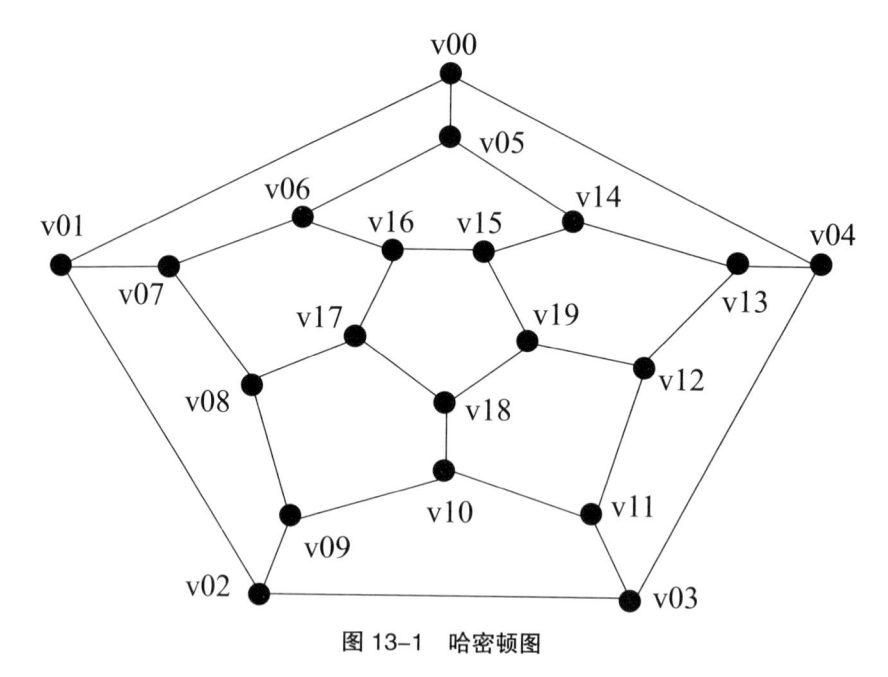

图 13-1 哈密顿图

我们摘录《宏观审慎管理的理论基础研究》第 14 章的内容，极为简要地介绍了我们的算法，具体算法过程请见原书内容。

相邻路径：如果两个简单路径有一条边连接各自一个端点，那么这两条路径称为相邻路径。如图 13-1 中简单路径 v00v01v02v03 和简单路径 v11v12v13v14，是两条相邻路径，在它们的两个端点 v03 和 v11 之间存在一条边连接这两个端点。如果两条简单路径相邻，并且它们之间没有相同的点，称这两条简单路径相邻但不相交。

种群（也称为总体）：在本节中，种群是一个集合，它的元素由简单路径构成。每一代种群的简单路径具有相同的点数和边数。图 13-1 中的所有边构成第一代种群 $p(0)$。

聚合：如果两个简单路径相邻但不相交，那么聚合这两个简单路径得到一个新的简单路径。如在图 13-1 中，聚合简单路径 v00v01v02v03 和简单路径 v11v12v13v14，得到新的简单路径 v00v01v02v03v11v12v13v14。我们的聚合运算类似于一般进化算法的杂交或交叉运算。两个相邻但不相交的简单路径聚合后得到一条更长的简单路径。

我们的算法存在两个过程：倍增过程和扩展过程。我们由倍增过程开始。

在倍增过程中，聚合种群 $p(i)$ 中的所有两两相邻但不相交的简单路径，由此得到所有新的简单路径构成新种群 $p(i+1)$。这里，$i=0$，1，$\cdots$，K。$K \leqslant N$。N 为图的点数。

重复使用倍增过程。倍增过程形成新种群的元素所包含的点数不能大于图的点数，如果下一步这种情况会发生，那么下一步不再使用倍增过程，而使用扩展过程。

在扩展过程中，有两个种群：一个是新种群，另一个是以前产生的旧种群中的一个。聚合这两个种群中所有相邻但不相交的简单路径时，要求其中一个简单路径来自新种群，而另一个简单路径来自被选择的旧种群。由此得到的所有新的简单路径构成新种群。

在扩展过程中，每一个被选择的旧种群最多只能使用一次，并且元素长度大的旧种群被优先选择，聚合成一个不大于图上点数的尽可能长的路径。如果某一步形成新种群为空，则退回到上一步，挑选下一个旧种群。重复此过程直到 $p(0)$ 被挑选或者新种群的任一元素所包含的点数等于图的点数为止。

如果求得的最长路径为哈密顿路径，我们便可从中寻找哈密顿圈。

二、完全图没有淘汰路径的计算次数

图上路径的点的先后次序也决定路径的数量。因此，路径数量还不是一个组合问题，而是一个排列问题。由组合方法得到的每一条路径，还要计算它的排列数。完全图适合先从组合方法入手。

我们看最复杂的情况，假设图上有 n 个点，每两个点均有边连接，即完全图。为简单，这里用不同质数表示不同点。边用两点的质数的乘积表示。路径用路径上所有点的质数乘积表示。在最后一小节，我们详细介绍用质数表示图上点的方法和便利之处。

我们的计算次数是，n 个点的质数的个数 C_n^1，加边的个数，即两个质数乘积个数 C_n^2，加由两条边组成的简单路径个数，即三个质数乘积个数 C_n^3，依此类推下去，如果可能，即假设存在哈密顿路径，那么这条路径的个数是 n 个质数的乘积个数 C_n^n。一条由多条边连接而成的简单路径不含重复质因子的乘积，表明这条路径不会与自己交叉。由此，我们的计算次数最多为 $\sum_{i=1}^{n} C_n^i$。这个和数是 2^n-1。这是算法无效的。这里得到一条简单路径记为一个计算单位，即记为一次计算。

上面只考虑组合问题，算法就无效了。若再考虑每一条路径的排列数，算法就更无效了。当然，我们不会采用这种办法。

三、完全图倍增过程的计算次数

为方便，我们先只考虑组合方法得到路径数量，然后再考虑每条路径的排列数量。

按照《宏观审慎管理的理论基础研究》第 14 章用的符号算法的计算方法，我们的计算有两个过程，即倍增过程和扩展过程。我们采用的倍增过程是，两条边和两条边连接，得四条边的简单路径，然后四条边的简单路径再与四条边的简单路径连接，得八条边的简单路径，依此类推，每次得到的新的简单路径边数都增加了两倍（原来边数乘以 2）。当倍增方法不能继续下去，即新的简单路径包含的点数超过图上的点数，采用扩展过程。扩展过程的计算次数少于倍增过程，因此倍增过程的计算次数决定算法的有效性。

上面的倍增过程的计算次数是
$$C_n^1+C_n^2+C_n^3+C_n^7+C_n^{15}+C_n^{31}+C_n^{63}+\cdots$$

C_n^1 是点的个数，C_n^2 是边的个数，C_n^3 是有两条边的路径个数，C_n^7 是有四条边的路径个数，依此类推。这里只说路径个数，是因为路径可能有交叉，不属于简单路径。

上式的通项公式是 $C_n^{i=2^i-1}$，表示具有 2^i-1 个点的路径的个数。2^i-1 个点要小于或等于 $n/2$，即小于或等于图的点数的一半。不然的话，下次倍增过程得到的简单路径的点数要超过图的点数了。在最大的情况下，取它的值为 $n/2$。此时，$C_n^{i=[n/2]}$ 决定算法的有效性，$[n/2]$ 表示取 $n/2$ 的整数值。它就是杨辉三角形一行中间的那个数，也是这一行中的最大数。为简单，这里忽略行数值的奇偶数情况。

符号算法的计算次数可以简记为

$$C_n^2 + \sum_{i=1}^{[n/2]} C_n^{i=2^i-1}$$

这个和数要小于 2^n，不会大于 2^{n-1}。这里以完全图为例，3 个点以上的完全图存在哈密顿圈。实际上，图的点的边数超过一定数，该图存在哈密顿圈。因此，我们要在图的点连接边较少的情况下寻找哈密顿圈，这样符号算法的计算次数还能减少。

由组合方法得到路径数量后，每一条路径还要考虑它的排列，由此得到排列的路径数量。由此，我们的符号算法的计算次数要远远大于 2^n，但不会大于 2^{n-1} 个路径的排列数。注意，这里每一步路径的边数都翻番了，排列数会随着路径的边数增加而急剧增加。

四、非完全图倍增过程的计算次数

（一）以哈密顿图为例

为简单，我们以哈密顿图为例，见图 13-1。

第一步，该图的一条边数为 2 的简单路径要连接其他边数为 2 的简单路径，共能连接多少条简单路径？又能构成多少条有 4 条边的简单路径？这是一个两层分岔问题。

第一层，一条边数为 2 的简单路径有两个端点。我们先看一个端点。这个端点可以连接其他两条边。第二层，这两条边又可以继续连接两条边。所以一个端点连接了 2^n 条路径。它的另一个端点也可以连接 4 条路径，故一共可以连接 2×2^2 条路径，即 8 条路径。

这个图边数为 2 的简单路径有 60 条，故总共可以有边数为 4 的路径 240 条，而且这 240 条路径还是简单路径。

第二步，这 240 条简单路径又能连接出多少条边数为 8 的路径？又能构成多少条有 8 条边的简单路径？这是一个四层分叉问题。一个端点可以连接 2^4 条路径，两个端点可以连接 2×2^4 条路径，共计 32 条路径。这 240 条简单路径能连接出 7680 条路径，我们的计算表明，这 7680 条路径中只有 2400 条简单路径，见《宏观审慎管理的理论基础研究》的第 284 页。

（二）一般规律

我们可以总结出规律，图有 n 个点，每个点连接 m 条边。

第一步，有 $2 \times (m-1)^2$ 条边数为 2^{1+1} 的路径。

第二步，有 $2\times(m-1)^{2^2}$ 条边数为 2^{2+1} 的路径。

第 i 步，有 $2\times(m-1)^{2^i}$ 条边数为 2^{i+1} 的路径。

最后一步，边数为 2^{i+1} 的路径，包含 $2^{i+1}+1$ 点数。故 $2^{i+1}+1 \leq [n/2]$。否则，下一步路径包含的点数会超过图的点数。所以，最多到 $i=\log([n/2]-1)/\log 2$ 步，有 $2\times(m-1)^{([n/2]-1)/2}$ 条边数为 $([n/2]-1)$ 的路径。

（三）假设淘汰掉一些路径

记住，上面计算的是路径，每一步我们的算法都只保留最长的简单路径，即边数最多的简单路径，要淘汰很多不是简单路径的路径。因此，实际计算时，每一步路径的数量还可能大量减少。

如果每一步淘汰掉一半的路径，那么倍增过程最后一步得到的路径数为

$$2\times(m-1)^{([n/2]-1)/2}/2^{\log([n/2]-1)/\log 2}$$

如果第 i 步淘汰 2^i 条边，那么倍增过程最后一步得到的路径数为

$$2\times(m-1)^{([n/2]-1)/2}/2^{\sum_{i=1}^{\log([n/2]-1)/\log 2} i}$$

到目前为止，我们并不知道每一步要淘汰多少路径。如果我们知道这一点，哈密顿圈的问题就迎刃而解了。

五、算法的改进

（一）用质数表示点

我们把一张图的所有点分别用不同质数表示，一条边用它的两个端点的质数乘积表示。两条相邻的边连接起来用它们三个点的质数乘积表示。两条相邻的边连接起来后再与另一条相邻边连接，得一个简单路径，是三条边连接起来的。这一简单路径有四个点，表示四个质数的乘积，并且是不含重复质因子的乘积，是第二节定义的第三类集合的元素。简单路径不含圈，不会与自己交叉。

这样做的优势是，把点和路径的比较变为数的比较，较为省事。如判断两条路径是否相交，能否连接，只要判断两条路径是否有相同质因子。如果有相同质因子，则判断质因子是在路径的端点还是在中间。如果两条路径的相同质因子都在一个端点，则两条路径可以连接，否则两条路径相交，不能连接。如果两条路径除去一个端点后的质数乘积相同，则这两条路径不能连接。如果两条路径的质数乘积完全不同，即这两条路径没有相同质因子，则这两条路径不能连接。如果一条路径两个端点与另一条路径的两个端点均有相同质因子，则这两条路径形成一个圈，如果不是哈密顿圈，则这两条路径不能连接。

当然，当图上点较多时，路径上质数乘积所得整数的精确度存在问题，我们仍用符号表示图上的点。

（二）路径上点的排列顺序与组合

路径的点的不同顺序代表不同的路径，这是一个排列问题。我们用不同质数表示图上不同点，通过计算不含重复质因子的乘积区别路径，是一个组合问题。我们把具有相同质数乘积并且两个端点的质数也相同的路径视为同一条路径，这样的同一路径只保留一条，其余这样同一路径淘汰掉。故先由组合着手，通过我们算法的倍增过程和扩展过程把边连接起来，寻找最长路径和哈密顿圈，这样可以减少原来倍增过程和扩展过程的计算量和储存量，提高算法的有效性。我们再针对已经获得的最长路径和哈密顿圈，通过这些最长路径和哈密顿圈上诸点的各种可能排列顺序寻找出所有的最长路径和哈密顿圈。

（三）对我们算法的改进

我们可以先把排列问题作为组合问题处理。这是我们对《宏观审慎管理的理论基础研究》第 14 章求最长路径和哈密顿圈的符号算法的改进。

原来的算法是同步计算，要考虑路径中间点的排列问题。对两个端点一样，中间的点也一样，但中间点的排列顺序不一样的路径，我们把其作为不同路径看待。依据我们的算法可以同时获得所有最长路径和所有哈密顿圈。

我们现在的算法要分两步走，以减少计算路径的数量，减少计算的存储量，提高计算效率。

第一步，先作为组合问题处理，即先不考虑路径中间点的排列问题。对两个端点一样，中间的点也一样，但中间点的排列顺序不一样的路径，我们把其作为相同路径看待，并且只保留一条这样的同一条路径，淘汰掉其他这样的同一条路径。这样做会丢失一些最长路径，但不会全部丢失，会保留一些最长路径和哈密顿圈。

第二步，当获得部分最长路径和哈密顿圈后，只需针对这些最长路径和哈密顿圈考虑排列问题，便可以获得所有最长路径和所有哈密顿圈。换言之，只需要计算出已经获得的各个最长路径和哈密顿圈上诸点的各种可能排列顺序，便可寻找出所有最长路径和所有哈密顿圈。如我们只要得到一个哈密顿圈，就可以依据图上点的边之间关系，得出其他哈密顿圈。

（四）二分图上发现哈密顿圈

《宏观审慎管理的理论基础研究》第 15 章第 4 节证明了一个定理："一般图 GT 存在哈密顿圈的充分必要条件是，由一般图 GT 删去横边和收缩点的方式形成的一个二分图上存在哈密顿圈。"我们可以把我们的算法用到这种二分图上发现哈密顿圈。二分图上发现哈密顿圈比一般图上发现哈密顿圈要容易一些，但仍属于 NP 完全问题（NP-complete problem）。

第八节 总　结

　　本章这些研究内容，看似不与经济理论相关，但随着算法在经济理论中的应用，它们将构成数理经济学的内容。它也可以用于经济理论的理性疏忽理论研究。理性疏忽理论实质是经济人不可能关注太多的信息，他只会关注自己最感兴趣的信息。而上述符号理论就可以把信息中最有价值的部分提炼出来。

　　我们采用符号系统，不只是一种运算方法，也是一种思考方法，一种哲学观念。我们采用符号，是要从繁杂的事物中抽象出本质特征，是透过现象看本质，而本质可以用符号表现出来。

　　一些看似不同的事物，有着一样的符号特征。如上面研究的分数维，把增长型混沌方程、杨辉三角形、不含重复质因数的所有自然数个数联系起来，我们发现它们的符号系统具有分数维。杨辉三角形所包含的那些规律也可以用到研究不含重复质因数的所有自然数个数的形成规律上。

　　同时，我们还把哥德巴赫猜想与质数加法运算构造的第三类集合元素个数联系起来，发现质数加法运算构造的第三类集合的元素个数和质数乘法运算构造的第三类集合的元素个数在映射到全体自然数个数上的矛盾。这种矛盾来自关于无穷集的元素个数的指数级别的区别。我们依据高阶无穷小概念和算法可计算性概念，在无穷集的一一对应基础上，加上了指数级别的概念，以区分无穷集的个数的多少。这与无穷集的势或者基数概念不一样。

　　从哲学角度看，我们在无穷集的一一对应基础上，加上了指数级别的概念后就可以发现，如果强、弱哥德巴赫猜想是对的，那么依据这一规律用质数构造自然数只需 C_n^2 和 C_n^3 的和的个数即可，这与前三类集合的元素个数 2^n 有指数级别的区别，是一种优化方法。我们深信大自然到处都隐含优化的规律，这也是一例。

　　我们建立了偶数三角形，研究了偶数三角形的一些性质，如给出了求解一组特殊二元一次不定方程的方法，以求解偶数三角形上任意一个偶数等于两个质数相加的所有结果，即能求解出该偶数在偶数三角形上的所有位置。

　　我们分析了从众行为算法的有效性问题，以路径数量作为该算法的计量基础，得出了该算法有效性的计算公式。我们指出该算法能淘汰掉路径，最终得出最长路径，但仍是一种无效算法，只对小图有用。我们也改进了该算法，首先从组合问题着手寻找最长路径，在获得的最长路径基础上，再从点的排列顺序获得所有最长路径和所有哈密顿圈。这一改进可以更多地淘汰聚合过程的路径，提高算法的效率。

第十三章 动态系统的数学与符号思考

结束语

行笔至此，感触良多。多年研究，终有所得。幸甚至哉，语以咏志。我们看到，宏观经济理论正处在一种承前启后、继往开来的历史转折点上。一是思想的转折点，二是方法的转折点。2008 年美国金融危机，在宏观经济理论中引进金融理论和宏观审慎管理，开启了思想的转折。计算机技术发展，开展了方法的转折。互联网、大数据、云计算、量子计算机、人工智能、元宇宙不仅代表一种方法，还代表人类思维力量提升，它们将带来未来经济理论和其他理论的革命。一个旧时代结束了，一个新时代开始了。

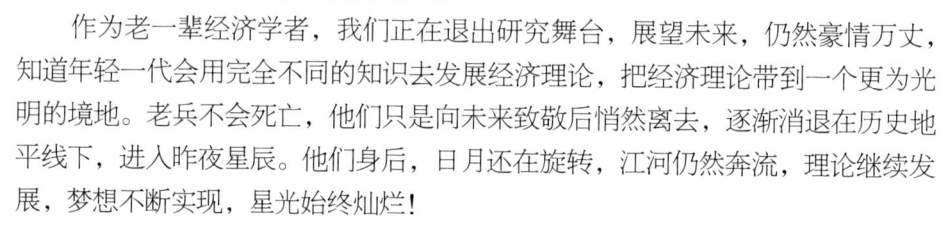

作为老一辈经济学者，我们正在退出研究舞台，展望未来，仍然豪情万丈，知道年轻一代会用完全不同的知识去发展经济理论，把经济理论带到一个更为光明的境地。老兵不会死亡，他们只是向未来致敬后悄然离去，逐渐消退在历史地平线下，进入昨夜星辰。他们身后，日月还在旋转，江河仍然奔流，理论继续发展，梦想不断实现，星光始终灿烂！

参考文献

[1] 博尔顿，张侨然，2020. 货币主义之困 [J]. 经济学（季刊）（5）：1-24.

[2] 蔡天新，2019. 形素数与哥德巴赫猜想 [J]. 数学进展（6）：776-778.

[3] 陈彦斌，郭豫媚，陈伟泽，2015.2008 年金融危机后中国货币数量论失效研究 [J]. 经济研究（4）：21-35.

[4] 陈彦斌，邱哲圣，李方星，2010. 宏观经济学新发展：Bewley 模型 [J]. 经济研究（7）：141-151.

[5] 陈雨露，2017. 国际金融危机以来经济理论界的学术反思与研究进展 [J]. 国际金融研究（1）：16-19.

[6] 程方楠，孟卫东，2017. 宏观审慎政策与货币政策的协调搭配：基于贝叶斯估计的 DSGE 模型 [J]. 中国管理科学（1）：11-20.

[7] 董莉娟，2014. 中位数房价指数编制方法研究 [J]. 调研世界（7）：45-48.

[8] 费雪，2014. 繁荣与萧条 [M]. 李彬，译. 北京：商务印书馆.

[9] 辜朝明，2008. 大衰退：如何在金融危机中幸存和发展 [M]. 喻海翔，译. 北京：东方出版社.

[10] 辜朝明，2019. 大衰退年代：宏观经济学的另一半与全球化的宿命 [M]. 杨培雷，译. 上海：上海财经大学出版社.

[11] 国家统计局城市社会经济调查司，2010. 走近 CPI[M]. 北京：中国统计出版社。

[12] 郭树清,2022. 加强和完善现代金融监管体系 [M]// 党的二十大报告辅导读本编写组. 党的二十大报告辅导读本. 北京：人民出版社.

[13] 郭子睿，张明，2017. 货币政策与宏观审慎政策的协调使用 [J]. 经济学家（5）：68-75.

[14] 黄达，2009. 财政信贷综合平衡导论 [M]. 北京：中国人民大学出版社.

[15] 贾根良，何增平，2020. 现代货币理论与通货膨胀 [J]. 学术研究（2）：83-88.

[16] 贾康，苏京春，郭金.2020. 现代财政制度与现代中央银行制度的理论综述与实践脉络 [J]. 经济研究参考（17）：5-21.

[17] 纪崴，2021. 中国压力测试获得重要进展 [J]. 中国金融（7）：59-61.

[18] 里本伯姆，2007. 博大精深的素数 [M]. 孙淑玲，冯可勤，译. 北京：科学出版社.

[19] 李程，赵艳婷，2021. 实体经济各部门杠杆率、房地产价格与金融风险联动研究 [J]. 金融监管研究（3）：92-114.

[20] 李宏瑾，苏乃芳，2018. 全球金融危机后菲利普斯曲线的扁平化：特征表现、理论成因及启示 [J]. 东北财经大学学报（3）：69-78.

[21] 李拉亚，1985. 马克思扩大再生产图示的动态模型及其稳定性分析 [J]. 数量经济技术经济研究（10）：29-36.

[22] 李拉亚, 1987. 投入产出表的拓展及其在国民经济核算体系中的应用 [J]. 数量经济技术经济研究（10）：54−57.

[23] 李拉亚, 1991. 通货膨胀机理与预期 [M]. 北京：人民大学出版社.

[24] 李拉亚, 1993. 具有理性预期的非线性系统的行为分析 [J]. 经济研究（2）：38−40.

[25] 李拉亚, 1995. 通货膨胀与不确定性 [M]. 北京：人民大学出版社.

[26] 李拉亚, 2011. 预期管理理论模式述评 [J]. 经济学动态（7）：113−119.

[27] 李拉亚, 2014. 经济学计算机化研究进展 [J]. 经济学动态（1）：130−137.

[28] 李拉亚, 2015. 加利与格特勒对当代经济理论变革的贡献 [J]. 经济学动态（2）：130−144.

[29] 李拉亚, 2016a. 宏观审慎管理的理论基础研究 [M]. 北京：经济科学出版社.

[30] 李拉亚, 2016b. 央行政策与公众对策互动关系的利益机制分析 [J]. 经济研究（10）：41−53.

[31] 李拉亚, 2020. 双支柱调控框架的新目标制研究 [J]. 管理世界（10）：27−41.

[32] 廖群等, 2021. 中国人民大学重阳金融研究院"宏观形势"系列研究报告第28期：不应高估：从两种杠杆率看我国国家债务水平 [R]. 北京：中国人民大学.

[33] 李文泓, 林凯旋, 2013. 关于用广义信贷/GDP分析我国银行业系统性风险的研究 [J]. 金融监管研究（6）：13−30.

[34] 李燕, 彭超, 2018. 基于财政赤字统计口径差异对我国赤字率的思考 [J]. 中央财经大学学报（9）：3−11.

[35] 李扬, 2019. 要义是提高资源配置效率：金融供给侧结构性改革研究 [J]. 新金融（11）：4−9.

[36] 李扬, 张晓晶, 常欣, 2018. 中国国家资产负债表2018[M]. 北京：中国社会科学出版社.

[37] 李扬, 张晓晶等, 2020. 中国国家资产负债表2020[M]. 北京：中国社会科学出版社.

[38] 林T, 2020. 素数的阴谋 [M]. 张旭成, 译. 北京：中信出版集团股份有限公司.

[39] 刘尚希, 盛松成, 伍戈, 等, 2020. 财政赤字货币化的必要性讨论 [J]. 国际经济评论（4）：9−27, 4.

[40] 柳欣, 吕元祥, 赵雷, 2013. 宏观经济学的存量流量一致模型研究述评 [J]. 经济学动态（12）：15−23.

[41] 楼继伟, 2021. 面向2035的财政改革与发展 [J]. 财政研究（1）：3−9.

[42] 楼世拓, 姚琦, 1985. 筛法的历史和现状 [J]. 自然杂志（10）：732−736.

[43] 罗默, 2014. 高级宏观经济学：第4版 [M]. 吴化斌, 龚关, 译. 上海：上海财经大学出版社.

[44] 马勇, 伊晴, 2019. "双支柱"调控的研究进展：综述与评介 [J]. 金融评论（6）：1−14.

[45] 潘承洞, 1979. 素数分布与哥德巴赫猜想 [M]. 山东：山东科学技术出版社.

[46]《数学辞海》编辑委员会, 2002. 数学辞海：第1卷 [M]. 太原：山西教育出版社.

[47] 孙国峰, 2017. 后危机时代的全球货币政策新框架 [J]. 国际金融研究（12）：47−52.

[48] 孙国峰, 2019. 对"现代货币理论"的批判 [J]. 中国金融（15）：42−44.

[49] 王江, 2006. 金融经济学 [M]. 北京：中国人民大学出版社.

[50] 王艺明, 2017. 经济增长与马克思主义视角下的收入和财富分配 [J]. 经济研究（11）：

27-42.

[51] 王元，1999. 谈谈质数 [J]. 数学通报（9）：0-1.

[52] 伍桂，何帆，2013. 非常规货币政策的传导机制与实践效果：文献综述 [J]. 国际金融研究（7）：18-29.

[53] 武平平，2012. 动态随机一般均衡理论与马克思主义相关理论的比较研究 [J]. 理论界（12）：4-6.

[54] 熊正良，吕峻闽，胡秋明，1998. 利用资金流量表和资产负债表设计金融风险指标体系 [J]. 统计与决策（12）：4-11.

[55] 徐高，2018. 金融经济学二十五讲 [M]. 北京：中国人民大学出版社.

[56] 徐忠，2017. 中国稳健货币政策的实践经验与货币政策理论的国际前沿 [J]. 金融研究（1）：1-21.

[57] 许坤，许光建，卢倩倩，2020. 货币余额增速与经济增长的合理区间研究：基于GDP、CPI与M2的门限向量自回归分析 [J]. 价格理论与实践（5）：21-24.

[58] 许毓坤，2013. 央行对公众行为反应规则的博弈分析 [J]. 上海经济研究（9）：39-47.

[59] 杨仲伟，张曙光，王诚，等，1988. 我国通货膨胀的诊断 [J]. 经济研究（4）：3-11.

[60] 易纲，2019. 坚守币值稳定目标 实施稳健货币政策 [J]. 中国金融家（12）：25-28.

[61] 易纲，2020. 再论中国金融资产结构及政策含义 [J]. 经济研究（3）：4-17.

[62] 伊楠，张斌，2016. 度量中国的金融周期 [J]. 国际金融研究（6）：13-23.

[63] 张敏锋，林宏山，2017. 基于DSGE模型的"货币政策+宏观审慎政策"双支柱调控政策协调配合研究 [J]. 上海金融（12）：3-9.

[64] 张明，刘瑶，2020. 现代货币理论的现状、实践、争议与未来 [J]. 学术研究（9）：84-91.

[65] 张强，胡荣尚，2014. 中央银行前瞻性指引研究最新进展 [J]. 经济学动态（8）：148-160.

[66] 张晓慧，2017. 宏观审慎政策在中国的探索 [J]. 中国金融（11）：23-25.

[67] 张晓晶，刘磊，2017. 国家资产负债表视角下的金融稳定 [J]. 经济学动态（8）：31-42.

[68] 张晓晶，刘磊，2019. 现代货币理论及其批评：兼论主流与非主流经济学的融合与发展 [J]. 经济学动态（7）：94-108.

[69] 张云，程远，胡秋阳，2018. 政府债务违约对中国宏观资金流转的数量影响分析：基于投入产出式宏观资金流量表方法 [J]. 财贸研究（3）：1-10.

[70] 郑小琴，2018. 测度我国的金融周期：基于奇异谱的分析 [J]. 金融理论与实践（8）：40-45.

[71] 周小川，2017. 守住不发生系统性金融风险的底线 [J]. 中国金融家（12）：13-16.

[72] 周小川，2020. 拓展通货膨胀的概念与度量 [J]. 中国金融（24）：9-11.

[73] 朱太辉，黄海晶，2018. 中国金融周期：指标、方法和实证 [J]. 金融研究（12）：55-71.

[74] AGUR I, DEMERTZIS M, 2015.IMF working paper WP/15/283: will macroprudential policy counteract monetary policy's effects on financial stability?[R].Washington, D.C.: IMF.

[75]AHN T, LEE M, RUTTAN L, et al., 2007.Asymmetric payoffs in simultaneous and sequential prisoner's dilemma games[J].Public choice, 132（3）: 353-366.

[76]ANZUINI A, ROSSI L, 2021.Fiscal policy in the US: a new measure of uncertainty and its effects on the American economy[J].Empirical economics, 61（5）: 2613-2634.

[77]AUMANN R J, DREZE J H, 2008.Rational Expectations in Games[J].American economic review, 98（1）: 72-86.

[78]BACHRAOUI M E, 2006.Primes in the interval $[2n, 3n]$[J].International journal of contemporary mathematical sciences, 1（13）: 617-621.

[79]BAKER A, MURPHY R, 2020.Modern monetary theory and the changing role of tax in society[J].Social policy & society, 19（3）: 454-469.

[80]BARRO R J, GORDON D B, 1983.Rules, discretion and reputation in a model of monetary policy[J].Journal of monetary economics, 12（1）: 101-121.

[81]BECKENKAMP M, HENNIG-SCHMIDT H, MAIER-RIGAUD F P, 2007.Cooperation in symmetric and asymmetric prisoner's dilemma games[EB/OL].[2023-05-04].https://homepage.coll.mpg.de/pdf_dat/2006_25online.pdf.

[82]BERNANKE B S, 2015.The courage to act: a memoir of a crisis and its aftermath[M].New York: W.W.Norton & Company.

[83]BERNANKE B S, GERTLER M L, 1989.Agency costs, net worth, and business fluctuations[J].American economic review, 79: 14-31.

[84]BORIO C, 2014.The financial cycle and macroeconomics: what have we learnt?[J].Journal of banking & finance, 45: 182-198.

[85]BOVENBERG L, UHLIG H, 2006.CEPR discussion paper 5949: pension systems and the allocation of macroeconomic risk[R].London: CEPR.

[86]CAO J, CHOLLETE L, 2017.Monetary policy and financial stability in the long run: a simple game-theoretic approach[J].Journal of financial stability, 28(C): 125-142.

[87]CARNEVALI E, DELEIDI M, 2022.The trade-off between inflation and unemployment in an MMT world: an open-economy perspective[J].European journal of economics and economic policies, 1（aop）: 1-35.

[88]CARRILLO J A, MENDOZA E G, NUGUER V, et al., 2021.Tight money-tight credit: coordination failure in the conduct of monetary and financial policies[J]. American economic journal: macroeconomics, 13（3）: 37-73.

[89]Cecchetti S G, 2008.Measuring the macroeconomic risks posed by asset price booms[M]//In asset prices and monetary policy.Chicago: University of Chicago Press: 9-43.

[90]CHEN J R, 1973.On the representation of a larger even integer as the sum of a prime and the product of at most two primes[J].Scientia Sinica, 16: 157-176.

[91]CLAWSON C C, 1996.Mathematical mysteries: the beauty and magic of numbers[M]. Boston: Springer.

[92]CLEMENT P, 2010.BIS quarterly review 59-67: the term "macroprudential": origins and evolution[R].New York: BIS.

[93]DANG T V, GORTON G B, HOLMSTROMBR, 2019.NBER working paper No.26074:

the information view of financial crises[R].Washington, D.C.: NBER.

[94]EIJFFINGER S C W, 2001.The new political economy of central banking[J].Princeton studies in international economics, 19（19）: 181-209.

[95]ERIC K B, GODIN A, 2017.PKES working paper PKWP1713: introducing risk into a Tobin asset-allocation model[R].London: Post Keynesian Economics Society（PKES）.

[96]FICT, 2012.Macroprudential policy rules[R/OL].（2012-05-21）[2023-05-04].https://www.euroframe.org/files/user_upload/euroframe/docs/2012/EUROF12_Fic.pdf.

[97]FISCHER S, 2014.Financial sector reform: how far are we?[R/OL].（2014-07-04）[2023-05-04].http://www.federalreserve.gov/newsevents/speech/fischer20140710a.htm.

[98]GALÍ J, 2014.Monetary policy and rational asset price bubbles[J].American economic review, 104（3）: 721-752.

[99]GAVIN W T, KEEN B D, RICHTER A W, et al., 2015.Working paper 2013-038D: the limitations of forward guidance[R/OL].（2015-02-07）[2023-05-04].http://Research.Stlouisfed.org/wp/2013/2013-038.pdf.

[100]GELAIN P, ILBAS P, 2017.Monetary and macroprudential policies in an estimated model with financial intermediation[J].Journal of economic dynamics and control, 78: 164-189.

[101]GERTLER M, KIYOTAKI N, PRESTIPINO A, 2017.NBER working paper No.24126: a macroeconomic model with financial panics[R].Washington, D.C.: NBER.

[102]GIBBONS R, 1992.Game theory for applied economists[M].Princeton: Princeton University Press.

[103]GOURIO F, KASHYAP A K, SIM J W, 2017.NBER working paper No.23658: the tradeoffs in leaning against the wind[R].Washington, D.C.: NBER.

[104]GREENWOOD-NIMMO M, TARASSOW A, 2016.Monetary shocks, macroprudential shocks and financial stability[J].Economic modelling, 56: 11-24.

[105]HAHN V, 2002.Transparency in monetary policy: a survey[J].IFO-studien zeitschrift für empirische wirtschaftsforschung, 48（3）: 429-455.

[106]HE Z, KHANG I G, KRISHNAMURTHY A, 2010.NBER working paper 15919: balance sheet adjustments in the 2008 crisis[R].Washington, D.C.: NBER.

[107]ILLING M, LIU Y, 2006.Measuring financial stress in a developed country: an application to Canada[J].Journal of financial stability, 2（3）: 243-265.

[108]IMF, 2013.IMF policy paper: reassessing the role and modalities of fiscal policy in advanced economies[R].Washington, D.C.: IMF.

[109]JUNIPER J, SHARPE T P, WATTS M J, 2014.Modern monetary theory: contributions and critics[J].Journal of post keynesian economics, 37（2）: 281-307.

[110]KILEY M T, SIM J, 2017.Optimal monetary and macroprudential policies: gains and pitfalls in a model of financial intermediation[J].Journal of macroeconomics, 54: 232-259.

[111]KLEIN D B, 1990.The microfoundations of rules vs. discretion[J].Constitutional political economy, 1（3）: 1-19.

[112]KREPS D M, MILGROM P, ROBERTS J, et al., 1982a.Rational cooperation in the finitely repeated prisoners' dilemma[J].Journal of economic theory, 27（2）: 245-252.

[113]KREPS D M, WILSON R, 1982b.Reputation and imperfect information[J].Journal of economic theory, 27（2）: 253-279.

[114]KYDLAND F, PRESCOTT E, 1977.Rules rather than discretion: the inconsistency of optimal plans[J].Journal of political economy, 85: 473-491.

[115]LAZER D, HARGITTAI E, FREELON D, et al., 2021.Meaningful measures of human society in the twenty-first century[J].Nature, 595: 189-196.

[116]LI L Y, 2014.A revised sargent-wallace model and the management of expectations[J]. International journal of innovative management, information and production, 5（1）: 44-48.

[117]LOO A, 2011.On the primes in the interval [$3n$, $4n$][J]. International journal of contemporary mathematical sciences, 6（38）: 1871-1882.

[118]MANKIW N G, 2020.NBER working paper 26650: a skeptic's guide to modern monetary theory[R].Washington, D.C.: NBER.

[119]MARKOWITZ H, 1952.Portfolio selection[J].The journal of finance, 7（1）: 77-91.

[120]MAS-COLELL A, WHINSTON M D, GREEN J R, 1995.Microeconomic theory[M]. New York: Oxford University Press.

[121]MATTSON R S, PJESKY R, 2019.Approaching modern monetary theory with a taylor Rule[J].Economies, 7（4）: 1-13.

[122]MINSKY H P, 1986.Stabilizing an unstable economy[M].New York: Yale University Press.

[123]MISHKIN F S, 2011.NBER working paper No.16755: monetary policy strategy: lessons from the crisis[R].Washington, D.C.: NBER.

[124]MITCHELL W, WRAY L R, WATTS M, 2016.Modern monetary theory and practiceL: an introductory text[R]. Newcastle: Centre of Full Employment and Equity.

[125]MITCHELL W, WRAY L R, WATTS M, 2019.Macroeconomics[M].New York: Red Globe Press.

[126]MORRIS S, SHIN H S, 2008.Coordinating expectations in monetary policy[M]// TOUFFUT J-P.Central banks as economic institutions.Gloucestershire: Edward Elgar Publishing: 88-104.

[127]NESIBA R F, 2013.Do institutionalists and post-keynesians share a common approach to modern monetary theory（MMT）?[J].European journal of economics and economic policies, 10（1）: 44-60.

[128]NIKIFOROS M, ZEZZA G, 2017.Economics working paper archive wp_891: stock-flow consistent macroeconomic models: a survey[R].New York: Levy Economics Institute.

[129]PALLEY T I, 2015.Money, fiscal policy, and interest rates: a critique of modern monetary theory[J].Review of political economy, 27（1）: 1-23.

[130]PAOLI B D, PAUSTIAN M, 2017.Coordinating monetary and macroprudential

policies[J].Journal of money, credit and banking, 49（2）: 319-349.

[131]PAPADIMITRIOU D B, WRAY L R, 1996.JLEI working paper No.164: the consumer price index as a measure of inflation and target of monetary policy: does the fed know what it is fighting?[R].New York: The Jerome Levy Economics Institute.

[132]PISTOR K, 2012.Columbia law school public law & legal theory working paper 12-304: on the theoretical foundations for regulating financial markets[R].Columbia: Columbia Law School.

[133]POPOYAN L, NAPOLETANO M, ROVENTINI A, 2017.Taming macroeconomic instability: monetary and macro-prudential policy interactions in an agent-based model[J]. Journal of economic behavior & organization, 134: 117-140.

[134]SARGENT T J, WALLACE N, 1975. "Rational" expectations, the optimal monetary instrument, and the optimal money supply rule[J].Journal of political economy, 83: 241-254.

[135]SHEVELEV V, IV C R G, MOSES P J C., 2012.On intervals (kn, (k+1)n) containing a prime for all n >1[R/OL]. (2012-12-12) [2023-05-04].https: //arxiv.org/abs/1212.2785.

[136]SIMSEK A, 2021.NBER working paper No.28426: the macroeconomics of financial speculation[R]. Washington, D.C.: NBER.

[137]SMAGHI L B, 2005.Inflation, expectations and current challenges to monetary policy[R]. Rome: The European Inflation-linked Conference.

[138]STIGLITZ J E, 2016.NBER working paper, No.22837: the theory of credit and macro-economic stability[R].Washington, D.C.: NBER.

[139]SUFI A, TAYLOR A M, 2021.NBER working paper No. 29155: financial crises: a survey[R].Washington, D.C.: NBER.

[140]SVENSSON L E O, 2012.Comment on michael woodford, "inflation targeting and financial stability" [J].Sveriges riksbank economic review, (1): 33-39.

[141]SVENSSON L E O, 2016.NBER working paper No.21902: cost-benefit analysis of leaning against the wind: are costs larger also with less effective macroprudential policy?[R].Washington, D.C.: NBER.

[142]TAN F F, 2008.Punishment in a linear public good game with productivity heterogeneity[J].De economist, 156（3）: 269-293.

[143]TOBIN J, 1958.Liquidity preference as behavior towards risk[J].The review of economic studies, 25（2）: 65-86.

[144]TYMOIGNE É, WRAY L R, 2013.LEI working paper No.778: modern money theory 101: a reply to critics[R].New York: Levy Economics Institute of Bard College.

[145]UEDA K, VALENCIA F, 2012.IMF working paper No.101: central bank independence and macro-prudential regulation[R].Washington, D.C.: IMF.

[146]WOODFORD M, 2005.NBER working paper No.11898: central bank communication and policy effectiveness[R].Washington, D.C.: NBER.

[147]WOODFORD M, 2012a.NBER working paper No.17967: inflation targeting and

financial stability[R].Washington, D.C.: NBER.
[148]WOODFORD M, 2012b.Methods of policy accommodation at the interest rate lower bound[R].Kansas City: Federal Reserve Bank of Kansas City.
[149]WRAY L R, 1998.Understanding modern money: the key to full employment and price stability[M].Northampton: Edward Elgar.
[150]WRAY L R, 2000.JLEI working paper No.12: money and inflation[R].New York: Jerome Levy Economics Institute.
[151]WRAY L R, 2012.Modern money theory: a primer on macroeconomics for sovereign monetary systems[M].London: Palgrave Macmillan.
[152]WRAY L R, 2020.LEI working paper No.961: The "kansas city" approach to modern money theory[R].New York: Levy Economics Institute of Bard College.
[153]YELLEN J L, 2011.Macroprudential supervision and monetary policy in the post-crisis world[J].Business economics, 46（1）: 3-12.
[154]YELLEN J L, 2013.Communication in monetary policy[R].Washington, D.C.: Remarks at the Society of American Business Editors and Writers 50th Anniversary Conference.